マリアンヌ（フランス）
（ナニーヌ・ヴァラン『自由，1793/94』，フランス革命博物館）

ゲルマニア（ドイツ）
（ローレンツ・クラゼン『ラインの守りに立つゲルマニア』
ヴィルヘルム皇帝博物館）

仏独関係千年紀

ヨーロッパ建設への道

宇京頼三

◉目次

＊本書中の地図類はガストン・ゼレール著『独仏関係一千年史』やフランスの雑誌などにあるものを修正・再構成した。また人名地名などの固有名詞は一部を除いて、通称の表記に従った。

仏独関係千年紀——ヨーロッパ建設への道

マリアンヌ（左）とゲルマニア（右）

プロローグ――「マリアンヌとゲルマニア」

マリアンヌとゲルマニア　標題に掲げた「マリアンヌとゲルマニア」とは何であろうか。ゲルマニアは想像がつくとしても、マリアンヌとは？　女性名らしいことは分かるとしても、「マリアンヌとゲルマニア」という対比が何を指すのか、すぐには理解されないかもしれない。

マリアンヌとはフランス、それも革命期に生まれた「フランス共和国」を象徴する女性像で、官公庁の用箋やパスポート、郵便切手などにロゴのように幅広く使われ、胸像が中央官庁や市町村庁舎に飾られている。郵便切手のマリアンヌ像は一八四九年創設で、その後イメージデザインにはド・ゴール以来歴代の大統領が係わっているという。また昨今フランスでは、移民問題との関連からマスコミでフランス人の国民的アイデンティティが議論されているが、記事の横にはマリアンヌの胸像画が添えられていたりする。さらに政府の国債宣伝用ポスターには、「フランスは未来に投資する」として白のマタニティドレスの妊婦姿のマリアンヌまで登場している。そのルーツは南仏起源の伝統的な女神であるという。

他方、ゲルマニアはマリアンヌほど日常的に登場するわけではないが、歴史的にはより古く、マリアンヌが共和国のシンボルであるのに対し、ゲルマニアはシュタウフェン王朝の中世にまで遡る、神聖ローマ帝国の時代以来ドイツを象徴する女性像。マリアンヌよりは抽象的なメタファー、「人為的創造物」であり、より神秘的であろうか。どちらも、「マドモワゼル」「フロイライン」と称すべき若い女性像で、マリアンヌは一般にフリージア帽姿で、兜姿もあるが、ゲルマニアは剣を手にした金髪女性で、ハイネには「金髪の熊皮剝女」と揶揄されたりする。また中世ドイツの擬人化の表象たるゲルマニアは、突然目覚めて不安になり、「ライン河の守り」に立つヴァルキュリア（北欧神話の戦いの乙女）に喩えられることもある。こうしたイメージのせいか、マリアンヌがフランスの女性週刊誌名になっても、ゲルマニアがドイツの女性週刊誌名になることは、まずなかろう……。

いずれにしろ、「マリアンヌとゲルマニア」とはフランスとドイツを象徴する女性像であるが、この二つの国が中世初期に一つの根元から生まれて、やがてヨーロッパ大陸の二大国家となり、幾多の変遷を経て今日に至り、ヨーロッパ建設へと向かい、欧州連合（EU）への道を歩むのである。なお、両国を対比的に象徴するものには「雄鶏と鷲」（本書四八一頁参照）の形象もあり、いずれも興味深いが、仏独関係の観点から、これら自体について語れば一巻の書となるもので、いずれ別な機会に扱うことにしたい。

＊以下、ゲルマン人、ガリア人、ガロ・ロマン人などと多用するが、基本的用法は次の通りである。ゲルマン人とは最初は、ライン左岸に移動した北方諸部族に対してローマ人が用いた呼称だったが、時を経てライン、ドナウ以北に居住する全部族を指すようになった。ゲルマニアはその居住地の謂で、タキトゥスの言うゲルマニアはこの両河以北――大ゲルマニア――を指した。二世紀のローマ帝国の属州ゲルマニアはライン左岸地帯で、上ゲルマニア（州都マインツ）と下ゲルマニア（州都ケルン）に分けられていた。他方、ガリア人とは今のフランスの地を中心とした先住民族ケルト人（または、さらにその先住のリグリア人やイベリア人との混血種族）のことで、やはりローマ人が用いた呼称である。ガロ・ロマン人とはローマの支配からフランク族定着までのガリア人、またはローマ人との混血種族のことを言う。な

お、ローマ人と融合して文明化したのはガリア人だけで、イベリア半島に「イベロ・ロマン人」やライン対岸に「ゲルマノ・ロマン人」は存在しなかった。

フランスとドイツの由来　ところで、周知のごとく、現在フランスとドイツは欧州連合の両輪とも言える二大国家であるが、双方ともがギリシアやローマのように紀元前の大昔からあったわけではない。両国の歴史年表を繙くと、フランス側には紀元前九世紀頃のケルト人移住とか、前二世紀のローマ帝国属州化というような項目があり、ドイツ側にも、紀元前十一世紀頃東ゲルマンと西ゲルマンの分裂、前九世紀頃ゲルマン諸部族の南下開始などの項目がある。ドイツ史年表には紀元後四世紀のゲルマン人の大移動開始（三七五）から年表が始まっているものもあるが、もちろん、フランスとドイツがその頃から国家として存在していたのではない。両国がヨーロッパ大陸の二大国家として君臨するのはずっと後のことなのである。ましてや、ライン河が現在のように仏独国境となるのは、はるか後世一六九七年、ルイ十四世時代末期の頃である。以後もこの国境を巡って、仏独両国は何度も対立する。

＊細かく言うと、戦争という規模の争いは二三回、そのうち一九回はドイツ領、四回がフランス領。この四回に普仏戦争、第一次・第二次世界大戦という大戦争が含まれる。ただ、実際はフランスが最も多く戦争した相手はイギリスであり、ドイツはローマ教皇であろうか。

さて、一般的かつごく大まかに言って、フランスはラテン系民族、ドイツはゲルマン系民族から成るとされているが、両国の根元は一緒で、八世紀半ばにフランク族の建てたカロリング王朝（七五一―九一九）に遡る。フランク族とはゲルマン民族の一部族で、西ローマ帝国滅亡（四七六）後、ヨーロッパ世界の覇者となってメロヴィング朝フランク王国（四八六）を築き、幾多の変遷を経てカロリング朝によって王国を存続させ、九世紀カール（シャルルマーニュ）大帝の代に国運隆盛の頂点に達した王統一族である。後で見るが、ドイツとフランスはこのカロリング朝フランク帝国の崩壊から生まれたのである（ここでフランク帝国というのは、八〇〇年にカール大帝が教皇レオ三世から帝冠を受けているため）。

それゆえ、ドイツ語でフランスのことをFrankreich（フランク王国はFrankenreich。中高ドイツ語ではこれがフランスの謂でもあったという）と呼ぶのは理由のないことではなく、またフランスの方もFrancus（フランク人）、Francia（フランク族の国）などラテン語源から来ているのだから、フランスは国名からしてドイツと同根なのである。このように二つの国は元を糺せば、いわばフランク帝国から生まれた一卵性双生児のようなもので、中世初期のヨーロッパ、とくに西欧世界を支配したゲルマン人の中核がフランク部族であり、その二大支族、またはその発展したものが後のフランス人とドイツ人であると考えてよい。ドーバー海峡を渡ったアングロ・サクソン人もゲルマン部族であるが。

だが、以後の歴史の推移を見ると、時代が下るにつれて、この二大支族は分岐・対立し、同じキリスト教社会にありながら、政治・経済・社会体制を異にし、固有の国家・国民形成をすることによってそれぞれ独自の存在となる。そうなると当然ながら、その生活や風俗習慣のみならず、ものの考え方や行動様式、メンタリティから芸術や文化まで異なってくる。それゆえ、例えばドイツ南部バイエルンの住民なら自分がドイツ人であると思う前にバイエルン人であると感ずるのに対し、フランス中部リムーザンの住民は自分がリムーザンという地方出身であると認める前にフランス人であると思うようなことになる。この違いは大きく、しまいには、「フランス人とドイツ人の不一致の多くは食べる物が大きく違うことからくる」とか、「ドイツの強制収容所は清潔だが、フランスの収容所は汚く乱雑である」とかいうようなことにまでなる。

ラテン系とゲルマン系か？　なお、一般にフランスはラテン系、ドイツはゲルマン系と言われるが、これは正確ではない。ドイツ人はゲルマン民族という人種を主単位にした民族体であるが、フランス人は人種ではなく、国民を単位にした民族体である。ローベルト・クルツィウスの有名な『フランス文化論』（大野俊一訳）にはこうある。

「この土地〔フランス〕に生成継起せる民族の種類は計り知れぬほどである。リグリア人、イベリア人、ケルト人、ローマ人、ゲルマン人――それに小アジアのギリシア人、サラセン人、ノルマン人も加わって、ここにフランス人なるものが形成された」

ヴァルター・フォン・ヴァルトブルクの名著『フランス語の進化と構造』（田島・高塚他訳）にも、同様の指摘がある。

「ここ〔フランス〕では古代ローマ人の言語の、現代の諸形態の一つが話されているのだが、フランス人の血管のなかにはローマ人の血はごくわずかしか流れていない。フランス人の祖先は、リグリア人、イベリア人、ケルト人、ゲルマン人である。人種的親族性と言語の親族性とは、したがって別のものである」

ここで注目すべきはこの一節における、ヴァルトブルクの基本的視点である。この偉大なドイツのロマン語学者によると、「言語」と「人種」という概念はほとんど関係がないのに対し、「言語」の概念と「国民」の間には明白なつながりがあるという。これをドイツ人とフランス人に当てはめて考えてみると興味深い。概して言えば、ドイツ人が「ドイツ語」という言語共同体を軸にした人種的・民族的共同体であるのに対し、フランス人においては人種と言語のつながりが著しく欠如している。双方とも、国民形成にあたって言語が重要な役割を果たしていることに変わりはないが、その様相を大きく異にしているのである。ドイツ人の枕頭の書がルターの聖書であれば、フランス人のそれは辞書であると言われるのも、故無しとしない。国王が長らく神授権を有するとされたフランスでは、言語は宗教のようなものであったが、ドイツではそうは言えないだろう。

国家と国語の形成

また、さらに言えば、国家の成立過程と「国語」形成過程はほぼ並行するものだが、フランスの場合はこうした傾向がとみに顕著である。

ドイツでは、ドイツ語 deutsch という単語が theodiscus というラテン語型で最初に現れたのは七八六年、今から一二〇〇有余年前であるが、「国語」としての標準ドイツ語が一応の成立を見たのは十八世紀の終わり頃であると言われている（小学館『独和大辞典』）。ただ最近の研究では、このラテン語型はカール大帝時代、その宮廷周辺でつくられた新造語であることが判明したという（『ドイツ史1』）。このルターとゲーテの国は、十世紀オットー大帝による神聖ローマ帝国樹立（九六二）以来の旺盛な分権主義的傾向の国で、ハプスブルク家の支配が終わっても（一八〇六）、近代的な意味での国家統一が成されるのは十九世紀後半にずれ込む。なお、ここでは慣例通り神聖ローマ帝国樹立と言ったが、この十世紀半ばに実体のある国家としての帝国が建設されたわけではない。それに以後も、この帝国は時の皇帝と状況により支配領域が異なり、常に確定された版図があったのでもない（後述）。

このドイツにおける分権主義的傾向の起源は太古の時代に遡るかもしれない。後述もするが、ここで歴史の流れを少し辿ると、ドイツには、ローマ帝国からゲルマニアと呼ばれた紀元一世紀前後、あるいはそれ以前から幾多の種族・部族が存在し、タキトゥス『ゲルマニア』時代には単一部族だけでもほぼ五〇あったという。おそらく実際はそれ以上で、三―四世紀に出現したザクセン、テューリンゲン、アレマン、フランクなど主要大部族はそうした小部族から成る混成部族であり、これらが古ゲルマン世界でそれぞれ氏族・種族・部族国家を形成していたとされる。そうした分立国家の恐ろしく古い民族的伝統が何千年もの歴史にずっと生きており、中世来強力な「領邦国家」なるものが数多く存在していたのは、そのためであろう——もちろん、十三世紀以降、約三〇〇あったとされる領邦国家群に加えて、「授封強制」（主君に復帰した封土を相続人に授与する定め）のようなドイツ封建社会特有の制度も影響したと思われる。現在でも、ドイツは連邦共和国の国名通り、連邦制国家であり、独立的なミニ国家のような州政府が存在しているが、この伝統の名残りであろうか。

＊ ここで言う古ゲルマン世界とは四世紀末の民族大移動前のゲルマン人社会のことである。古ゲルマン人＝ドイツ人ではない。

このことは言語の面にも影響する。フランスのような「一にして不可分」のコンパクトな共和国ではなく、現ドイツ国土だけでなく、オーストリアやルクセンブルク、スイスを中心としたアレマン語圏、東方植民圏（例：十二、十三世紀のズデーテン〔後のチェコ領〕、バルト海沿岸のドイツ騎士団領）などの諸地域を含めた広大なドイツ語圏には、前述のような領邦国家が分立していた。それゆえ、言語的にも標準ドイツ語以外の各種方言の勢力が強く、今もって多様な形態で存続し、日常語として健在であるという。しかも、「上部〔南部の〕バイエルン人」と「低地〔北部の〕ザクセン人」が各自の方言で対話すると、通訳なしでは相手の話が分からないだろうと言っても誇張ではないほど、各地の方言は独立的傾向の強い言語群なのである。

＊ この後述もする東方植民にあらかじめ触れておくと、ゲルマン民族大移動ほどではないにしても、ドイツ人による中世の東方移住の与えた意味は大きかった。ロバート・バートレット『ヨーロッパの形成』（伊藤・磯山訳）によると、「十二、十三世紀における数万人のドイツ人の都市や田舎の移民の入植」は「エルベ川以東の諸国のドイツ化と、後にドイツ世界の象徴となったベルリンやリューベックのような隣接する土地におけるドイツ語使用者の定住化という結果」をもたらし、とくに「十三世紀には、東ヨーロッパ全体が、エストニアからカルパート山脈に至るまで、ドイツ語

使用者によって覆われた。一部は農夫、一部は商人、一部は坑夫であった。彼らの到来はヨーロッパの地図を永遠に変え、今日に至るまで各方面に及ぶきわめて重要な結果をもたらした」という。移動に対するゲルマン人の民族的エネルギーは強烈旺盛で、他民族に比してはるかに強く、ヨーロッパ大陸に歴史上大きな足跡を残したのである。ただし、こうしたドイツの拡張は「神聖ローマ帝国のゆるやかな傘の下」で進行したものであり、新しい政治的単位、つまり東欧に王国や公国を生み出したのではない。なお、バートレットは、この場合の「植民」という語は近代の「政治的属領」化を言うのではなく、「新しい定住地」という「中世的意味」であるとも言っているが、ゲルマン民族の移動にしろ、後のヨーロッパ人のアメリカ大陸征服にしろ、「植民」とは土着民にとっては常に「侵略」であろう。ヨーロッパ人の優等コンプレックス的「詭弁」であると言ったら言い過ぎになるが……。

これに対しフランスでは、フランスの国家統一と国語としてのフランス語の成立はほぼ軌を一にしている。元来、フランスは中央集権志向が強く、カペー王朝期（九八七―一三二八）、とくに十三世紀以降、国王権力を中核として国家的統一が推進され、言語的統一も並行して進行する。歴代国王はフランス語という「国家語」の確立を目指しつつ、これを求心力にして国民的共同体の統一育成に努めたのである。その典型例が、十六世紀フランソワ一世が発した「ヴィレール＝コトゥレの勅令」（一五三九）で、これは司法や行政面に係わる重要な規定のほかに、そうした公文書においてラテン語ではなく、フランス語の使用を義務づける画期的なものだった。十七世紀になると、ルイ十四世の御代に国家統一がほぼ完成し、この国威発揚と同時に国語としてのフランス語も近代化され、いわゆる「国家語」として成立する。フランス人は「国語を新語を以て豊富にし、ラテン口調の轍をかなぐりすて、文章を純然たるフランス語風にした」（ラ・ブリュイエール『カラクテール』関根秀雄訳）。

そして次世紀、フランス革命によって「一にして不可分」の共和国が生まれると、この共和国原理は言語にも適用され「一国家、一言語」の国家原則となる。ただし、この原則が一挙にフランス全土に広まったのではない。銘記しておくべきは、「国民公会の法文が十八世紀末のフランス人に理解されるためには、六つの言語〔方言〕に翻訳されねばならず……また一九〇〇年においてさえ、フランス語は一般家庭全般の交流語ではなかった」（ジョゼフ・ロヴァン『ビスマルク、ドイツと統一ヨーロッパ』）ことである。民衆の「ことば」とは生きており、多様なものなのである。このように、フランスでも、プロヴァンスやブルターニュ地方などの強力な方言＝地方語がないわけではないが、やはりドイツの方言事情とは大いに異なる。かくのごとく、国家と言語の関係だけを大雑把に見ても、ゲーテの国とヴォルテールの国では大きな違いがあるのである。

＊ なお、フランスでは、現行憲法第二条で「共和国の言語はフランス語である」と規定されているが、このような国はそう多くはあるまい。ドイツの憲法（ドイツ連邦共和国基本法）にはそうした国家語の明文規定はないが、第三条「法の下の平等」において、生まれ・人種・門別・宗教などとともに「言語」による差別を禁止している。こうした点も、仏独相互の国家形成や言語の成り立ちの違いを反映しているように思われる。ちなみに、フランス共和国憲法では、この第二条規定の後、「国旗は赤・青・白の三色旗である」「国家は『ラ・マルセイエーズ』である」「共和国の標語は自由・平等・友愛である」という項目が続く。何ともユニークな憲法ではないだろうか。どこかの国の憲法に「国旗は日章旗（日の丸）……」「国歌は君が代……」であると規定されていたら、どうなるだろう。

さて、このようにフランスとドイツは一卵性双生児の兄弟のような出生であるにもかかわらず、ライン河を挟んで対立・抗争を繰り返しながらヨーロッパ大陸の列強として成長発展し、西欧世界、ひいてはEUの成立と形成に大きな役割を果たしてきた。またこれからも果たすであろう。以下は、EUへと至る、この両国の関係をさまざまな角度から見ていくつもりだが、まずはフランク帝国崩壊を契機に出現したこの二大国家の関係史をその発端から見ておこう。

第一章　仏独関係千年紀の発端

1　フランスとドイツの出現

「今からほぼ十世紀余り前——やがて十一世紀ばかり前になる頃、歴史上フランスとドイツという名をもつことになる二つの国家がヨーロッパの地図上に現れた」

これはガストン・ゼレール著『一千年来のフランスとドイツ』（一九三二年初版）なる仏独関係史の冒頭の一文である（以下、この書を大いに参考にするが、邦訳『独仏関係一千年史』は一九四一年出版）。九世紀半ば、カロリング帝国（ゼレールの用語）から、しかもこの帝国の決定的な崩壊から、今のフランスとドイツという国家の祖型が生まれたことをさしている。ゼレールは、両国の出生証書はヴェルダン条約（八四三）であると言うが、実際はその前年に、大きな役割を果たした重要な出来事が起きている。「ストラスブールの誓約」である。ストラスブール（ドイツ語名シュトラースブルク）とは、紀元前ローマの対ゲルマニアの塹壕陣地、また紀元後ガロ・ロマンの時代にもその前線基地として古代から存在したが、その名称からして実際的にはフランク族、つまりは後のドイツ人が建設したライン河沿いの町である。ここでこの歴史上有名な誓約がなされた。

ストラスブールの誓約　では「ストラスブールの誓約」とは何か。これは、八四二年、ゲルマニア王ルートヴィヒ二世ドイツ王とフランス王シャルル二世禿頭王の兄弟が交わした誓約のことを言う。カロリング帝国はカール大帝の後、その子ルートヴィヒ一世敬虔王に引き継がれたが、この王の死後、三人の息子、つまりカール大帝の孫たちの間で争いが起こり、下の二兄弟が長兄の皇帝ロタールに対抗して盟約を交わしたのである。

これを少し詳しく見ると、前年の八四一年、まさに「関ヶ原の決戦」とも言うべき「フォントノワの戦い」なるものがあった。この戦いは、父王の発した「帝国整序令」（八一七年、後述）に不満をもったロタールが次弟のアキタニア王ピピンの遺児ピピンと組み、ルートヴィヒとシャルルの兄弟連合軍とブルゴーニュ地方はオセール近郊のフォントノワで兄弟同士戦った、血で血を洗う死闘で、結局はロタールが敗北。アーヘンに逃亡するロタールを追って、ルートヴィヒとシャルル兄弟がおのおの兄ロタールとは個別取引をしないことを誓ったのが、このストラスブールの誓約なのである。もっとも、こうした遺領よりも前に、父子間の離反・対立・抗争もあり、領国争いはまことに複雑。肉親・近親もあったものではなかったようだ。なにも、カロリング朝のみに限られないが。

それはともかく、ここで注意すべきは、その時に使用され、この誓約書にも記された言語とその歴史的意味である。以下は、ウージェーヌ・フィリップス著『アルザスの言語戦争』（拙訳）によって、これも多少詳しく見ておこう。

それによると、ルートヴィヒはゲルマン語の方言チュートン語で、シャルルはロマン語で演説した後、二人とも相手方の家臣に対して相手方の方言で同盟を誓い合い、誓約書も二つの方言で取り交わされた。ロマン語とは俗ラテン語と初期フランス語の中間段階の言語。チュートン語とは当時アルザスで話されていたものにかなり近い方言、ライン・フランク語方言。この二つの方言が使われたことの意味は大きい。つまり、ヴォージュ山脈の両側ですでに言語的分岐が進展していたことを示し、またフランク族とガロ・ロマン人の民族的分岐と同化の過程が並行して進み、この時期に後の仏独両国の原型ができつつあったことを物語っているのである。

ヴォージュの両側での言語的分岐

当時、ヴォージュ山地は西部に大文化語たるフランス語を生じさせる方言と、東部に別な大文化語たるドイツ語を派生させる方言との間の、きわめて越えがたい境界線となる自然の障壁となっていた。ただし、ヴォージュの西ではロマン語だけが、東ではチュートン語だけが話されていたと思うのは誤りで、東の「ゲルマニア王国」にはゲルマン語方言を話さない複数の民族、とくにスラヴ民族がいたし、西の「フランス王国」でも状況はほとんど変わらなかった。まだ両国に言語的統一はなかったのである。

なお、ここで留意しておくべきは、「フランク王国において成長した社会的・政治的状況を、八世紀においてはじめて併合され、その時に至るまで全くフランクの制度と接触することなしに生活してきたところのライン河右岸の諸部族のそれから区別すること」（ハインリヒ・ダンネンバウアー『古ゲルマンの社会状態』石川操訳）である。例えば、六世紀頃の民族分布図を見ると、ライン河とドナウ河以北にはザクセン族とテューリンゲン族が勢力を誇っている。実際、初代フランク王小ピピン短軀王とその子カール大帝はこの一大勢力ザクセン族征討に苦労し、大帝自身三三年もかけてこの部族を征伐する。ライン河左岸、ヴォージュ山地西のフランス王国では征服者のフランク族と被征服者のガロ・ロマン人の融合が進み、文化的には前者が後者に吸収されていくが、この二言語共同体は約四世紀間続き、フランク方言が消えるのは十世紀になってからである。

＊　ちなみに、ストラスブールの誓約書はフランス語で書かれた現存最古のテクスト。この時期から十三世紀末頃までのフランス語を古（初期）フランス語と呼ぶ。五―十世紀のフランク王国における言語状況、ケルト語の一方言であるガリア語とゲルマン語の一方言であるフランク語の関係およびその推移などに関しては、前掲フィリップス『アルザスの言語戦争』や、ヴァルトブルク『フランス語の進化と構造』に詳しい。なお、この誓約書は国宝として、パリ国立図書館に収蔵保管され、門外不出。

さて一般に、軍事的に征服された土着民は政治的・社会的にのみならず、言語的・文化的にも征服者側に吸収されるもので、「この土着民は新来者の方がより高い文化を所有していたために、彼らの言語を採り入れる」（ヴァルトブルク）のが普通である。ところが、前述したように、ヴォージュの西では言語的・文化的にこれとは逆の現象が起こった。征服者フランク族は自らが植民地化した国の言語を採用したのである。その理由はいくつかあるが、端的に言えば、当然ながら侵入者のフランク族よりもガロ・ロマン人先住民の人口数がはるかに多く、文化もローマ化された後者の方が高かったからであろう。以後、「約五百年間、ガリアの支配階級――フランク族の貴族階級――は二言語使用」することになり、「この社会的事実はフランス語の形成に著しい影響を及ぼし」、また「この影響が……隣接ロマン語諸語に対してフランス語を個別化する」に至らしめたのである。

牧畜狩猟型と定着農耕型民族　周知のごとく、西洋古代世界では、ギリシア人・ローマ人以外はすべて蛮族・野蛮人とされるという、ギリシア以来の「民族誌的一般化（類型学）」の伝統があり、ゲルマン人もケルト人たるガリア人も蛮族とされていた。カエサルの『ガリア戦記』（紀元前五〇年頃の作）にゲルマンは「野蛮人」であるという語が何度も出てくるのはそのためだが、この蛮族たる両民族の基本的性格の違いは後のフランスとドイツという国家の形成のみならず、それぞれの言語や文化の成り立ちにも大きく影響したと思われる。つまり、概してフランク族が牧畜狩猟型であるのに対し、ガロ・ロマン人は定着農耕型の民族であったということである。こうした両民族の相違はさまざまな面に関係するので、少し詳細に見ておこう。

＊ ゲルマン民族大移動に関して付言すると、ドイツ側では「蛮族」とか「侵入」とかいう語は使われず、「民族移動」であるという。「蛮族」扱いするのは、西側、とくにフランス側であり、これがいわゆる民族大移動の「文化破壊説」（十九世紀のギゾーをはじめ、古くはモンテスキュー、ヴォルテールなどが唱えた説）を生み、西洋「中世暗黒時代観」にも繋がるとされる。それに民族大移動期は四世紀末から六世紀末までであるが、ゲルマン民族の移動はこの時期だけのものではない。ゲルマン諸部族は紀元前からローマ人と接触し、ローマ帝国内に居住しているし、ローマ人もゲルマニア州に入っており、民族混淆もあったのだから、蛮族扱いは不当かもしれない。また、後述するカール大帝に象徴されるように、ゲルマン民族が中世西洋世界に与えた影響の大きさを考えれば、ゲルマンという蛮族による「中世暗黒時代」という見方も不当な偏見であろう。

まず仏独両国民の共通の先祖となるゲルマン人についてだが、これに関しては、紀元後九八年のタキトゥス『ゲルマニア』（田中・泉井訳）が有名で、「文明人」たるローマ人から見た、蛮族の侵入者ゲルマン人の起源と社会構成、民族的特性、生活・風俗・習慣などが記されている。また前掲『ガリア戦記』（近山金次訳）にも、当然ながらガリア人だけでなくゲルマン人についての記述がある。これらは、後世からすると、「偏っている」と言う者もいるが、貴重な文献であることに変わりない。

＊ なお、カエサルやタキトゥスの言うゲルマン人とは前述した民族大移動前の古ゲルマン人であり、一説では、カエサルはゲルマン人をライン対岸のケルト人と見なしていたともいうが、彼らの報告・記述は古ゲルマン社会のそれである。

したがって、この場合もゲルマン人＝ドイツ人ではない。

『ガリア戦記』と『ゲルマニア』のゲルマン人

まず『ガリア戦記』によると、ゲルマンの「生活は狩猟と武事に励むことである」。成年男子たる者はすべからく戦士であり、「私有地がなく、居住の目的で一箇所に一年以上とどまることも許されない。穀物をあまりとらず、主として乳と家畜で生活し、多く狩猟に携わっている」。彼らは「体力のある大型の人間」で、「最も寒い地方でも獣皮以外の衣類は身につけず、獣皮もあまりないので体の大部分は裸であり、河で水浴する風習があった」。また彼らは「農耕に関心がない……誰も一定の土地や自分の領地などもっていない」。

同じくタキトゥスも、ゲルマン人（男子）は「長大にして、しかもただ攻撃にのみ強靱なる体軀……労働、労作に対して……忍耐がなく」「戦争に出ないとき、彼らは日々幾分は狩猟に、より多くは睡眠と飲食に耽りつつ、無為に日をすごす」と記している。要するに、彼らは戦が仕事なのであって、「犂耕労働を唯一の例外として」家事、家庭、田畑など一切の世話を女・老人などの弱者任せにしていた。また、「ゲルマニア諸族には一つも都市に住むもの」がなく、「彼らはその住居が互いに密接していること」に堪えられなかったともいう。

こうした牧畜社会の遊牧民的ゲルマン人と定着農耕社会に生きるガロ・ロマン人との決定的な違いを象徴するのは、ゲルマン人が「秋」という語を知らなかったことであろう。後者は冬と夏と春についてはその名称を有するが、「秋はその名も産物も……知らないのである」（タキトゥス）。牧畜民族にとっては、肥え太らせ出産させる冬と放牧の夏があっただけで、収穫の時としての秋はなく、最初は春もなかったのだ。

またついでに言えば、ゲルマン人は河川で水浴する習慣はあっても、彼らに浴室はなく、温浴の習慣はローマ人と接するようになってからであるという。

＊　ちなみに、このゲルマン人の水浴の習慣は、はるか後代にまで民族的痕跡として残っているようで、前記ロヴァンの『ドイツ人であったことを覚えているフランス人の回想』（以下『回想録』）には次のような挿話がある。一九五〇年代初め、彼がユネスコの関係で、シチリア島に滞在した折、あまりの暑さに、ホテルで水浴できる海辺を尋ねると、「この時期〔五月〕に泳ぐのは、ドイツ人と犬だけですよ」と言われたが、フランスに帰化したユダヤ系ドイツ人のロヴァンは、それでも快適に泳いで楽しんだという。後でも触れるが、シチリア島は、ドイツ中世ホーエンシュタウフェン家の歴代皇帝ハインリヒ六世やフリードリヒ二世が宮廷を築いた所でもある。ロヴァンによれば、この島は、歩くたびに、紀元前からの「ギリシア、ローマ、ビザンチン、ノルマン、シュヴァーベン、スペインなどの舗石の間にアラブの名残が偲ばれる」が、「マフィア」が生まれたのは、そうした積年の異民族支配に対する原住民の氏族・家族的集団防衛精神に由来するという。この説はなかなか興味深い。同じ地中海に浮かぶコルシカ島、プロスペール・メリメの『コロンバ』に出てくる「ヴァンデッタ（仇討・復讐）」の風習もそうした歴史的文脈から生まれたのだろうか。

牧畜か農耕か　さてもちろん、ゲルマン人が農業を知らなかったのではない。だが、彼らは定着農耕の段階に至るのが遅く、古ゲルマン時代には農業は「副次的産業」の域にとどまっていたというのが、一般的によくある説である。ただそう単純には言えず、むしろこれは一種の偏見のようだ。手の届く範囲内でドイツ側の参考文献（マックス・ウェーバー『古ゲルマンの社会組織』〔世良晃志郎訳〕、前掲ダンネンバウアー『古ゲルマンの社会状態』、増田四郎『ゲルマン民族の国家と経済』、ヴィルヘルム・アーベル『ドイツ農業発達の三段階』〔三橋・中村訳〕など）を見ると、ゲルマン社会には早くから農耕が定着していたとあり、性急に彼らを専一な牧畜民族、ましてや遊牧民であるなどとする説は誤解で、ゲルマン社会は牧畜がより大きな比重を占めていた「農牧社会」と見るのが妥当であろう。なお、カエサルやタキトゥスの伝えるゲルマン人像、その社会関係や共同体組織に関しては、従来から農業史・法制史・国制史などの領域で論争が交わされ、とくに牧畜と農業の関係についてはさまざまに議論がなされたようである。

例えば、西洋中世史の泰斗たる増田四郎は前掲書の「第一章　古ゲルマン民族の経済生活」に「タキトゥス『ゲルマニア』による」と副題して、この「まさしく千古の名篇」「珠玉の短篇」の各テクストを逐一検討し、こう述べている。「従来屢々論議せられたかのカエサルよりタキトゥスに至るいわゆる遊牧乃至は農業共産社会より定住的農耕社会への発展というが如き、一見魅惑的な問題の建て方は無意味な論争とならざるを得ない」。そして考古学などの研究が、「悠久三、四千年にわたるゲルマン民族の連続的発展の諸相を呈示し……農業起源の問題に関連し、ゲルマン農耕社会の恐ろしく古い姿を実証しつつある」と指摘し、ゲルマン民族は「農耕を基調とする定住民族であったと確信」しているという。また、カエサルの『ガリア戦記』の記述が、「如何に体験に基づくものであろうとも……一部のゲルマン部族に限られたものであり……戦時に見る例外的な国家法制と経済体制を露呈したものである」ともいう。

こうした観点は、他の論者にも見られる。アーベルは前掲書で、「カエサルが『農耕に関心がない。食物の大部分は乳とチーズと肉である』と描写したような生活状態は、移動とか戦時の場合にのみ比較的しばしばあったこと」であり、ゲルマン人が「ローマ人と接触するようになってもまだ『確定した耕地をもたない遊牧生活』が支配的であった」というような説は「全く問題にならない。農耕はすでに定着的であった」としている。例証として、紀元前一七五〇年頃の、「ドイツで発見された最古の犂」という西部フリースラントのオーク材の「ヴァルの犂」（ハノーファー農業博物館蔵）なる写真図版まで掲げられている。

また、マックス・ウェーバーも前掲論攷（原題は「前世紀ドイツの文献史料における古ゲルマンの社会組織の性格に関する論争」、『社会史・経済史論文集』所収）で、ゲルマン人を単純に牧畜民族と見なすことに異議を唱え、この蛮族が古来どのように農耕に携わっていたかを、カエサルやタキトゥスの事例に論駁し、例えば、犂耕、役畜、泥炭施肥などゲルマンの農耕技術を例に具体的に反証している。そして一刀両断、「カエサル時代に、西ドイツの諸部族の農耕技術がとくに低いものであったと認めるいわれは全くない」「農業を知らなかったということは……歴史時代についても先史時代についても、どのゲルマン民族についても、確実に証明されてはいないのである……すでにタキトゥス時代のドイツに『先史的』な農耕時代が存在していたこと……は正しい」と明言している。また、諸民族に共通な「遊牧生活」から「定住生活」へという一般的な「文化段階」発展論は「信仰」に過ぎず、「インドゲルマン諸民族にあっては、もはや決して『原始的』とはいえないような農耕についての知識が、太古の時代にまで遡っている」のだともいう。

さらに、主要な対戦相手の有力部族スエビ人をはじめ、カエサルが戦った相手は「当時東方から進出してきつつあった移動中の戦士諸部族」で、彼らすべてが「慢性的な戦時状態」に置かれていたとし、とくにスエビ人のありようを「ゲルマン人一般の生活様式の基準だと考えないように、十分用心しなければならない」と繰り返し述べている。スエビ人とは、エルベ河とオーデル河の間というゲルマニア最大の地域を占め、今のベルリン辺りを拠点としていた狩猟牧畜部族で、後に混成部族バイエルン族の主力をなし、今日いうシュヴァーベンにその語形が残るという。前五八年、カエサルに敗れたアリオウィストゥスはこの部族の王であった。

＊なお、ウェーバーは「キンキンナートゥス伝説」なる例を挙げて、ゲルマンの「戦士」像を描いている。前掲書の訳注によれば、キンキンナートゥスとは「前五世紀ローマの半伝説的な政治家・将軍。アエクイ人討伐の命を受けて、鋤を捨てて出陣、一六日間でこれを降して、再び農園に帰って農事に励んだ」とある。彼は古ゲルマンの扈従制度——従士制——下の職業戦士ではないが、昔時、洋の東西を問わずどこにでもいた「農民戦士」の典型なのであろう。現に、十八世紀初め、プロイセン軍隊の創始者とされるフリードリヒ・ヴィルヘルム一世（軍人王）は、「賜暇制度」なるものを設けて文字通り農民兵を徴募している。これは二年間の訓練後、一年のうち二、三カ月駐屯地で軍事訓練を受け閲兵式にのぞむが、戦闘がない場合は休暇を得て帰郷し農事にいそしむものだという。軍人王の脳裡には、古ゲルマンの

「戦士」像があったのかもしれない。

ゲルマンにおける牧畜の優位性

ただし、誤解のないように付言すれば、上記三者ともゲルマン人における「牧畜」の優位性に関しては一致している。まず碩学増田は、ゲルマン人は「農耕を基調とする定住民族」であり、その社会は「実物経済的農耕社会」であるとしつつも、「ゲルマン社会における牧畜は経済生活はもとより政治・宗教・軍事の各般にわたって本質的な重要性をもっていた」とし、その社会は「牧畜の普及性を含む定着制農耕社会」であると見事な性格づけをしている。別な著作(『西洋中世世界の成立』)では、古ゲルマンは「もともと氏族的に結合した『都市なき』農耕社会である」としているが、「都市なき農耕社会」とは的確かつ巧みな喩えである。これには、前記タキトゥスの言、「ゲルマニア諸族には都市に住むものが一つもなく」がこだましないだろうか。

またアーベルは家畜がいかに重要であったかを、「ドイツ農業の最古の史料の一つとなっている民族法」、例えば六世紀初頭成立のザールフランケン地方の法をもとに推察している。それによると、この法書には、農業についてはごくわずかしか述べられていないが、家畜の保護についてはことこまかく取り決められているという。とくに家畜の窃盗犯への処罰に関しては特別の章が設けられ、なかでも豚の窃盗については詳細で、「乳のみの子豚、豚小屋、囲い、野原で飼われる子豚、普通の子豚、肥やし子豚、生後一五―二六週間の豚と母豚、先導の雌豚、去勢豚、雄豚」などと区別され、これらにザールフランケン地方の方言が当てられていた。「すでにそこにはほんものの『豚の専門用語』が発生」しており、豚ばかりではなく、いかに家畜が重視されていたかが分かると指摘している。

ウェーバーも同様で、「タキトゥスの時代あるいはもっとのちの時代においても、牧畜が完全に利害関係の中心を占めていたこと」はまったく疑いの余地がなく、古ゲルマン人の「農耕の集約度」は低く、家畜所有の意義がきわめて大きかったことを強調している。ウェーバーもやはり豚に関して言及しているが、面白いのは「ハム」の例である。「太古以来、牛類と並んで、定住農民に特有の家畜である豚が、ドイツ人の経済の中心に存在」しており、紀元一世紀、「ヴェストファーレンは自作のハムをローマに送っている」という。ドイツ人は今もハムやソーセージなど豚肉加工製品を多食するが、こうした食習慣は古ゲルマンの時代からのものなのだろうか。またウェーバーは「養蜂」も、「プリニウスの時代には……はるかに集約的な形で」行われていたものと推定している。

民族的特性の影響　さて、それはともかく、こうした民族的特性は、後のフランスとドイツの国家・国民形成に大きく影響することになる。とくに、ゲルマン人が移動を繰り返すことにより土地所有・定住の時期が遅れたというよりも、「土地集積の過程が長期にわたった」（ウェーバー）ことが、社会的なまとまりとか統一性、社会集団としての領域性を欠くことになり、部族国家の習性が残って統一国家的な社会構成実現の遅延に繋がったのではないだろうか。それは、定着農耕社会という一般的な「文化段階」への進展到達が遅れたということではなく、長期にわたって移動し続けたからでもあろう。また移動と言っても、彼らは純然たる遊牧民のように季節ごとに移動していたわけではなく、「東洋の如き水田耕作の制約が全くなく……幾十年も同一場所に定着して農耕に従事し」、必要に迫られて他の箇所に移っていたのである。こうした農耕民族の移動可能性、つまり移動と農耕が矛盾なく並存し、しかも戦争しながら移動できるのはゲルマン諸部族の社会構成とかゲルマン的国家構造の特質に起因するという（この点については前掲『西洋中世世界の成立』に詳しくある）。

ゲルマン民族大移動　ところで、ゲルマン民族大移動は後のヨーロッパ、とくに西ヨーロッパ世界形成の大出発点ともなる重大な世界史的事件であるが、その原因は概して、「気候変動と諸部族の人口増加とその結果の土地不足」とか「〔大移動開始時の三七五年の〕フン族の西進にもとづくゴート族の南下」のように他民族の圧迫などによるとされる。だが言うまでもなく、民族移動というのはおそらく何千年、何万年前から地球上至るところで行われており、その原因・理由はさまざまであろう。ゲルマン人の場合も、上代、カエサル、タキトゥスの記述以前の史料は稀で、紀元前からの、初期の移動の原因・経緯については不明な点が多く、憶測の域を出ないと言われる。

ただごく単純素朴に言えば、一般に自然界である動植物種が増殖すると、その群落・集団が自然にテリトリーを増すように、人間界でもある群小氏族が集結合体し部族集団となると、その生活圏が狭くなり、より広い空間を求めて移動するのは自然ではないだろうか。ましてや、旺盛活発な民族的エネルギーに溢れ、闘争心や開拓・征服精神のみなぎる部族集団であれば、牧畜民族であれ農耕民族であれ、テリトリーの獲得拡大に向かうのも、これまた自然である。もちろん、そこには単純な動物的縄張り獲得願望だけではなく、人間界とあれば種族とか民族的要因に加えて政治的・社会的・経済的なものや言語・文化的なものまで種々多様な要因が働くであろう。つまり、人間界における民族移動のダイナミクスといったものがあると思われる。

ゲルマン人の場合、古ゲルマンの時代からそうした民族的エネルギーが強烈で、すでに前三世紀からいくつかの混成部族連合が生まれ、集合拡大を繰り返して移動し続け、四世紀末の民族大移動においてそれが膨張爆発したのだろう。いわば、民族移動の「ビッグバン」である。大移動前、ライン河を渡河してガリアに侵入したアレマン族やフランク族は三世紀頃形成された混成部族である。まさにゲルマン民族の果てしなき「征旅」であると言えよう。そしてこの征旅は「ドイツ史の全体をつらぬくあの根強い völkisch なものの根基」（前掲『ゲルマン民族の国家と経済』）に由来するものかもしれない。そこには、「次元を代え結合を代えて、最後まで『最初のもの』を転生せしめつつ包括発展してゆく熾烈な団体〔共同体社会〕構成力の存在」があり、ドイツ民族には「徹底的に古きものを主張しつつ新しき団体を意識的に推進せしめるという歴史的性格」があると思われる。またそれは、「いわゆる内陸的東洋社会の団体意識や英仏的集権市民国家の社会構成」に見られる「合理的な発展変質を比較的容易に行い得る如き国家意識」とは明確に異なるのではないかという。つまりは、同じゲルマンの血が流れているとはいえ、後代のドイツ、フランス、イギリスにあっては、それぞれの民族的性格や歴史性、国家意識が根本的かつ微妙に異なるというのであろう。

かくして民族大移動後も、ゲルマン人の征旅は続く。すなわち、彼らは古代世界にヨーロッパ大陸を西進南下しただけでなく、中世の神聖ローマ帝国下でも、新地開拓の東方植民のような移動拡大路線を続けるのである。「経済的発展とキリスト教は雁行する」というから、この東進には当然キリスト教布教という名目もあったであろうが……そしてそれはまた、前述したように、ゲルマン諸方言が強い勢力をもって分立し、国語としての標準ドイツ語の成立が遅れたこととも呼応するであろう。前記フィリップスがいみじくも指摘するがごとく、「ドイツでは、いかなる国王も皇帝も自らがその権威を確立した領土全体に、〝おのが〟言語を行き渡らせるには至らなかった」のである。

ガロ・ロマン人の定着農耕性　これに対し、ガロ・ロマン人は穀物豊かな農耕社会に定住し、ほぼ現フランス国土内において社会構成できたから、ゲルマン人のように移動する必要はなかった。ガリアの土地は肥沃で、すでに古代末期のローマ支配時代、ゲルマンの侵入以前に大土地所有が進展していたのである。それどころか、考古学・フランス古代史学者クリスティアン・グディノーによれば（『ル・ヌーヴェル・オプセルヴァトゥール』誌二〇〇五年八月）、紀元前五二年の全ガリアの反乱（ガリア人戦争）以前に、一定の文明段階に達しており、「豊かな国であった」という。その例として、このコレージュ・ド・フランス教授は海底遺跡や漂流物研究から、紀元前一五〇—五〇年頃の、大量のイタリア製ワイン・アンフォラ（壺）流入を挙げ、それはガリアにワインを輸入するだけの金銭があったことを示しているという。実際、これは最近の考古学的発見によって確認されている。二〇一〇年、モーゼル県のTGV（フランス新幹線）の工事現場で一一六五枚もの金銀銅貨が見つかっている。これらの貨幣は紀元前一世紀のものとされ、ガリアの首長が同盟した侵略者ローマ兵への賃金として使ったものと推測されている。

ついでに言えば、フランスの葡萄栽培は、紀元後のごく初期、アウグストゥス皇帝の時代である。また技術的にも発展しており、種々の武具や農具、家庭用品が作られており、ダランベールの『百科全書』は十八世紀の道具類の大半がすでにガリアに存在していたことを示しているともいう。さらにこの先史時代、農耕だけでなく牧畜も盛んで、狩猟は貴族の遊び、スポーツのようなものだったことも判明している。なお、キケロによれば、ローマ人やギリシア人はワインを水で割って飲んでいたが、ガリア人はこの高価な飲物を生のまま飲んでいたという。また一般に、ワインの侵入以前、ガリア人はゼルヴォワーズという古代のビールを愛好していたとされるが、ローマ人とガリア人の戦い、ガリア戦争は「ワインとビールの文明戦争」であったとも言える。後者が文明人たる隣人の習慣を真似なかったのは、ワインやアンフォラに何か象徴的または宗教的な意味合いがあったのだろうか。

フランク族　ところで、フランク族は、ゴート人やヴァンダル人のように「あてもなく戦闘的移動の途につく」のではなく、「その農民たちが国境のかなたから数百年以来その肥沃な土地を垂涎の眼で眺めていたような地域〔ガリア〕に侵入」（ウェーバー）征服したのである。以後フランク王国を経て、中世フランスでは、カペー王家を中核として、諸侯・大貴族が群雄割拠する戦国時代さながらの抗争を何世代にも渡って繰り返しながらも近世の中央主権的国民国家形成への道を歩むのである。

また言語面でも、前述したごとく、フランス語は国家形成への途をほぼ並行して歩み、ドイツ語よりもはるかに狭い領域内で、パリ周辺のイル・ド・フランス、シャンパーニュ、ピカルディ地方などの方言、とくにイル・ド・フランス方言フランシアン語を中心とした国民語として形成され、やがて近代的国家語としての地位を確立してゆく。なお、フランシアン語とは「フランク族の言語の影響下で、ガロ・ロマン語が取った形態である」。

このように、ゲルマン人とガロ・ロマン人の民族的性格の違いは顕著であるが、これに関してはクルツィウスに興味深い指摘がある。それを参考にまとめてみるとこうなる。その多くは両民族の生まれた自然環境の違いからくるであろうが、とくに「土地」に対する考え方が異なる。何世紀もの間、移動に移動を重ねたゲルマン人の後裔たるドイツ人と違い、ケルト人たるガリア人の後裔のフランス人は国土に対する情愛がはるかに深い。フランス人の国土愛は「土地に対する定住者の愛着である」(前掲『フランス文化論』)。また紀元前五世紀からケルト人がヨーロッパ全土を席巻したが、「ガリア人はこの民族移動について何らの記録」も残しておらず、フランス人には「この太古時代の思い出が何ひとつ見出せない」。それゆえ、「ゲルマニア民族移動の英雄伝説」のようなものは何もなく、「フランスの魂は移動本能を知らず遠征欲も知らない」という。フランス人にはゲルマン人の「征旅」のような遠い民族の「記憶」はなかったのである。ここで想起されるのは、例の「雄鶏と鷲」の形象だ。餌を見つけるのに、ガリアの雄鶏はせいぜい止まり木で雄叫びをあげて舞い降りるだけでよいが、ゲルマンの鷲は大空高く飛翔し、獲物めがけてヨーロッパ大陸の空を果てしなく滑空するのである。

そしてこのことは、仏独両国民の自然観や文化観の違いにまで及ぶとして、クルツィウスはさらに言う。

「ゲルマン人の自然に対する感情は、原始の力に憧れる止みがたき衝動であるが、フランス人の自然に対する感情は、畑作り庭作りの土に対する敬虔の情である」。

ゲルマンの深い森に対するような憧憬はフランス人にはないのである。それゆえ、「フランスの文化観念はフランス葡萄酒と同様に、フランス国土の産物」だということになる。しかも、ゲルマン人には「民族移動と国家建設」という「始源的体験」があり、そこから英雄伝説が生まれたが、ローマ化したガリア人、すなわちフランス人にはこの始源的体験がない。つまり、フランス文化には、ドイツ語の前綴 ur-（始源、根源、発端の謂）にあたるようなものを付した国民的体験がないというのである。

確かに、ドイツ人にも、はるか後代には第三帝国の「血と大地」のような狂信的イデオロギーが生まれるが、これはフランス人の自然なる国土愛とは次元がまったく異なるであろう。また、ドイツには、紀元九年、トイトブルクの森でヴァルス将軍率いるローマ軍を殲滅したゲルマンの族長アルミニウス伝説があり、タキトゥスだけでなく、後世多くのドイツ英雄詩で称えられているという。その他、『ヒルデブラントの歌』をはじめ、有名なジークフリートやニーベルンゲンなどのゲルマン伝説を素材にした英雄叙事詩は多々あるが、クルツィウスが言うように、フランスにはこれらに相当するものがない。武勲詩『ロランの歌』はカール大帝時代のものを題材としており、この頃はフランスもドイツもまだ存在しない。厳密に言えば、「剣難知らず」のロンスヴォーの英雄はフランス国民の英雄ではないというのであろう。

以下クルツィウスの主張の詳細は省くが、ドイツ文化がギリシア文化を直接摂取しているのに対し、フランス文化はこのギリシア精神世界・文化を摂取したローマ文化を吸収同化したものであり、フランス文化には二次的派生的性質が固着しているという。それゆえ、「フランス文明は、いわば二乗の、二次的文明」であり、そのことはフランス文学のみならず、風俗にも国民感情にも宗教的信仰にも表れているとする。おそらくそうであろう。卓見である。

2 ヴェルダン条約から神聖ローマ帝国とカペー朝へ――ゲルマン社会の分割相続制

さて、歴史の流れに戻ろう。ストラスブールの誓約の翌八四三年、問題の「ヴェルダン条約」が締結される。これによってカロリング帝国が崩壊し、ヴォージュの東ではフランク族が分岐し、ヴォージュの西、ガリアではガロ・ロマンとの民族混淆が進展する。では、カロリング帝国を崩壊させたというヴェルダン条約とは何か。なお、ヴェルダンとは仏独国境に近い、フランス東北部の町、常に戦場の脅威に晒され、後世、普仏戦争時の攻囲戦をはじめ、第一次・第二次世界大戦の激戦地となる地でもある。

ヴェルダン条約　これは、カール大帝の長子ルートヴィヒの遺領をめぐって、長兄ロタールと前記「ストラスブールの誓約」で同盟を結んだルートヴィヒ二世ドイツ人王とシャルル（カール）二世兄弟が争った結果生まれた条約である。ルートヴィヒ一世敬虔王は皇帝在位中の八一七年、帝国統一のため「帝国整備（序）令」によって長子ロタールに帝号付与を定めていたが、争いが起こったのである。この勅令は、八〇六年、父カール大帝が発した長子優位の「国王分割令」に倣ったものである。ロタールが帝位を継ぎ、概略図的に言うと、ライン河を中心に今のロレーヌ（ロートリンゲン）地方からイタリア王国まで含むほぼヨーロッパ中央部のロタリンギア王国を、ルートヴィヒ二世がライン以東の東フランク王国を、シャルル二世がロタリンギアとの西境界となるロレーヌ以西、ソーヌ、ローヌ河以南の西フランク王国を領有した。

前記ゼレールによれば、三兄弟は「国境として水の流れを選んだ」のであり、言語や民族の違いによる区分・分割ではなく、「純粋に地理的な境界線」に従ったのである。この時点で、フランク帝国は三つに

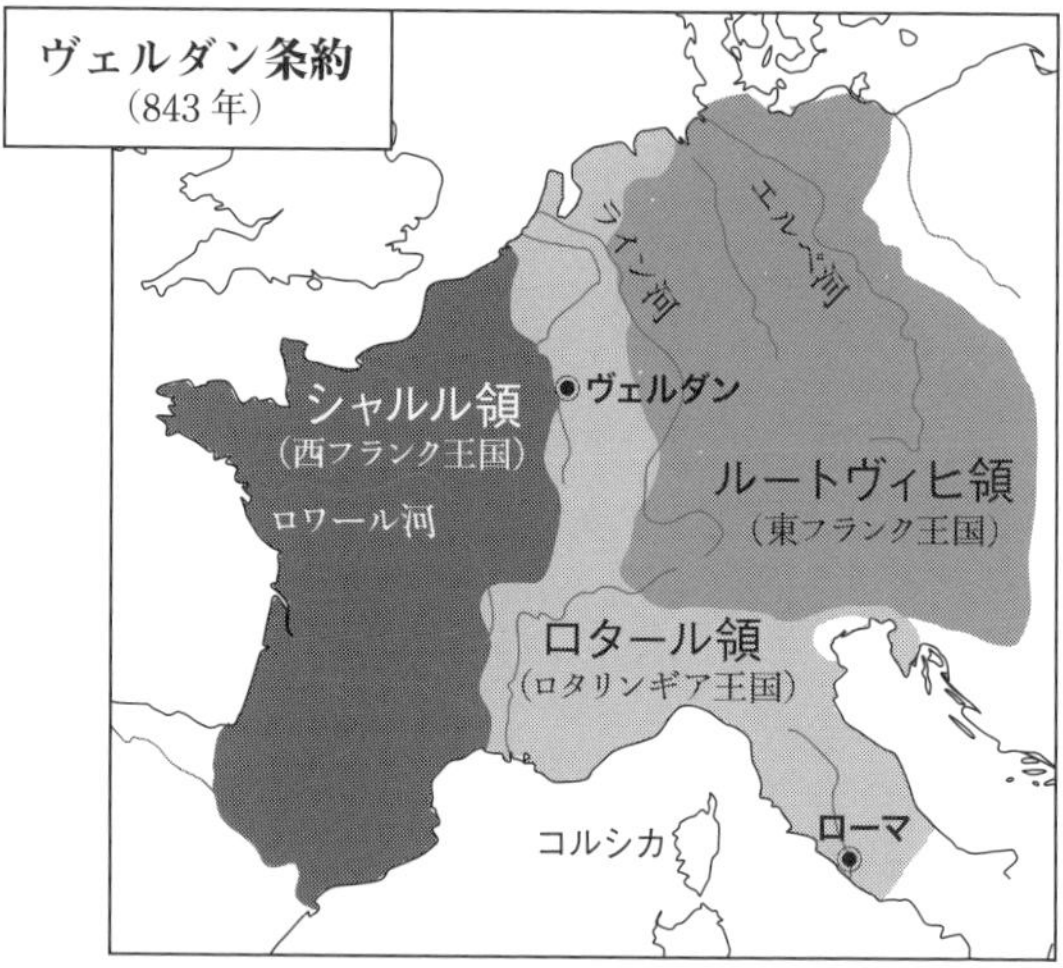

ヴェルダン条約
（843年）

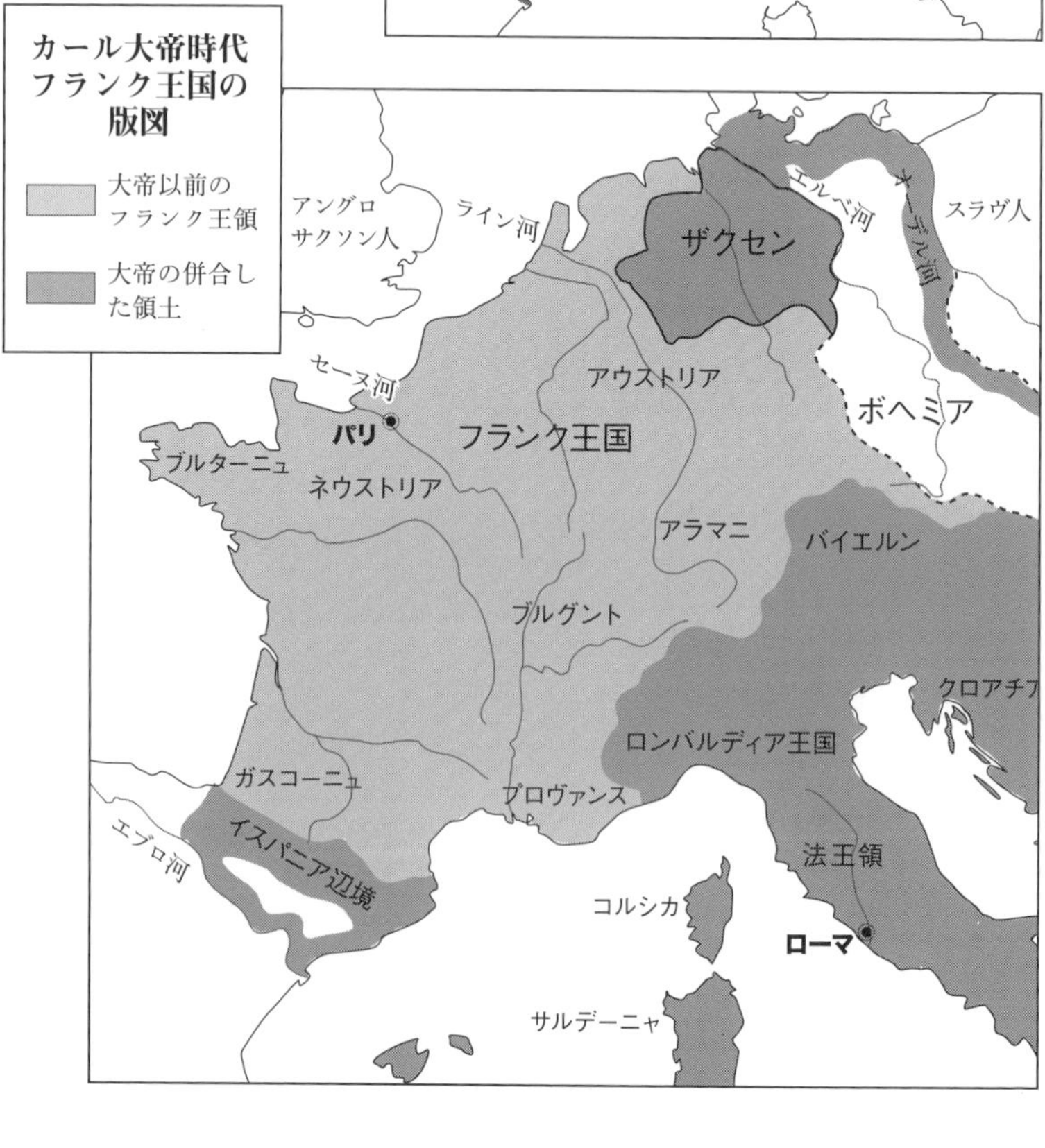

カール大帝時代
フランク王国の
版図

分割統治されてなお存在していたが、ここにはじめてフランス、ドイツ、イタリアの原型が誕生し、それぞれが個性をもち始めたことは確かであろう。東フランク＝初期「ドイツ」王国、西フランク＝初期「フランス」王国と称されるものの祖型誕生である。つまり、「歴史的に形成せられた新しき社会秩序としてのヨーロッパ」の萌芽が見え始めたのである。

メルセン条約　そして、この萌芽は二七年後のメルセン条約（八七〇）によってより大きく芽吹く。これは長兄ロタールの死後、上記二人の弟がまた盟約を結んで、遺子ロタール二世、次いでルートヴィヒ二世イタリア王からイタリア部分を除くロタリンギアを奪うために締結した国境制定条約である。この条約も、ストラスブールの誓約やヴェルダン条約同様、仏独双方の言語で書かれ、フランク帝国は東フランクと西フランクの二つの王国に分割されたが、それでもなおフランク帝国という全体的国家理念は残存した。以後、東西フランク王国双方とも王権争いは続くものの、ロタリンギアの北半分を二分割領有してそのままあり、両国がドイツとフランスとして完全に分離するのは十世紀のカロリング王家の断絶によってである。なお、この条約後、ロタリンギア南半分では、イタリアが、元はロンバルディア王国があった地で再び独立の王国となり、八七九年にはプロヴァンスに王国が創建され、八八八年にはブルグントに王国が生まれようとしていた。ロタールの中部フランク王国は細切れに分断されたのである。

だが、ゼレールによると、このメルセン条約前後から十世紀末の神聖ローマ帝国樹立とカペー朝創始までの一世紀有余の時期が「両国関係史上……最も重要な契機」となり、「仏独関係の将来はこうした新事態の帰結をどこまでも背負って行く」ことになるという。前掲『一千年来のフランスとドイツ』では、なぜ神聖ローマ帝国が、ライン左岸の西フランク王国ではなく、右岸の東フランク王国で成立し、左岸でカペー朝の始まりが遅れたのかという「新事態」が詳細に記されている。つまり、なぜ同じ「笏杖」（帝王）

と「牧杖」（教皇）の下で統一された国家、それも「キリスト教帝国」とも言える神権国家がヴォージュの東で生まれ、西ではフランス諸侯の争いが長く続いたのか、である。一説では、神聖ローマ帝国は、「当時の西方世界にザクセン朝以外の有力な政治権力がなかったという特殊な政治状況」による「偶然の結果に過ぎない」というが、そうだとすると、「歴史」とは常に「特殊な状況の偶然の結果」ということになる。そう単純には言い切れまい。問題は、どうしてその「特殊な状況」が生じたか、であろう。ともあれ、この一世紀有余の間の混乱をきわめた帝位・王位争いについては、さらにきわめて詳細な記述が前掲『ドイツ史1』などにある。ここではそのすべてを伝えることは煩瑣に過ぎるので、これらを参考にして概略を見ておこう。

フランク帝国の帝冠のゆくえ　メルセン条約後、東西フランク王国がそれぞれ独立的傾向を強めつつあったとはいえ、前述したごとく理念上フランク帝国は存続して帝冠は依然としてあり、これをめぐる争いが東西の両フランクの間で繰り返された。これに介入したのはローマの教会である。教会にとっては、カール大帝以来、西ヨーロッパにおける政治的統一はキリスト教的統一の欠くべからざる要素となっていた。フランク帝国では、ロタール没後、帝冠はほとんど実権のないままその長子や弟、甥などの頭上を転々とする。そして以後も、東西フランク双方で、カロリング家の末裔たちの相次ぐ死とか領国の変転きわまりない離合集散が繰り返され、さらに各地域の聖俗双方の大貴族が加わって、まるで皇帝位、王位争奪の戦国時代さながらとなった。

その一方では、対外的には東フランクはマジャール人やスラヴ人、西フランクはノルマン人やモール人の脅威に晒され、その防御に追われ、国内ではかたやザクセン人が台頭し、かたやフランス諸侯が熾烈な王権争いを繰り広げていた。そうしたなかで、東では九一一年、カロリング家の血統が絶え、やがて九一九年、ハインリヒ一世（鳥刺王）がザクセン朝を創始する。西では、カロリング家の後裔とライン中流域の新興豪族カペー家が王位を争い、八八八年、パリ伯ウードがカロリング朝のシャルル・ル・グロ（肥満王）に代わって王位につくが、八九三年、またカロリング家のシャルル三世（単純王）に移るというように、王冠は宙に浮いたかのごとくカロリング家とカペー家の間を揺れ動く。そしてやっと、九八七年、ウードの孫ユーグ・カペーがカペー朝を樹立し、国家として存在し始めるのである。カペー家はアンジュー・ブロワ伯ロベール・ル・フォールを創始者とし、フランス最古の王家となる。

ドイツ・ザクセン朝に遅れること七〇年近くして、フランス・カペー朝が誕生したという、こうした歴史的な政治状況に、教会が拱手傍観するはずがない。メロヴィング朝の英王クローヴィス以来、キリスト教はフランク人とともに歩んでおり、あらゆる王位や皇帝位継承に絡んでいるのである。とくにカロリング朝以降、教皇による「塗油と戴冠の儀式は国王即位式の伝統」となっている。それにしても、七〇年の時代差は大きく、西フランクの「たちおくれ」はフランス国家の形成に重くのしかかってくる。その間王位だけではなく、ほとんど実体を失ったとはいえ皇帝位も何人かの頭上を通過するが、皇帝位がアルプスを南に越えることがあり得ても、ヴォージュを越えて西フランクに渡ることは、九世紀後半のシャルル二世と三世の短期間を除いてなかった。

ロートリンゲン問題　十世紀初頭になると、東フランクが西よりも強大になり、九二五年、ロートリンゲン（ロレーヌ）を併合して分裂状態の西フランクに対して決定的かつ圧倒的な優位を示すことになる。いわゆる「ロートリンゲン問題」である。この年を境に、帝冠が東フランクに移り、「この王国の主権者の特権」になり、両国の以後の発展に大きな開きが生じて、九六二年オットー一世の戴冠によって決定的になる。西フランクのルイ四世やその子ロテールは何度かロートリンゲンを取り戻そうとするが、無駄であった。そしてついには九七八年、象徴的な出来事が起こる。かつてカール大帝がアーヘンの宮殿の天辺に据えさせていた鷲、じっと西の方を向いて翼を広げた青銅の鷲が、兵士によって東の方に向き変えられたのである。双頭の鷲は左右両方を向いているが……。

当時、ロートリンゲンとは「アーヘン、トリーア、ケルンを含むフランク王国中核領域が、ロタール二世治下の分国」という意味で呼ばれるようになったというから、そこには現代のロレーヌも含まれるだろうが、今日言うロートリンゲンとは相当意味合いが異なる。メルセン条約後も、この領域が東西フランクの争奪の地となるが、これはかつての「ロタールの国」が東西の境界線を占める要衝であったからであろうし、アーヘンを主要な宮廷としていたカール大帝への追憶もあったかもしれない。ただこうなると、ヴェルダン条約とかメルセン条約の枠組みは壊れて、もはやないも同然であった。

＊ ちなみに、両大戦間の一九二五年、ドイツはこの九二五年のロートリンゲン併合を記念して「ザールの千年祭」なる式典を盛大に挙行したという。ザール川はロートリンゲンから発してモーゼル川に合流し、ライン河に注いでいるが、ザール地方は特別区として両大戦間（一九二〇―一九三五）フランスなどの国際管理下に置かれていた。この管理期間終了後、ザールはドイツに復帰するが、この地の豊富な石炭と鉄がドイツの工業化を潤し、ナチスの勝利に繋がる。そして第二次大戦後はまた一九五七年まではフランス管轄下にあった所で、アルザス・ロレーヌのすぐ北隣、仏独の国境紛争地帯である。歴史は続くものである。

またついでに言うと、広大なフランク帝国にはカールの宮廷はあちこちにあった。この各地に設けた王宮のネットワークを拠点にした統治システムは、後の神聖ローマ帝国にも受け継がれたカロリング朝以来の一種の伝統で、中世のドイツ王国には首都はなく、国王はいつも鞍上にあり、ルーヴル宮のような国王の常駐する宮城はどこにもなかった。居城なしである。神聖ローマ皇帝は「首都なき王国の旅する王」、いわば旅ガラスの王であったのだ。カール大帝の馬上像（ブロンズ、十世紀、ルーヴル美術館蔵）をはじめ、中世の君主像が馬上姿で描かれるのもそのせいらしい。もっとも、フランスでもカペー朝初期の頃は王領地こそパリを中心に広がっていたが、まだパリが首都であったわけではなく、貴族の生活は遊牧民のようなものであちこちを移動していたというから、彼らもフランク王国の伝統に忠実だったのだろう。ルーヴル宮が居城となったのは十四世紀後半である。

オットー大帝　さて、上述のような帝冠や王冠の「ひったくり合い」の混乱期のなかで、東フランク国王オットー一世が登場し、九六二年、教皇ヨハネス十二世によって戴冠される。その頃、東西フランクのなかでオットー一世が最強の権力者だったからである。カール大帝の再来というわけだ。注目すべきは、この即位儀典でフランク＝カロリング的伝統が意図的に強調されたことである。このザクセン人の王はフランク人の衣裳をまとい、アーヘン王宮のカール大帝の玉座に登ることにより、自らがフランク王国の正統な継承者であることを誇示した。そして塗油、戴冠などの宗教的儀礼によって、オットーの王権の神権的性格が公示された。もはや彼は諸侯間の第一等指導者ではなく、神意を体した王、選ばれた神的権力の代理人、その執行者として君臨する。かくして、カールの帝国は半世紀と続かなかったが（八〇〇―八四三）、オットーの帝国は、有為転変はあっても、八世紀以上（一八〇六年まで）も続くことになる。

なお、このオットー大帝に見られる神権的君主観念は後の神聖ローマ帝国諸帝に共通する伝統的な支配観念で、王国の国制的秩序や統治体制に影響し、中世を通じて大問題となる教会権力と国王権力の対立相剋の歴史に繋がる。それは中世来神聖ローマ帝国のみならず、ヨーロッパ諸王国で生じる国家と教会の関係の問題であり、十二世紀のヴォルムス協約に始まる「コンコルダ」、十六世紀の「イギリス国教会」など歴史的事件があるが、とりわけドイツでは、「カノッサ事件」「叙任権闘争」などのように鋭く象徴的な形で現れる。フランスやイングランドでは、政教間の妥協によって「実践的解決」が図られている。ちなみに、この「世界」を治める二つの最高権力の争いは「両権力論」として中世から論議されているが、その端緒は古代末期の五世紀、ローマ教皇ゲラシウス一世が時の東ローマ皇帝アナスタシウス一世に宛てた抗議の教書にあるという。こういう問題は現代世界にもあり、いわば古くて新しい「永遠」の普遍的問題なのだろう。

この点をもう少し敷衍すると、フランク王国時代の「ピピンの寄進」以来の伝統を受け継いで、ザクセン朝のオットー諸帝にしろ、カペー朝諸王にしろ、彼らはまず教会の保護者であらんとした。どちらも「キリストの代理人」「神の代理者」であることを任ずるに変わりはないが、神聖ローマ帝国では、オットー大帝以来、皇帝の神権的統治者としての性格が強く、教皇に対し聖別の前に皇帝への忠誠誓約を義務づけていた。皇帝優位なのである。皇帝は塗油、戴冠の儀を経て即位すると、俗権、教権を一手にして王国支配を企て、かつ西方キリスト教会の指導者としての支配任務を果たそうとした。

これに対し、フランス王は戴冠式で塗油を受けるのは同じだが、王は教会の保護者のみならず、霊的で宗教的な存在として高められ神格化された。爾後、イングランドにおけると同様、フランス王は「病を癒す王」として民衆に崇められるようになり、とくに、十二世紀以降いわゆる「呪術の王」信仰として広まった。こうした違いが王国統治形態やローマ教会に対する態度の違いとなって現れる。ただ、帝国に支配のメカニズムの要として王国教会のネットワークがあったように、フランスでも確固たる行政組織を欠くこの時代、王国統治において教会・修道院が大きな役割を果たしたことに変わりはない。

なお、この「呪術の王」とか「奇跡をなす国王」信仰は古く、フレイザー『金枝篇』によれば、「普遍的な真理」とは言えなくとも、「多くの共同社会において神聖な王が呪術師から進化したと考えられる」

（永橋卓介訳）。つまり、未開社会から祭司王的存在が出現していたのである。フランス王国ではこれがクロヴィスまたは聖ルイ王以来儀礼化して十八世紀まで続くが、ルイ十五世の頃になると、癒しの儀式で、従来は「王の御手が触れ、神が癒す」と述べつつ王が患者に触れていたが、「王の御手が触れ、神よ癒し給え」と微妙に変化していたという。同じくフレイザーによれば、英国王は接触によって瘰癧を癒すことから、この病気は「王の病気 King's Evil」と称されていたというが、ウィリアム三世のころからは手を触れず、「神なんじによりよき健康と、よりよき常識とを与え給わんことを」と言うだけになったとある。時代の推移、人心の変化とともに、王権の呪術的神性とか絶対性に翳りが出てきたのかもしれない。

ゲルマン社会の相続制

ところで、おそらく人類誕生以来、原始社会の時代から相続争いとか遺産争いが起こるのは世の常であり、何も珍しいことではないが、フランク帝国のように国家単位の争いとなると問題は大きく、さまざまに影響する。ゲルマン社会では、相続制はどうなっていたのだろうか。

例えば、タキトゥスの時代の古ゲルマン社会では、前掲『ゲルマニア』の注釈によれば、「相続は原則として長子制度であり、自然がその順位を定める」とある。また一般的に言って、古代社会も近代社会も多くは長子相続を旨としていたであろう。ところが、ダンネンバウアーの前掲書によると、ドイツ部族法では「単独相続の原則を認めず、同一親等の相続者による平等の相続権のみを認め」ており、「八世紀の文書は……充分な証拠を提供している」という。また「ドイツ諸侯法も……はるか後世になってはじめて長子制の原則に到達するにいたった」というのである。また増田四郎もフランク王国では「分割相続の原理」が「部族古来の伝統」であったと指摘している（前掲『西洋中世世界の成立』）。もっとも、アンリ・ピレンヌのように、フランク王国で王の死没後、息子たちにより諸国が分割されても、それは「征服の結果に基づくものであって、もちろんゲルマン的なものであったわけではない」とし、分割が行われたのはフランクだけであるとする説もあるが（『ヨーロッパ世界の誕生』増田四郎監修、中村・佐々木訳）……ここでは、ダンネンバウアーと増田説に従うことにする。

中世史や法制史の専門家ではないので、つまびらかにはしないが、古代ローマでも帝国の分割統治が行われていたことと直接関係はないにしても、フランク王国では、いつ頃から慣習法と思われるこの部族法にしたがって分割相続が行われていたのであろうか。部族法とは、フランク族のサリカ法典のように五、六世紀以来ゲルマン諸部族国家で編纂された部族法典で、ほかに七世紀半ばに出たアレマン法典などがあり、法制史上は蛮民（族）法というようだ。ただし、部族国家と言っても、上代のものと民族大移動後のものとは異なるとされるので、要注意だが……。

メロヴィング朝からカロリング朝へ　それはともかく、分割相続とは、どうやらメロヴィング朝時代から習わしであったらしく、王朝系図を見ると、初代国王クローヴィスの死（五一一）後、王国は四人の男子によって分治されている。この時の分割は相続争いの政治的妥協の産物であったが、こうした分割相続制は緩やかな慣習どころか、相当強固な伝統になったようで、「この分割相続の原理が、究極において、メロヴィング王朝の腐敗・衰退を招く遠因となった」という。レジーヌ・ル・ジャン『メロヴィング朝』（加納修訳）によれば、この分割様式には息子たちと兄弟たちによる二つの相続があり、前者が優勢であったとはいえ、現実には二つの「システム」が併存・競合しており、相続争いは熾烈で残酷であった。相続人排除も追放などより殺害のほうが多く、相続人となる幼児の殺害も日常茶飯事で、時には老王妃が「駱駝に結びつけられ、四つ裂きの刑に処された」という恐るべき刑罰もあったという。

こうなると、相続をめぐる同族争いというよりも、まさに残忍極まる「フェーデ」（私闘：ゲルマン法における実力による紛争解決制度。自力救済権なる訳語もある）そのものである。メロヴィング王朝後期、七世紀後半は「全く乱麻の如き暗黒政治」が繰り広げられ、「陰謀・暗殺・叛乱・奸計・内訌そのもの」の乱世であり、その間隙を縫って「王国統一の実権」を握りカロリング朝を興したのがネウストリア、アウストリア（アウストラシア）両分国宮宰を兼ねた小ピピンである。しかしながら、二四〇年後のカロリング朝創立以後も、この分割相続は「痼疾のごとき」習わしとして存続しており、系図を見ても明らかなように、後継者問題は常に複雑だったようだ。

例えば、メロヴィング朝末期、カール大帝の祖父、宮宰カール・マルテルはトゥール＝ポワティエ間の戦いでイスラム教徒の侵攻を撃退してガリアの地に秩序をもたらし、「ヨーロッパ」を救い、カロリング朝の基礎を固めたとされるが、その勇猛果敢な知将の彼でさえ、この宮廷の慣行を変えることはできなかったという。実際、マルテルの死（七四一）後は三人の息子に支配権が分与され、一時的に分国支配がなされたが、結局は次男の小ピピンがカロリング朝フランク王国の初代国王となったのである。なお、宮宰とは宮内行政の長。宮宰は王ではないが、「最高の命令権を握っていて、王国の財産も権力もこの掌中に入っていた」という。カール大帝の側近であったアインハルトの「カール大帝伝」（国原吉之助訳）によると、七世紀、カロリング家鼻祖の大ピピンなどは、宮宰職を「ほんとうの王位と並存する一種の王位である」（ピレンヌ）と考えていたのである。

また小ピピンの長子であるカール大帝自身、最初は弟のカールマンと分割統治していたが、弟の死（七七一）後、その遺児には相続権を認めず、単独で王国全土を統治したという。大帝には嫡出子、庶子を含めて二〇人も子がいたためか、在位中の八〇六年、前記「王国分割令」によって長子カールに帝号付与を定めていたが、結局は第三子のルートヴィヒ一世が後継となっている。この時は争いではなく、度重なる不幸によって帝国後継者を失ったためだが……その孫の代には相続争いが起こっている。そしてこの遺領紛争の帰結であるヴェルダン条約の締結となるのだが、このように見てくると、ダンネンバウアーや増田の指摘通り、分割相続が長年慣習化されていたようである。それゆえ、カール大帝の孫たちが遺領分割後争いを起こしてもなんら不思議ではなく、こうした紛争はいわばこの王統一族の伝統だったのであろう。

古ゲルマンと初期フランク王国の相続制

長子相続が原則だったという古ゲルマン社会と中世初期のフランク王国の相続制を単純に比較することはできないが、時を隔ててもそこにはこの民族における何か特有なものが通底しているような気がする。古ゲルマンでは「ゲルマン民族の王とは、いわばキヴィタス〔原始ゲルマンの小国家〕の首長であり、首長はいわば小王またはガウ〔キヴィタスの下部行政区域〕の王」であるとか、「王制国家では単一の王が全国に統治権を行い、首長は各ガウの長として部分的に命令権を行使する」というようなことが言われ、とくに王制国家と首長制国家に関しては、国制史や法制史の分野で大論争があったという。

門外漢がそのようなことに口を挟むわけにはいかないが、古ゲルマンの上代より民族大移動後の部族国家の成立、その発展期を経て神聖ローマ帝国へと至る流れには独特の民族的性格があるように思われる。ごく簡略化して図式的に言えば、古ゲルマンの王制と首長制の関係と、中世ドイツにおける神聖ローマ帝国と領邦国家という関係が国家形態・組織の観点で、またカエサル、タキトゥスの時代から王や首長、戦争時の指導者などが「民会」で選出されることと、神聖ローマ帝国下でも帝国議会があり、選帝侯が存在していたことなどが、時空を越えて二重写しに見えてくるのである。上代古ゲルマンの伝統と遺制が中世、近世を通して現代に至るまで何千年間も尽きることのない地下水か伏流水のように流れ続けているのではないだろうか。

つまり、そこには上代から続く流れを受け継ぐ中世「ドイツ国家の構造的な特異性……分立と統一」という問題、いわゆる「ドイツ分立主義」やその原因としての「ドイツ皇帝政策」の問題があり、それがフランスやイギリスに比して言われるところの「近代的たちおくれ」として現れているのではないか。ゲルマン社会における相続制、とくに「分割相続原理」はそうした問題の根幹にあり、いわばその象徴のようなものであろう。

現に、民族大移動のはるか後、カール四世の発した有名な「金印勅書」(一三五六)で国王選挙法が確定された際、さまざまな権利・特権規程とともに、「領地不可分で長子相続制」が定められたという。これは「選帝侯をはじめ諸侯のほぼ独立的な地位を保証し領邦主権の法的基礎を確定」した「領邦分立勝利のシンボル」であり、英仏の中央集権的国民国家形成過程と好対照をなすものと言われる(京大西洋史辞典編纂会編『西洋史事典』)。とくに、「諸豪割拠の間から、いわば覇道によって統一を達成しようとするフランスのカペー家による王権の在り方」と「種族公国の連邦的均衡の間に秩序ある統一を築きあげたドイツのザクセン家のそれ」(前掲『ゲルマン民族の国家と経済』)は根本的に異なり、両国の国家形成・国民的性格の違いを如実に表していると言えよう。

カペー朝の長子相続制　確かに、中世のゲルマン諸部族国家においてはフランク王国のような分割相続制が習わしで、また部族ごとの領邦国家が分立し、神聖ローマ帝国下では「帝権」と「教権」を兼ね備えたその統一的支配者として皇帝位があったということは、早くから長子相続制をとって中央集権化が進んだフランスとは大いに異なるように思われる。フランスでは、十二世紀初め、王位継承は年長子制が慣習化されており、十四世紀初めにカペー朝が断絶し、王位がカペー傍系のヴァロワ朝に移る際には男系親の原則もほぼ定まっているのである。もっとも、この王位継承がイギリスとの百年戦争の発端になるのだが。

なお、王位継承について付言すると、中世ヨーロッパにおいては「王国の政治的統合が国王の一身に大きく依存する」ので、王位継承は最も重要な国制的行為であり、国王に嫡男がないことはその王国の存亡にさえ係わる重大事であった。例えば、十二世紀ドイツでは、女系による王位継承はもちろん、封土、知行の相続すら認められず、また十四世紀半ばのブルゴーニュ公領相続問題の頃、フランスでは、公領に男系相続人のない場合、その公領は王権に帰していた。ともあれ、古今東西いずこの国でも相続問題は複雑で、紛争の種になるが、中世ヨーロッパ諸国でも王家や大諸侯の姻戚関係は錯綜しており、領地や爵位獲得、紛争仲裁・和睦などのための政略結婚は日常茶飯事であった。後述もするが、とくに中世フランス王家を中心とした婚姻関係、わけても英国とのそれは入り乱れ、かつ多彩である。

ついでながら、百年戦争とは英仏関係史における一つの時代概念であるが、その時期を一三三七―一四五三年とする年代区分は十八世紀後半以降のものであり、この語自体の使用もその頃からであるという。

3 フランスとドイツにおけるカール（シャルルマーニュ）大帝像

カール大帝の一大王国　なるほど前述したように、ドイツとフランスはカロリング朝フランク王国の崩壊によって誕生したが、その盛期の八世紀後半―九世紀初めには、ゲルマン的民族精神発露の頂点として、カール大帝がヨーロッパ大陸に大統一国家を築いていた。これは、ピレネー山脈の彼方、エブロ河以北にスペイン辺境伯をおき、北はオーデル河、南はイタリア中北部、東はバルカン半島までという広大な版図を支配下におくものだった。しかしながら、この国家統一は長くは続かなかった。カール大帝治下のフランク王国はヨーロッパ大陸を横断する途方もなく広い支配圏に、ローマ的伝統に服した「イタリア、ローマ的・ケルト的な複合社会であったガリア」と、「キヴィタス崩壊後の種族的統合をみつつあったゲルマニア」という異質な基盤をモザイク状に抱え込んでおり、近代的意味における「完成した集権国家」ではなく、行政機構や社会組織も近代国家とはほど遠く、弱体だったからである。要するに、「客観的な法規や制度にもとづく統治機構」がなかったのである。それは、支配統治の両輪の一つ教会の場合も同様だった。まさに覇権者大部族フランク族の統一国家だったのである。

それゆえ、これまで見てきたように、カール大帝の帝国も分割相続制の習わしが災いしたのか、国家としての支配機構が脆弱でカール大帝の「個人的才幹に負うところ」大であったためなのか、次世代になるとほどなく破綻し始め、孫の代に至って分裂・崩壊する。ただし、カール大帝が西ヨーロッパ世界の形成に果たした役割はきわめて大きい。カロリング朝の最盛期である九世紀、「古典古代の文化的伝統とキリスト教およびゲルマンの民族性」という三つのファクターがない交ざって、次世紀以降の封建的社会体制の基礎となる世界を現出し、ローマ的古代文化とは異なる新たな文化圏を生み出したことには、確かに当時の政治的社会的な歴史状況やその進展が重要な役割を果たしたであろうが、カール大帝の個人的力量の偉大さも大きな要因であったと思われる。ここで「西ヨーロッパ史上最大の英雄」と称されるカール大帝の雄姿をもう少し近くから見ておこう。おかしなことだが、仏独両国民にとっては、はるか遠い共通の建国の祖とでも言うべきこの大帝が、後世になると、ライン河の両岸で別様な受け取り方をされているのである。

フランス人とドイツ人のカール大帝像　前述したごとくフランスにはドイツのようなゲルマン伝説の英雄はいなかったが、このカール大帝、フランス名シャルルマーニュは、フランス人にとっては伝説的英雄も同然なのである。もちろん、ドイツ人にとってもフランス人にとっても、この大帝はそれぞれの歴史の創建者であり、最初の偉人的存在である。だが前記ドイツ人のクルツィウスが『フランス文化論』で指摘するように、この大帝はドイツよりも「フランスの歴史的追憶」のなかに強い影響を残している。ドイツ国民の意識にはフランク族の偉大な王として残存していても、ほとんど忘れられており、フランス最古の叙事詩『ロランの歌』(十一世紀)のドイツ語訳を通じてやっと大帝の姿を思い出したという。フランスでは、「ノートルダム寺院の表門前に、シャルルマーニュの騎馬像が立っている」が、ケルン大聖堂にもベルリンのブランデンブルク門にもカール大帝像が飾られているわけではない。フランスでは、シャルルマーニュの擁護を受けたカトリック教会がそのキリスト教保護者としての偉業を顕揚したが、プロテスタントのドイツ教会は一顧だにしなかったのだろうか。

さらにクルツィウスによると、フランス人の国民的追憶としてのシャルルマーニュはほとんど信仰対象に近い。西ヨーロッパに根強い伝統として残った「カール崇拝」はおそらくフランスにおいて最も長く強く続いたのではなかろうか。例えば、エルサレムのキリスト聖墓を巡礼したシャルルマーニュがアーヘンに持ち帰った聖遺物があり、これを孫のシャルル二世禿頭王(カール二世)がフランスに持ち来たり、サン・ドニの僧院に納めたという伝説がある。またフランス歴代の国王はシャルルマーニュを「王祖」と呼び、戴冠式終了後、「王祖」の棺衣をアーヘンに送って、大帝の墓の上に拡げるという習わしがあり、一七七五年まで続いたという。そのうえフランスには、「聖シャルルマーニュ祭」なる国祭日(一月二八日)までであり、その行事は大革命まであった。もっとも、当初カトリック教会はシャルルマーニュを聖人としては認めず、ルイ十一世がこの国祭日を定めたのは一四七五年のことであるが。

さらには十六世紀以降、大帝はパリ大学の守護聖者とされ、「聖シャルルマーニュ祭」は学校の休日になった。なるほど、古代ローマとゲルマンの皇帝たちの偉業を記した写本から取られた、カール大帝によるパリ大学創立を描いた十六世紀末の細密画があるが、八―九世紀のシャルルマーニュと十三世紀のパリ大学創設（一二〇〇年。一一二〇年、一一五〇年、一一八〇年と諸説あるが）がどこで結びつくのだろうか。シャルルマーニュが修道院や宮廷付属の学校を設けたことや、宮廷アカデミーとかカロリング・ルネサンスへの追憶からきた伝説なのか。たぶん『ロランの歌』によるシャルルマーニュ伝説への追憶が根本にあるだろうが、また十三世紀のフィリップ二世以来、カペー家がカロリング王家との連続・一体性の策を取ったことにも関係するかもしれない。なお、カロリング・ルネサンスとはカール大帝による文運興隆運動。これは本来聖職者の教養を高めるためのキリスト教的な運動で、中世初期のイギリス文化がガリアへ移入され開花したとされる。正しいラテン語教育、古典の復活が基本で、「カロリング小文字」という特有のラテン語書体や有名なアーヘンの八角形礼拝座が生まれた。

ちなみに、カペー朝はカロリング王家から王権を簒奪したはずだが、そうした状況を打ち消したいかのように、ルイ七世もその息フィリップ二世もカロリングの後裔を妃としている。某年代記作者はフィリップ二世をCarolide、つまりシャルルマーニュ血統の君侯と呼んでいるし、カペー家の半公的な『サン・ドニ年代記』でも、ルイ八世が聖祓式において「大シャルルマーニュの血統に返った」と記されているという。しかも、国王出陣の際に掲げられるカペー王家の旗（オリフラム）、緋色のサン・ドニ王旗は『ロランの歌』にあるシャルルマーニュの軍旗「緋錦の御旗」をかたどっているというから（三〇九四行目）、カロリング朝とカペー朝の王旗がごたまぜになっているが、まさにフランスにおけるシャルルマーニュ伝説、ここに始まれり、の感がする。蛇足だが、ラブレー『パンタグリュエル物語』（渡辺一夫訳）によれば、サン・ドニ僧院の旗として、七世紀頃から「赤字に金色の星を蒔散らした方形の総飾り附き」の「金火焔旗〔オリフラム〕」が知られていたが、十一世紀から十五世紀までは、「フランス国王」の吹流しの旗印、いわば幟としても用いられ、十五世紀初頭から「百合の花の印」のついた旗に変わったとある。吹流しは単に戦場で軍威発揚にたなびくだけでなく、権勢と栄誉の象徴、まさに「錦の御旗」だったのだろう。

カール大帝よりもオットー大帝のドイツ

いずれにしろ、このようなことはおそらくドイツにはあるまい。もちろん、ドイツのあちこちに挿話的なカール大帝伝説は残っているだろうが、国祭日まで設けられることはまずあるまい。もっとも、「カール大帝からビスマルクに至るドイツの歴史が公共の場でほとんど生きていない」という事情もあり、現代ドイツ人からすると、過去とは「ヒトラーの暗黒時代」を指すというから、厄介なものだが。

それにしても、このような違いは一体どこからくるのだろうか。ドイツ史など一般的関連書を見ても（個別の歴史専門書は別だが）、カール大帝についてはわずかな言及があるだけで、人名索引には名前さえ載っていないこともある。大帝は大帝でも、神聖ローマ帝国の開祖と目されるオットー大帝のほうがはるかに詳しい。フランス国民がシャルルマーニュを英雄視しているのに、ドイツ国民のこの冷淡さは何であろうか。もちろん、ドイツでも十世紀末、オットー三世が熱烈なカール大帝崇拝者になったり、十二世紀、ローマ帝国の栄光を再現しようとしたフリードリヒ・バルバロッサ（赤髭王）がカールを聖列に加えようとしたりしているが、十三世紀、聖王ルイがシャルルマーニュ崇敬を広めたフランスの比ではない。

確かに、オットー大帝はザクセン族の出身であり、シャルルマーニュことカール大帝は親の代から続いたザクセン征伐を三三年もかけて行っているし、またドイツが国家として存在し始めたのはザクセン朝神聖ローマ・ドイツ帝国からであることを考えれば、ドイツ人がカール大帝に馴染みがないのも当然かもしれない。それに、ザクセン族というのは、ゲルマン諸部族のなかでも最も古ゲルマン的性格を残した強力な部族であった。

ザクセン族とは本来エムスとエルベ河の間を本拠地とし、王制をとらず、古ゲルマン的な首長制のもとに数個の部族から成り、強力な軍事的結合を誇る土豪部族集団だった。彼らはもちろんキリスト教を知らず、自然崇拝に生きる「森のひと」で、部族ごとに暮らし「平等を好んで統一を嫌い、誇り高く激しやすく、戦いを好む戦士たち」であったという。後には、西南のフリーゼン、東南のテューリンゲンを征服して支配領域を広げる強力優勢な部族集団となり、フランク王国を悩ませ、カール大帝がこの部族征討に三三年もかけることになる。この部族から神聖ローマ初代皇帝オットー大帝が誕生するのである。

ちなみに、前掲『カール大帝伝』では、当然ながら、アインハルトはザクセン人を敵対的に描いている。彼らは「ゲルマニアに住むほとんどすべての民族と同様に、生まれつき獰猛で、悪魔の崇拝に身を捧げ、われわれの宗教に反感を抱き、神と人間の法を汚しても蹂躙《ふみにじ》っても不名誉とは思っていなかった」。この伝記が書かれたのは九世紀初頭だが、アインハルトも「野蛮で狂暴なゲルマニアの民族」出自なのに完全にキリスト教化し、かつてのローマ人同様、ザクセン人を蛮族扱いしている点は留意しておくべきであろう。「西欧世界」の黎明はそこまで進んでいたのである。

ただ、カール大帝とザクセン族との関係について言えば、カールはザクセンの英雄ヴィードゥキントの反乱をはじめ、度重なる抵抗を抑えて、この異教徒をキリスト教に改宗させ支配下においたが、この戦争は「断じて征服戦争ではなく、結局は両部族の同盟であり、両者合併して一つの国民」を生み出したとされる。確かに、カールは、スラヴ人討伐で東征中、降伏したはずのヴィードゥキントがその虚を衝いて猛反撃したのに激怒し、人質四五〇〇人を虐殺したりしているが、征服後当初のフランク王国は、ザクセン族に対し、部族全体会議、いわゆる民会の禁止、軍役義務、他部族との単独交渉・同盟締結権の禁止といった程度の比較的穏和な政策を採っている。ザクセンの風習や社会秩序やその構成はそのまま存続したという。

しかし他方で、七八五年のヴィードゥキントの受洗改宗前後、カールは「ザクセン地方について」なる勅令を発して、一切の反乱、聖職者への反抗、異教への復帰は死罪という苛酷な定めを課している。このように、フランク王国に併合された後のザクセンは、漸次王国体制に組み込まれながらも、部族社会の旧制・旧習といった古ザクセン的なるものを色濃く残したままの二重の社会的体制のなかで、帝国崩壊、東フランクのカロリング家断絶（九一一）後の世界をしぶとく生き抜いて、十世紀末の神聖ローマ帝国樹立へと向かうのである。なお厳密に言うと、この神聖ローマ帝国という名称は十三世紀半ばにはじめて用いられたもので、九六二年のオットー一世の皇帝戴冠によって神聖ローマ帝国が誕生したわけではない。この時は空位であった皇帝位にザクセン出身の東フランク王がついたというだけであって、新国家の誕生でもなく、ましてや「神聖ローマ」という名称の帝国の誕生でもなかった。またこれに「ドイツ国民の」という付加語がつくようになるのは十四世紀後半、正式名称に加わるのは十五世紀末であるという。

フランク王国消滅・カペー朝とザクセン朝　これに対して、西フランク王国のフランスのほうも、前述したように、九八七年になってやっと、パリ伯ユーグ・カペーが諸侯に推挙されて即位し、カペー朝を樹立し、ここにフランク王国は完全に消滅したのである。推挙といえば、ザクセン朝も、オットー大帝の父ザクセン大公ハインリヒ一世がドイツ王に選出されて開祖となっている。この時代はまだ王位継承における「選挙原理」が、古ゲルマン人社会の「民会」方式の名残りなのか、法形式的には生きており、フランスの場合は十二世紀末まで続いている。だが事実上ユーグ・カペー以降王位は世襲制であり、ザクセン王権も世襲となり、「血統原理」が勝っていたのである。

ただここで留意しておきたいのは、このザクセン朝における血統原理はハインリヒ一世が細心入念な配慮をもって導入した王位単独継承原則であり、従来のカロリング・フランク王家の伝統的分割相続を否定したことである。それはとりもなおさず、「王権と王国はあくまでも非分割の単独相続」であり、王位継承のたびに生じた王国分割・分裂の危険を回避し、「客観的統一体としての王国の連続性が確保された」ということである。そして以後、神聖ローマ帝国下でこの国家の枠組みが、西フランク＝初期フランス王国に比べればはるかに安定したものとして数世紀間続くのである。もっとも、オットー一世の治世前半は反乱の連続だったというが。さらには、こうした国家体制から徐々に「共通の単一国家への帰属意識」が形成され、十一世紀半ばになると、「ドイツ」とか「ドイツ人」という呼称が生まれてくる。これはイタリアやブルグントなど外部からの呼称らしいが、カペー朝樹立前後の戦乱のフランスとは大違いである。

いずれにしろ、ザクセン、カペーの両王家ともカロリング朝のカール大帝とは何の関係もない。以後、ドイツでは十一世紀ザリエル朝、十二世紀シュタウフェン（ホーエンシュタウフェン＝シュタウフェル）朝から大空位時代を経て、十四世紀ルクセンブルク朝、十五世紀ハプスブルク朝へと移り変わり、神聖ローマ帝国の終焉は一八〇六年である。フランスでも十世紀末のカペー朝から十四世紀のヴァロワ朝を経て、十六世紀ブルボン朝、十九世紀オルレアン朝へと続く。こうした歴史の流れのなかで、カール大帝はカールとしてよりもシャルルマーニュとしての存在感が強く、前述のごとくフランスでは英雄伝説的な人物として国民意識のなかに生き続けるから不思議である。

西ヨーロッパ世界の英雄カール大帝

ところで、カール大帝はなにゆえに「西ヨーロッパ史上最大の英雄」とされるのだろうか。もちろん、それはカールが九世紀に、現在のＥＵ（欧州連合）の加盟二八カ国全域に迫るほどの広大な版図の統一国家フランク帝国を築いたためであろうが、問題は支配領土の規模よりも、そのことの意味である。カールは、南東のランゴバルド人、北のザクセンなどゲルマン諸部族、南西のイスラム、東部のアヴァール人、北海のノルマン人などの脅威と戦いながら国家形成を進めるなか、八〇〇年、まさに「歴史的」とも「世界史的」とも言える事件に遭遇する。八〇〇年のクリスマスの日、フランク王カールはローマのサン・ピエトロ寺院で教皇レオ三世から帝冠を受けたのである。これは、いくつかの点で象徴的な出来事だった。

まず、アルプスを越えて、北方の王国のフランク王がローマ教皇から帝冠を受けることなどそれまではなかった。五世紀末のクローヴィス以来、フランク王権とローマ教権の関係は存続しており、「ピピンの寄進」におけるようにフランク王国がローマの教皇庁、つまりはキリスト教保護者の役割を果たしていた。だが、帝冠がアルプスを越えることはなかった。それがカールの頭上に輝くことは、四七六年来滅亡していた西ローマ帝国の「帝権」が、西方世界に甦ったことになる。かくして、西方世界の皇帝が北方ゲルマン民族の国なるフランク王国に誕生するが、ローマ的な皇帝理念がフランク王国に取り入れられ、「ローマ帝権」が「キリスト教帝権」に変じて、国家と教会のまったく新たな関係が生じ、中世初期のカロリング期に「キリスト教的世界帝国」が出現したのである。つまり、「笏杖」と「牧杖」が一致したわけである。

そして何よりも留意すべきなのは、カールの戴冠によって、西方世界がビザンツの東ローマ帝国の影響力から解放されて「ローマ帝権」が復活し、「教権」が保護強化されたこと、そしてそのことにより十世紀の「神聖ローマ帝国」建設の祖型ができ、中世の「西ヨーロッパ世界」という新しい歴史的世界の誕生の礎石が据えられるという、大きな歴史の流れが始まったことである。この歴史的世界は、古代ローマの地中海世界とは異なり、西ヨーロッパ世界に「帝権はドイツに、教権はイタリアに、学芸はフランスにあり」(十三世紀末のケルン司教座聖堂参事会員ロエスのアレクサンダーの言)と寓されるような中世世界、さらにはまったく新しい文化共同体を生むことになる。カール大帝は「歴史的個体としての西ヨーロッパ世界の前史」という一大劇の主役だったのである。

なお前掲『カール大帝伝』などによると、この戴冠はカール自身が望んだものではなく、レオ三世を取り巻く当時の複雑かつ不穏な政治状況から生じた一大ドラマとされ、ここでは省略するが、その間の事情は前掲『西洋中世世界の成立』に詳しい。ただ、Y・エルサン、F・デュラン＝ボゲール編『ヨーロッパ』によると、ザンクト・ガレンの修道士吃りのノトケルなる者に『カール大帝の武勲』と題する伝記があり、そこにはカール大帝の主要な功績の一つは「政治権力の宗教権力への従属を拒んだこと」だとされているという。どうやら、カールの戴冠は自らが望んだものでないことは確かなようだ。ちなみに、このノトケルの大帝伝はカールの没後七〇年にラテン語で書かれたもので、十二世紀に発見された、大帝伝としては最もおもしろい伝記で、ギゾーによる仏訳版（一八二四）がある。

またもう一つ付言すると、カールが皇帝位を受けた時、東ローマ帝国との関係でまったく問題がなかったというわけではなく、外交的に同盟を結び、表面上は波風立たなくとも、東ローマ皇帝たちには当然ながらカール大帝に対する疑惑や警戒心があった。そうでなくとも、「ローマ人とギリシア人はいつもフランク人の力に猜疑心を抱いて」おり、そのため「フランク人を友人にはしても、隣人にはしない」というギリシア語の諺が生まれたという。さもありなん、である。

さて、このカール大帝がフランスではシャルルマーニュ大帝となって伝説的存在となるが、前記ドイツ人クルツィウスの見方はおもしろい。フランス人がシャルルマーニュをフランス側に取り込み、国民的英雄にまで祭り上げるのは、フランスの、とくに十九世紀の国民主義的史家が「ゲルマン人の重要性を能う限り減じようと努める」という政治的傾向を導入したからである。そしてフランス人はこう考えるのだという。シャルルマーニュはローマ帝国の復興者であり、キリスト教世界の創建者である。その世界的使命は蛮族ゲルマンの文明化とキリスト教化にあった。大帝はキリスト教世界の統一を企て、そこにローマ的目標を置いた。ゆえに、それを受け継ぐ我々フランス人はその正統なる子孫である、と。もちろん、こうした傾向は昔からあったわけではなく、旧制度下の貴族には征服者フランク人の子孫たることを誇りとしていた者もいるが、後代の普仏戦争や世界大戦によって「フランス史の消毒」が行われ、この傾向が一層強まったと指摘している。クルツィウスはこの「歴史の消毒」に対しこう憤慨している。

「フランス人は忘れている。シャルルマーニュの母語はドイツ語であったことを、ドイツ語の生育に彼が特別な配慮を払ったことを、また暦の月に彼がドイツ名を与えたことを、またゲルマニア国王等の戦争に関する古歌を彼が記録せしめたことを」

つまり、フランス人はシャルルマーニュがゲルマン民族直系の血統に属することを忘れ、さらに言えば、古来フランス国民の体内には彼らの嫌いな民族の血がたっぷりと流れ込んでいることも忘れているのである。要するに、矛盾しているのだ。確かにクルツィウスの憤慨は分かるが、おそらくそこには、ゲルマン人の役割をできるだけ過小視したいというフランス人特有の感覚があって、その根はもっと深く、前記の民族大移動の文化破壊説のようなゲルマン人という蛮族蔑視のフランス的伝統によるものと思われる。こうした伝統は、国民国家的イデオロギーが沸騰する十九世紀、とくに仏独間では普仏戦争後に強まり、フランスではいわゆる「ボッシュ（ドイツ野郎）」なる罵倒語が世紀末に生まれる。だが、ドイツ側にも古くから「ヴェルシュ（フランス野郎）」なる語があるのだから、まあどちらもどちらであろう。もっとも、このヴェルシュなる罵倒語は元来、イタリア人に向けられたものであったというが。

最初のフランス人教皇シルヴェストル二世ことジェルベール登場

ただし、カールにしろ、シャルルマーニュにしろ、八〇〇年の頃はドイツもフランスも存在せず、当然国民意識などなかったのだから、この大帝はいかに偉大であるとはいえ、「フランク帝国」の王だったにすぎない。ゼレールが言うように、いまだ「祖国も、祖国に対する義務」もなく、「個人に対して諸々の義務を強制した唯一の集団はあらゆる国家の国境」を越えた「キリスト教〔世〕界」であり、「キリスト教界のために働くということよりも立派な仕事」はなかったのである。ところで十世紀末、西ヨーロッパ世界の誕生期、仏独という国家に関係なく、この「立派な仕事」を果たした人物がいる。「最初のフランス人教皇」シルヴェストル二世ことジェルベールなる、フランス中南部のオーヴェルニュ人である（九四〇頃―一〇〇三、在位九九九―一〇〇三）。

余談になるが、ゼレールの語るこの「奇妙な人物」の歩みは興味深く、「仏独関係史を注釈する」のに恰好の人物である。さて、このジェルベールは下層階級出身のただの牧師であったが、生地オリヤックの修道院にいたところ、バルセロナの某伯に取り立てられ、ローマに連れて行かれる。そこで勉学修行中、時の皇帝オットー一世の目にとまり、その扈従に加えられ、このあたりからジェルベールの立身出世の途が開かれてゆく。その後、ランスの大司教アダルベロンの知遇を得てそこの付属神学校長に抜擢される。彼は数学や論理学に関する著書もある、当時としては大変なる学者であったとされるが、ここで問題となるのは、彼が当時の主要な政治的諸事件に関与していることである。なお、カペー朝初代ユーグ・カペーを王として聖祓したのはこのランス大司教アダルベロンだが、これによって十一世紀以来北仏のランスがフランス国王聖祓の場と定められ、ランス大司教は他の司教に対し圧倒的優位に立つことになったという。

九八二年、ジェルベールはオットー二世から父親のごとく慕われ、イタリアの豊かなボッビオ修道院を贈与され、そこの修道院長となり、皇帝の臣下となって忠誠を誓う。九八三年、オットー二世が幼少の嗣子を残して死去し、帝国継承の危機が生じた際、前記ランス大司教と協力してこの幼帝の玉座を簒奪者の手から救い出す。そしてフランス王ロテールがロートリンゲンを取り戻そうとした企てに反対し、摂政皇后を助ける。翌年には、やはりランス大司教とともに諸侯を動かし、西フランクでユーグ・カペーの選挙を成功させる。この時、九八七年、この大司教は大諸侯会議で帝国との内通の嫌疑で処断されようとしていたが、その場にカロリング王家最後の王ルイ五世の急死が知らされ、一挙に立場が逆転。ユーグ・カペーの選出へと事態が進展したという。

無国籍のコスモポリタン、ジェルベール　ところで、ジェルベールはその名も示す通り、紛れもなきフランス人である。それなのに、ザクセン朝に仕え、西フランク国王に敵対し、ランス大司教の要職にあった際、皇帝オットー三世の宮廷に亡命する。皇帝は、教皇グレゴリウス五世が死去すると、ラヴェンナ大司教に任じておいたジェルベールに今度は教皇の三重冠を戴かせる。時は九九九年、キリスト一千年祭を迎える前夜。ジェルベールはシルヴェストル二世と名乗るが、これには重大な意味があった。彼と皇帝の間には、コンスタンティヌス大帝のローマ帝国を復活させようという遠大な計画があったのである。この大帝はキリスト教を公認した（三一三年、ミラノ勅令）ローマ皇帝。シルヴェストル一世はその治下でキリスト教の繁栄をもたらした教皇。ジェルベールはこの教皇にあやかりその名をわざと採ったのだ。二人の計画は実現しそうに見えたが、幸か不幸かオットー三世の急逝によってあえなく頓挫。シルヴェストル二世自身も一年後寂滅。

このように、「最初のフランス人教皇」ジェルベールは神聖ローマ（・ドイツ）帝国の忠実な「しもべ」であったが、前述したように、この時代まだフランスもドイツも明確には存在しなかった。したがって、彼にはフランス人とかドイツ人という意識はまったくなく、彼に祖国があるとすれば、キリスト教界という祖国だったのである。それに、教会はカール大帝のキリスト教帝国が消え去った十世紀末、オットー家が帝国を復活してくれるのではないかという淡い期待を込めて、ローマの帝冠を有するこの王家と緊密に連繫し助力したので、ジェルベールのような人物が存在し活躍したわけである。なお、前掲ロヴァン『回想録』によれば、一九九六年、ジェルベールの生地オリヤックでは、教皇シルヴェストル二世千年紀のコロックが開催され、当時オーヴェルニュ地方に住んでいたロヴァンはその組織者兼発言者の一人として参加したという。この千年紀一九九六年というのは、曖昧だが。

閑話休題——さて、カール大帝に戻るが、このように、その亡霊はザクセン朝の皇帝たちやキリスト教界に影響を与え続けたのみならず、フランス、ドイツを中心とした中世西ヨーロッパ世界の天空にも長らくさまよい、生き続けた。例えば、十五世紀初頭のカール大帝の紋章がそれをよく示している（次頁および本書カバー図版を参照）。これは、一四一〇年、北ネーデルラントで低地ドイツ語によって著された『紋章年代記』にあるもので、左に皇帝の鷲、右にフランス王家の象徴ユリが描かれ、その上にゴシック調の王冠が載っている。さらに、この王冠の上には鷲が羽根を広げてかっと口を開いている。この紋章の図柄は、カール大帝が後世、例えば六〇〇年後の西ヨーロッパ世界でどのように受け取られていたかを、ものの見事に象徴している。まさに大帝はドイツとフランスという西ヨーロッパ世界の二大列強の生みの親なのである。

言い換えれば、カール大帝は西ヨーロッパ世界の、いわば「共同幻想」のシンボルとして大陸諸国民の意識に生き続け、後の「ヨーロッパ合衆国」への夢とか今日の「欧州連合」への流れに、潜在的ではあるが、伏流水のごとく大きな影響を与えてきたのであろう。

ともあれ、かくしてカール大帝という亡霊の影響下、仏独関係史上重要な世紀となる十世紀を境にして、ラインの東西でドイツとフランスの基本的な枠組みはいまだアモルフなままであるが、少なくとも地理的・政治的には一応定まり、それぞれ独立的に歩みを進め、近代国家へと発展してゆくことになる。

カール大帝の紋章

第二章　中世盛期（十―十四世紀）の仏独関係

1　初期から中期の仏独王朝関係

仏独関係史上、十世紀が後のドイツ、フランスという二大国家に分岐発展する重要な転換点となると述べたが、それと対比的にその後の二世紀間、両国には大きな紛争や武力闘争は起こっていない。

中世社会へ　フランスでは、十世紀末のカペー朝創始後、フランク帝国の国家体制とか社会組織とは無関係に新たな政治・社会の仕組みの形成・構築が模索され、中世フランス社会への胎動が始まる。カペー朝のフランス王国建設開始、つまりは中世封建社会の誕生である。それは、まず十一世紀に徐々に形を成し、十二世紀に完成され、十三世紀を通じて変容し、やがて崩壊する。ドイツでは、前述したごとく次から次へと王朝が交代するが、フランス・カペー朝は三百有余年、十四世紀初めまで続き、その間対外的にはライン対岸よりも英仏海峡向かいのイギリス王家、プランタジネット朝との軋轢・紛争によって特徴づけられる。フィリップ・オーギュスト（一一六五―一二二三）までは、歴代のカペー朝国王は諸侯や大貴族との対立・相剋を制しながら王領を拡大し、確固たるフランス王家を築くことが先決問題であり、ドイツ人と帝冠を争うどころではなかった。

他方、ドイツでは、十一世紀初頭ザクセン朝男系血統が断絶して、ザリエル王朝が立ち、これによって帝国は勢威を増し拡大期に入る。十二世紀にはシュタウフェン家の支配に移るが、フリードリヒ・バルバロッサが登場するに及んで、その治世がドイツ史の頂点の一つになるほど帝国は強勢になる。この赤髭王こそ、前述したようにローマ帝国の光栄再現を目指してカール大帝を崇拝した皇帝である。だがこの時期ドイツ帝国を特徴づけるのは何と言っても、先にも触れたハインリヒ四世の「カノッサの屈辱」や叙任権闘争に象徴される帝教間の争い、「二世紀のあいだ滅多に途切れたことのない戦い」であろう。加えてスラヴ人の侵入、東方植民による領土拡大などが重なり、こちらとてもカペー朝のフランスに関与する余裕などなかったのである。

それに奇妙なのは、神聖ローマ帝国の全盛期とされる赤髭王の時を除いて、ドイツの皇帝や国王は、ヨーロッパの他の君主たちの前では威張っているのに、カペー家に対しては遠慮して神妙にしていることである。ゼレールによると、それは、フランス王は「レックス・フランコルム〔フランク王〕」の称号をもち、ヨーロッパで特別な位置を占めており、特段の例外的考慮・扱いを要求する権利を有するからであり、これをドイツ人はハインリヒ四世以降決定的に放棄していたのだった。しかもこの称号にはカール大帝の幻影がかかるので、フランス国王の威が増すというのである。ただし、カペー家も、ドイツ皇帝はあらゆるキリスト教君主のなかでも特別な威力を有していると見て、いわば「同格のうちの上席」権を認めていたようである。もっとも、後の皇帝フリードリヒ一世バルバロッサやハインリヒ六世になると皇帝の上位権を主張し、やがて十三世紀の「ブヴィーヌの戦い」（後述）で仏独正面衝突となる。

＊ ここでヨーロッパにおけるフランス王国の特例的位置について付言すると、フランス王国は「十三世紀カペー朝の諸王のもとで獲得した優位な政治的立場」を享受していた。前掲『ヨーロッパの形成』によると、一三五〇年、ローマ・カトリック教世界には一五人の王の称号をもつ君主がいたが、そのうち五人がカペー家直系で、七人がそれ以外のフランス王国の諸家か、ロタリンギアやブルゴーニュのフランス語圏の諸家に由来し、残る三人のスカンディナヴィアの二王国とポーランドの統治者が非フランク人の古い王朝出身であるという。こうした王家は複雑な婚姻関係で結ばれており、中世末期まで「ヨーロッパの王と女王の八〇パーセントはフランク人であった」とされている。この場合、どうやらフランスというのは古い意味での「フランク」と同義で用いられているようだが、著者バートレットは、ヨーロッパ世界における、こうした王家の増殖は「十一、十二世紀のフランク人貴族の拡散から生じた」のであって、カペー朝の政治的権力とは無関係であるという独得な見方をしている。いずれにしろ、ヨーロッパ大陸では、万世一系、天壌無窮の王家などあり得なかった。

フランス王家の魔力――中世英国王妃はフランス人王女

それにしても、フランス王家には不思議な「魔力」のようなものがあったようで、中世イギリス王家との婚姻関係を見ると興味深い。アンリエット・ヴァルテールの『思い邪なる者に災いあれ――フランス語と英語の驚くべき愛の歴史』なるユニークかつ優れた比較語学・比較文化論的な著作によると、「三〇〇年間、ヘンリー二世（一一五二）からヘンリー六世（一四四五）まで例外なく全英国王はフランスで選んだ女王を娶っている」として、その一覧表が掲げられている。その間、たとえ百年戦争があっても、いかなる英国王もイギリス人女性を妻としなかったというから驚きである。この婚姻関係の発端は、ルイ七世と離婚した、有名なアキテーヌ女公のアリエノール（エレオノール・ド・ギュイエンヌ）とヘンリー二世の結婚だが、これによって、現フランスの西半分以上が英国領となり、以後四〇〇年間の英仏紛争の原因となる。著者ヴァルテールによると、こうした英国王のフランス皇女好みの背景にはノルマン征服以来、フランス語が英国宮廷で果たした決定的な役割があり、それはヘンリー五世がイギリスの公文書ではじめて英語を使う一四二〇年まで続くという。もっとも、この国王もフランス王シャルル六世の娘カトリーヌ・ド・ヴァロワと結婚するが……これと逆に、フランス王がイングランド王家の息女を娶るのは、十六世紀になってからである。なお、この「思い邪なる者に災いあれ」は、百年戦争の仕掛け人となるエドワード三世（後述）が定めたガーター勲章の銘でもある。

ついでながら、著者ヴァルテールはこう推測している。十五世紀中葉、イングランドでは英語はやっと出現し始めたばかりで、フランス語が行き渡っており、少なくとも英国指導層では公用語であったので、百年戦争中、もしジャンヌ・ダルクが登場しなかったならば、後世、イギリス人はアメリカ大陸にフランス語を持ち込み、場合によっては、今日の世界の言語分布地図が変わることになったかもしれない、と。歴史の流れとは微妙なものだが、おもしろい推測である。

ブルグント王国（ブルゴーニュ公国）の帝国編入　さて、十一世紀中、仏独間には大きな波風は立たなかった。いやむしろ、双方とも中央集権的国家体制の確立を目指しながら、封建制社会のもとで国内に諸侯・大貴族との対立や抗争を抱えており、波風を立てるどころか、一種の連帯関係さえ生まれている。例えば、ザクセン朝最後の王ハインリヒ二世はカペー朝ロベール二世敬虔王とともに、国境エスコー川に跨った所領を抱えるフランドル伯の野心を抑えるため二度も共同遠征を行っている。この伯領は皇帝と王国の二重支配を受けてきた歴史があるが、いまだそのライン左岸域はドイツ領である。

この仏独の君主が共同戦線を張るのはこれだけではない。もう一人の封建大諸侯ウード・ド・ブロワ伯が相続によってシャンパーニュを手に入れ、マース川（仏語名ムーズ川）の沿岸を領し、帝国と隣り合わせになると、ロートリンゲン公を攻撃する。これを阻止すべくロベール二世敬虔王とハインリヒ二世は協約を結んで圧力をかけ説得する（一〇二三）。さらに一〇年後、ブルゴーニュ公国（ドイツ史ではブルグント王国）ルードルフ三世が死去すると、この同じシャンパーニュとブロワの伯が亡き王の甥であることから相続権を主張し、同時に神聖ローマ皇帝コンラート二世が先帝の交わした相続協定（一〇〇六年、ルードルフ三世とその甥ハインリヒ二世が交わしたもの）に基づきブルゴーニュ王位を要求した。その際、フランス王アンリ一世が皇帝と同盟し、二度の遠征によって伯の動きを抑え、公国がコンラートに帰するのを助けたのである（一〇三四）。ただ留意すべきは、このブルグント王国の帝国編入の意義は大きく、これによって神聖ローマ帝国はドイツ、イタリア、ブルグント三王国を支配下におさめ、その領土的実体を構成することになったのである。

ともあれ、かくして、「ヴォージュから地中海に及ぶ、広く豊かな、フランス語を話す地方がカペー家の協力で帝権の支配下に移る」ことになる。その結果、新たに「アルル王国」（プロヴァンスとブルゴーニュ伯領を併合したもの）ができたようなもので、これはカペー家にとって心地よいことではないが、八四三年時の境界よりは広いし、大諸侯シャンパーニュ伯の領地がブルゴーニュとつながって広大となり、いまだ弱体の王権を東部から脅かされるよりはましである、とでも考えたのであろうか。

＊ なお、このブルゴーニュ公国はその歴史が複雑で実態が分かりにくい。それは、この地域が西ヨーロッパのほぼ中央部に位置し、古来仏独境界の地として西ヨーロッパ世界の中世の歴史に深く関与してきたからである。とくに八四三年ヴェルダン条約によるフランク帝国分割以来の、この地方をめぐる動きが錯綜しており、ドイツになったりフランスになったりするからであろう。一般に歴史上西部のブルゴーニュ公国と東部のブルゴーニュ伯領（独語名ブルグント王国）と二つのブルゴーニュが問題になるが、その推移は煩瑣に過ぎるので、ここで詳述はしない。ただ本来のブルグント王国とは、ゲルマンのブルグント族が五―六世紀に建国し、後にフランク王国に併合された短命な部族国家のことで、以後何度も分割の運命に晒される。また当初ブルゴーニュ公国（領）とはシャルル禿頭王が義弟のために建設したもの

で、いわば南東辺境の采地、後の「王親族封」のようなものだった。

ちなみに、「二つのブルゴーニュ」について簡単に触れておくと、ブルゴーニュ自体が八四三年の分割で生じた歴史的産物で、地理的な一体性、明確な境界画定を欠いており、おおむねソーヌ川がロタールとシャルル禿頭王の領国の境界とされていたが、二つのブルゴーニュについては以下の概略を参考にしておこう。ドイツの辞典（『マイヤーポケット版』第二巻）によれば、九世紀末、リヨンからローヌ河口にかけて建設された低地ブルグント王国（またはアルル王国、八七九）と、スイス西部とフランシュ＝コンテを領域とする高地ブルグント王国（八八八――これはブルゴーニュ伯領とも呼ばれる。後のフランシュ＝コンテ）があるという。フランスの辞典（『プティ・ロベール固有名詞辞典』）にもほぼ同様の説明があり、こちらはジュラ山脈を境に区分しているが、この二つが九三四年に統合して、ブルゴーニュ・プロヴァンス王国または「アルル王国」となっている。ブルゴーニュが公領（王封地）になったのはカペー朝に入ってからであり、いちおう正式にフランス王領としての公国となったのはロベール敬虔王の時（一〇一五）であるという。だがこの公領が完全な王領となるのはずっと後（一三六一）で、以後も、十四世紀カペー家系が断絶しヴァロワ家系になっても、シャルル豪胆王など有能な君主が続き、百年戦争など有為転変を経ながら、フランス最大の封建諸侯として栄華富強を誇り、十五世紀末のブルゴーニュ公家断絶となる。それにしても複雑で、上記の係争問題がこの「二つのブルゴーニュ」とどう係わるのか、にわかには判然とし難い。

十二世紀の状況変化

ところで、十二世紀初頭になると状況ががらりと変わる。皇帝とフランス王の連帯関係がひとまず終わったのである。それは、カペー家の王位が以前よりは強くなり多少安定してきたからでもあるが、西欧キリスト教世界の二つの柱石、帝権と教権が対立する政教上の大葛藤が大きく影響している。ただ前述もしたが、フランスでは、十四世紀初めのフィリップ四世と教皇の対立までは、ドイツにおけるカノッサ事件のように政教対立が尖鋭な形で現れることは少なく、カペー家はむしろローマ教皇とは比較的良好な関係をもち、やがては「教会の惣領息子」とも「長女」とも冠せられるようになる。そうなると、フランス王と帝国との関係も冷却し、とくにこの政教問題に関して齟齬が生じてくる。ゆるやかながら仏独対立の第一段階は十二世紀にこの問題をめぐって現れる。

例えば、一一〇七年、フィリップ一世が叙任権問題に関して教皇パスカリス二世と合意すると、教皇がシャンパーニュ州トロワの教会会議で、フランス聖職者を前に皇帝ハインリヒ五世に対し呪逐宣言。一一一一年、聖庁と和解したハインリヒ五世の戴冠式の時、その合意内容をめぐって式典が大混乱・中止になり、国王が教皇や枢機卿を虜にしてローマ市外に連れ去った。二カ月間の拘禁後、王は教皇に屈辱的な「協約」を強いて解放したが、翌年には破棄。フランスのルイ六世肥満王の後押しで開かれた南仏のヴィエンヌ教会会議は、皇帝になったハインリヒ五世を再び破門。叙任権闘争の泥仕合はなお続く。一一一九年、今度は教皇カリストゥス二世とハインリヒ五世が鋭く対立する。教皇は北フランスで教会会議を招集し、またも皇帝と対立教皇に破門宣告。そして一一二二年、ドイツ諸侯の抵抗と圧力に折れた皇帝と教皇の間でやっと「ヴォルムス協約」の和解成立。ひとまず叙任権闘争は終息する。

だが、ハインリヒ五世はカペー家によほど恨みがあったらしく、報復を図り、義父である英国王ヘンリー一世と結託して、フランス王ルイ六世とブロワ伯の争いに介入し、伯に加勢したが、なぜか成功しなかった。その間の事情は不明である。なお、この時期、フランスでこそ先鋭化しなかったが、イングランドでも、ヘンリー二世との確執からカンタベリー大司教ベケットが暗殺されたように（一一七〇）、似たような政教間の争いが起こっている。

仏英の相剋高まり、ドイツはザリエル朝からシュタウフェン朝へ　十二世紀半ば、かたやフランスではカペー朝ルイ七世の御代になり、イギリス王家との相剋が次第に高まり、かたやドイツではハインリヒ五世が嫡子なくして死去すると、ザリエル朝が途絶え、シュタウフェン家の時代になる。そして前記フリードリヒ一世赤髭王の代になると、仏独関係の進展はテンポが早くなる。ゼレールによると、赤髭王は「恐らく皇帝のうちでも一番傲岸な皇帝」であり、歴代ローマ皇帝と同様、「ドミヌス・ウルビス・エト・オルビス［ローマ市ならびに全世界の主］」の称号を標榜していたという。もっとも、同じ頃、赤髭王以外にもザクセンのハインリヒ傲岸公なる者もいるし、その息はハインリヒ獅子公だというから、この時代には、わが国の戦国武将のように勇猛果敢なる君侯が多かったのだろう。

それはともかく、前述もしたように、「神聖ローマ帝国」という名称が現れたのは十三世紀中葉だが、皇帝の超越的権威の復権を願って帝国にはじめて「神聖帝国」なる公式名称を付与したのは、このフリードリヒ一世である。これと、オットー諸帝以来のローマ帝国復興の理念が結合して十三世紀中葉に「神聖ローマ帝国」名が誕生したという。ただし、当時のヨーロッパの政治的現実のなかではまったく内実を欠いた虚名に等しかったようだが。

ところで、この頃になると仏独関係のなかに次第にイングランドが係わってくる。十二世紀は、ヨーロッパ諸王国で中央集権化が進み、国家としての政治的統合が強まりつつあった時代で、いわば早生の「国際関係」が成立し始めた時代でもある。時あたかも一一五二年、ドイツではフリードリヒ一世バルバロッサが国王となり、フランスではルイ七世に離縁された前記アキテーヌ公女アリエノールがアンジュー伯ヘンリー・プランタジネット（後の英国王ヘンリー二世）と結婚。二年後には英仏海峡に跨る「アンジュー帝国」という複合国家が誕生し、やがて二世紀後の百年戦争へとつながってゆく。

かくして十二世紀後半、仏独関係は新局面を迎えるが、フランスにとって幸いしたのはフリードリヒ一世赤髭王が、一時ヘンリー・アンジュー伯と同盟を結んだものの、イタリア政策に忙殺されたことである。それ以前から、ドイツ皇帝にとって、シチリアと南イタリアによる新興ノルマン人国家の台頭が分裂教皇選挙（一一三〇）問題などと絡んで悩みの種となっていたが、赤髭王の代になっても新たな教会分裂（シスマ）が起こっている。「ヴォルムス協約」後もこの種の、いわばミニシスマを原因とした政教紛争は絶えなかったのである。

赤髭王の教皇並立とフランス王の仲介

一一五九年、赤髭王側の教皇とフランス司教たちの支持する教皇並立という教会分裂をめぐって、やはり仏独が対抗する。興味深いのは、問題解決のためにフランス王ルイ七世が仲裁役として介入した交渉劇である。両者の会見の場としては、その頃のしきたり通り、王国と帝国の境になっている河川の一つが選ばれるが、従来のマース川ではなくソーヌ川が会見の場となった。この二つの川の選択も歴史の流れを物語っている。マース川はフランス語名ムーズ川で、フランスから北へ流れ、神聖ローマ帝国の西側国境を成した仏独境界。ソーヌ川はブルゴーニュとフランシュ＝コンテの間、ジュラ山脈の西側を南に流れ、ブルゴーニュ公領とブルグント王国の境界域だった。二つの川とも、八四三年のヴェルダン条約において定められた、ロタリンギアと西フランク王国を東西に隔てる分割線だが、三世紀後には神聖ローマ帝国とカペー朝フランスの境界線となっている。そこにはルイ七世と赤髭王の思惑や微妙な駆け引きが感じられる。

またゼレールによると、中世の公法では「諸河の河床は何人にも属せず、レス・ヌリウスつまり中立地」で、「そのために、よく河のまん中のある地点または島の上で、帝王などの出会いがあった」という。これは、後世にも受け継がれていたと見え、六世紀後の十八世紀、マリー・アントワネットがルイ十六世に輿入れをするとき、ライン河の中州に木造の離れ屋が造られ、オーストリア・ハプスブルク家皇女はそこでフランス王妃となって迎えられる。その状景はシュテファン・ツヴァィク『マリー・アントワネット』に仔細に語られているが、当時ストラスブールに遊学していたゲーテの『詩と真実』にも詳しくある。歴史は続くものである。

さて仏独帝王の会見は双方の教皇を伴って、ソーヌ川のさる橋の上で行われることになっていたが、この交渉劇はパントマイムか無言劇になる。フランス側の教皇アレクサンデル三世は難を避けて、フランスに亡命していたが、会見への参加を拒否。約束の日に国王と皇帝が橋の上に来るが、手違いがあったのか面会は行われなかった。三週間後、同じ場で会見が設定されたが、今度も実現せず。どうやら、双方とも顔を合わせたくなかったようである。後日、双方が相手の不誠実を責め、自らは弁解するが、赤髭王は（フランス東部）ドールで司教・諸侯を前にアレクサンデルの欠格と自派の教皇ヴィクトル四世の正当性を宣布させた。この時、その宰相ライナルトは招請に応じなかった諸国王を、レグリ（小国王）とかレゲス・プロヴィンキアレス（地方王）呼ばわりし、フランス王にいたってはレグルス（小王）と蔑称するなど傲慢無礼の言を吐いたという。赤髭王の臣下は主に劣らず、傲岸尊大だったのである。

このミニシスマの交渉劇は戦争にこそならなかったが、翌年双方が相手に追放・破門宣告を投げつけ合う非難合戦になった。ただ反皇帝派勢力の方が強く、この争いは「アレクサンデルのシスマ」と称されて、以後一八年間赤髭王の政治行動に影響する。そして結局は、赤髭王がロンバルディア都市同盟に敗北し、ヴェネツィアの講和となって終結するが、これはカペー家にとって紛れもなき成功の一つだった。なお、アレクサンデル三世は三人の対立教皇をたてられても勝利したが、英国王ヘンリー二世とも闘い、教皇権優位の確立に努めたという。

フランス宮廷文化ラインを渡る

ところで、このシュタウフェン朝のフリードリヒ一世バルバロッサだが、その波瀾万丈の生涯はただただ尊大倣岸であったというだけではなかったようだ。一般に中世に対するドイツ人のイメージとして描かれるのは、華やかな宮廷、騎士たちのトーナメント、吟遊詩人、十字軍など、概して十二、十三世紀にかけて見られる現象だというが、この頃はシュタウフェン朝の時代であったと言ってよく、その間中断はあっても、この王家は六代にわたって神聖ローマ皇帝位についている。それゆえ、この時期は「シュタウフェンの時代」と称され、ドイツ人の歴史意識のなかでは「ドイツ中世の精華を代表する時代」とされているという。とりわけ、フリードリヒ一世赤髭王はその象徴的存在であったようだ。赤髭王とて、王国内ドイツ諸侯や教皇との権力争いに明け暮れていただけではない。晩年一一八四年、皇帝はマインツでその治世最大の帝国集会を開催し、栄耀栄華を誇示している。この集会は典型的な騎士道的・宮廷的祝祭で、その頃には西からラインを越えてドイツ王国内にもフランス宮廷文化の波が押し寄せてきていたのである。

こうした騎士道的宮廷文化、宮廷社会は十二世紀以後のものとされるが、ちょうどゴシック様式大聖堂が北フランスからブルゴーニュを経てヴォージュを越え伝わってきたように、フランス宮廷の生活や文化がドイツの地に根づき始めていた。赤髭王が催したマインツの大集会はその象徴的な祝祭と言えるだろう。そしてそれは、宮廷の城壁を乗り越え、人々の精神生活や文化にまで影響することになる。ドイツ文学史においては、「シュタウフェンの時代」が一つの時代概念として用いられるというが、十二世紀末から十三世紀初めの半世紀間にドイツ文学はその様相を一変したとされる。ここでもフランス文化の影響は決定的で、トゥルバドゥール（南仏吟遊詩人）やトゥルヴェール（北仏吟遊詩人）に感化されてミンネジンガーが生まれ、彼らによって「ミンネザング」という恋愛詩が歌われた。また前述したように、『ロランの歌』のような武勲詩こそドイツには少ないが、これも『ニーベルンゲンの歌』のような英雄叙事詩に大きな影響を与えたとされる。

赤髭王はルネサンス期の王侯君主のように文芸を保護育成したわけではないが、こうした宮廷文化は王宮にとどまらず、他の聖俗大貴族・諸侯の宮殿にまで広がった。とくに赤髭王はブルグント伯の娘ベアトリクスを妃としていたので、ブルゴーニュ伯領、つまりはブルグント王国宮廷を通してフランス文化の影響を受けやすかったのかもしれない。また同じ頃フランスでは、リチャード一世獅子心王、ジョン欠地王などの子をもうけてなお英国王と離婚した、例のアキテーヌのアリエノールがポワティエの宮廷サロンで文芸振興に努めていたが、その娘マティルダがザクセンおよびバイエルン大公ハインリヒ獅子公の妃であったので、はるか北方のザクセンやテューリンゲンの宮廷にもフランス式宮廷文化の波が届いていたのだろう。このザクセン公妃マティルダはヘンリー二世の長女にあたり、夫・獅子公も赤髭王に追放され、一〇年もプランタジネット家の華やかな宮廷に「亡命」しているので、フランスだけでなくイングランドの宮廷文化の影響も受けていたかもしれない。ちなみに、赤髭王の妃ベアトリクスが育ったブルゴーニュの宮廷は歴代華やかなものであったらしく、ホイジンガ『中世の秋』（堀米・堀内訳）によれば、「最も富み栄え、よく整えられた宮廷として、広く知られていた」という。とくに十五世紀、後述するシャルル猪突公の頃は、英国王エドワード四世が宮廷生活や儀式礼法のモデルを求めたというほど、見事に完成されており、その「宮廷生活はハプスブルク家に継承されて、スペインとオーストリアに持ち込まれた」、とホイジンガは記している。ヴェルサイユの宮廷が栄えるのは、これより二世紀あとである。

北仏吟遊詩人リチャード獅子心王とミンネジンガーハインリヒ六世

なお、リチャード獅子心王は優れた北仏吟遊詩人でもあったし、赤髭王の息ハインリヒ六世も初期のミンネジンガーの一人であったというが、奇妙な因縁話がある。史実によると、獅子心王とフランス王フィリップ二世は十字軍に共同参加したものの不和になり、フランドル伯の相続争いが気になるフランス王は健康上の理由を口実に、部下を残して、その年に引き返したが、リチャード獅子心王は長らく留まった。だが帰途英国王はオーストリア公レオポルド五世に捕らえられ、神聖ローマ皇帝ハインリヒ六世に引き渡された。言い伝えによれば、この高貴なる囚われ人英国王はアルザスのどこかの城に幽閉されていたが（一一九二―一一九四）、行方不明の王を探していた王の友の吟遊詩人が偶然地下牢から洩れくるその声を聞き分けたという。この話には、獅子心王は莫大な身代金によって釈放され、それが皇帝のシチリア遠征の軍資金になったとか、また時の政情からリチャードの帰国を遅らせようとして、フランス王フィリップ二世とリチャードの弟ジョンが結託してドイツ王に大金を渡したとかという後日譚までつくが。

ただ、そうした騎士道的宮廷文化の成立・展開は、中世ヨーロッパにおいて世俗文化が聖職者文化に対して自立し始めたことを意味するが、ドイツでは教会の伝統的価値観からの批判を招くことになり、トーナメントは教会立法で禁止され、宮廷批判の文書が多数書かれ、世俗的な快楽や娯楽の追求はキリスト教的清貧思想や倫理観から厳しく論難されたという。実際、前記マインツの帝国集会の祝祭では、天候の急変により、にわか仕立てのテントや建物が倒壊し、死者さえ出たので、これこそ天咎天譴《てんきゅうてんけん》であり、神の怒りにふれたと信じられたともいう。これは十二世紀末のことだが、こうなると、後世のドイツ・プロテスタンティズムの淵源はすでにしてこの時代にあったのか、と思いたくなる。

＊なお、西欧世界におけるこの「花咲く騎士道の時代」十二世紀については、西洋中世史学の権威、堀米庸三が前掲『中世の秋』の解説において、「十二世紀は他に例をみないほど創造的、造型的な時代であった」として、その文化の革新性と独創性を説き、チャールズ・ハスキンズ『十二世紀ルネサンス』なる名著を紹介している。また堀米自身にも、昭和四九年ＮＨＫ「放送大学実験番組」の一つのテクストをもとにした編著『西欧精神の探究――革新の十二世紀』という、優れた興味深い著作がある。

2　カペー家とシュタウフェン家にプランタジネット家――相剋と同盟

王朝の推移　前述したように、カロリング朝断絶以降、西フランク王国＝フランスではカペー家の政権がまったくの安定とは言えないにしても、長期に続くが、東フランク王国＝ドイツでは、ザクセン、ザリエルと王朝が変わり、十二世紀にはシュタウフェン朝になっている。これには、カペー家が世襲制を取っていたのに、ドイツでは事実上も法理上も国王選挙制だったことが影響していると思われる。もちろん、ドイツ歴代国王・皇帝も世襲を重んじ、十一世紀末には世襲主義が勝利するかに見えたし、以後の国王たちも幼子の嫡男や庶子にさえ戴冠させたりしているが、ここでは選挙制が確固たる王国統治システム、いわば国制の根幹を成していた。もっとも、選挙制といっても、実質的には王位継承者を追認する形式的なものだったが、それでも前段階でほとんどいつも紛糾するのである。選帝侯会議が主体的に機能しだしたのは十四世紀半ばなのだから。

例えば、後述のハインリヒ六世が世襲制を定めようと「世襲帝国計画」を提案したが、帝国会議で否決されている。おまけに、ドイツには「神聖ローマ帝国」の名称が示すように、建国以来ローマ教皇との係わり、権力争いが伝統としてある。これはフランク王国以来の伝統でもあろうが、幸か不幸か、教皇選びも選挙制で、この二つの選挙制がほとんどいつもアルプスを挟んで縺れ絡み合うので、対立国王や対立教皇が立てられるのは日常茶飯事であった。教皇による皇帝破門も四六時中行われており、赤髭王時代のように、その反対の教皇破門さえもあった。中世ドイツ史年表を見ると、戴冠、破門が異常なほど何度も交互に出てくる。

選挙制とは、治世の交代のたびに国王候補者または志願者が王位を争うことであり、またほぼ一貫して諸侯の勢力争いが生じ、場合によっては内乱に変ずる。例えば、ザリエル朝最後のハインリヒ五世の死去以来（一一二五）、バイエルンのヴェルフェン家とシュタウフェン家が対立する。その仔細は省くが、各々の代表がハインリヒ獅子公とフリードリヒ一世赤髭王なのである。前者はバイエルンとザクセンの両大公領を有する北ドイツ最強の侯家、後者は南西部シュヴァーベン大公領出自であるが、母はヴェルフェン家直系なのでこの二人は血が繋がっている。この争いはよくある北部と南部の争いにどこか似ているが、この場合「地理が政治を決める」かのように、北はその位置からイギリスと繋がり、南はフランスと結びつこうとする。ちなみに、ハインリヒ獅子公はバイエルンのミュンヘンだけでなく、バルト海沿岸の港湾都市リューベックの建設者でもあり、ここを拠点にイギリスとの通商を行い、また東方植民にも尽力したとされる。

リューベックについて少し詳しく見ると（前掲『ヨーロッパの形成』）、この北方の地は元はスラヴ系の王の要塞拠点で、十二世紀初頭にはすでに栄えていたが、ホルシュタインのアドルフ伯が占領し新たに都市として建設した（一一四三）。さらにこれをハインリヒ獅子王が強引に手中にしたというから、建設というよりも略奪再建したと言うべきであろう（一一五九）。中世や戦国時代にはよくある話だが。

イギリス＝イングランドの勃興　十二世紀初頭、イギリスの勢威はさほどではなかったが、ヘンリー二世が即位して前記「アンジュー帝国」が成立して以来、突如現れた新興国のようにヨーロッパ大陸の二大国に大きく関与することになる。アンジューとはフランス西部の旧州名だが、ヘンリー二世の父はアンジュー伯、母はヘンリー一世の娘、ヘンリー一世はギヨーム（ウィリアム）征服王の息であり、アンジュー帝国は血縁関係、血の繋がりからできたような帝国である。このノルマン征服のウィリアムもノルマン人、つまり元をただせばゲルマン民族であるごとく、ヨーロッパにおける諸民族、とりわけ王侯貴族の血縁は色濃く複雑に混じり合っている。それはともかく、このアンジュー帝国はイギリス諸島とフランスの西半分を占めており、フランスは東の帝国との間にあってまさに赤髭王の言う「小国」であり、王領地となるともっと小規模、まさに「小国」そのものであった。

なおアンジュー帝国について留意すべきは、この頃のイングランドは「アンジュー家の巨大で複合的な家領の一部」、いわば「属領」にすぎなかったことである。後の「大英帝国」のイメージからすると信じられないようなことだが……ただその証拠に、イングランド王だったアンジュー家歴代当主はその治世の大半をこの西仏の所領で過ごしている。初代ヘンリー二世は三四年のうち概ね二一年間はフランス、イングランドに一三年、息リチャードやジョンはカペー家との抗争のためフランスに釘づけにされたようなものだった。戦争と十字軍遠征に明け暮れたリチャードはイングランドにわずか半年間、フランスで五年有余、ジョンも治世四年半のうち三年半をフランスで費やした後、フィリップ二世に追われている。もう一つ留意すべきは、リチャードは父王に背いてのちに即位したが、十二世紀半ばからのアンジュー家王位継承はカペー家同様血統によって行われ、ドイツのような王位争奪戦は十五世紀まで起こらなかったことである。もっとも、後に同じ十五世紀後半「バラ戦争」（ランカスター家［赤バラ］とヨーク家［白バラ］の王位継承権争い）が起こるが。

ついでに、この時期の英仏関係を見ると、アンジュー帝国領をめぐって四六時中戦争や同盟を繰り返している。まるで領土の広さとは関係ないかのごとく、ルイ七世に対するヘンリー二世から、ルイ九世に対するヘンリー三世を経て、フィリップ三世に対するエドワード一世に至るまで、時として英国王がフランス王に臣従礼をとっている。ノルマン、プランタジネット朝ともフランス封建諸侯の出であるからだろうが、なんとも奇妙な光景である。もっとも双方の勢力争いは長くて熾烈、アンジュー伯領がフィリップ二世尊厳王によって英国王から奪還されるのは十三世紀初め、最終的にフランス王領、アンジュー公家となるのは十五世紀末。以後アンジュー公はフランス王子のもつ称号となる。

仏独関係にイギリスが……　さて、このヘンリー二世がシュタウフェン家のイタリア支配とその権益を横目で見て食指を動かしてくる。アンジュー帝国のような広大な領土の王ともなると、権力欲は底なしでさらなる覇権を求めるものなのか、果てしがない。この場合お目当てはシチリア王国であろうが、その野望を三男のリチャード獅子心王が受け継ぐ。この王は帝冠をも夢見ていたというから、神聖ローマ皇帝は心穏やかではいられない。しかも、彼が反皇帝派勢力の支援におよぶと、皇帝はカペー家と同盟を結ばざるを得ない。だが相手のフランス王ルイ七世は教皇に牽制されて、動きが取れない。この仏独の停滞閉塞状況を打破したのは、後継の嫡男フィリップ二世オーギュストである。このカペー家七代目尊厳王こそ王国中興の祖であり、対外的には英国王と神聖ローマ皇帝との関係を巧みに操り、同盟や戦争を繰り返してアンジュー帝国の枠組みを切り崩し、前記ブヴィーヌの戦いで英国王と結託した皇帝・フランドル伯連合軍を破り、王領地の回復拡大に努め、フランス封建王政の基礎を固めた王である。

一一八七年、赤髭王は尊厳王と同盟の礎を築き、以後二つの王朝を結びつけることになる。会見はやはりスダン近くのマース川上で行われ、友好と援助協約が交わされ、やがて尊厳王はイギリスとの戦いを再開する。尊厳王は一一八〇年登位して以来、シャンパーニュ伯やフランドル伯、英国王と同盟・交戦とめまぐるしく、この時は獅子心王と戦っていた。ところが、ほどなくエルサレムがエジプトのスルタン・サラディンに奪取され、第三次十字軍遠征が決定されると、急転直下、尊厳王と赤髭王は昨日まで敵だった獅子心王と同時期に出発。暫時休戦。こうなると、戦争もゲーム感覚で行われるのだろうか。この神聖ローマ皇帝指揮下では初の十字軍遠征中に、赤髭王がトルコの川で溺死。四〇年近い治世を誇った勇猛な武将王にしては、なんともあっけない死である。なお、この頃、ドイツ騎士団（騎士修道会）成立（一一九〇）。

ドイツ皇帝とシチリア

後継皇帝ハインリヒ六世は、父たる赤髭王のイタリア政策、教皇権力への対抗策のためもあってか、一〇歳も年上のシチリア王女と結婚する。このノルマン王家との姻戚関係は、教会領の南北に強大な王権の同盟を生むことになり、教皇にとっては大きな脅威だった。その上、ハインリヒ六世は父以上に野心家で権力好きであったとみえ、ヨーロッパの君主たちの上に立ち、王の王たらんとし、フランス王にさえ封臣となるよう迫ったという。彼は父王の政策を踏襲するが、その野望は強く東方ビザンツにまで帝権を広げようとする。その障碍となるのは教皇、反皇帝派だが、その背後にはリチャード獅子心王がいた。これに対抗してハインリヒ六世はここでも父に倣い、フランス王フィリップ尊厳王と手を組もうとする。またもや、仏独英三つどもえ、いや教皇が加わるから四つどもえ、とでも言うべき構図出現。この構図の詳細は省くが、意外な結末となる。リチャードを莫大な身代金で解放したハインリヒは意気軒昂、前述のごとくフランス王にも皇帝権の上位性を認めさせようとしたが、ここでも父王に似たのか、イタリア遠征中、三二歳の若さで急死（一一九七）。

　その相続人は当時三歳の幼児、後のフリードリヒ二世である。政略婚からの、この後継者出生には歴史的宿運のようなものが感じられる。この後の神聖ローマ皇帝は、一一九四年クリスマスの翌日、イタリア中部アンコーナの小さな町で生まれるが、母が父よりも一〇歳も上だったためか、一〇年目にしてやっと授かった子宝であった。ただ、この子がドイツ皇帝ハインリヒ六世とコンスタンス妃との真正の子であることを示すため、出産は広場で公開で行われたという。父方からは赤髭王の孫であり、母方からはノルマン系シチリア王国直系で、未来の皇帝になる子となれば、公開出産もやむをえなかったのだろうが、そう多くあることではなかろう。

さて、またしても後継王争いが起こるが、毎回ほぼ同じ構図、つまりヴェルフェン家（オットー四世――英国王ジョンの甥）とシュタウフェン家（フリードリヒ二世）の二重国王の王位争奪戦なので仔細は省略。ただこの帝権争いにも、慣例であるかのごとく教皇が介入するが、当時の教皇インノケンティウス三世はフリードリヒ二世の後見人であった。この教皇はパリ大学に学んだ知識人で卓抜な政治家でもあり、教皇権の権威を飛躍的に高めたとされるが、当初はヴェルフェン家に加担した。ところが争いが縺れると、あの大嫌いなシュタウフェン家、しかも自らが後見したシチリア王でもあるフリードリヒ二世を立てざるを得なくなる。この矛盾に満ちた選択は何であろうか。教皇には、シチリア王権と皇帝権を分離することが焦眉の急であったはずである。どうやらこれには、政略家のインノケンティウス三世の深慮遠謀、権謀術数が込められていたらしい。この教皇のモットーは「神より小さいが、人間よりは大きく」だったというが。

この十二世紀末の時代、奇妙なことにというか当然というか、必ずしも皇帝がドイツ人でなくてもよいではないかと考える人々がいた。フランス王とて、ドイツ王同様、カール＝シャルルマーニュ大帝の継承者であり、帝冠を戴く資格があるというのである。なるほど前述したように、フィリップ二世は「シャルルマーニュ血統の君侯」と呼ばれていたし、カロリング家の王統に直接繋がらなくても、両王国ともフランク王国を継承発展してきた点では同等である。ただそうした理屈よりも、教皇には帝冠がラインを越えることを容認できない事情があった。ドイツ王が選挙制であるのに対し、フランス王は世襲制であることが都合悪かったのだ。教皇がその力と権威を誇示するには、選挙制が好ましかったのである。前記「世襲帝国計画」に猛反対したのは、争いのたびに権力を振るうケルン大司教だったという。もっとも、神聖ローマ帝国が八世紀間も続いたのは、ドイツが少なくとも原理的には選挙制に忠実だったからであるとも言われるが。

ともあれ、教皇の巧妙な策略、権謀術策をもってしても、争いを解決できなかった。他方、フランス尊厳王はアンジュー帝国切り崩しの好機とばかりにシュタウフェン家に左袒する。そしてこのドイツ皇帝位の相続争いは、奇しくもフランスで決着されることになる。「ブヴィーヌの戦い」である。これについては何度か触れたが、ここで手短にまとめておこう。

ヨーロッパ版関ヶ原「ブヴィーヌの戦い」　この封建戦争の輝かしい挿話である戦いは、一二一四年春、ドイツ王オットーに加担しラ・ロシェルに侵攻した英国王ジョンが尊厳王の息ルイ八世に撃退されたのを皮切りに、同年夏、ベルギー国境ブヴィーヌの丘で、ドイツ王とフランドル伯、イングランドの連合軍とフィリップ二世のフランス国王軍の間で行われ、後者が多少数に勝る連合軍相手に大勝利をおさめた戦いである。戦いの日の夕刻、フランス王は「帝旗の先に付いていた金色の鷲の残骸」をシュタウフェン家に送ってやったという。

なお、この戦いで留意すべきは、この戦闘が日曜日に行われ、しかも連合軍が先に仕掛けたことである。F・ムナン他著『カペー家——歴史と事典』によると、当時日曜日の戦闘は教会によって禁じられており、フランス人は「この日曜休戦を守らない破門された敵に立ち向かい、教会と神のために闘うと確信していた」という。この時敵将オットー四世は教皇に破門されており、フランス国王軍はこの戦いを文字通り「神明審判」として闘ったのである。それゆえ、敵方が教皇とも対立していたことから、この戦いは神の裁きが下ったのだとされたというが、中世のこの時代、信心深いフランス人キリスト教徒ならばあり得ることであろう。

この勝利には北仏「コミューン（自治都市）」の民兵軍の寄与も大きかったとされるが、これによってオットー四世は失脚し、ジョン王は翌年マグナ・カルタ（狭義には英国封建諸侯の王権制限要求の憲章）の承認を余儀なくされ、勝者フィリップ二世は「尊厳王」と呼ばれるようになった。フランスにとって、ブヴィーヌの前にノルマンディ、アンジュー、ブルターニュ各伯領は奪還していたが、それでもこの勝利の意味は大きく、国勢を増し、西ヨーロッパにおける地位を高めたことはもとより、封建諸侯を抑えてカペー王朝君主制を確立し、それまで欠けていた軍事力を誇示したのである。

それゆえ、この戦いはドイツの王位争いが英仏関係にも影響した、いわば全ヨーロッパ的な意味を有する「フランス騎士道の鮮やかな勝利」であったと言える。だが確かにこの勝利がカペー王朝を恐るべき危険から救ったとはいえ、仏独関係の点では、フリードリヒ二世が自らは戦わずして王位を確保し、シュタウフェン家とカペー家の絆がより強固になったというだけのことで、ことさら主要な日付ではない。むしろ、フランスにとってこの時期最大の敵はイギリスであり、何よりも英国領となっている西半分にある諸地方の全面奪回が悲願であった。それゆえ、このドイツの相続争いは中世の英仏「西部戦線」におけるカペー家とプランタジネット家の、間歇的ではあるが数世紀にわたる対立・大争闘の一局面として現れたのである。

3　カペー家の隆盛と神聖ローマ帝国の衰退と混乱

さて仏独関係に戻ると、ブヴィーヌの戦い後、カペー家とシュタウフェン家は同盟によって得た利益を双方で享受した。どちらも国境マース川の対岸を気にすることなく、その主要な敵、一方は教皇、他方は英国王だけを相手にすればよかった。ただ当初はそうであっても、時代が進むにつれて封建王政諸国の状況や相互関係、ヨーロッパ大陸を舞台にした国際関係に変化が生じてくる。カペー家と教皇の関係も、前ほど穏やかではなくなり、フリードリヒ二世と教皇の立てる波風が強まるに従い、その余波を受けてさざなみが立つようになる。この皇帝は一二五〇年の死まで三度も破門され、最後は廃位されており、その影響を受けざるを得なかった。やがてドイツは、皇帝没後ほどなくして、大空位時代に突入する。

聖王ルイ九世　フランスでは、尊厳王の孫ルイ九世聖王（在位一二二六―一二七〇）の代になっても、皇帝と教皇の軋轢は激しさを増し、聖王もこれに巻き込まれるが、賢明な王は中立公正な立場を守った。よく言われることだが、この時のフランス王が聖王でなかったならば、状況は変わったかもしれない。つまり、他の王ならば、このドイツの無政府状態を利用して、帝冠をフランスに移すとか旧ロタリンギアの一角やブルグント王国の分捕り策にでも出ていたかもしれない。現に王弟アンジュー伯シチリア王は甥のフィリップ三世を、さらにその後のフィリップ四世は実弟をドイツ国王に立てようとしたのだから。

だが、この聖王は「篤信のキリスト者であり、中世キリスト教君主の理想像たる正義王（rex justus）をみずから体現した人物」で、「カペー王権の内外における威信には……ルイ九世個人の資質が大きく関係している」（堀米庸三『西洋中世世界の崩壊』）のである。聖王は「地上の王のなかの王」（英国十三世紀の年代記作者マシュー・パリスの言）と称されるほどの権威を有しており、皇帝に取って代わる実力の持ち主だった。しかし、彼はいわば「ヨーロッパの調停者」として、多くの国々の封建的紛争解決の仲裁役・調停者の役割に甘んじていた。時の教皇からドイツやシチリアの王位を提案されても断り、破門されていた皇帝フリードリヒ二世とも友好関係を保った。そのような聖王の姿を象徴する逸話がある。

十三世紀半ば、インノケンティウス四世は皇帝の圧迫を避けてフランスに庇護を求めたが受け入れられず、帝国の都市リヨンに逃避していたが、そこでフリードリヒを破門・廃位すると、聖王は双方を折り合わせ穏便に処理しようと介入した。ところが、皇帝が教皇を襲撃するという噂が立ち、リヨンの教皇は聖王に保護を要請し、王もこれに応じた。幸いにも、イタリア情勢に気を取られた皇帝がリヨンには現れず、ことはうやむやのまま終わった。また、英国でヘンリー三世と諸侯の間で課税問題が生じたとき、両者は聖王に調停を依頼したという。まさに「ヨーロッパの調停者」である。それでも、諸侯の反王権同盟ができるのだが。

シュタウフェン朝終焉、大空位時代へ　ところで、フリードリヒ二世が破門・廃位されたまま、一二五〇年に没すると、またもや跡目相続問題が起こり、シュタウフェン家支配の弔鐘がなり、四年後には大空位時代（一二五四―一二七三）が始まる。これはシュタウフェン家に対する教皇の勝利でもあるが、相も変わらぬ皇帝争奪劇が英仏諸勢力を加えて繰り広げられ、またもや二重王権となる。しかも今次は英仏が舞台前面に出てきて、それぞれがドイツ王を立てるが、この度の国王はどちらもドイツ人ではない。確かに、時代の推移とともに、ドイツの王位争いが国内を越えて、以前よりもはるかに広がり、英仏の関与度が増してはいる。西の両王国の政情が関係するのは当然だが、今回はこの王位争いがシチリア王国継承問題と絡んで縺れ、地中海を舞台にヨーロッパ全域に影響することになる。

やがて大空位時代も、ハプスブルク家のルードルフ一世の登場で終わるように見えたが、某ドイツ史年表の「王朝」欄には大空位時代に次いで、「諸家からの国王及び皇帝の時代」とあるように、王位の定まらぬ状態は以後、ルクセンブルク家のカール四世の出現まで、半世紀間も続くのである。ちなみに、このルードルフ一世死後約五〇年間に行われた、とびとびの五回の国王選挙ではすべて前王とは別の家門から選出されたことから、これを「跳躍選挙（Springende Wahl）」と称するという。こうなると、この「跳躍国王」はもう一種のブラックユーモアではないだろうか。

さらにそうした混沌状態に加えて、十三世紀半ばフランス人教皇ウルバヌス四世が選ばれ、聖庁でフランス人が多数派となり、聖王の実弟アンジュー伯がカペー家の威光と教皇の後ろ盾を背に、シチリア王になるような状況が生まれていた。しかも前々教皇インノケンティウス四世からしてフランス贔屓で、折あらば帝冠をフランス王にと考えていたというから、絶好の機会なので、漁夫の利を得ようとする者が出てもおかしくはない。だがこのあたりの事情は、時代が変わって舞台も大きくなり、登場人物も変わったというだけのことなので、これ以上は触れないでおこう。

「跳躍教皇」と「シチリアの晩禱」　ただ、ついでに言えば、ドイツの王座が不安定だけでなく、この時期、つまり十三世紀後半は教皇座も不安定で、インノケンティウス四世没後ボニファティウス八世登位までの四〇年間に一二人もの教皇が交代している。こちらも跳躍選挙、「跳躍教皇」である。例えば、前記アンジュー伯シャルルは兄ルイ九世と違い、野心家であったとみえ、シチリア王で満足せず皇帝位まで狙っており、己の意のままになる教皇の首を何度もすげ替えている。わずか数カ月の間に、アンジュー伯に忠実な教皇が三人も交代しているのである。一般に十三世紀は教皇権の最盛期と言われているが、実態はかくのごとしである。

もっとも、野心家シャルルの大望もプロヴァンス伯、ナポリ・シチリア王までは叶えられたが、東方への夢はいわゆる「シチリアの晩禱（一二八二年、パレルモのフランス人虐殺）」、臣民の反乱、アンゴラ家との王国争いなどではかなくも潰える。なお後に、このシチリアの晩禱のフランドル版「ブリュージュの朝禱」（一三〇二）が起こるが、これはフランドル諸都市の反乱に武力介入したフランス兵が、風評によって決起したブリュージュ市民に一二〇人以上虐殺され、従者を別にして四四人の騎士が捕虜にされたことをいう。

なお、これまで何度も登場してきたシチリアについて付言しておくと、この地中海の島は紀元前ギリシアの植民地時代から地中海史上重要な位置を占めている。だが後年、十八世紀の哲人ヴォルテールは皮肉っぽくこう述べている。「シチリアは……由来外国人に押さえられどおしである。まずローマ人、ヴァンダル人、アラビア人、ノルマン人、また法王領になると、フランス人、ドイツ人、スペイン人が交互に支配。主君を憎むのがほとんど習慣のようになり、絶えず反旗をひるがえすが、自由の戦と言えるほど、真摯な努力を払わぬので、暴動に暴動を重ねても、ただ支配者を替えるばかり」(『ルイ十四世の世紀』丸山熊雄訳)。このヴォルテールの揶揄の後も外国支配は続き、一八六〇年になってやっと、この島国国家はスペイン人王を追い出して、イタリア王国領となる。

カペー家の「土地憲章」　さて、ドイツでは依然として「乱世」が続いていたが、フランスではカペー家世襲制が順調で、フィリップ四世美男王が王座につくと新局面を迎える。ハプスブルク家に対してもシュタウフェン家以来の伝統的な友好関係が復活するが、カペー家の隆盛、シュタウフェン家の衰退・混乱という時代状況もあってか、両国間の領土問題が浮上してくる。長い間、カペー家は帝国と直接する共通の国境をもたなかった。カペー朝初期、あの四つの川——エスコー、マース(ムーズ)、ソーヌ、ローヌ——を境界にしたフランドル、シャンパーニュ、ブルゴーニュは家領ではなく、封地だったからで、これらが完全に王領になるのはずっと後のことである。フランスと帝国の境界は依然として四つの川のままであり、「ヴェルダン条約は今もなお西ヨーロッパの土地憲章」(ゼレール)なのである。

フランスは、王権の強化以来、この土地憲章を変更修正し、最終的にはライン河を国境にしようと努める。王領の整理・拡充は十二世紀初頭、ルイ六世以来の懸案事項だったが、実際にはカペー家中興の祖フィリップ二世尊厳王、ルイ九世の時代から徐々に行われ、フィリップ四世美男王の代になって、その王妃の婚資シャンパーニュ伯領が王領に併合されると、カペー家は本格的に帝国によって蚕食された境界を意識し始める。神聖ローマ帝国は旧ロタリンギア領全土を包含しただけでなく、その境界からもはみ出していたのである。カペー家はこの逸脱を正し、伝統的な国境に戻して王領を八四三年の「土地憲章」の規定通りにしようとした。

注目すべきは、この土地憲章修正が国境修復、つまりは領土拡張であったのに、この作戦が「むきだしの武力によるものではなく、強大な国力を背景にし、能率的な裁判制度を手段とした間接的なもの」（前掲『西洋中世世界の崩落』）だったことである。この時期フランスはイングランドとは何度も戦争しているが、ドイツとは大きな武力衝突がほとんどなかったのは、この裁判作戦が成功したからでもあろう。当時の封建社会では、各地の境界域で王領、皇帝直轄領、諸侯領、司教領、都市領などが複雑多岐に入り組んでおり、封建的係争事件には事欠かなかった。例えば、中世フランス東部、ドイツから言えば西部エルザス（アルザス）の領地分布図を見ると、まるでパズル図のごとくである。

加えて、前述したごとく、ルイ九世は正義王（rex justus）とも称されたが、中世においてはこの語justusは「法」と同義語であり、聖王はその意味でも比類のない誠実さを示していたという。実際、パルルマン（パリ高等法院、一二五〇年）創設に象徴されるように、聖王の時代に裁判制度やこれを支える官僚制組織は相当整備され、他国よりも進んでいた。そうしたシステムをフルに活用したのは孫のフィリップ四世だが、ドイツには、当時強大な国力も効率的な裁判制度もなく、フランスの「非軍事的侵略」、〝ソフト・インヴェージョン〟に対抗できなかった。

ただ聖王自身は、帝国との境界に絡んだ係争事件を法手続上の形式とか筋を曲げてまで処理することはなかったが、配下の役人、有能かつ巧妙な官僚たち――とくにレジスト（法曹家）集団――が長い間周到な準備をし、当事者をフランス法廷に引き出していた。必要ならば、彼らは係争事を計画的にでっち上げて三百代言的訴訟で事を進め、時には幾世代にもわたって長引いたという。聖王下では抑えられていたが、息のフィリップ三世大胆王の代になると、反動でカペー家役人たちの法曹精神が勢いづき、帝国との国境付近で、主権の争奪、裁判権行使作戦が活発化する。

フィリップ四世美男王の国境修復作戦

ゼレールはその詳細な事例をいくつか挙げているが、例えば、次王フィリップ四世治下、彼らはロートリンゲンと接するパリ盆地東部のバール伯領という自由地を舞台に争い、マース川を仏独国境と画定している。ただこの時代の国境というのはそう単純なすっきりしたものではなく、この場合もマース川西にはクレールモントワという帝国の飛び地が残り、王領に帰したのはルイ十三世の御代（十七世紀）である。ただ美男王の国境修復でやはり出色なのは、リヨン併合であろう。ソーヌ川とローヌ川が合流する古都リヨンは当時ブルゴーニュ伯領、つまり神聖ローマ帝国のブルグント王国領内にあった。これも仔細は省くが、美男王がリヨンを掌握したのは、教皇ボニファティウス八世との争い、テンプル騎士団解散など重要事件に忙殺され、やっと一三一〇年、自らが擁立したアヴィニヨンの初代教皇クレメンス五世の時であった。

ただこれにとどまらず、美男王はソーヌ川国境の対岸ブルゴーニュ伯領（後のフランシュ・コンテ）にまで手を伸ばそうとしていた。一二九〇年頃から、カペー家とブルゴーニュ伯オットー四世家との姻戚関係でこの地に根を下ろし始めたのである。この領国が依然として帝国に属するという条件付きであったとはいえ、美男王没後も次男フィリップ五世がその妃による血縁で、すでにブルゴーニュ伯であったので、数年間この伯領はフランス王国に結びついていた（一三一五―一三二二）。ただし、プロヴァンス伯でもあるナポリのアンジュー家も地続きのブルゴーニュの獲得を狙っていたので、そこには主家であるカペー家との微妙な関係が生じていたという。

かくして、カペー家の威勢が強まるにつれ、その影響は帝国西部国境一帯に数珠つなぎに並んでいた、皇帝従属の公伯諸侯領、司教領など周辺域にまでに及び始めた。これらの諸侯は、情勢に応じて皇帝側についたり、フランス王側についたりしていたが、ほとんどいっせいに後者になびきだしたのである。だが、このカペー家の威勢を決定的にしたのは、ボニファティウス八世に対する美男王の勝利であろう。美男王は赤髭王やフリードリヒ二世のような有力皇帝が苦しんだ教皇との闘争に、熾烈な争いを経て打ち勝った。本来、政教間の対立抗争劇は神聖ローマ皇帝の専売特許のようなものだったが、今や皇帝にはその闘争エネルギーもなく、まさに主役交代で美男王が登場したかのごとくである。

その点、ゼレールが引いている次のような某イスパニア人の言は、歴代ドイツ諸皇帝を羨ましがらせることだろう。「フランス王は教皇であり皇帝である。教皇はいないも同然で、王が彼と教会を思いのままにすることは誰もが知っている。そのうえ驚いたことに、諸王や公伯諸侯がまるで皇帝に対するように、彼に従っているのだ」。前述したごとく、聖王は「地上の王のなかの王」と称されたが、孫の美男王はそれを国威の面である程度具現したと言えるかもしれない。

ユーグ・カペー以来フランス王は、十世紀ドイツ王権のもたらした勝利と栄光を横目で見やりながら、フィリップ四世美男王の代になって、今こそヴェルダン条約を思い起こし、ロタールの遺産とシャルルマーニュの帝冠を争うべき時期が到来したと考えたのであろう。それゆえ、美男王は土地憲章の修正だけでなく、八四三年の境界さえも越えて新たな第一歩を踏み出したのである。治世末期には、第一歩どころか、彼も帝国をドイツから奪取しようと夢見たが、この野望は初期ヴァロワ家にも育まれ、いわばフランス王家の世襲財産として伝わってゆくことになる。

第三章　新たなる王朝関係——ヴァロワとルクセンブルク、ブルゴーニュ家

1　王朝交代期の仏独関係

王権不安定な仏独王家

十三世紀末、仏独間の勢力関係に生じた変化は、十世紀のカロリング帝国崩壊後のそれに勝るとも劣らないくらい大きく重要なものだった。かたやシュタウフェン家が没落し、大空位時代からルクセンブルク家を経てハプスブルク家支配へと移る帝国の深刻な変容の始まりであり、かたやカペー家はフィリップ四世美男王が家運を上昇気流に乗せつつあった。もっとも、この上昇気流にもエアポケットのようなところがいくつもあり、美男王の治世も当然ながらすべてが順調であったわけではない。この時代、十四世紀初頭はドイツと同様、王権が不安定で、英国ではエドワード一世、フランスでは美男王の強力な君主政治の反動で諸侯の反乱抵抗が起こっていたのである。とくにフランスでは、美男王没後（一三一四）は、わずか一四年間に、その息子三人が次々と王座についたが定まらず、やがてカペー家男系

が途絶え、傍系のヴァロワ朝へと王冠が移ってゆく。この時期は、仏独ともがそれぞれの封建王政の変容過程、いわば過渡期にあったのかもしれない。そのあたりの事情をまずドイツ側から見てみよう。

ドイツでは、この変容の源は言うまでもなく大空位時代。その後の危機的状況は例の「諸家からの国王及び皇帝の時代」とか「跳躍選挙」なる語に暗示されるように、皇帝権の弱体化と封建諸侯の発言力増大により、その象徴が選帝侯の出現となる。選帝侯には有力な聖俗諸侯七名がおり、文字通り皇帝を選ぶのである。前述したように、ドイツ国王は元来選挙制を原則とし、血統権による有資格者から選出されたが、オットー一世以降は事実上世襲制。だが大空位時代の前後からこの選挙制が復活し、選挙権が聖俗大諸侯に固定された。そうなると、諸侯の力が強まり、皇帝は一つの連盟の頭領、寡頭政治の名目上の長、極端に言えば、一種の傀儡に過ぎなくなり、これも前述したが、領邦主権の勝利となる。この頃から、ドイツは「領邦権力を基礎とした選挙王政として、封建王政とは異なった国家様式を獲得しつつあった」のである。

以後、ドイツの国家としての統一性は選帝侯とその会議によって保たれるが、その権能を最高度に発揮したのがレンゼ会議（一三三八）であろう（レンゼとは現レンスの古名で、コブレンツ上流のライン河畔の町。選帝侯の会合地）。この会議の結果出された「レンゼ判告」と称されるものの詳細はおくとして、画期的なのは選帝侯に選ばれたドイツ国王が教皇による承認も戴冠も必要としないと宣言したのである。ただこのことでドイツ王権と教皇の関係がまったく消滅したというのではない。伝統的な政教間の争いこそなくなったものの、以後十四、十五世紀の皇帝も過去の栄光にあやかろうと、昔ながらのアルプス越えの騎馬行「ローマ詣で」だけは忠実に実践している。教皇から帝冠を受ける最後の皇帝は十六世紀のカール五世だが、ローマではなくボローニャにおいてであった。

また、レンゼ判告自体が反教皇の、時の皇帝ルートヴィヒ四世擁護のために出されたものだが、この皇帝の失政から、選帝侯会議は一転して皇帝を廃位し、教皇と連携して対立国王を立てる。ルクセンブルク家のカール四世である。ルートヴィヒの死によって、皇帝位についたカールはレンゼ会議において示されたドイツの新しい道をその国制の上で具体化することになる。繰り返さないが、その象徴が前記カール四世の「金印勅書」であろう。

「ドイツ国民の神聖ローマ帝国」とハプスブルク家

なおここで留意しておくべきは、こうした過程を通じて、帝国が今や神聖帝国でもローマ帝国でもなく、もっぱらただドイツ帝国となったことである。十五世紀終わり頃、「ドイツ国民の」という形容句が他の二つの形容詞に重ねて正式な国号となり、十九世紀初頭（一八〇六）まで、ハプスブルク家の帝国は「ドイツ国民の神聖ローマ帝国」として続く。そして、あの「中世の大帝国」時代の赤髭王の面影は次第にうすれ、まずイタリアを失い、次いでアルル＝ブルグント王国、最後にはポーランド人によってドイツ騎士団領まで削り取られるはめになる。まさに実体なき帝国で、「ドイツ国民の神聖ローマ帝国」には、文字通りドイツ語住民しかいなくなったかのごとき観を呈するのである。

ともあれ、ドイツでは以後、一三四七年からはルクセンブルク家、一四三八年からはハプスブルク家が帝権を掌握するが、両王家の統治を通じて帝国はボヘミア（ベーメン）、ハンガリー王国の併合に努める。実現するのは、ほぼ一世紀後の一五二六年だが、十五世紀初頭以来ハンガリー国境にトルコ人が出現し、ハプスブルク家歴代皇帝はこの大きな脅威となる夷狄から帝国、つまりはドイツを防御する使命を担わされる。ゼレールによれば、ハプスブルク家はダニューブ（ドナウ）河沿岸、つまり南ドイツからオーストリア、ハンガリーなどトルコ人の通路となる東欧一帯を領有しているので、そこに一種の世襲権が確立される恐れはあるものの、選帝侯たちが二世紀以上もの間、同一家系の者を皇帝に選立し続けたのはまさにそのためである。ハプスブルク家にとっては、家領の防衛すなわち神聖ローマ帝国防衛となるのだから、オスマン・トルコの侵入を防ぐ恰好の「番人」というのであろう。ドイツとトルコはこの時代から「歴史的因縁」があったのだ。

カペー朝終焉と百年戦争　では、この時期、フランスはどうか。フィリップ四世美男王は、前述したように、ボニファティウス八世との争い、テンプル騎士団解体、ユダヤ人追放による借金棒引き・財産没収などの荒事・難局を乗り越えて、大陸におけるフランスの覇権を大いに強めた。だが、「彼自身が果物のなかに虫を入れていた」のだ。それも、百年戦争を引き起こすような、とんでもない虫だったのである。その大きな幼虫が「ギュイエンヌ＝フランドル問題」で、とくに六回にわたるフランドル遠征、前記「ブリュージュの朝禱」などを経て、結局は英仏葛藤の新時代、周辺をも巻き込んで百年戦争の大毒蛾となってゆく。

加えて、繰り返しになるが、深刻な相続問題がのしかかってくる。いわば、大空位時代のミニチュア・フランス版である。一三一四年、死の半年前、美男王は嫡男を一人も残さなかった息子たち三人の妻、つまり嫁たちを、あろうことか全員不義の廉で捕らえ、悲惨な運命にあわせている。英国王エドワード三世王妃になっている娘イザベルが義姉妹たちを嫌い憎んでおり、小姑いじめが昂じたのか、その讒言、唆しによって引き起こされた惨事だというが、いかに独裁的君主とはいえ、晩節を全うするどころか、汚すとはまさにこのことであろう。しかして天罰なのか、その没後、息子三人の短命な政権、相続問題が引き金になり、カペー家断絶となる。

この点少し詳しく見ると、美男王の息子誰もが男系相続人を残さなかったとき、女系相続の可否が大問題となった。前掲『カペー家――歴史と事典』によると、当時、十四世紀初頭、相続法（権）はどこにも定められておらず、いかなる条文も女系相続に反対していない。一世紀後、サリカ法典の神話をねじ曲げて女系相続権が除外されたというが、カペー家では、早くも美男王の次男フィリップ五世が死去した前王兄ルイ十世の娘の相続権を退けている（一三一六）。三男シャルル四世も兄フィリップ五世の娘の相続権を認めないが（一三二二）、このシャルル四世本人にも男系相続人なしとなる。それゆえ、カペー家からヴァロワ家へ王冠が移る際、美男王の孫にあたる英国王エドワード三世が母方血統からフランス国王の王位継承権を主張し（一三二八）、百年戦争が勃発するのである。ただし、これは口実で、背後にあるもっと重大な問題、上記ギュイエンヌ＝フランドル問題に発した英国王の財政破綻が真の原因であったというが、ここでは省略。

フランス王家の帝冠奪取願望

それはともかく、フランスの国威をかつてないほど高めた美男王のカペー家とその後継王朝ヴァロワ家がライン対岸の政治的混乱と頽廃を見て、帝権奪取を考えても、状況はいっこうにおかしくはなかった。フランス王自らがシャルルマーニュ＝カール大帝の後継者たらんと名乗り上げても、なんの不思議もないのだった。まるでフランス版叙任権闘争のようなボニファティウス八世との争いに勝利して以来、教皇権はフランスの思いのままであり、帝権奪取の最大障碍はないも同然だった。バビロン（アヴィニヨン）幽囚（一三〇九―一三七六）七〇年の歴史を通じて、教皇権のフランス王権への従属は決定的となり、教皇座もいつのまにかフランス人の占有席になっていた。難敵はドイツの選帝侯たちである。

ところで、カペー朝末期からヴァロワ朝にかけて、ドイツからの帝権奪取の夢が世襲財産のごとくフランス王家に受け継がれたと前述したが、どうやらこれが単なる夢ではなく、美男王以来その実現のために

「外交努力」をしていたようである。ゼレールの言うカペー家の「ライン政策」である。ライン河は今でこそ仏独国境だが、当時は神聖ローマ帝国領内西部を流れる大河というだけであった。だが中世にあっても、このヨーロッパ中央部を貫流する大河はドイツの枢軸であり、いわば正中大動脈か脊髄のようなものだった。

このライン流域の領国に前記選帝侯七名のうち四名がおり、各人それぞれがケルン、マインツ、トリーア、プファルツの大司教であり、いわゆる司教選帝侯なのである。彼らはドイツ史のなかでも時に大きな役割を果たす、いわば帝国の礎石でもあった。その彼らが帝国の運命を決する会合をもつのが、例のライン河畔コブレンツ上流のレンゼである。そこでフランス王家は、隣人でもあるこの大司教たちに外交攻勢をかけるのだが、それはさまざまな恩恵と支援金を供する、言ってみれば善隣友好、飴玉外交政策。皇帝位獲得の選挙活動のようなものであった。推測の域を出ないが、このライン政策はかなり長く続いたらしい。はっきりしているのは、フランス王家が二〇年も満たない間に、三度も期待を裏切られ、ドイツ人にまんまと騙されたことである。

フィリップ四世美男王はご丁寧にも二度失望させられている。この骨折り損のくたびれもうけ第一回目(一三〇八)は、自ら擁立した教皇クレメンス五世の時。美男王は実弟のヴァロワ伯シャルルを皇帝位に立てるが、この教皇にも選帝侯にも支持されなかった。美男王の独裁君主的な傾向に辟易したのか、我慢できなかったのだろう。その代わりに選ばれたのは、ルクセンブルク家出のハインリヒ七世。この新皇帝選出はやはり時の流れ、世の移ろいを示している。彼はフランス語を母語とし、フランス宮廷育ちで風采もフランス風、おまけに美男王から騎士の刀礼を受け、その封臣だった。ルクセンブルク伯領は仏独の狭間にあるせいなのか、元来が仏独二言語使用。ハインリヒ七世はドイツ語もラテン語も堪能な、いわばポリグロットの「国際人」皇帝だったのである。

＊ このルクセンブルクの二言語使用の伝統は後述もするように、現代にまで続いているが、ロヴァンによれば、一九四四―四五年、彼がダッハウ強制収容所に拘禁されていた頃、ドイツ語のできないフランス人捕虜を助けたのは、アルザス、ロレーヌ人以外は、仏独二言語が話せるルクセンブルク人であった。彼らルクセンブルク人は、人口比からして当然少数であったが、大半が政治犯。全員が二言語使用者で、同囚のドイツ、オーストリア、ポーランド、チェコ人などの「イジメ」からできるだけフランス人を守ったという（『回想録』）。

美男王の二度目の骨折り損は、ハインリヒ七世がイタリア遠征中マラリアで死去した後の皇帝選挙の時（一三一四）。今度は慎重かつごく内密に、美男王はすでにブルゴーニュ宮中伯、つまりは帝国君侯でもある次男を推した。だがまたしても、教皇にも選帝侯にも支持されず、選帝侯派は分裂して二重選挙。結局は中世最後の皇帝権と教皇権の争いとなる。その結果生じた国王並立、政教対立による混乱を収拾するために出されたのが先の「レンゼ判告」なのである。ちなみに、皇帝の命を奪ったマラリアは、同じ十四世紀後半のペストほどではないにしても、南イタリアやシチリアでは猛威を振るっていたようだ。この伝染病で死んだのはハインリヒ七世だけでなく、十二世紀第四回イタリア遠征でローマ周辺に駐屯していた赤髭王の大軍が崩壊したのもマラリアのためである。またフランス王フィリップ三世大胆王もアラゴン十字軍の際、南仏ペルピニャンで、マラリアで陣没（一二八五）。中世、マラリアはアフリカや熱帯地方だけの病ではなかったのだ。

三回目はフランス王自らが皇帝立候補者となる（一三二四）。フィリップ四世の三男で、カペー家最後の王、シャルル四世である。父王はすでに世を去り、教皇も交代していたが、ドイツでは時の皇帝がこの教皇と熾烈な争いを演じ、おまけに選帝侯も分裂したままだった。そんな折、シャルル四世がハプスブルク家からの甘い勧誘にひっかかり、この政教対立の混戦劇に巻き込まれたのである。だが、ルクセンブルク家側の皇帝の策略が功を奏し、またしても骨折り損のくたびれもうけとなる。

しかしながら、これだけドイツ人に騙され、皇帝位争奪作戦に失敗しても、もしイングランドとの戦争が再燃しなかったならば、おそらくはヴァロワ家は必ずやこの作戦を継続していたであろう。ドイツでは、皇帝と教皇どうしの呪逐・破門合戦が続いていたのだから、フランス王家としては、余裕がなかったこともあろうが、ここはしばし待とうと矛をおさめていただけのことだろう。その後のヴァロワ家の動きを見ると、決して諦めてはいなかったことが分かる。例えば、ヴァロワ朝四代目シャルル六世が、万が一の可能性を当てにしたのか、皇帝派ギベリン党の名家ヴィスコンティ家のミラノ公との間で協約締結を計画したり、次のシャルル七世が子息を皇帝候補者となりうるボヘミア・ハンガリー王にしようと考えたりする。後のシャルル八世に至っては、皇帝冠の妄念に憑かれたのか、ランスではなくナポリで戴冠するし、さらに下るとフランソワ一世がハプスブルクのカール五世に対抗して正式に立候補しているのである。これだけ証拠があれば、フランス王家の執念も相当なものであったことが推測できよう。

王権理念の変容

ところで、こうしたフランス諸王の帝冠願望はいったい何であろう？　彼らは、いかに空虚なものとなりはてても、皇帝座になお坐り、昔日の栄華の夢、シャルルマーニュ＝カール大帝の栄光にでもあやかりたいのだろうか。歴代神聖ローマ皇帝たちの混乱・頽廃・落魄した姿を見れば、皇帝位など一場の夢に過ぎないと分かるはずだが、王侯たる者にとっては、位階の最上段にある帝号とはよほど魔力のあるものなのだろう。実際、ドイツ国王は必ず皇帝位獲得を目指し、貴族たちも単なる王よりも皇帝に仕えることを名誉とするのだから、フランス王があわよくば……と夢見たのも当然かもしれない。ただここで想起すべきは、当時の中世世界にあって、この皇帝位が担っていた意義である。

第一章3節のカール大帝像のところで触れたように、中世初期のカロリング朝時代、西方世界に「キリスト教的世界帝国」が出現し、古代ローマ帝権がキリスト教帝権に変じ、やがてローマ皇帝・カール大帝の帝権を継ぐ「神聖帝権」の理念が誕生した。そしてこれを体する王としての新たな皇帝理念が生まれ、これが神聖ローマ帝国のオットー大帝以降の歴代皇帝に神権的君主観念として植え付けられ、伝わっていった。皇帝が神の名において統治する帝国は、西方世界の統一を熱望する人々にとって、同時にキリスト教世界の統一を実現する象徴として存在していたのである。中世のこの時代、人々は我々現代人よりもはるかに神の近くにおり、神の名において統治する王には神秘的な権威、霊的なオーラがあったのだろう。そこに、カール大帝という「共同幻想」が加わり、ドイツ王だけでなく、フランス王にも、また時にはリチャード獅子心王のような英国王にさえも皇帝願望とか皇帝期待権が生まれたのだろう。それに、フランスは「皇帝権はドイツ人に、教皇権はイタリア人に、学芸はフランスに……」という、神から与えられた例の役割に満足できなくなったのだろうか。

皇帝位はドイツ王のもの　ちなみに、ドイツ以外の他国の王は、直接皇帝位は獲得できず、まず「ドイツ王（ローマ人の王）」に選出されねばならなかった。中世後期にさえ、この「ドイツ王」における帝冠期待権は強固で自明の理であり、いかに帝国が乱れても、実際にはとてもフランス王などが関与できるものではなかったのであろう。また帝国の実態とは裏腹に、ドイツ王に伝わる「神聖帝権」の理念は根強く存続しており、やがては十五世紀末の例の「ドイツ国民の神聖ローマ帝国」へと変じてゆく。皇帝権はあくまでも「ドイツ国民の」ものなのである。フランス王家が帝冠奪取作戦を何度試みても失敗するはずである。

いずれにしろ、フランスでは、叶わぬ夢の皇帝願望がカペー家からヴァロワ家に移っても、前述のように絶えることなく潜在的にあり、ドイツ王への対抗心もあった。次のような些細な挿話がそれを物語っている。一三七八年、一人の皇帝がパリにやってきた。フランス王の叔父に当たるルクセンブルクのカール四世である。皇帝は大いなる栄誉をもって迎えられ歓待された。その時彼が乗ってきた馬は甥のフランス王から贈られた黒毛だった。王がなぜそうしたかというと、年代記作者の語るところでは、皇帝が臣下の町へ入るときには白馬に乗るのが慣例で、そこには「支配のしるし」が見られ、それはフランス王国では我慢できないからであるという。こうなると、フランス王の対抗心であれ自尊心であれ、いささか児戯に類することになるが。

パリ大学のローマ法講義禁止、オルレアンへ　もう一つ例がある。十三世紀初頭、パリ大学でローマ法の講義が禁止され、ルイ十四世の時まで続いたことである。なぜか？　十三世紀、パリはヨーロッパ最大の都市で、パリ大学はヨーロッパ中から学生を集め、聖俗界に人材を供給していたが、中世最古の法学校ボローニャと並んで、ローマ法の研究が盛んで人気を博していた。ところが、教会にはこれが頭痛の種だった。それは、皇帝権と教皇権が相争うこの時代、皇帝が政教・聖俗合一の絶対主義的神聖帝権を主張する際、その根拠となる武器をローマ法制のなかに求めていたからである。例えば、フリードリヒ赤髭王の皇帝権イデオロギーはボローニャの法学者の助言をもとに形成されたというし、それに、中世にあっては、ローマ法とはとりわけ「皇帝の法」と見なされていたのである。

そこで、ローマ法教育の禁止となるのだが、これはフィリップ二世の要請で時の教皇によってなされた。当時、パリ大学はパリ司教支配下から教皇直属に移る頃で、フランス王もドイツ皇帝たちの主張に同じような危惧を抱いていた。ボローニャの博士たちがローマ法をいともたやすく皇帝の従属物のように扱い、フランス王を皇帝の臣下のように見なさせるからである。かくて、ローマ法はパリでは望ましからざるものとしてオルレアンに追放され、以後数世紀間、ローマ法の研究教育の主要なセンターはオルレアンとなる。そしてカペー朝の封建王政の統治・行政組織を支える例のレジスト（法曹家）たちは、このオルレアンをはじめモンペリエ大学などで養成されるのである。

とくにフィリップ四世の頃になると、このレジスト集団がパリに集められ、この時代特有の官僚機構の要となり、ローマ法を武器に「王の意志が法なり」と唱えることになる。彼らは小貴族や騎士、平聖職者の出だが、顧問官となって諸侯大貴族と並んで王顧問会議や国王会議に連なり、それを主宰する者さえ出てきた。国王の方も、諸侯・貴族勢力を牽制し抑えるために、レジストを利用したのであろう。そしてさらに時代が下ると、彼らがその主要メンバーになったという。パリ大学出身者もいただろうが、何とも皮肉な話である。このレジストたちが後の絶対王政期のブルジョワジー出身の法服貴族の前身であろうが。

＊ ちなみに、フィリップ二世オーギュストの時代（在位一一八〇―一二二三）から、パリは、中世の首都としてはユニークな都市で、ここ一カ所に政治・経済・司法・大学（学問）などの機能が集中していた。それは他国ではあまり見られないことで、例えば、当時のイングランドのロンドン、ウェストミンスター、オックスフォードを考えればよいが、この時期の神聖ローマ・ドイツ帝国などどこが首都なのか分かりにくいのに比べて、パリはすでに中央集権国家の中枢となるべく役割を果たし始めていたのである。カペー朝末期の十四世紀初頭、フィリップ四世の頃にはそれが強まっていたのだろう。

2 中世末期にかけての仏独関係

ヴァロワ家の「土地憲章」修復作戦　さて、このようにフランス王家が帝冠奪取作戦を行う一方で、フィリップ四世の頃から行われ始めた、例の「土地憲章」修正作戦の方は、その後ヴァロワ朝になってからどうなったのだろうか。とりわけ、ほとんどが帝国領となっている旧ロタリンギアの諸地方は当時どう扱われたのか。今一度想起しておくと、ロタリンギアとは概略で言うと、イタリアからブルグント（＝ブルゴーニュ）、アルザス・ロレーヌ、ネーデルラントへと南北に広がる領域だが、これはメルセン条約で東西フランク王国に分割されたローヌ河までの地域のことである。こうした地方は仏独の境にあるため複雑微妙な問題が多く、なかには後世両国間のアキレス腱となるものもあるが、驚くことに、この中世後期、十四世紀中葉以前、この作戦に関してはほとんど何も行われていないのである。十四、十五世紀の仏独関係では、領土問題はごく限られたものでしかなかったようだ。ただ例外的な出来事もあった。一三四九年のフランス王家によるドフィネ購入である。それまでは、「ドフィネは……フランスから切り離された、なかばイタリア的な一つの国であった」（スタンダール『アンリ・ブリュラールの生涯』。スタンダールはドフィネ地方の州都グルノーブル出身）のである。

ドフィネとは、北はサヴォワ、南はプロヴァンスに隣接するフランス東南部の旧州名で、このフランスへの譲渡までは神聖ローマ帝国ブルグント王国内にあった。これをフランス王領に併合したのは、ヴァロワ朝初代フィリップ六世だが、時の皇帝は金印勅書のカール四世で、この併合にも当時の仏独関係、さらには英国とのそれもが反映されている。まずドイツ側から見てみよう。

カール四世　カール四世はボヘミア王でもあるが、ルクセンブルク家の伝統で、ハインリヒ七世同様、フランス宮廷育ち、ポリグロットで高い教養の持ち主であったという。帝国最古のプラハ大学を創立し、ペトラルカも訪れたプラハ宮廷文化の推進者であったカールは、実践家でもあり、皇帝としては平和的な領域獲得を行いつつも、王朝婚姻政策の達人と称されるだけあって四度も結婚して家門勢力の拡大にも専念した。親フランス的ではあったが、金印勅書の発布によって、ドイツ統一を確保しようとした彼は、ブルグント王国がカペー王権とアンジュー家に蚕食されていても、その宗主権を誇示するかのように、一三六五年、アルルで、赤髭王に倣ったのか、ブルグント王の戴冠をしている。一三四九年には、その先触れでもあるかのように、ドフィネをカペー家に譲渡しても、その領主となったフランス王太子に臣従礼を求め、授封権を確認させている。次いで一三六一年には、ブルゴーニュ伯領（フランシュ＝コンテ）をシャルル五世の王弟に譲っているが、やはり授封権を確保している。ただ隣接するサヴォワ伯領はブルグント王国から切り離してドイツ王権に直属させ、フランス王権への抵抗線とした。

しかしながら、カール四世はなぜ、フランス王権に軟弱と思えるような譲歩をしてまで、ブルグント問題を処理したのか。これにはアヴィニヨン教皇庁問題が絡んでいる。時は百年戦争初期、フランスは大敗し、内乱に見舞われており、教皇権をフランスから切り離し、ローマに帰還させる絶好の機会だった。カールはイタリア遠征をしてその実現に努めているのである。ドフィネやフランシュ＝コンテは、イタリアへの通路にあたるブルグント王国内にあり、その安全を確保し、支持を強化しておくための遠征でもあったのだろう。ブルゴーニュからリヨンを抜け、アルプスを越えてイタリアに至るルートは今も昔も重要なのである。このカールの試みは、フランスの国力の回復やカール自身の東方政策のため、その治世末期になってやっと成功する。やがて皇帝の視線は、西部国境よりも東方の家領ボヘミアの方へ移ってゆく。

だがフランスも、百年戦争の初期敗戦以降もジャン二世が捕虜になるなど劣勢は続き、次のシャルル五世が体制を立て直したとはいえ、とても遠隔の国境地帯の「土地憲章」修復作戦にまでは手が回らなかった。戦争・休戦・戦争の連続、まるで隔年おきの長期戦で、この英仏の争いが終わるのは十五世紀半ばである。ドフィネについて言えば、シャルル七世はイギリス人を王国から放逐した後、一四五七年、やっとこの地を手中に収めた。帝国はフリードリヒ三世の代になっていたが、弱体化し活気なくただ拱手傍観していたという。

＊　なお、フランス語でドファン（dauphin）とは、海豚以外に王太子の意味がある。ドファンは、十二世紀初頭のヴィエノワ伯の渾名であり（由来は不明）、十三世紀からその領地がドフィネと呼ばれていた。上記ドフィネのフランス併合以来、フランス王位継承者に付され、例えばGrand Dauphinはルイ十四世の嫡男のことである。ただし、この称号Dauphinは十二―十五世紀にはオーヴェルニュの領主たちにも付けられていた。

もう一つ付け加えると、上記ジャン二世ル・ボン（善王）は、一三五六年、英軍に大敗して捕虜になっているが、四年後いったん解放される際に支払われた身代金の金貨から、後のフランス・フランの通貨名が生まれた。この金貨は当時のリーヴル・トゥルノワに替わる新通貨で、この場合「フラン」（franc）は「解放された、自由な」という意味であり、それには「フランコルム・レクス（フランク人の王）」と刻印されていた。また身代金調達のため、この時はじめて国税が課されたという。もっとも、あまりに巨額な身代金を払いきれず、ジャン二世は自らロンドンに戻り、そこで没している。ちなみに、後のフランス革命期に、フランが共和国通貨として採択されたのも、ブルボン王朝の軛からの解放が含意されていたとされる。

「土地憲章」修復作戦に微風が……　さて、十五世紀も終わる頃になって、南の方から土地憲章修復作戦に微風が吹いてくる。アンジュー公ルネが没すると、ルイ十一世のもとにアルル＝ブルグント王国の南端プロヴァンスが転がり込んできた。相続人メーヌ公シャルルが遺言でアンジュー、プロヴァンスだけでなくナポリまでフランス王に権利を譲渡したのである（一四八一）。この時も、皇帝はレッセ・フェールで、黙認し、ことの重大さに気がついていなかったらしい。つまり、プロヴァンスとドフィネは人的関係でフランス王冠と結びついていただけだが、これはやはり八四三年の聖なる国境への侵害だった。同じ頃、ブルゴーニュ公の跡取り娘と結婚したオーストリア大公マクシミリアンがブルゴーニュ公領（フランシュ＝コンテは除く）、ピカルディの領有をフランス王権に譲渡しているので、フランスにとっては南の微風どころではなく、かなり心地よい東風も吹いてきたのである。

しかしながら、ローヌ沿岸以外では、八四三年の国境は十四、十五世紀中、さらにそれ以降でさえもそのままだった。国境が他の三つの川を越えて帝国側に広がるのは、マース川が十六世紀、ソーヌとエスコー川はルイ十四世の御代になってからである。これらの国境地帯は、帝国と王国が長らく静かに勢力を張り合う暗黙裡の無風状態に置かれていた。仏独双方とも、内外に諸問題を抱え、国境をめぐって小競り合いを繰り返すような余裕はなかった。それどころか、時の情勢次第、事あるごとに絶えずフランス王とドイツ皇帝は付いたり離れたりするのである。

仏独王家とイギリス　例えば、フランス人は皇帝位を争う諸家のうちで、イギリス人との対抗関係から、つねに反イギリス的な王家と連携・同盟する。ハプスブルク、ルクセンブルク、ヴィッテルスバッハの三家が親フランス的で、いずれも北ドイツ系ではない。ただヴィッテルスバッハ家はプランタジネット家と姻戚関係があり、フランスからは警戒視されていた。フィリップ美男王は初期ハプスブルク家と同盟を結ぶが、その後継者はことさらルクセンブルク家に親近感を示している。それはどうやら前述したフランス王家の皇帝期待権のためで、帝冠をいつかはフランス人の頭上にと秘かに思っていた彼らには、ルクセンブルク家のような出自も言語も風俗習慣もフランス風の皇帝をドイツ人に馴染ませておく底意があったと思われる。またルクセンブルク家の方もこの好意友情に応えて、ハインリヒ七世没後、その子ボヘミア王ヨハンがヴァロワ家と献身的な連携をしつつ帝権を取り戻すべく努め、嫡男カール四世即位となる。

ただし、この頃の仏独の王朝関係は、イギリスを挟んで情勢次第、有為転変する。例えば、カール四世の前のヴィッテルスバッハ家の皇帝ルートヴィヒは英国王と同盟するが、状況が変わると一転して中立策に移行し、フランスの教皇権を当てにし、それも効果なしとなるとまたもやイギリスに寝返る。またカールもフランス王女を妻とし、親フランス派と見られていたが、玉座につくとまもなくイギリスと友好関係を結んでいる。カール時代、百年戦争は、正規軍よりも傭兵軍の方が基礎になっていたが、ドイツ人傭兵はフランスよりも英国側に多かったという。従来、英仏が対立すると、ドイツ皇帝はバランス・オブ・パワーから中立策を取るのが慣例であったとされるが、これが忠実に守られたとは言い難い。状況次第で動くが、当然ながら自己の利害が中心であった。

＊ なお、傭兵（mercenaire＝mercenary）については後で何度か触れるが、古代ギリシアの大昔からあり、紀元前二世紀頃のガリア人も優れた傭兵であったらしく、プトレマイオス朝やアンティオキア（古代シリアの都市）の王のために戦っていたという。一般に中世から十六世紀、三十年戦争頃までは、軍隊は傭兵軍が主体で、国家は独自の軍隊をもたず、例えばドイツでは、十七世紀後半、プロイセン公国で大選帝侯時代にやっと不完全ながらも常備軍が成立している。これが名実ともに軍隊として整備されたのは、先に触れたが、十八世紀初め、大選帝侯の孫で、「軍人王」の異名をとるフリードリヒ・ヴィルヘルム一世の代である。十八世紀半ばには、カントン制度（徴兵制度）のような身分社会の限定付きながら兵役義務制も創設され、プロイセンはヨーロッパ最大の軍事国家となり、フリードリヒ大王を経て、後の第二帝国に繋がる。ただし、十八世紀末までは、プロイセン国民の徴兵は体制不備なのか、不十分で、多くの外国人、つまり傭兵が含まれていた。またこの軍人王は強大な軍隊をつくったが、一度も戦争せず、それは息子の大王の役割となる。それでも、プロイセンが軍事強国になったことには変わりなく、十八世紀末、「ミラボーがプロイセンは国家を有する軍隊であると形容したのは正しい」（ジョゼフ・ロヴァン）のである。ただ、軍事強国とはいえ、十九世紀後半のプロイセンは、ロシア、フランス、イギリス、オーストリア、トルコなど列強のなかでは最小国で、人口も最も少なく、いわば「途上大国」であり、鉄血宰相ビスマルクがドイツ統一・帝国建設を急いだのは当然かもしれない。

また多少事情は異なれど、フランスも似たようなもので、十六世紀頃までは、中世からの国王の家臣主体の封建軍隊、十五世紀半ばにできた国王直属の勅令騎士（近衛）軍団、フランス人を含む外人傭兵が王国軍を形成していたとされるが、軍隊組織の実体は複雑であったという。十七世紀頃には後者二つが主力だったが、三十年戦争やルイ十四世の戦争のため兵力増強が必要になり、世紀末に近代的徴兵制度の先駆とされる国王民兵制が導入されている。それはともかく、フランスでは十六世紀の聖バルテルミーの虐殺の際、すでに自然発生的に民兵組織が生まれており、この大革命の国の民は今でも「国技」であるかのように事あるごとにデモやストライキをするが、こうした付和雷同的な「バリケード好き」「プロテスト精神」は彼らの国民性なのであろうか。いずれにしろ、仏独とも旧制度下の兵役義務は、特権身分は免除で、農民・下層民に限定されたもので、しかも売官制がはびこり、国民皆兵とか、一般兵役義務の徴兵制度に基づく常備軍が整うのは、フランス革命時の国民軍やナポレオン時代を経て近代的国家になる十九世紀からのようである。

さて、こうした状況次第の右顧左眄は、フランス側でも同じことで、例えば十五世紀半ば、国王ルイ十一世とブルゴーニュ侯シャルル・ル・テメレール（猪突公 the Rush）が対立していた頃、後者はオーストリアのジギスムント帝からライン下流域の諸都市やアルザスなどの支配権を得、次いでネーデルラント統一まで行い、神聖ローマ帝国西部に圧倒的な地位を確立した。まるでロタリンギア王国の復活である。そこでシャルルは、ブルゴーニュの王号獲得を次の皇帝フリードリヒ三世と交渉したが成功せず、以後強硬な反ドイツに転ずる。その裏で、宿敵ルイ十一世はドイツ諸侯と手を結び、さらにその裏ではシャルルと休戦し、そのドイツ攻撃を容認する。このフランス王は敵から「万能自在の蜘蛛」と称されたというが、したたかである。ともあれ、以下の話は省くが、事態は、巧妙な政治家ルイ十一世の筋書き通り進み、シャルルは自滅し、国王の勝ちとなる。ついでに言えば、相手がドイツでなくとも、フランスは、後の英国のバラ戦争の際、赤バラのランカスター派にはルイ十一世が、白バラのヨーク派にはシャルル猪突公が加担している。英仏とも、それぞれの意味において、二大勢力が拮抗し争い、互いに関係していたのである。

ただし、国境を越えて関係していたのは王家諸侯だけではなく、その裏にいた商人もそうである。例えば、十二・十三世紀から商業資本経済または市場経済が飛躍的に発展するなか、フィレンツェのメディチ家はその初期から活動しており、すでに聖ルイ王の十字軍遠征に資金提供をしていたが（一二七〇）、十五世紀半ばになると、このイタリア金融商のパリ商館はルイ十一世に、ブリュージュ商館は猪突公に同時に軍資金を貸与していた。商人には敵味方など関係なく、右も左もないのだ。さらにロンドン商館は、猪突公と同盟していた英国王エドワード四世も顧客だったが、その債務未払いのため閉鎖せざるを得なかったというから、複雑である。後述するが、メディチ家の金倉に頼ったのはアンリ四世だけではないのだ。またメディチ家だけではなく、フィレンツェにはフレスコバルディ家、グアテルロッティ家などの豪商がおり、彼らもブルゴーニュ公や英国王ヘンリー八世に資金貸与していたという。

中世後期のヨーロッパ勢力図　いずれにしろ、前にも触れたが、中世後期は、百年戦争を中心にして、英仏間だけでなく、周辺諸国を巻き込んで国際関係が生じている。とくに、イギリスの活発な同盟政策によって、全ヨーロッパが二分され、その勢力図は当時の政治・経済など諸々の力関係や王朝間の婚姻関係を反映しているが、それを見ておくと以下のごとくである。

イギリス側：経済的に密接な北フランスからネーデルラント、ライン中・下流域のドイツ諸侯、ホルシュタイン、アラゴン、ポルトガル。

フランス側：スコットランド、カスティーリャ、ナバラ、デンマーク、ジェノヴァ、ボヘミア・ポーランド・ハンガリーの三国同盟。

こうした勢力関係のなかで、ドイツ皇帝はきわめて複雑な反応をし、前記ルートヴィヒのようにカメレオンさながらの態度を示す。また、ジギスムント・フォン・ルクセンブルクのように、皇帝として何度か英仏の仲裁を試みるが、成功しなかった。往時と違い、もはや皇帝にはそのような調整力もなく、権威も空洞化していた。オーストリアは、親フランスのボヘミアなど三国同盟の圧力なのか、フランス側に立つが、領邦諸侯の多くはイギリスの金銭の誘惑に負けていた。アラゴンがイギリス側で、カスティーリャがフランス側というのも、イベリア半島が西ヨーロッパの国際政治や経済に係わっていることを示している。またルイ十世の孫でナバラ王シャルル二世ル・モヴェ（悪王）は反国王で、王冠を狙っており、その治下ではイギリス側についた。なお蛇足ながら、この勢力関係図の分類に従って、中世ヨーロッパ王朝の相続や領地獲得、和平のための婚姻、つまり王家相互の姻戚関係を辿ってみるとおもしろい。ただ、どの歴史書にある系図を見てもきわめて複雑で入り組んでおり、ひと筋縄ではいかないが。

なお、中世史上、百年戦争と同様、ヨーロッパ中に係わる大問題としては、教会大分裂（シスマ）がある。教会分裂は、一〇五四年の東西教会分裂以来、皇帝権と教皇権の対立が激しかった時代にも何度かあるが、この「大分裂」（一三七八―一四一七）はアヴィニヨン教皇庁がローマに帰還した後に起こったものである。しまいには、三教皇が鼎立するほど混乱し、その内の一人は本名 Pedro de Luna をもじって「月〔お月さん〕の法王」（Pape de la lune）と呼ばれ、その頑迷ぶりを揶揄されたという。その後、四年もかけたコンスタンツ公会議でやっと解決されるが、当然ながら仏独とも巻き込まれ、半世紀近く悩まされる。だがここでは、この問題は、皇帝権、教皇権ともに弱体化した状況下での教会会議、司教勢力の台頭、中世末期から宗教改革期にかけての信仰上の問題、ボヘミアの改革者フスの焚刑死、フス戦争など多岐にわたって煩瑣になるし、本節とは直接関係しないので触れないことにする。

＊　ホイジンガは、「この〝月の法王〟という言葉は、なにか、単純な民衆の心を錯乱させるひびきをもっていたのではなかったか」と付け加えているが、フランス語の lune にはネガティヴ、貶下《へんげ》的な意味合いもある。例：demander la lune（月を欲しがる→無理なことをねだる）。これには他のヨーロッパ諸語に類似表現があるようだ。

蜻蛉国家ブルゴーニュ公国　ところで、この大分裂問題がひとまず終息すると、以後半世紀、仏独間に大きな紛争はなかった。ただ、一つの共通の危険、脅威が双方に緊張をもたらし、長らく忘れていた過去の絆を思い出させ、しばしの間連帯感を覚えさせた。すなわち、ドイツとフランスの間に、双方の領分を侵すような形で、ドイツでもフランスでもない一国家が出現してヨーロッパのほぼ中央部に独自の場を占めようとしたのである。フランドル＝ブルゴーニュ国家、いわば前記の「幻のロタリンギア」である。これがまるで雷雲のごとく出現し、ほんの一瞬だがブルゴーニュ公国として存在したのである。八四三年の土地憲章修正どころか、その再現、復活である。

ただし、国家単位の公国として存在したのはほんの一瞬でも、ブルゴーニュそのものは、前述したように、歴史は長く古い。また複雑でもあるそれを、ここで今辿ることはしないが、留意すべきは、ブルゴーニュ公領とはカペー家の支族・傍系が一貫して支配してきた唯一の公領で、他のフランスの大諸侯領にはない特別な地位を占めていたことである。しかも王国がカペー朝からヴァロワ朝になっても、やはりこの後継王朝の一族がブルゴーニュ侯家を支配する。つまり、この侯家はフランス中世史を通じてつねにパリの中央政府、王家と繋がっていたのであり、このことがフランスの国家統一過程にも少なからず影響することになる。中世末期、「フランス＝ブルゴーニュ決闘史」なる幕間狂言が存在するのである。そしてそれは、やはり少なからずドイツ側にも影響する。

「フランス＝ブルゴーニュ決闘史」　この決闘史の始まりは、カペー系ブルゴーニュ最後のフィリップ・ド・ルーヴル公が嫡子なしで早世したときである（一三六一）。これは、その後釜に、国王ジャン二世が末子フィリップ（後の豪胆公）を据えたため、以後そのヴァロワ系家統が支配し、シャルル猪突公の代で男系が絶え、娘マリーがオーストリア大公マクシミリアン（後の神聖ローマ皇帝）と結婚するまで（一四七七）続く。この決闘劇本体は長丁場なのである。歴代ブルゴーニュ公のなかでも、とくに十五世紀前半、ブルゴーニュ派とアルマニャック派との抗争後、フィリップ善良公の頃から雷雲の兆しが出てきた。善良公の心底には、父王暗殺への「怨念」も混じってあの幻のロタリンギアを今一度という夢が潜んでいたのだろう。一四一九年、父ジャン無怖公がアルマニャック派のフランス王太子の家来に殺害されていたのである。以後、ブルゴーニュ家と王家は互いに不倶戴天の敵の関係になり、百年戦争時も、前者は英国側に立ったり、王と和睦したりしている。ドイツ皇帝は局外中立の域を出なかったが。

しかしながら、この善良公の夢はほぼ実現されようとしていた。百年戦争末期、ランカスター、ヴァロワ、ブルゴーニュ三家によるアラスの和約（一四三五）によって、圧倒的な優位に立ったのである。すなわち、ブルゴーニュは善良公一代限りのフランス王への臣従免除特権、ライン、エスコー、マース川流域の領土の割譲によってネーデルラント一帯のデルタ地帯を獲得し、ソム川流域都市の上級支配権を加えると、イタリアを除くかつてのロタリンギア王国を再現し、事実上の独立国家を形成したのも同然になったのである。とくにソム川流域割譲とは、アルトワ南のピカルディの割譲という最大級の譲歩であり、王権にとっては屈辱的な妥協であった。その頃のブルゴーニュは、ネーデルラントの繁栄がもたらす富のお陰で栄華を誇り、ディジョンの宮廷は北欧ルネサンス文化の一大淵叢となり、アラスの和約には全欧の使節が参列したという。この時もドイツ皇帝は、上記三河川流域には帝国領も含まれていたので再三再四抗議したが……無駄だった。

もっとも、この和約はヴァロワ家の屈辱的妥協に見えても、実際はこの強大な敵との正面衝突を避けた、シャルル七世の深謀遠慮から出た一種の外交的包囲作戦であった。それゆえ、国王の側近大貴族の首席代表と補佐役は善良公の姉妹を娶ってブルゴーニュ侯家と姻戚関係にあったが、王の訓令に従い大きな譲歩をしつつも、侯家の王国離脱の阻止に成功したとされているのだ。その証拠に、次第にドイツ諸侯やスイス盟約者団など反ブルゴーニュ同盟が結成され、やがて次世代の最後の対決を迎えることになる。前述のルイ十一世とシャルル猪突公の全面戦争である。繰り返しはしないが、父王の夢をさらに強め実現しようとした猪突公の敗北によってブルゴーニュ国家、「ロタリンギア王国」は一瞬の幻夢となって潰えるのである。


では、その間、ドイツ皇帝はどう対処したのか。皇帝は、ブルゴーニュによる国境付近の蚕食に対し抗議はするが、直接侵害を受けない限り、その進出にはおおむね目をつぶっていた。だが、ロタリンギア王国の復活にほぼ成功していた善良公が王号を要望すると、時の皇帝フリードリヒ三世はこれを限定的にしか認めず、善良公にはそれなら「西〔ブルゴーニュ公国〕の大公」がまだましであった。この王号要求は後の猪突公によっても繰り返されるが、やはり成功しなかった。野心家の猪突公は王号どころか帝冠さえ夢見ており、相続人の娘を盾にして、あれこれと外交駆け引きを重ね、画策するがいずれも成功せず、その没後に当初の予定に戻って、娘マリーはフリードリヒ三世の息マクシミリアンと結婚する。ブルゴーニュ公国断絶である。もっとも、後の皇帝マクシミリアン一世はこの遺領とともに、フランス王家とハプスブルク家の宿命的な対決関係も背負い込むことになる。

ブルゴーニュ公国没落の経緯の詳細は省くが、皇帝もフランス王も直接関与はしなかった。猪突公が文字通り猪突猛進して自滅したのである。だが、これによって、フランス側ではブルゴーニュ公領、ピカルディが王領となり、東部における重要な土地憲章修正作戦が労せずして成功。ドイツ側では、ハプスブルク家がこちらも労せずしてネーデルラント、フランシュ＝コンテを獲得。まったくの労せずしてというのではないが、歴史とはそういうものなのだろう。その流れを辿れば、当然の成り行きではあるが、この決闘劇はやはり意外な幕切れでもあった。なにしろ、帝国とフランス王国を威圧し、挑戦さえしていたこの強国ブルゴーニュが、ヨーロッパの最小国の一つ、それも正式独立前の小国家スイスと都市連合軍（バーゼル、ストラスブール、コルマール）に敗北し崩壊したのである。

しかも、それがまたブルゴーニュ侯家とハプスブルク家の婚姻という意外な帰結を招来し、さらにフランス王家とハプスブルク家の対立相剋に変じて、仏独関係の未来に重くのしかかってくることになる。すなわち、後述もするが、マクシミリアンとマリーの娘は三歳にしてルイ十一世の王太子と婚約させられ、息子フィリップ美王はアラゴンのフェルナンドとカスティーリャのイサベルの息女と結婚し、後にスペイン・カスティーリャ王フェリペ一世、ブルゴーニュ侯フィリップ三世となり、そのまた息子スペイン王カルロス一世はフランス王フランソワ一世と争ってドイツ皇帝カール五世（シャルル・カン）となる。次の十六世紀には、この仏独両雄が相争うのである。かくのごとく、ヨーロッパ各国の王家の姻戚関係は錯綜しておりそのすべてが、このブルゴーニュ公国の没落のように、多かれ少なかれどこかで歴史の生成に係わっているのである。

第四章　相対する仏独両国民——知的・道徳的・経済的諸関係（中世）

1　知的・道徳的関係

民衆の姿　さて、これまで君侯や王朝を中心にして仏独関係を語ってきたが、それは両国間を政治的観点から見ることであった。だが、八四三年のフランク王国分割以来、西フランク王国＝初期フランスと東フランク王国＝初期ドイツとして分立存在してきたその臣民は、いかなる状態にあり、またどのようにして「フランス国民」、「ドイツ国民」になりつつあったのか。今や、彼らが知的・道徳的・経済的、つまりは広義の社会的次元で相互にどのような関係を育んできたのかを見なくてはなるまい。ただ一般に王侯君主や王朝関係の史料はあっても、九世紀半ばの時代の民衆を語るようなものはほとんど残されておらず、その特徴を弁別することは困難である。ここではまずこの両国とその民がどのような言葉や用語によってその存在を指示・特定されてきたのか、その経緯から素描してみよう。ひとやものが「世界で存在する」

には、まず名称が必要なのだから。

先ほど西フランクとか東フランクとか言ったが、Francia（フランクの国）やFranci（フランク人）にorientalis（西）やoccidentalis（東）という形容詞が付かなくなり、このフランク起源を示す語が消えるのはかなり後のことである。ヴェルダン条約後、一朝一夕でフランスやドイツ、フランス人やドイツ人が生まれたのではない。

「チュートン系フランク人」　まずドイツ側で、この形容詞の意味が薄らいできたのは、おそらく十一世紀初頭、イタリアに「ドイツ王国概念」が現れ、叙任権闘争に際して、教会が帝国の支配領域を特定するため regnum Teutonicorum（チュートンの支配）なる語を用いた頃からであろう。だが時代が下って、十二世紀、フリードリヒ赤髭王の代は帝国の勢威が増し、ドイツ史の一つの絶頂に達したときにはむしろ逆の現象が起こっている。フランク王国への回帰現象である。カール大帝の礼賛者赤髭王が自らの帝国をImperium Francorum（フランクの帝国）と呼んで、純粋カロリングの伝統を復活させようとしたからである。しかも、これを強力に支え推進した有力者がいた。ハインリヒ四世の孫で赤髭王の叔父、バイエルンはフライジングの司教オットーである。彼は当時のドイツ思想界の巨匠の一人だが（赤髭王に捧げられた『二つの〔天上と地上の〕王国の年代記或いは歴史』全八巻がある）、十世紀初め、ハインリヒ一世鳥刺王の頃からのregnum Francorum（フランクの支配）に代わって regnum Teutonicorum（チュートンの支配）を広めようとした風潮に断固反対し、帝国からフランク、すなわちカール大帝の影が消えるのを潔しとしなかった。赤髭王やオットーは自らが大帝直系の系譜に連なるとでも思っていたのだろうか。

しかしながら、時は移り、時勢も人心も変化しており、彼らも譲歩せざるを得ない。そこで生まれたのがFranci Teutonici（チュートン系フランク人）だが、同じ伝でいくとFranci Latini（ラテン系フランク人）となる。当時流布していたチュートンとはドイツと同義であるが、帝国樹立から二世紀を経て、かつての東フランクではドイツ人という民族的個別化が進展しており、この名称はあまりにも現実離れした、単なる復古主義、懐古趣味の域を出ず、赤髭王以後は廃れ、消滅した。

「ラテン系フランク人」　では、西フランクの「ラテン系フランク人」なる呼称はどうか。フランスでは、Francia という語はかなり複雑で漠とした展開をした。シャルルマーニュ＝カール大帝の時代、この語は帝国全体を指していたが、帝国が瓦解するとその実体を失い、局限されて用いられることになる。だからカペー朝初期、十世紀には、Francia はもはやセーヌ河中流域だけを指し、やがては王領地だけに限定された。以後は、王領地の運命がこの語のそれに重なる。これが王国全体に適用されるのは、十三世紀末、王領と王国の境界が符合するようになってからである。Franci の方は別な展開をする。この語は、フランス王が rex Francorum（フランク人の王）と名乗っていたので、つねにその臣民全体を指していた。ドイツ人は好んで、西フランク人を派生語の Francigenae さらには Carlingi と呼んでいたが、後者はカロリング家統に長く忠実であった国民に対する敬意を表したものである。

ドイツ人という呼称　もう少し詳しく見ると、これも前述したが、ドイツ人が自らを指して用いる deutsch という語は、八世紀末にまず theodiscus というラテン語形で現れた。これは、布教に来たアングロ・サクソンの宣教師たちが異教徒を指していた語だが、その形容詞から teutones または teutonici という名詞が派生した。九世紀末、ドイツ人をこう命名したのは外国人、おそらくイタリア人で、十世紀半ばにはイタリアで通用しており、後に教皇がこれを採用したという。ドイツで、これが定着するのはもっと後で、彼らはまず Franci を振り払わねばならず、ましてteutonia が国名として用いられるのはもっと稀だった。

イタリア人は teutonici にあくまでも忠実で、彼らの言葉では tedesci となるが、フランス人はこれを使わず、十三世紀になってやっと thiois とロマン語化した。フランスでは、Alamanni が用いられたが、これは彼らの造語ではなく、ドイツ南西部に住んでいたアレマン人のことである。十一世紀には、これが拡大解釈されて、アレマン公国と緊密に接していたイタリア人やフランス人はこれをゲルマン人全体に当てていた。教皇庁では、十三世紀からしばしば、regnum Alamanniae が regnum Teutonicum の代わりに使われていた。フランスでは、allemand が thiois を完全に消滅させる。ドイツでは、種属的な意味で Alemanni とか Alemannia に出会うのは例外で、ただ「ヴェルシュ（ロマン語地域の）」風に馴染んだ西部地方においてだけだった。だがこの呼称は以後も進展し続け、今日でもドイツのアレマン語圏として残っている。

ちなみに、中世ヨーロッパでは、ガリアとゲルマニアという語はその歴史的意味を保っており、ライン河の東西の地域に適用されていた。ただ、学的な価値しかなく、十五世紀後半になって、人文主義がこれを復権する。さらに言えば、gallus または gallicus という形容詞は通常は français（フランスの）の謂なのだが、この français は、当初日常語では franc（フランクの）の対似語として使われ、次いでこれに取って代わった。Germani は滅多に使われなかった。

フランス人・ドイツ人の分化　さて、こうしていくつかの名称や語形を見てくると、フランス人とドイツ人は、十二世紀よりもずっと前から、国民として分化しつつあったことが分かる。彼らがフランク人という共通の呼称を忘れる頃から、互いを分かつものを意識し始め、それが徐々に明確になってきた。ただそれは、まだ国民精神の胚芽に過ぎない。むしろ、信仰共同体という幻想が異なった民族間にもたらす連帯感覚が根深く感じ取られる。ノルマンやマジャール、イスラムなどの夷狄侵入の時代が過ぎ、レコンキスタが続くイベリア半島を除けば、ヨーロッパには民族どうしの大きな闘争はしばらくはほとんどなかった。戦争は言語や政治組織の違いから起こるのではなく、君侯の領地獲得ゲームのようなものか、信仰上行われた。とくに教会は全世界的性格を意識しており、教皇権を楯にして、次々と戦争をやらせる。国民意識の醸成・成長が多くの障碍・抵抗にぶつかるのは、聖職者世界においてである。いずれにしろ、フランス人とかドイツ人という国民的な分化ははるか先のことで、前述した十世紀末のジェルベールなる人物はフランス人でもドイツ人でもなかったのである。

同じく、十一世紀の修道士たちにも政治的国境はなく、例えばクリュニーの修道士たちはヨーロッパ中を駆けめぐる。そして彼らに続いて、このブルゴーニュの大修道院（九一〇年創設）が主導する教会改革運動が広がってゆく。これを、フランス語圏に生まれた皇后たち、例えばコンラート二世の后、ブルゴーニュのジゼルやハインリヒ三世の后、ポワティエのアニェスなどが支援する。ハインリヒ三世自身教会改革者であり、后のアニェスはクリュニー修道院の建設者アキテーヌ侯の娘であったが……この頃はやはりまだ、フランスもドイツもないのである。

この世紀の終わりになると、さらにヨーロッパを駆けめぐる修道士たちも増え、新しい教団もできる。例えば、ケルン生まれのドイツ人ブルーノは早くからランスに来て、ジェルベールと同じく神学校長になり、やがてフランス・アルプス山中にシャルトルーズ修道会を開いた（一〇八四）。後に彼は、第一回十字軍の提唱者ウルバヌス二世に招かれ、教皇顧問も務めている。またもう一人のドイツ人ノルベルトは、ライン渓谷で改革を試みて挫折した後、フランスに来て布教を続け、やがて北部のラン近くにプレモントレ派聖堂参事会を創設した（一一二〇。この参事会は修道士ではなく、司祭の教団）。ここは戒律（律修）聖堂参事会の揺籃の地となり、参事会は急速に発展しわずか三〇年でヨーロッパ中に一〇〇近くにも増え、シトー修道会と同じく開墾、植民事業に大きな役割を果たしたという。

中世のパリ大学

では、学校はどうか。中世にあっては、教育は教会の仕事である。この時代は、教師も生徒も聖職者と見なされる。後には俗人学生も増えるが、有名な学校が生まれ、栄えたのはパリである。とくにパリ大学は、前述したごとく、ヨーロッパ中から学生を集めていた。中世ヨーロッパの大学分布図なる地図を見ると（堀米庸三編『西欧精神の探究』所収）、この時代の四大学府ボローニャ大学一〇八八年、パリ大学一一五〇年、オックスフォード大学一一七〇年、サラマンカ大学一二三四年などとあるが、こうした設立年代は一定せず、ボローニャ大学も十二世紀ではないかという説もあり、パリ大学は一般に一二〇〇年とされている。ここで中世における大学誕生の由来を述べる余裕はないが、大学は既存の宮廷付属とか司教座聖堂付属、修道院付属学院（スコラ）とは別のより高度で自由な学問を求めて生まれた。ただ興味深いのは、こうしたスコラ（学院）には立派な教室や図書館があったが、最初の頃、大学には自前の建物がなかったことで、イタリアでは広場で、パリでは街角や橋の上で教師がまるで大道芸人さながら立って講義をしていたという。ソクラテスのアゴラ（市場）での教えではないが、学問の出発点とはかくのごとく「清貧なることを旨とすべし」だったのだろうか。

それはともかく、パリ大学にはフランス人だけでなく他国からの学生も多かった。当時、大学で学士となるには一〇年近くかかり、パリ大学には長期の勉学のための相互扶助組織ナシオ（中世の大学の出身地［国］別学生団体 nation＝natio［ラテン語形］）なるものがあった。ナシオは出身地ごとに四つあり、外国人用には「イングランド人ナシオ」が当てられ、ドイツ、北欧、中欧出身者が属していた。このナシオでは名前通りイギリス人が多かったが、いちばん騒々しいのは「素朴な」ドイツ人学生だったという。ただ十五世紀には百年戦争の影響で、イギリス人が減りドイツ人が多くなり、「ドイツ人ナシオ」に変わった。前記大学分布図を見ると、ドイツ圏では、イタリアやフランスに比べ大学の発達は遅く（プラハ一三四八年、ウィーン一三六五年、ハイデルベルク一三八六年、ケルン一三八八年）、ほとんどが十四、十五世紀の設立が多い。十三世紀のパリ大学にドイツ人「遍歴学生」が来るはずである。なお、この「遍歴学生 goliardo」とは本来、十二―十三世紀に恋愛詩や諷刺詩を歌いながら諸国を遍歴した学生（書生）や托鉢僧のことである。これにはいわゆる放浪詩人や書生も含まれるが、ラテン語で詩歌を作れる程度の教養は備えていたという。

しかしながら、パリに来たのは学生だけでなく、教師も来た。いちばん有名なのはシュヴァーベン生まれの「全科博士」ことアルベルトゥス・マグヌス。パリで学んだ後、ケルンに学校 studium generale を開き、その弟子にイタリア生まれのトマス・アクィナスがいる。師が、ドミニコ派托鉢修道会が獲得したパリ大学の講座の一つに就任するためパリに来ると、弟子もついてきた。そしてこのトマス・アクィナスもパリでドミニコ会神学校長となるのである。十三世紀のきわめて有名な哲学者・神学者であるこの師弟二人が、ともにパリで学び、教えたというのはなぜか。それは、当時パリ大学がヨーロッパの最高学府であることに加え、なかでも神学部が最高峰の位置を占めていたからであろう。後に、ドイツで思想・文学史上に名を残す多くの者がここで学んでいるという。十五世紀末にはエラスムスもパリ大学に滞在している。

多数のドイツ「留学生」がいたのはパリだけでなく、オルレアンもそうだった。前述したように、法学はボローニャが最高峰とされたが、オルレアンも法学研究の中心地で、パリで禁じられていたローマ法が教授されていた。ドイツでは、従来ローマ法とは「皇帝の法」なりとされていたが、時とともに帝国の普通法たる「ローマ法」がドイツの慣習法に勝り、帝国裁判所の設置（一四九五）以後その比重が増していったのだろう。そこで、帝国や領邦諸国の官吏や司祭志望のドイツ人が大挙してオルレアンに乗り込んできたのである。十四、十五世紀には、このそう大きくもない都市の「ドイツ人ナシオ」に一〇〇人以上おり、特権を享受していた。例えば、彼らは長剣と短刀を帯剣し、夜じゅう自由に町を闊歩できたという。パリと同じく、オルレアンにも外国人教師がいた。十六世紀初め、ピカルディ生まれのカルヴァンは法律研究のためオルレアンに来たが、そこでドイツ人改革派のメルヒオール・ヴォルマールなるギリシア語教師と出会い、そのルター派宗教思想に影響を受けたとされる。カルヴァンはその後、パリ大学で神学を研究し、「突然の（予期せざる）回心」によって福音主義に転ずることになる。なお、ドイツ人がオルレアンに惹かれたのは、トゥールやアンジェなどとともに、このロワール河畔沿いの一帯のフランス語が最も純粋だという評判のためでもある。十六世紀半ばには、彼らは、ブールジュでの、ローマ法の大家キュジャス（クヤキウス）の講義にわんさと押しかけたという。

「学芸はフランスにあり」　ここで想起されるのは、先に引用した十三世紀末の例の常套句「帝権はドイツに、教権はイタリアに、学芸はフランスにあり」だが、フランスの知的最上権はあまねく行き渡っていたようだ。ドイツでも、十四世紀後半から大学が創設されだしたが、すべてパリを範としていた。教皇が各大学に授与した設置認可特許状にはすべて、「パリの学問に倣って（ad inatar studii parisiensis）」という決まり文句が掲げられていたのである。高位聖職者のみならず、教皇からしてパリ大学出身者が多数いたからでもあろうが……実際、ドイツでは、大学の組織や形態、運営だけでなく、当初は教師までフランスから借り受けてきていたのである。

もっとも、ドイツにおける大学設立には、「素朴な」ドイツの若者に外国での勉学の出費を免れさせるという現実的な配慮もあったとされるが、それでも彼らはフランスにやってきた。彼らの「知的巡礼の旅」は続くのである。今日とは別な意味で、当時は教師も学生も行き来が盛んで、例えばパリとバーゼルやケルン、ボローニャやパドヴァとの大学間交流があったという。この交通不便な時代に、今風に言えば、国際的知的交流がなされていたわけだ——後述する現行のエラスムス計画（EUを中心にしたヨーロッパ各国の大学間交流協定）の淵源は中世にあった、と言っても過言ではあるまい。それは、中世の学問用語は教会用語でもあるラテン語であり、彼らはこの共通語を介して一つの共通の知的生活を目指すことができたからである。つまり、精神が人々を統一したのであり、紛争・対立のもとになる国民的自尊心はまだ弱かったのだろう。この時代はなお、宗教が生きた普遍性の原理として働いていたのである。なお、ラテン語は、十九世紀末まで、文学、哲学をはじめ、人文諸科学はもちろん、自然科学や医学の博士論文にさえ使用されており、いわば「公用学術語」だった。

十字軍の皮肉な影響　ところが皮肉なことに、フランス人とドイツ人の間に軋轢の兆しが現れたのは、この普遍性原理に依拠して、ローマ教会がキリスト教界の連帯を目指したはずの十字軍においてである。この「あらゆるキリスト教徒の共通の事業」である十字軍は本来、異教徒に対して、キリスト教世界の統合を目指すものであった。実際、この政治的、軍事的な企てはその歴史的役割を果たし、ローマ・カトリック教徒に共有の精神的遺産をもたらした。だが、神の名の下に、十字架を担った「神の軍勢」「イエスの軍団」も、現実には当初から民族的および政治的対立が絶えなかった。仏独間も然りで、十字軍遠征では、ラテン語が共通語だったわけではない。言葉はもちろん、衣食住の習慣も日常生活一般も、さらには戦闘法までもがことごとく違うのだから、長期の遠征では誤解が生じ、軋轢が起こらざるを得ない。ましてや、フランス側に、ドイツ軽視の文明人気取りの騎士でもいれば、間違いなく起こる。案の定、すでに十一世紀末の第一回十字軍（一〇九六）において何度も摩擦が起こったが、この時は遠征軍大将ロートリンゲン大公ゴッドフロワ・ド・ブイヨンが仏独両語を話せたので、調停が成功し、ことなきを得たという。

しかしながら、第二回目になると（一一四七）、とくに貴族階級のフランス人が、ドイツ人の具足甲冑が重苦しいとか戦闘法がどうであるとか、ごく些細なことで嘲笑したり、露骨に軽蔑の眼差しを向けたりする。フランスでは、初期十字軍時代の社会は武勲詩に描かれることが多いが、その作者たちは概してドイツ人を不当に扱っている。武勇は認めるが、ドイツ人は傲慢、粗暴、喧嘩好き、酔っ払い癖がひどいというのである。ドイツでも、十字軍に同行した前記の放浪詩人（Vaganten）などによって、遠征体験に基づく叙事詩が残されているそうだが、フランス人はどう扱われているだろうか。フランス人騎士がある程度優越感を覚えるのはやむを得ないとしても、フランス人という人種には昔から鼻持ちならない輩も数多くいるらしいから、「素朴な」ドイツ人は我慢ができなかったかもしれない。

それはともかく、こうした雰囲気が次世代になると、さらに悪化する。フランスでは雅びな宮廷文化が花開く時代が訪れるからだが、そうなると、例の thiois や teuton は粗野と同義語になり、以後ドイツ人の不評判は数世紀間変わらぬまま、今日に至るまで続く。当然、ドイツ人の反発もあるのだから、問題は厄介である。ともに手を携えてキリスト教を擁護するはずの十字軍が、後代の半永久的に消しがたい相互不信、不和の淵源になるのだから、これは厄介どころか、双方にとって大きな不幸だったのではないだろうか。

ラインを渡る宮廷文化

さて、これまでも何度か触れたが、十二、十三世紀のフランスは、それまでの粗暴武骨な時代への反動もあって、優麗典雅な宮廷文化が栄えた時代である。もちろん、ヴィクトル・ユゴー描くところの、『ノートルダム・ド・パリ』のような庶民のダイナミックなエネルギーに溢れた中世、高らかな哄笑の中世もあるが、ここでは上品優雅な立ち居振る舞いや言葉遣い、洗練趣味、雅びな精神文化が問題となる。つまり、騎士道と宮廷恋愛が生みだした文化だが、これを象徴するのが「ロマン・クルトワ（Roman courtois）」と称される「宮廷風騎士道物語」である。そして、この武勲詩とは異なった騎士道恋愛物語の文学世界がやがて国境を越え、ドイツに伝播する。なお、ロマン・クルトワのロマンとは俗ラテン語と初期フランス語の中間形態の言語のことで、この場合はロマン語で書かれた物語を指し、今日のロマン＝小説ではない。またこの時期の物語は韻文で書かれており、形態上は詩歌である。いわゆる散文小説は例外的に十三世紀以降、本格的には十五世紀以降に現れる。仏独の中世初期には、わが国の『古今集』『枕草子』『源氏物語』のような優れた文学作品はない。

同時期のドイツは、ザリエル朝からシュタウフェン朝、大空位時代へと至る時期だが、社会的には封建制度の爛熟過程を経て、騎士階級が僧職階級に代わって文化を担う時代である。騎士とは元来カール大帝期の騎兵に由来するが、時代の進展とともに身分化してひとつの独自の階級をなすに至る。彼らのもたらした騎士文化はゲルマン的世界とキリスト教信仰とラテン文化が融合調和したものとされるが、その頂点をなしたのが、前述した赤髭王治下の「シュタウフェンの時代」、文学的には「シュタウフェン古典主義」と呼ばれるものだったのだろう。ただすでに、この騎士文化と類似の先行形態がフランス社会にあったのである。ドイツでも、この時期の文学作品はラテン語ではなく、中高ドイツ語という俗語で書かれており、その間の事情はフランスの場合とほぼ同様であろう。

ドイツにはこれを受け入れ、同化するだけの素地がすでにできていたが、早くからドイツ人は西の隣人社会にモデルや模範、実例を求める習慣もあった。十一世紀には、彼らはそこから騎士道とその慣行を借りてきていたが、これに十字軍遠征の際の影響が加わる。やがてそれが「シュタウフェンの時代」へと繋がるのだが、十二世紀初めからは、彼ら、とくに高位貴族は服装、武具、音楽、礼儀作法から城郭建築様式、トゥルノワ（騎乗槍試合）までフランス式を模倣し始めていた。そして教会改革運動の場合と同様、こうした流行現象の推進役がフランス生まれの皇后たちで、例えば、前出赤髭王の第二の妻ブルゴーニュのベアトリ（ク）ス、ハインリヒ六世の妻シチリアのコンスタンス、オットー四世の妻ブラバントのマリーなどがそうであった。中世には前述のイギリス宮廷だけでなく、ドイツ宮廷にもこうしたフランス出自の皇妃や王妃が幾人もいたのだ。そのうえ、あちこちの城館では、フランス人の師傅、裁縫師、料理人、理髪師を抱えるということも流行った。良家の子弟はフランスで勉学を修めるのが慣例となり、フランス語混じりの言葉遣いが上品、洗練趣味のしるし、いわば「ブランドマーク」になったのである。

ここでもう一度文学の世界に戻ると、フランス文学は、十一世紀の叙事詩《シャンソン》にしろ、次世紀、優麗典雅の時代の抒情詩や物語にしろ、まずその翻訳がライン河を越えてドイツへきた。『ニーベルンゲンの歌』は別だが、その影響は十二、十三世紀のほとんどすべてのドイツ文学に及んでいるという。「ミンネジンガーの抒情詩はフランス抒情詩の娘である」と言われるほど、フランスの影は色濃いが、それは物語の場合も同様で、有名なトマの『トリスタンとイズー（イゾルデ）』（一一五五）をはじめ、クレティアン・ド・トロワの『ペルスヴァル』（一一八一年頃）はドイツでは『パルツィファル』となって登場する。なお、このヴォルフラム・フォン・エッシェンバッハ作『パルツィファル』（一二〇〇年頃）はドイツ教養小説の嚆矢であるという。またドイツにおける騎士道・宮廷文化の繁栄は十二世紀末頃からで、『ニーベルンゲンの歌』が書かれたのは一二〇〇年頃とされ、はじめて出版されたのは十八世紀半ばである。

では美術の場合はどうか。北フランスで生まれた新しい建築様式「ゴシック」の波が、ロマン・クルトワとほぼ同時期に、やはりライン河を越えてやってくる。パリのノートルダム建立は一一六三年起工で、フランスのゴシック式大聖堂も大半が十二世紀中葉のものだが、ドイツにおける最初のゴシック建築は十三世紀初めのマクデブルク大聖堂内陣（一二三一）で、以後、十三世紀にシュトラースブルクやケルン、マインツの大聖堂建設が続く。これらの教会建設は一〇〇〇―一二〇〇年と長期にわたり、ここで、ゴシック様式について述べる余裕はないが、触れておくべきは、これをドイツに伝播したのは時の修道士たち、とくにシトー会の修道士で、彼らの建てた教会堂や修道院のプランがそのまま見出されることである。そして実際に建設に携わるフランスの親方や、石工、彫刻師などがヴォージュを越えてきたが、その一方でドイツからフランスへ行った職人たちもいた。中世ヨーロッパでは、上は王侯貴族の娘が他国に嫁いだり、下は遍歴学生が国境など頓着せず放浪したりするだけでなく、「無国籍」の放浪詩人もいれば「住所不定」の遍歴職人もいた。つまり、芸術家や教会建築職人には国境などないも同然。ギルド下の職人は修行のための諸国遍歴が、いわば定めでもあった。ケルン大聖堂が北仏アミアンやこれを巨大化したボーヴェをモデルにしたとされるのは、こうした人的交流があったためでもあろう。

＊　なお、ゴシック式大聖堂について関心のある向きは、拙著『ストラスブール――ヨーロッパ文明の十字路』も併せて参照されたい。ストラスブール大聖堂はゴシック芸術の最も美しく最も独創的な作品の一つである。ついでながら、後述するウンベルト・エーコのエラスムス計画推奨論にも、この諸国遍歴のギルドの職人のネットワークとの連想があったかもしれない。

ドイツ嫌いとフランス嫌いの誕生

ところで、雅びの宮廷文化が浸透し、ラインの両岸でゴシックの尖塔がそびえ立つようになると、上流階級のフランス人とドイツ人はお互いの違いを感じ取り、またそれをはっきりと見せるようになった。同時に、すでに見た通り、両国の政治の違いも双方の対立を助長することになり、当然ながら敵対感情も生まれてくる。そうした雰囲気を表すものとして、ゼレールはフランスにおけるドイツ恐怖症＝ドイツ嫌いの元祖と、ドイツにおけるフランス恐怖症＝フランス嫌いの元祖の事例を挙げている。

まずフランス側から見ると、こちらの元祖は、サン・ドニの修道院長でルイ六世、ルイ七世の顧問官や摂政を務め、壮麗なゴシック式教会の創始者とされるスュジェだが、この人物にはいくつかの著作があり、そのなかに『ルイ六世肥満王伝』なる伝記がある。そこでスュジェはドイツ人、とくにハインリヒ五世に対し容赦ない言葉を浴びせ、論難しているという。これはおそらくハインリヒ五世と教皇の対立からヴォルムス協約に至る叙任権闘争の最終局面の経緯を問題にしていると思われる。カペー王家の忠実なる僕であるスュジェは皇帝を攻撃して主君を擁護しているのだが、その悲憤慷慨ぶりは激しく、ドイツ人を罵倒しているとある。皇帝側がフランス王国侵入の動きを見せたからであろうが、十二世紀前半から仏独の対抗意識が強まりつつあったのである。

その後赤髭王の時代には、第二のスュジェは現れていないが、その代わりイギリス出自で、シャルトルの司教になったジョン・オブ・ソールズベリーなる人物が、皇帝軍の傍若無人ぶりに、「一体誰がドイツ人を諸国民の支配者にしたのか」と激昂し、赤髭王を「ドイツの暴君」呼ばわりしているという。ただこれには、赤髭王と英国王ヘンリー二世の暗々裡の対抗心が背景にあり、この博識の哲学者でもある司教の憤慨は、プランタジネット王国の大陸における覇権を望むイギリス国民の感情を反映しているのだろうが、当時はまだ個々の国民感情とか意識よりも王朝関係の軋轢から生じたものが問題である。やがて大空位時代から十三世紀末にかけて、帝国の衰運が始まり、仏独間の均衡が破れてくると、今度はフランスの覇権がドイツ人を不安にすることになる。

では、ドイツ側のフランス嫌いの元祖はどうか。ゼレールはロエスのアレクサンダーなる名を挙げているが、この人物は例の「帝権はドイツに……」を提唱したケルンの司教座聖堂参事会員である。ただフランス嫌いもドイツ嫌いも似たようなもので、この参事会員は、前述したように、十三世紀前半から顕在化していたドイツからフランスへの教皇座移動の動きが、アンジュー伯シャルルの策動によって活発化し、「シチリア晩禱事件」の頃頂点に達すると憤慨し、ある本で猛然と抗議したという。「帝権はドイツに、教権はイタリアに、学芸はフランスに」はそうした文脈から出たのであろう。そのことはおくとしても、彼がフランス人をどう扱っているかを見てみよう。

それによると、ドイツ人は人生を真剣まじめに考えるが、フランス人は浮薄な性格である。後者は人生最良の時を、身を飾り、髪を梳かし、トゥルノワで華美を競い、吟遊詩人の歌を聞いたりして過ごす。まるで子供だという。また他では、彼は、フランス人は騒々しくて落ち着きがなく、移り気で今喧嘩していたかと思うと、またすぐに仲直りする、とか、何ごとにつけ、真っ先に自分が第一だと思うほど自惚れが強いけれど、歴史を知らない、とも書いているという。だが明らかにこれは、前記スュジェ同様、政治的観点からの見方であり、当時のドイツ人一般のものかどうかは分からない。

次の十四世紀には、年代記作者フロワサールのようなドイツ嫌いも出てくるが、彼が弄する言辞も国民感情のレベルで一般的かどうか、ケルンの修道士の場合と同様で、あまり強調しない方がよいかもしれない。ただフロワサールはシニカルで口が悪く、どの他国民にも容赦がない。イギリス人は短気で喧嘩好き、不遜傲慢、ロンバルディア人は「金持ちだが臆病者」となる。そしてドイツ人は「武骨者で粗雑な器械みたいな人間」、とくに「欲ばり」で飽くことを知らず「いつも儲けよう儲けよう」としているという。もっとも、フロワサールの頃は、百年戦争の影響もあって、歴史記述が発展した時期で、その『年代記』は戦争や政治的事件の当事者などから直接得た証言をもとに書かれたものだというから、彼の悪口雑言・毒舌も意外に信憑性があるかもしれないが……。

では、こうした個人的な意見ではなく、集団的な精神状態はどうだろうか。例えば、フィリップ四世美男王の時代、前述したように、いわゆる国境修復作戦が活発化したが、当然ブルゴーニュやアルザスなど仏独が相接する地帯では小競り合いや衝突が起こる。美男王は即位した頃、ブルゴーニュ伯オットーを宮宰伯として味方につけていたが、これを不満とするドイツ王ルードルフ一世が伯を攻撃し、フランス諸侯と交戦する。バーゼル司教領にもフランス兵が現れると、帝国支配下にあってその防衛前線に立たされたバーゼル人は抵抗感を覚え、土地だけでなく人種とか民族精神という、何かドイツ的なものを守ろうとする。そこで彼らはフランス兵に「ヴェルシュ」という異名を呈する。これは前述したように、それまではイタリア的なものを指していたが、この時期から多少敵意を含んだ軽蔑的ニュアンスが加わる。ゼレールによれば、以後ドイツ人が用いるこのフランス人への蔑称はここに始まる。

傭兵隊　時代が下って、十五世紀半ば、フランス王太子ルイが「皮剝隊（Ecorcheurs/Schinder）」なる異称をもつ傭兵隊を率いて高地アルザス（当時は帝国領）やバーゼルに現れる。この傭兵隊は「アルマニャック隊」とも呼ばれ、フランス語では一般に routiers（野武士）という語が当てられているが、そう呼ばれたのは、アルマニャック派の首領が王太子であり、この一党が残虐無法を働いたことから悪名高く、民心を失っていたからである。

では、なぜこれが仏独国境を越えてきたのか。それは、皇帝フリードリヒ三世がスイスのハプスブルク家領を取り戻そうと策動して、フランス王シャルル七世から「余りもの」の傭兵隊を借用したからである。この皇帝の治世は半世紀にも及んだが、「帝国の大きなナイトキャップ（就寝帽）」と揶揄されたほどよく眠り、どうやら長命だけがとりえで、自ら闘うことが嫌いだったようだ。ただ中世という時代は、この場合だけでなく、百年戦争や帝国内の領邦諸侯の争い（フェーデ）などにおいても、この傭兵隊が正規軍以上に活躍する。しかし戦争が終われば用済みで、この野武士軍団が「余りもの」になる。フランスでは、百年戦争の休戦のたびに彼らが路頭に溢れ出ていたが、末期ともなれば、王もこれをもてあまし気味で、皇帝がちゃっかりと利用したというわけであろう。

ただし、仏独の公平を期して言えば、着実に王権を強めつつあったシャルル七世も余りものを切り捨てるのみならず、ライン河畔への力のデモンストレーションをしようと、一石二鳥を狙った。この機会を利用したのは皇帝だけではないのだ。現に王太子ルイ、未来のルイ十一世は早々と、フランス・カロリングの伝統に則って、帝国に属するライン左岸地帯や王国内にある飛び地をフランス領と布告したのである。そして皇帝が依頼した五〇〇〇人ではなく、四万人もの兵を派遣している。事の顚末は省くが、この傭兵隊はスイス盟約者団に敗北した後、アルザスに侵入、略奪、残虐行為と荒らし回ったため、住民の恨みを買い、アルザス史では「皮剝隊」またはアルマニャック隊と称され、ヴェルシュと罵られることになる。そして世紀末になっても、このフランス人への恨みは根深く、セレスタ（低地アルザス。今のバ・ラン県。独語名セレシュタット）のラテン語学校の人文主義者、例えば「ゲルマニアの教師」と敬愛されたヴィンプフェリングのような人々にまで残るという。ちなみに、中世盛期の傭兵にはスイス人、ドイツ人が多かったとされるが、フランドル人もイングランドをはじめ、いわゆるケルト諸国——ウェールズ、アイルランド、スコットランド——における傭兵兼移民として重要な役割を果したという（前掲『ヨーロッパの形成』）。

しかしながら、留意すべきは、こうした事実はまだ例外的で、言語の違いから異人種の感覚、古い民族的郷愁がそのまま存続しているような地域でも、王国の住民と帝国の住民の間に何らかの敵対感情が生じたことはあまりない、ことである。この時代はまだ、各国一般民衆の交流は少なく、国民感情も弱く、国境意識などはあまりなかったのであろう。この川を渡り、あの峠を越えれば他郷、他国という感覚ではなかったのか、と思われる。中世盛期（十一—十四世紀）とは、わが国で言えば、平安、鎌倉、室町、戦国時代にかけての時期なのである。

2　経済的関係

十二世紀頃からの経済発展　ところで、この時期の仏独の経済的関係はどうだろうか。十二世紀頃からいわゆる商業資本経済が発展してゆくが、おそらく隣国どうしでこの二国間ほど、少なくとも近世までは、経済的諸関係に左右されなかった国はあるまい。それまでは、是が非でも断絶を避け、互いに守らねばならないような共通の利害関係も、逆に戦争で解決するしか手立てがないような対立抗争もそう多くはなかったのである。

フランスはその頃、ドイツよりも人口が多く比較的豊かであったため、消費能力も高く、売り手というよりも買い手であったようだ。十二世紀後半からは、フランスのあちこちで「ドイツ製織物」が見られたという。こういう問題はそれ以上遡ることが困難であるが、人口についても同様曖昧で、概算、概数である。例えば、パリはキリスト教圏最大の都市で、フィリップ二世の頃（十三世紀初め）に約一〇万に達していたが、十四世紀段階で見ると二〇万人、ドイツでは最大のケルンでさえ四万人、その他ナポリ一五万人、ロンドン五万人、ローマ四万人であったという。ただこれらはあくまで推定人口であり、しかも市民権保有者の世帯数のみで、都市によっては大半を占める非市民は含まれていない。「中世盛期は明らかに人口統計学の歴史の中でも最も手に負えない時代」なのである。

さてドイツでは織物産業が進んでいたというが、フランスはパリ東方、シャンパーニュの大市の時代（十二世紀後半─十三世紀）である。この大市は国際商業網の一大結節点で、あらゆる国の商人たちが押し寄せてきて賑わい、ドイツ人も数多くいた。今で言う国際見本市のようなものだが、州都トロワには「ドイツ人館」、プロヴァンには「ドイツ人街」があり、彼らは多くがシュトラースブルク、アウクスブルク、バーゼル、コンスタンツ、つまり南ドイツから来ていた。彼らが運んできたのは麻織物だけでなく、毛織物や北方の毛皮、とくに王侯貴顕が愛用したヴェール皮（銀鼠色のリスの毛皮）、ザクセン産の銀などもあった。

十四世紀になると、今度はフランクフルトの大市が商人の一大集合地に発展するが、フランス人の姿はほとんど見られなかった。このマイン河畔の町は南北の中継交易点であった。

フランスやドイツの商人は、シャンパーニュがフランドル争乱や戦争に悩まされ、とくに百年戦争の戦場となって衰退すると、メッツやジュネーヴの定期市、さらにはブリュージュへと流れた。ネーデルラントの町ブリュージュは海に接しており、その頃大陸の主要な取引市場となっていたのである。ただシャンパーニュの大市が後退したのは、戦争のせいだけでなく、商活動の活発化に伴い海上貿易が発展し、交易手段が航路に変わりつつあったからでもある。また陸路もサン・ゴタール（ザンクト・ゴットハルト）峠などの開通（十三世紀）により、アルプス越えの直接通商路ができたことにもよるだろうが、いずれにしろ、仏独の通商関係において、陸路の比重が弱まった。

ハンザ同盟　そこへ登場するのがハンザ同盟（一二四一年成立）である。「商人ハンザ」はブリュージュを西欧貿易で唯一の集散特権地に発展させていたが、実際は、この同盟以前から、ドイツ人はフランスと海上交易を行っていた。ある説によると、ヴェストファーレンとアンジューのゴシック式教会の著しい類似は、フランス西部の諸港と北海のドイツの諸港間の古い商関係によってしか説明できないという。それどころか、前記ドイツ最初のゴシック建築マクデブルク大聖堂のマクデブルクとは、ヴェストファーレンなどよりはるか北東のザクセン＝アンハルト州、エルベ河沿いの商工業都市である。ここには、ハンザ商人のお陰で、ライン河からよりも早くゴシックの波が伝わってきたのだろうか。フィリップ四世美男王がハンザ同盟の中心リューベックの商人にさまざまな特権を与えていたことも、影響したのだろうか。以後百年戦争中、制海権はイギリスに掌握されたが、ハンザ諸都市はフランスの庇護を受けて平穏に交易し、フランス商業に多大の貢献をした。だが、英仏戦争が終われば、中立的立場のドイツとフランスの「蜜月」関係も次第に弱くなり、衝突も起こるようになる。なお、ハンザとは中世低地ドイツ語起源で、「群」「隊」を意味し、外地を旅するドイツ商人が商人団体として結成した誓約兄弟団に由来するという。いわばギルドの外地版であろうか。

ともあれ、ひとの商活動はなにも中世盛期に始まったわけではないが、その頃、地中海交易のイタリア商人と並んで、ドイツ商人は西ヨーロッパに広範囲の交易ネットワークを形成しており、十一世紀初頭にはすでにロンドンにまで進出していた。当然フランス西部、さらにはイベリア半島の港にも出入りしていたであろう。彼らの商活動はハンザ同盟成立のはるか以前に始まっており、十二―十三世紀の都市の勃興とともに商人ギルド的同盟から都市同盟・「都市ハンザ」にまで発展していったのだと思われる。フランスにも、ハンザ同盟ほど政治力のある強大緊密な組織ではないが、各地に中小の商人連合体はあったようだ。ただドイツ商人の活動は北海だけでなく、バルト海を経由した東方貿易も盛んで、これは東方植民や、これと連動して生まれた騎士団国家などと密接な関係があり、中世ドイツの興味深い歴史の一面を物語るものだが、ここでは論旨外なので触れないことにする。

仏独間の物品の流れ　それはさておき、中世のこの時代、仏独間でどんなものがやり取りされていたのだろうか。ハンザ諸都市の商人は海運業者でもあり、仲介貿易を営んでいた。例えば、フランス産の葡萄酒、海塩、織物や穀類を北方ロシアやスカンディナヴィアに運び、そこから毛皮、ニシンなどの塩魚、亜麻や大麻を持ち帰り、フランスに売った。彼らはまたフランスの港でポルトガルやカスティーリャ商人から南方の産物レモン、棗椰子、乾葡萄などを北方の産物と交換した。東方貿易をしていたハンザ商人は穀物や木材、毛皮類だけでなく、特徴的なのはロシア産蜂蜜や蜜蠟、とくに琥珀を独占的に扱い、ヨーロッパ各地に運んでいた。貿易相手はフランスだけではなかったのである。もちろん、フランスにもドイツから多種類の産物が入っており、彼らは仲介運搬していただけではない。

当時、フランスの輸入国の一位はイタリアで、二位がドイツであったが、ドイツからの輸入品で特徴的なのは金属類が多いことである。中世のドイツはヨーロッパ最大の鉱山国で、ザクセン、テューリンゲン、オーストリア・アルプスの山中から銀、銅、鉄、鉛、錫などが採掘され、金はライン河やボヘミアの川で採集され、アルザスでは十九世紀まで砂金業者がいた。当然ドイツの鉱山技術は優れており、その影響は北欧から近東諸国にまでおよび、フランスもそれをドイツに学んでいるが、十四世紀初頭すでに王国会計簿には、招聘されたドイツ人坑夫や技師名が記載されているという。次世紀、商工業の育成を図るルイ十一世は、フィレンツェの絹織物技術の輸入に加え、ドイツの鉱山技術を積極的に導入している。しかもドイツは鉄鉱石を掘るだけでなく、その加工技術にも優れており、十五世紀末、ニュルンベルクの金銀細工は大流行し、アウクスブルクはとても美しい金銀象嵌の甲冑を造っていたという。

とりわけ、鉱物類が豊富であることは冶金工業の発展をもたらした。ハード面の鉄鋼業はもちろん、いわゆる「工芸」部門でも、中世終わりには、ドイツ人は金銀細工や時計製造などに秀でていた。最初の火器類は彼らの手になるものであり、初期砲兵技術は彼らに負うところ大である。これにグーテンベルクの印刷術が加わる。こうした領域でフランス人はドイツ人に長い間後れをとっていた。それゆえ、十六世紀になっても、フランスでは、ドイツ人は鈍重な人間と見られていたけれど、フランス人の劣等感の裏返しなのか、彼らドイツ人は「指にエスプリがある」とか「手のなかに智慧」をもつと言われていた。ニュルンベルクで、ヨーロッパ最初の懐中時計や地球儀が造られたのは、この頃である。

古都リヨンの役割　ところで、中世末期から近世初頭にかけて、仏独関係の経済面において重要な役割を果たした町がある。リヨンである。この古都は、前述したように、中世はブルクント王国（ブルゴーニュ伯領）の中心都市として帝国に属していたが、歴史はさらに古くローマの時代に遡る。カエサルがこの地 Lugdunum（鳥の丘）をガリア征服の根拠地にしたため、南北を結ぶ十字路として繁栄し「ガリア征服におけるローマ」の観を呈していた。この頃から、各地の商人や兵士が集まってきていたのである。なにしろ、リヨンは「ジュネーヴから二歩、バーゼルから三歩、イタリアから四歩のところ」だから。

時代ははるかに下って十四世紀初め、フィリップ四世治下、条件付きながらフランス王権下に入ると経済が発展し始める。やがて、定期市が再建され繁栄したが、ドイツ商人が買い手として現れ、大いに貢献した。その頃は、イタリアとの通商や銀行のお陰で富裕になったドイツの諸都市、とくにアウクスブルクやニュルンベルクの評判がヨーロッパ中に知れ渡っていた。ドイツ人は地中海や東洋の食料品や高価な織物を仕入れ、代わりに金属や毛皮など通常の商品をもってきていたが、銀取引が盛んになると、彼らの動きが活発化した。アウクスブルク、ニュルンベルク、フランクフルト、ハンブルクなどの銀行は早くから取引先をもっていた。まもなく、イタリアの銀行家に続いて、ドイツ人銀行家がリヨンに住み始めた。当時のドイツ人にとって、おそらくリヨンはフランスというよりもドイツ国内の町だったのだろう。やがて十五世紀になると、古都リヨンで絹織物産業とともに、銀行・金融業が発達するのである。

フランソワ一世の「侍者」ヨハン・クレベルガー　そうしたドイツ人のなかにヨハン・クレベルガーなる

人物がいるが、彼はニュルンベルクの銀行の一介の支配人から出世して富裕になり、リヨンの年代記に名を残すほどになった。それだけなら単なる出世物語だが、フランス人を妻とした彼は、なんとフランソワ一世のいわば「金庫番」にもなったのである。戦費の嵩む国王に一度ならず金子を用立てたので、その精勤ぶりに謝して、国王は彼に「王の侍者」なる称号を与えた。この銀行家はまたリヨンの貧民に施しをしたので、「親切なドイツ人」とも呼ばれ、デューラーが肖像画を残している。伝説によると、巡礼地フルヴィエール聖堂の裾を流れるソーヌ河畔に立つ古い塑像はその面影を伝えているという。

この逸話は十六世紀のものだが、一体何を物語るのか。それは一つの時代相を語る。すなわち、百年戦争後のフランスは、王権が封建貴族の桎梏を次第に脱し、勃興する市民層、とくに富裕な大市民層と緊密に提携する時代で、よくも悪くもヨハン・クレベルガーのような「王の侍者」が跋扈する。十五世紀前半、シャルル七世時代にも、すでにジャック・クールという国王顧問まで務めた貴族的政商がおり、ヴィヨンの『遺言詩集』やラブレーの『ガルガンチュア物語』にも登場している。この「王の侍者」はクールのような政治家ではないが、政商の一人だったかもしれない。こういう政商とか王の侍者は高利貸的性格を色濃く残すが、いわゆる初期（前期）商業資本主義時代を告げる、中世末期の社会的存在、一つの社会典型、フランスで言うpaysan parvenu（成上り百姓）であったのだろう。このフランス語表現は十八世紀、マリヴォーの小説の題名にあるが、何も十八世紀でなくとも、こういう人種はいつの時代、どこの国でもいるものである。古来、王侯貴顕の士でも元を辿れば火付け夜盗の類が先祖にいたとはよくある話で、下剋上の時代だけのことではない。

大富豪フッガー家　ちなみに、ドイツでは、十五世紀末から十六世紀にかけて、経済史上「フッガー家の時代」と称される時代があるという。アウクスブルクの富豪フッガー家もいわゆる都市貴族ではなく、農民出身で、後に毛織物業者に転じて財を成した大資産家であるが、代を重ねて、商業から金融業に移り、鉱山業にも乗りだし、やがてハプスブルク家の金脈に連なって、前記「商業資本経済」の体現者と見なされるほどになる。一五〇〇年、ローマにフッガー銀行が設立されると、メディチ家をしのぐ金融王となり、皇帝、王侯だけでなく、教皇、聖界諸侯まで取引相手とし、皇帝の戦費調達どころか教会の十分の一税や贖宥状販売にまで携わり、教会腐敗にも絡んでいる。さらに、カール五世とフランソワ一世が争った皇帝選挙の際、軍資金の大半を提供したというから、フランスの政商、王の侍者よりも規模は大きいかもしれない。だが政商の定めなのか、別称「百合のフッガー家」もハプスブルク家の没落とともに衰退する。ただフッガー家は金儲けしただけではない。キリスト教徒であることを忘れず、アウクスブルクに「フッガーライ」という教会を含めた住宅街を建設して、貧民救済に寄与したという。

なお、この種の金貸しはフッガー家だけではない。当時アウクスブルクでは、旧家ヴェルザー家やヘッヒシュテッター家などの豪商も幅広く商活動しており、ハプスブルク家と取引し、カール五世にも軍資金を提供していた。この皇帝は、他にイタリア商人フォルナーニとかグリマルディ家などからも借金しており、後述のアンリ四世同様相当の借財王だったようである。おもしろいことに、アウクスブルクの政商どもはミラノ、ヴェネツィア、ロンドンなどヨーロッパ各地に支店を置くが、メディチ家の本拠フィレンツェには進出していない。パリにないのは分かるが、フィレンツェではトスカナ大公に遠慮したのだろうか。ただここで忘れてならないのは、ドイツでもフランスでも、こういう「前期商業資本主義的」大商人、成金的富豪の独占的取引や高利貸付によって、一般貴族や市民、農民大衆が大いに苦しめられたことである。そしてそれが後の農民戦争や一揆、さらには宗教改革の混乱にまで繋がることである。

さて、リヨンに来たのは商人や銀行家だけではない。この大市《メッセ》にはさまざまな職人も運だめし、幸運を求めて来ているが、なかでも印刷工には触れておかねばなるまい。例えば、グーテンベルクの弟子で協働者であるマインツのヨハン・ノイマイスターなる者は、印刷器具を抱えて仏独伊と各地を回ってリヨンに来て住みつき、晩年の二〇年を過ごしている。またパリのサン・ジャック街で、コルマールの印刷工三人によってフランス最初の印刷本が出たとされるが、リヨンが最初だという説もある。ただリヨンでは、一四七八年、最初の挿絵入り本が印刷されたことは確かなようだ。バーゼルの某工房が木版を提供したというが、ルネサンスの頃、印刷や書籍の面では、バーゼルとリヨン間で頻繁な交流があった。十五世紀後半、印刷術はグーテンベルクが滞在していたストラスブールで栄えていたが、その影響はすぐ隣のバーゼルに及び、ここもこの新技術の一代中心地となっているから、ドイツ出身のリヨンの印刷工たちはそこで学んだのだろう。

なお、リヨンは周知のごとく絹織物産業で有名であり、また詩人モーリス・セーヴの「リヨン派」の活動などルネサンス文化の一代中心地でもあるが、詳細は省こう。ただこの町には、通常の美術館のほかにユニークな印刷術・銀行博物館や織物博物館があり、その歴史と伝統を伝えているのは興味深い。

第五章　フランス王家対オーストリア・ハプスブルク王家

1　尾を引くブルゴーニュ問題

ヴァロワ家とハプスブルク家の因縁　十八世紀、ルイ十五世がブリュージュのノートルダム教会を訪れ、シャルル猪突公の娘、ブルゴーニュのマリーの墓前に立ち止まり、お付きの者たちに「これぞわが国すべての戦の揺籃なり」と言ったという。この国王の言は正しい。十五世紀末の猪突公の相続娘とハプスブルク家のマクシミリアン一世との結婚を想起しておこう。これが両王家の関係を縺れさせ、長期に及ぶ武力対決の発端になったのは事実である。ヴァロワ家とハプスブルク家はしばらくは協調和合が続いたが、これを機にライバル関係、いやむしろ半永久的な敵対関係に変わってゆくことになる。

前述したように、ナンシーで猪突公が戦没した後、蜻蛉国家フランドル・ブルゴーニュ国は消滅したが、十五世紀末のヨーロッパ、とくに仏独両国に課せられた問題は、九世紀のロタールの死後と同じだった。

つまり、相続人なき「ロタリンギア」をどうするか、である。ロタール後の場合は、前記メルセン条約（八七〇）によって分割がなされ、その後国境が移動したものの、東フランク王国がロタールの遺領のほぼ全域を領有し、それが長らく続いた。だが、ブルゴーニュ家の夢、「幻のロタリンギア」の崩壊後は、事情は別だった。この経緯については先に触れたが、少し詳しく見ておこう。

「幻のロタリンギア」――ルイ十一世と猪突公の戦い

ジョルジュ・デュビ『フランスの歴史』によると、ルイ十一世は、長年の政敵猪突公の死の知らせを聞くと、不謹慎にも快哉を叫んだという。彼は、いったんは妥協したものの、積年の願いをこの際に叶えんとして、帝国との境界となる四つの川向かいや手前にある土地を一挙にわがものにしようとした。ブルゴーニュ伯領と公領、アルトワ、フランドル、エノーなどである。だが、王は己の力を買いかぶっていた。巧妙な政略家であるはずのルイ十一世が、この時ばかりはあまりに性急、拙劣。シャルルが猪突公ならば、彼は性急王だった。よほど嬉しかったのだろう。西のブルターニュ侯と並んで二本の「堅い角」のひとつ、王国最大の敵であるもう一本のはるかに厄介な東の角がとれたのだから。

時を移さず、喜び勇んで、ルイはまずブルゴーニュ公領を占領し、さらにアルトワ、ピカルディ、ブルターニュ伯領、エノーまで兵を進めた。フランドル人もフランシュ＝コンテ人もフランス人になろうとは思わなかっただろうが、ブルゴーニュ人とて同様だった。侵入した兵士があまりに征服者面をするのを見て憤慨し、「ブルゴーニュ万歳！」と叫んで、彼らは憤然として立ち上がった。そこで戦争となる。ルイ十一世は、かつて猪突公と繰り返した戦争をまたもや始めたのである。

そうしたフランス王のやり口に恐怖して、勧められていたその王太子（当時七歳、後のシャルル八世）との結婚どころか、ブルゴーニュのマリーは急遽もう一人の宗主ハプスブルク家に救いを求め、マクシミリアンと会って、翌日結婚。猪突公死去、わずか七ヶ月後の、いわば防衛的な電撃政略婚である。当時マリーはまだ一三歳、その後見・保護権は慣習により国王に帰属。ルイ十一世はなにもあわてることはなかったのだ。ところが、焦った彼は、ギヌガット（現アンギヌガット、フランス西北端の小村）の戦いでマクシミリアンに敗北（一四七九）。この争いは五年にも及ぶ。だがまたもや、ルイは幸運に恵まれる。大公妃マリー、落馬死。マクシミリアンはやむなくフランス王のブルゴーニュ公領とピカルディの領有を認め、三歳の娘マルガレーテ（マルグリット）と一二歳の王太子の婚約も承認（一四八二、アラス条約）。この少年王太子は父王によって二度、それも母娘に婚約させられるが、どちらとも実現しなかった。マルガレーテは後に「予告もなしに」父のもとに送り返されたからである。彼女は長じて猛烈なフランス嫌いになるというが、この婚約破棄理由は詳細不明。

ちなみに、この時代、女性に限らないが、とくに女性は幼児であっても政略とか交渉の具に使われている。同時期、男系が絶えたブルターニュの継承問題の際（一四八八）、舞台に立たされたのはわずか一一歳の相続人アンヌ。寡夫となっていたマクシミリアン一世との婚姻が不成立に終わると、三年後国王シャルル八世（この時は二一歳）と結婚。これもブルターニュを王領地に併合するための政略婚であろうが、実際には純然たる併合でも統合でもなく、単なる個人的な任意契約婚だったという（デュビ）。

さらに言えば、王妃アンヌは夫シャルル八世が急死して、ヴァロワ家直系が絶えると、後継王ルイ十二世と再婚。相手のルイ十二世もルイ十一世の娘を后としていたのに、離婚してアンヌと結婚。その娘クロードがフランソワ一世の妻となる。まさに、結婚政策による王権の拡大強化である。先にも見たが、このフランソワ一世とマクシミリアンの孫の皇帝カール五世が対立することになるのだから、王家の婚姻は実に複雑に絡んでいる。ところが、この話はこれで終わりにはならない。もう少し敷衍すると、この絡まりはもっと複雑になる。

先王が始めたイタリア戦争に手を焼いていたルイ十二世にとって、さらに厄介な問題は嫡男がなかったことである。王妃アンヌにとっても悩みの種。とくに彼女はアングレーム侯の息、美丈夫のフランソワ（一世）の出現に焦っていた。しかもフランソワの母ルイーズ・ド・サヴォワが後継王にと狙っていたので、二人の母親、二人の女の闘い、嫉妬が始まる。高貴な身分とはいえ、女同士の嫉妬心は厄介なものである。この場合は、卑小な些事が歴史の大事に係わるから一層厄介。アンヌは娘クロード、すなわち王冠も祖国ブルターニュも敵ルイーズの息子に与えたくない。そこにいきづまったイタリア情勢が絡み、王女クロードとマクシミリアンの孫の婚約を条件に皇帝との同盟条約が成立する。これでは、ハプスブルク家のドイツ皇帝がフランス王家に支配権を及ぼすことになり、フランスの国益も何もあったものではなく、かつての英仏間と同様の悶着、王朝戦争となる。これ以上詳細は省くが、トゥールの三部会で反対決議がなされるとか、イタリア情勢の意外な状況展開でこの仏独王家の結婚計画は頓挫。結局、クロードは父王の従弟フランソワと結婚することになるが、これには例のマルガレーテの頑固な反仏感情も影響していたというから、女性の嫉妬や反感・敵意はそら恐ろしい。

だが、事実は小説よりも奇なりというが、歴史の展開も奇なりで、後年、フランソワ一世の王母ルイーズと皇帝カール五世の叔母マルガレーテが尽力して、この両雄の戦いを和議に導くのである（一五二九年、カンブレの和議、別名「貴婦人の和議」。ここでマルガレーテが登場するのは、父王の命で、幼少のカール五世のネーデルラント摂政を務めていた関連からであろう）。この戦争の直接的な原因が、ブルゴーニュ譲渡問題であったというのも、仏独の因縁の深さを思い知らされる。カール五世は、フランドル生まれのブルゴーニュ宮廷育ち、母語はフランス語の「コスモポリタン」、ドイツでもスペインでも「異邦人」。フランスでは、彼の通称はシャルル・カンなのだから。

神聖ローマ皇帝とドイツの国益

それはともかく、ここで留意しておくべきは、当時、フランスの国益はその支配者、つまりフランス王の利害と一致するが、ドイツの場合は一致しなかったか、ほとんどそうではなかったことである。ハプスブルク家はその家門権力政策からボヘミアやハンガリーで覇権を強め、ネーデルラントやブルゴーニュにおける世襲の権利を維持・確保するために奮闘しても、ドイツからは何の支持も得られなかった。むしろ諸侯の警戒心を招いていたという。だから、フランドルで反乱が起き、激戦の末、援軍もなくマクシミリアンが捕虜になった際、やっとザクセン選帝侯に救援される始末。波瀾と冒険に満ちた生涯ゆえに、「ドイツ国民」から「最後の騎士」と敬愛されたマクシミリアンも、当初は孤軍奮闘。帝国議会で、マクシミリアンがドイツの運命はハプスブルク家の運命と一体なのだと力説しても、無駄骨だったのである。

それはおそらく、帝国と領邦国家体制というドイツの国制によるのだろうが、ルイ十一世は、この場合は状況を的確に把握していた。例えば、皇帝フリードリヒ三世から、帝国と王国間の古い友誼関係を破ったと非難されると、彼は、ネーデルラント問題は帝国ではなく、ハプスブルク家の権利や利害に係わるものだと答えたという。これは両国で紛争が起きた場合、フランス王が使う都合のよい区別、勝手な便法。以後も交渉の席などで頻繁に持ち出されることになる。

したがって、十五世紀末から十六世紀半ばにかけてヴァロワ家とハプスブルク家を対立させた絶えざる戦争において、大抵の場合、皇帝の背後にドイツなるものの影はない。影をなすのは、つまりドイツの真の代表、バックボーンはいわゆる「領邦君主」「帝国諸侯」であった。それゆえ、仏独の外交関係において、フランスは皇帝のいるウィーンやプラハに「弁理公使」を駐在させているが、選帝侯国や隣接諸侯領とも頻繁に使節の交換を行なっていた。また帝国議会にも、フランス王の代表は古い慣例に従って出席を許されていたが、そこは陰謀密約の場のようなもので、皇帝はこの特権を疎んじていたという。それどころか、ドイツ諸侯は自ら外国と条約を結ぶ権利があると思っていたので、勝手にフランス王とも交渉し同盟を締結。その際、彼らは、その契約が皇帝を除くなんびとにも有効である旨の、いわば排除条項を加えておけばよかった。後述するが、第二次大戦後、フランスがザールラント州と、独立国家を相手にするかのように協定（関税同盟）を結んでドイツ政府を苛立たせるが、このはるか昔のドイツ諸侯の習わし、伝統を受け継いだのだろうか。

フランス王家の外交工作

かつて十二、十三世紀には、フランス王から金銭供与を受けて、一種の主従関係を認める諸侯がいたが、今や臣従も忠誠の誓いもいらず、ただ支援金とか扶助料だけが問題だった。彼らはまるでフランス王から恩恵を受ける「年金受給者」のような者である。以前はライン諸侯だけだったが、この近世初期の時代になると、ドイツ東北端のブランデンブルク選帝侯に至るまで、全ドイツ諸侯がヴァロワ家の外交工作の対象になっていた。例えば、バイエルンのヴィッテルスバッハ侯家分家のプファルツ選帝侯はヴァロワ家と親密であった。シャルル七世の母妃イザボー・ド・バヴィエール（イザボー・フォン・バイエルン）が、バイエルンのインゴルシュタット侯家の出であり、この侯家もヴィッテルスバッハ家の系統。プファルツ侯はいわば親戚扱いされていたのだ。シャルル八世とルイ十二世の代になると、この関係は一層濃密になった。選帝侯にはあらゆる恩恵便宜がはかられ、侯の方も皇帝には一切支援をしない。有事ともなればいつでも、フランス王に兵を供給すると約束していたという。

だが、この双方の親密関係は姻戚のみが理由ではなかった。フランスにとっては、ドイツとの通路、幹線ルートの一つを確保しておく必要があったのである。いざ戦争となれば、そこから傭兵流入。前述したが、中世にあっては、いわゆる正規軍よりも傭兵が多く、フランスもこれを大いに活用し、ドイツ人やスイス人傭兵を徴集していた。スイス人兵は優秀だが、フランスには、Point d'argent, point de Suisse（金がなければ、スイス兵は雇えぬ→ただで働く者はいない）という諺まで生まれたほど、高くつくので、どうしてもドイツ人が主体となる。イタリア戦争を始めたシャルル八世以来、この傾向が強まったが、ちょうどその頃マクシミリアン一世が徒歩傭兵Landsknechtなる一種の歩兵制を創設していた。これがフランス語ではlansquenet となって（初出一四八〇年）、ドイツ傭兵（歩兵）を意味し、十六世紀初めには、その着衣が黒色であることから彼ら特殊兵団は「黒色部隊」とも呼ばれていた。当時、王党派はスイス傭兵、新教徒派はドイツ兵だったというが、この野武士団は時には山賊・強盗集団化して各地を荒らし回り、その乱暴狼藉ぶりは凄まじく、猖獗を極めたペスト（黒死病）同様人々の恐怖の的だった。その光景は、例えば十六世紀イタリアを舞台にしたアレッサンドロ・マンゾーニの『婚約者』（F・バルバロ、尾形訳）に詳しい。

「年金受給者」に傭兵と、フランス王権は金銭というこの抗いがたい武器によって、ドイツにあらゆる種類の協力を見出す。やがてフランソワ一世の代になると、ヴァロワ家は積年の夢である帝冠まで買い取ろうとする。対立候補は、何度か触れたように、ハプスブルク家のスペイン王カルロス一世。この両雄の闘いは十六世紀前半にわたって、ヨーロッパ中を巻き込んで続くが、次節ではまずはこの世紀の始まりを概観しておこう。

2　フランソワ一世とカール五世

ヨーロッパの覇権をめざす両雄の戦い

十六世紀は、一般に宗教改革とルネサンスの時代、近世の黎明期だが、百年戦争を経てフランスは国土が今日の六角形《エグザゴーヌ》（フランスの比喩的呼称）に近づきつつあった。広大な領国を抱える神聖ローマ帝国より比較的コンパクトとはいえ、例の北部・東部の帝国国境四川沿い地域はいまだ定まらず、であった。当時のフランスはヨーロッパ最大の人口国で、推定約一六〇〇万人、スペインの二倍、イギリス（イングランド）の四倍。この両国の合計よりも多かった。ドイツはスペインとほぼ同じであったというから、フランスの人口密度は隣接国よりはるかに高く、人口も世紀半ばには二〇〇〇万に達していた。ペストや百年戦争以前の水準に戻ったのである。この頃のフランスは南北縦断に一カ月、東西横断に三週間半かかったというが、国土はコンパクトにまとまりつつあったにしても、王国臣民のいわゆる国民意識は未成熟、漠然としていた。もちろん、そうした国民感情や意識、愛国心がなかったわけではない。ただわが国で言えば、安土桃山、戦国時代にあたり、今日でいう近代国家としてのフランス、国語としてのフランス語はいまだ生まれていなかったのである。

では、ドイツはどうか。国語としてのドイツ語はともかく、国家としてのドイツの成立はフランスなどよりもはるかに遅く、前述したように、近代国家としてのドイツ統一は十九世紀を待たねばならない。十六世紀のドイツはルターの「九十五箇条の提言」で始まる宗教改革の時代であるが、ドイツという国自体は、ハンガリーからスペインまで展開したハプスブルク家の帝政下、領邦国家群、数十の帝国都市合わせて三〇〇有余。いわば、細胞分裂のように増殖した部分国家の集合体であった。「ドイツ王国」と呼ぶのも憚られ、その上位国家概念・組織としての「帝国」そのものも中世末期から普遍的キリスト教世界の解体、領域国家の形成などによって衰退。法的・政治的に不安定なままであった。そうした状況を打開すべく、何度か改革が試みられたが成功せず。やっと前記マクシミリアン一世の代になってその実現を垣間見るに至った。もっともそれさえ、皇帝が進める改革案がハプスブルク家の家門政策ではないかと、つねに帝国諸侯に疑われたというから、この国はなんとも御しがたい。

仏独のそうした状況下で、十六世紀の幕開けとともに登場したのがフランソワ一世とカール五世である。奇しくも同じ一五一五年、前者がフランス国王に、後者がスペイン国王に即位。四年後皇帝選挙を争う。この皇帝選では、当時ヨーロッパ最強国家のフランス王二五歳と、最大版図を領するハプスブルク家御曹司一九歳の青年国王どうしが闘ったが、使った軍資金も巨額。フランソワ一世が今日の平価で金一・五トン、スペイン王カルロス一世が金約二トン。結果は、前記フッガー家の資金援助を受けた後者がカール五世として皇帝に選出される。「金力」の差だったのだろうか。もちろんそれだけではない。フランス王の臣下は、「陛下、ドイツにはあえてフランス語を話そうとするような町はないことを、ご理解なさるように」と諫めたそうだし、ドイツ人から成る選帝侯たちもあえてフランス人を皇帝に選ぶことはしなかったのだろう。世論の動向もある。なお、フランス王の王冠は当初は上部が空いたままの単純な冠に過ぎなかったが、フランソワ一世は皇帝の冠が塞がれているのを知ると、自らの王冠も同様にするよう願ったという。カール五世への対抗心はそれほど強かったのだろう。以後、ブルボン家最後の王シャルル十世までこの形が続くことになる。

留意しておくべきは、皇帝選出後まもなくして、スペイン王・ドイツ皇帝カール五世と選帝侯によって「選挙協約」が結ばれていることである。この選挙協約は、それまでとは違い、初の公文書による正式なもの。以後この方式が定着化したというが、これは当時のドイツの状況を反映していると思われる。つまり、帝国諸侯が皇帝の統治権に一定の制約を課し、領邦君主としての、また彼らの集合体とか全体という意味での「帝国」の権利を守ろうとするものだった。前述したが、マクシミリアンの孫とはいえ、この新皇帝は「シャルル・カン」の異称を有するコスモポリタン。異邦人と見なされ、警戒の眼差しで見られていたのだろう。ドイツ語も完璧ではなかったというのだから。

ともあれ爾後、フランソワ一世とカール五世の両雄はヨーロッパの覇権をめぐって争うことになる。ヴァロワ家は、フランソワ一世、その息アンリ二世の父子二代にわたる四四年間の治世中、二二年間、休戦・和議を挟んで、カール五世と五回も干戈を交える。そして早くも皇帝選出二年後には、第一回目の戦いが起こり、ネーデルラント国境、ピレネー国境と次々に武力衝突となる。主戦場はイタリア。ヴァロワ家とハプスブルク家のイタリア戦争再開。この争いは両家とも代を重ねて四〇年近くも続くのである（一五二一—一五五九）。

ここではその詳細については触れないが、一五二五年、フランソワ一世がパヴィアの戦いで大敗、捕虜となってマドリードに一年以上の幽閉後、屈辱的なマドリード条約締結となる。問題は、その際、皇帝が諸条件に加えてブルゴーニュ割譲まで要求したこと。ブルグント（＝ブルゴーニュ）の宮廷育ちのカール五世にとって、ブルゴーニュは特別な思いの地であったとみえ、彼は、一五二二年に認めておいた遺言書に、自分の死の際、ブルゴーニュがその手に戻っているならば、先祖が眠っているディジョンのシャルトルーズ修道院に埋めてほしいと書いているという。

イタリア戦役——フランソワ一世の野望　他方、フランソワ一世にとって、イタリア戦役最大の眼目は、ヨーロッパの覇権もさることながら、ミラノの領有である。ここも代々仏独係争の地。とくに先代ルイ十二世は、その生家オルレアン家の祖母がヴィスコンティ家最後のミラノ公の姉だったので、自分こそが正統な継承者であるとして、「フランス王にしてミラノ公」と名乗っていた。フランス王家はナポリ王国の権利だけでなく、ミラノへのそれも彼らの「旧財産」であるとして奪回を目指したのである。「十五世紀における国家間の抗争は……党派の争い、個人的な〝苦情の訴え querelle（諍い）〟と了解されていた」

ろうか。

（『中世の秋』）というが、この時代になっても、こうした中世封建君主の争いはなおも尾を引いていたのだ

なお、これに関して少し敷衍しておくと、ホイジンガは騎士道精神豊かな中世、国家間の抗争の解決法に「王侯の決闘（果たし合い）」があったとして、その事例を挙げている。例えば、十三世紀、王弟シャルル・ダンジューとアラゴン王ペドロ。十四世紀リチャード二世とシャルル六世。十五世紀では英国王代理グロスター公に挑戦したフィリップ善良公の大仰な決闘準備や訓練ぶりを揶揄した後、カール五世もフランソワ一世に二度も正式な挑戦をしたと述べている。さらに、十七世紀になっても、プファルツ選帝侯ルートヴィヒが、さすがにルイ十四世ではなかったが、その配下のフランス将軍テュレンヌに挑んだこともあったという。だが、いずれの場合も実現しなかった。ただ、決闘は騎士道文化がもたらしたのではなく、起源ははるかに古い。中世にあっては人々の生活慣習に生きており、実際には法定、私闘を問わず、騎士どうしとか市民間で決闘があったといい、ホイジンガは実例を挙げている。しかしながら、彼は、名誉を賭した騎士どうしの決闘が時として「まるで遊びに近く」、貴族たちの自負心の張り合い、「遊びの儀式」と化して「スポーツの要素を強く帯びていた」とも付け加えている。

同じく後段で、ホイジンガは中世人にあっては、「まじめと遊び」が混在しており、人々の生活慣行のあらゆる分野に浸透し、戦争にさえも見られたとして、これも実例を挙げている。例えば、シャルル猪突公の屯営がまるでお祭りででもあるかのように設営されたり、貴族たちが戦場で「気晴らしに」回廊、内庭付きの城の形にテントを張らせたりしていたという。彼らにとって、戦争も狩猟のように「スポーツ」化していたのだろうか。残酷なスポーツだが……。ただ西欧世界におけるこうした慣習とか伝統は後世にまでおよんでいるようで、例えば第一次大戦時の一九一四年のクリスマスには、兵士たちが非公式の休戦

条約を結び、塹壕から出て敵味方に分かれてサッカーの試合に興じ、コニャックとシュナプスで即席の食卓を囲んだ後、陣地に帰ったという。翌日から戦争続行である。また第二次大戦中、強制収容所で囚人同士どころか、SSと特務班〔ガス殺・死体焼却処理係〕の囚人間でさえサッカー試合が行われたというのも、この伝統に属することだろうか。

さらに付言すると、十八世紀ヴォルテールもこう言っている。「個人は十中八九決闘気違い。この蛮風が、昔は王にさえ認められ、フランス名物の一つになったほどだが、〔十七世紀〕いまだに廃れるどころか、戦争や内乱に劣らず人口の減少を促していた……戦で世が乱れていながら、この間フランスの貴族は敵よりも、同胞の手にかかって余計に死んだ」(『ルイ十四世の世紀』)。ヴォルテール一流の辛辣な皮肉と誇張があるが、この「果たし合い」の蛮風は根深い慣行。彼は後段で大貴族どうしの血なまぐさい実例を挙げてこうも述べている。「決闘がはやるし、金品の横領は日常茶飯事のよう、風紀は紊れて破廉恥が常識になるほどである。が、この支離滅裂な社会にも、始終陽気な気分が漲り、世相の暗さを和らげていたのは面白い」。なお、この「残酷で神に背く習慣」の「決闘は流行の精華」(ラ・ブリュイエール)であったが、一六二六年、ルイ十三世治下、リシュリューによって禁止された。だが、その後も散発的にはあったようだ。

ドイツの傭兵と金銭、フランスに溢れる　それはともかく、興味深いのはこの十六世紀前半の戦場でも、ドイツ人傭兵がフランス側に登場することである。ドイツには、新皇帝に対する不満分子も多かったようで、ドイツという傭兵供給の大貯水池は涸れずにあり、相変わらず傭兵を汲み出すことができた。皇帝が禁止令を出し、見せしめの処刑までしたが効果あまりなく、十六世紀半ばからは、前記ランスクネと並んで pistolier という騎兵が出現する。これはやがてドイツ語 Reiter（騎士）に倣って reître（初出一五六三年）と呼ばれ、その「連隊」が内乱時代になると次第にランスクネの「部隊」に取って代わるという。

フランスがドイツから取り入れたのは傭兵だけではない。金銭も借用する。ドイツは当時、ハンザ商人の活躍もあってか、金銭が溢れ、ドイツ人銀行家はイタリア人銀行家と市場を二分。前述したが、彼らはリヨンにも支店をもち、こうしたドイツ出身の銀行家が戦費を調達してくれるので、フランソワ一世やアンリ二世はこれを大いに利用する。銀行家だけでなく、カール五世への不満分子はあちこちにおり、フランソワ一世は密に連絡を取り合っていた。パヴィアで捕虜になったとき、押収されたその行李のなかからは帝国諸侯との往復書簡がどっさり出現。相手はとみると、トリーア、プファルツ、ブランデンブルクなどの選帝侯であったという。これでは、カール五世の帝国経営も足下が揺らぎ、晩年に失政をおかすはずである。

フランソワ一世が用いた帝国攪乱策には、もう一つ奇策があった。オスマン・トルコとの秘密裡の連携工作である。一五三六年、彼はトルコと「特権条約 Capitulations」を締結して連携を強め、ドイツ皇帝を牽制した。この条約は本来トルコ帝国が外国人居留者に通商交易など特権を認めたものだが、フランス王国と中近東の経済関係は、フランソワ一世のこの外交政策をもって嚆矢とするという。今日でも、キリスト教徒主体の欧州連合へトルコが加盟することには、ヨーロッパ人が違和感を抱き、議論が沸騰するが、この時代にイスラムのトルコと手を結ぶことは違和感どころか、サタンと手を結ぶも同然の所業。多くの者にとって、トルコ人とはビザンツ帝国の破壊者、聖地の圧制者、地中海の海賊。いわば不倶戴天の敵であったのに、それをキリスト教徒の鑑たる「いともキリスト教徒の」フランス王が行なったのである。しかも、スルタンとの外交交渉は、当初は秘密裡であったが、後には公然と実施。これでは、カール五世もたまったものではなく、決闘の一つでも申し込みたくもなろう。

すでに、「十四、十五世紀のキリスト教世界は、緊急を要する東方問題」を抱えており、バルカン半島に危機が迫っていたのである。ハプスブルク家はオーストリア、ハンガリーに所領を抱え、東方からの夷狄侵入が悩みの種だった。十六世紀初めには、オスマン・トルコがドナウを越えハンガリーを攻め滅ぼし（一五二六）、三年後にはウィーンが攻囲されている。この時代、トルコ帝国は強大化し、ヨーロッパ諸国の脅威となっていたが、カール五世も何度か対トルコ防衛戦争を強いられているのだった。そして当然ながら、それは国内政策にまで影響し、フランソワ一世はその意外な弱点を突き、巧みに利用したのである。それにしても、現今のイスラム世界と欧米世界の関係を考えると、五〇〇年前は時代も状況もまったく違うが、このフランソワ一世の対トルコ政策には何か複雑な思いがする。かつて二十世紀後半には、ドイツにトルコ人移民労働者が数百万人もいたこともあるが。

＊　最後にフランソワ一世とカール五世にまつわるエピソードを一つ挙げておこう。二〇一〇年春—夏、パリのゴブラン美術館で「スペイン王宮宝物展」が開催され、二〇点の美しいモニュメンタルなタピスリ（綴織壁掛）が展示された。大半はカール五世と息フェリペ二世スペイン王のもの。十六世紀、フランドル芸術の絶頂期に制作された逸品である。この「北欧の移動フレスコ画」は長さ八メートル、幅六メートル、シルクとウール地に金銀の糸で織り綴られた豪華な作品。権力の象徴、栄華の誇示であった。そのいくつかは前記猪突公の娘でマクシミリアンと結婚したマリー（独語名マリーア）の遺産。ブルゴーニュ宮廷から伝わるスペイン王室の宝物であるという。

前述したが、カール大帝以来、神聖ローマ皇帝は「旅する王」、旅ガラスの王であったので、この「移動フレスコ画」を持ち歩き、各地の空っぽの宮殿に行くたびに毎回飾って、旅の無聊を慰めた。カール五世はイタリアやフランドルに遠征するとき、一五の主題別の、計九六本ものタピスリを丸めて携行させたという。当時、貴金属細工品に次いで、タピスリは貴重な芸術作品。絵画や彫刻が重宝されたのは次世紀以降、王宮が国王定住地に固定されるようになってからである。フランソワ一世とカール五世はこの「移動フレスコ画」や金銀細工品でも最高級のものを求めて張り合ったという。そのなかの逸品『ザマの戦い』。最初はカール五世が注文したが、代金を払えず、フランソワ一世が購入。さらにこれが皇帝の妹ハンガリー王妃マリーアのために織り直されて今に伝わっているというから、まさに事実は小説よりも奇なり。なお、後のゴブラン織りは、綴織壁掛を愛好したルイ十四世治下のタピスリのこと。ゴブランは王室御用壁掛職人の名前に由来する。またこの工房は現存しており、年間約一二本のゴブラン織りを制作しているという。ゴブラン美術館はその付属施設。

3 仏独における宗教改革への動き

中世の秋、ペストと戦乱

ところで、こうした政治的次元とは別次元で、ドイツでもフランスでも重要な変化が起こりつつあった。宗教改革運動である。別次元とはいえ、二つは無縁ではなく、大いに相互影響し連動するが、中世末期のヨーロッパはそれがとみに顕著であった。この時期、フランスでもドイツでも、ヨーロッパ人口の三分の一以上を奪った疫病ペストが大流行した。百年戦争のような長期の戦乱、農村の荒廃、農民蜂起、自然災害が頻発し、社会不安が増して人心も不安定。人々には死が身近に感じられるようになり、「死の舞踏」をモチーフにしたような絵画作品が生まれたり、聖母マリア信仰が流行したりする時代で、マリアや聖人が祀ってある教会や修道院には巡礼が押し寄せていた。

＊ ここで言う聖母信仰の聖母とは、「すべての聖人たちの上に坐す〝天の元后〟」、「〔万民を〕庇護し救済する天上の聖母」であって、「聖子をひざに抱いた母でも、十字架の下で失神する母でもない」（エミール・マール『中世末期の図像学』田中仁彦ほか訳）。神に最も近くあり、神の恩寵はすべて彼女を通して与えられる。マントを広げて万民を庇護する図像から、「マントの聖母」「慰めの聖母」と呼ばれ、「災厄中の災厄、ペスト」におののく中世の人々の圧倒的な信仰を集めたという。マントを広げて万民を包み込んでくれる「神の母」「天国の女王」とか「天上の御母」「天上の慈母」なのである。

例えば、この頃の時代相についてホイジンガはこう述べている。「十五世紀という時代におけるほど、人々の心に死の思想が重くのしかぶさり、強烈な印象を与え続けた時代はなかった。〝死を思え〟(memento mori) の叫びが、生のあらゆる局面にとぎれることなく響きわたっていた」(『中世の秋』、XI 死のイメージ)。まさに末世の観がする「無常」の時代。前述もしたが、洋の東西を問わず、中世―近世初期は神仏が現代よりもはるかに身近にあり、ましてや、中世末期の殺伐たる時代にあれば、諸侯貴族から民衆一般に至るまで人々は敬虔心深くして信仰篤く、より確かな救いを求めていたのだろう。もっとも、そうした不安や恐れが時として、魔女狩りやユダヤ人ポグロム、異端処刑などの社会的集団ヒステリーとなって荒れまくることにもなるが。

しかるに、人々の救いの拠り所となる教会が腐敗・堕落。ホイジンガはすでにその堕落ぶりが糾弾され、とくに托鉢修道会が標的にされ、嘲笑と軽蔑の対象になっていたとして、十五世紀の年代記作者ジャン・モリネの一文を引いている。

「神に祈ろう、ドメニコ派が、
アウグスティヌス派を食いつくし、
カルメル派が、首吊られることを、
フランチェスコ派の荒縄で」

槍玉に上げられたのはいずれも十三世紀設立の修道会。なんとも露骨で凄まじい。

教会の腐敗、贖宥状販売　だが教会の腐敗・堕落を象徴する典型例は、ドイツにおける贖宥状販売の横行であろう。これは、いわば金銭による免罪符のたれ流しで、聖界腐敗や汚職の原因・温床になったもの。ただし、贖宥とは本来「免罪」ではなく、「贖罪の免除」であって、当初は十字軍参加や巡礼に当てられ、中世末期の最も重要な現象だった。これが金銭で贖う罪の軽減という意味に解されるようになり、腐敗を生んだのである。とくにドイツでは、高位聖職者が帝国封土の保有者として、領邦諸侯同様の世俗的支配者の地位にあったので、腐敗が生まれやすかった。彼らは大司教・司教領などの大土地所有者で、しかもその地位が聖俗諸侯の子弟によって代々独占され、家門拡大の具にされていた。おそらく、中世初期、十一世紀以来ある「シモニア」（聖職売買）の慣習は続いており、これらの高位聖職の取得にも当然大金が動いたのだろう。そこにローマ教皇庁の「財庫主義」政策なるものが加わり、ドイツは「ローマの雌牛」のごとく搾り取られたのだという。ルターのヴィッテンベルクの訴えが起こるはずである。

この財庫主義とは、言うなれば教会の金儲け主義。宗教改革前の聖職者は総じて、教養水準だけでなく、道徳水準も低く風紀も乱れていた。ストラスブールには二八年間一度も説教せず聴罪の務めも果たさなかった司教がいたかと思うと、独身制遵守どころか、内縁関係も容認され、なかには子をなす者まで現れる。そしてそれが露見するたびに司教は罰金を取り立て、他の教会規律違反の罰金とも合わせて懐を肥やしていた。そのうえこうした腐敗だけでなく、より大きな制度的腐敗があった。有力修道院や司教座聖堂参事会が教区教会を系列化し、財産管理・人事支配まで行い、聖職禄の独占が蔓延して「聖職禄亡者」が生まれ、その悪弊はローマにまで及んだという。教皇庁内でも財庫主義がはびこり、さまざまな理由や口実により、多額の上納金・納付金が要求・徴収され、あまりの酷さにルターは教皇座を「ローマの貪欲と掠奪の座」「強盗の座」と痛罵したとされる。贖宥状販売も、十五世紀初め、時の教皇がナポリ王への「十字軍」戦費調達のために用いたので、プラハの改革者フスが激しく非難したという。ルターよりも一〇〇年も前のことである。十六世紀イタリアが舞台のスタンダールの『カストロの尼』には、犯したシモニアの罪を懺悔するあまり、悶死する老枢機卿の話が出てくるが、そのような例は少なかったのだろう。

ただしフランスとて、事情はそう変わらなかった。確かにフランスには、十三、十四世紀以来、フランス教会の独立性を主張するガリカニスムの伝統があり、教会制度の有り様がドイツとは異なっていた。しかし、それ以前、中世初期の頃は、ドイツと似たり寄ったりで、十一世紀のアンリ一世、フィリップ一世の頃はシモニアや妻帯がはびこり、アンリ一世などは自らが聖職売買の常習者だったと言われる。そうした悪弊を禁止し、教会改革を試みたのが、いわゆる「グレゴリウス改革」であるが、もちろんこれがフランスでもすんなりと受け入れられたわけではない。

それどころか、改革導入（一〇七七）は当初困難をきわめ、聖職者たちは猛反対。だからいずこも同じなのだが、幸か不幸か、フランスは当時まだ王権も弱く、教皇権ともドイツほど密接ではなかった。皇帝と教皇が争っている間、フランスでは常駐の教皇特使が活動して、教会会議等で改革を進めていた。実際、シモニアは早くも十一世紀末の教会会議で妻帯とともに禁止され、違反した大司教や司教が断罪されている。その後フランスには、ルイ十二世が戦費調達のために始め、フランソワ一世が公認したという官職売買はあっても、あからさまなシモニアや贖宥状販売は少なかったと思われる。幸いにして、フランスは「ローマの長女」とは言われても、「ローマの雌牛」ではなかったのである。

だがフランスでは、ドイツほどシモニアは行われなかったとしても、その代わり官職売買が盛んであった。始まりは前記のルイ十二世の十六世紀初頭であっても、一六〇四年のポレット法なるものによって売（買）官制として公認され、その後何度も廃止が検討・約束されたが実現せず、大革命時になってようやく即時廃止となった。

注意しておくべきは、この近世初期に発する売官制が、公権力の一部をなす官職売却によって国庫を潤したただけでなく、フランス国家の組織化や社会の階層化に役立ったことである。この国では、前述したごとく、すでに十三世紀以来、平民出身のレジスト（法曹家）が司法・行政面で活躍していた。フィリップ美男王の頃から、官僚制が徐々に形を成し、国家の統治機構が整ってくる。そのうち官職が売買や譲渡によって家産化および世襲化すると、平民の貴族身分上昇も可能となり、叙爵制度と相俟って、彼らが絶対主義国家の建設に参画できたのである。もちろん、こうした官職保有者層の特権階級化は弊害ももたらし、社会的腐敗と道徳的頽廃を生むことになる。前掲『カラクテール』では、十七世紀社会にはびこった成上り法官やあくどい収税請負人、成金にわか貴族などがモラリストの作者ラ・ブリュイエールによって辛辣に揶揄諷刺され、痛罵毒舌を浴びている。なにしろ、買官希望者は官に供託金を納めて空席を待ったというのだから、これはもう立派な「制度」である。十八世紀にはそれが顕著になり、大革命時の廃止となるのだが……いずれにしろ、「裁判官の地位が、金で売買されるような国は、世界中にフランスしかなく……大きな欠陥であり、また大きな不幸でもあった」（ヴォルテール『ルイ十四世の世紀』）。それだけ売官者も買官者も多かったのだろう。

ところがそれでも、このきわめてフランス的な慣行は十九世紀前半、おそらくそれ以降も残っていたと思われる。フランスという国は民主主義、共和国を標榜するが、今でも「官」の強い国である。司法・行政組織は無論のこと、国鉄や郵政、電力など、かつて日本で〝三公社五現業〟と称された基幹産業のほとんどは今も国有か官の関与率が高く、大学も原則国立大学である。「ナショナルスポーツ」のストライキやデモは彼ら「官公労」の専売特許だ。この「官」の強さには、中世の名残りがあるのだろうか。名にしおう「官僚国家」フランスはその源泉の一端をこの近世初期の売官制に得ているかもしれない。

ついでに言えば、フランスの現在の公務員数は五三〇万人、雇用総数の二一・二％（二〇〇七年の統計）、ドイツは四五〇万人、現役労働人口の一一・二％、イギリスは六一〇万人、現役労働人口の二一％。相対的にフランスの「官公労」比率は高いが、平均月収は英仏ほぼ同じ、ドイツが一番高いようである。ただ大雑把に言って、フランスは給与生活者一〇〇〇人中九〇人が公務員、ドイツは五〇人というデータもあるが、この公務員数には教員や軍隊などがどう扱われているのか不明。また平均月収も各国で物価が違い、単純比較はできない。あくまでも推計である。

仏独の宗教改革の動き　しかしながら、教会の弱体化・堕落は進んでおり、民心の不安を和らげ、魂を救済に導くことにはやはり無力だった。確かにフランスでも宗教改革の気運はあり、人文主義者による聖職者の風紀改善の訴え、聖人崇拝批判などを通して教会改革の試みがなされ、聖書のフランス語訳も出てはいた（一五二三）。だが宗教改革の発火点はやはりドイツ。それは燎原の火となってヨーロッパ中に広がり、やがては宗教改革運動が各地で起こることになる。以下、これについて述べるべきであろうが、この章や節の本旨ではない。ここでは、それが仏独関係においてどのように現れたのかを概観することにしよう。まずはそれに係わる前後の出来事を年代順に見ておこう（**次頁表**）。

このように、十六世紀前半の両国の動きを見ると、どちらにも宗教改革の息吹が感じられ、似たような運動が展開されている。だが、フランソワ一世とカール五世治下の両国体制の違いも歴然としている。フランスでは、国王支配下における新旧キリスト教徒どうしのせめぎ合い。ドイツでは、皇帝・諸侯の伝統的対立を基軸として、さらに都市同盟が加わり、これらが両派に別れて相争うことになり、より複雑。それはボローニャ政教協約によってガリカニスムが確立されたのと、帝国の政治的分裂のため国民教会への歩みが阻まれたのとの違いでもあろう。宗教戦争になると、フランスでも血まみれの新旧派諸侯の抗争になるが……。国民教会について言えば、スペインでは十五世紀末に政教協約によって教会の国家服属が定まり、イギリスではもっと早くから国民教会への動きが始まっていることを思えば、領邦教会体制となる

ドイツ	フランス
1517　ドイツにおける贖宥状販売。マルティン・ルター「九十五箇条の提言」発表	1516　ボローニャ政教協約。教皇，仏王の高位聖職者叙任権承認，ガリカニスム確立
1518　ツヴィングリ，チューリヒで宗教改革開始	
1521　ヴォルムス帝国議会，ルターの帝国追放刑発布（ヴォルムス勅令［いわば新教弾圧令］）	1521　キリスト教人文主義者による教会改革運動。ソルボンヌ（パリ大学神学部），ルター批判
1522　ルター『ドイツ語新約聖書』，近代ドイツ語形成に寄与	1523　人文主義者ルフェーヴル・デタープル，新約聖書フランス語訳。ソルボンヌ反論
1524　農民戦争	
1525　ツヴィングリ派分派による再洗礼派誕生，ヨーロッパ各地に伝播	
1526　第一回シュパイヤー帝国議会，領邦教会体制へのゴー・サイン	
1528　ツヴィングリ，「キリスト教都市同盟」結成	
1529　第二回シュパイヤー帝国議会，ヴォルムス勅令完全実施決議。新教派抗議（プロテスト），福音派同盟結成。これからプロテスタント，プロテスタンティスムの語が派生	
1530　アウクスブルク帝国議会，ヴォルムス勅令実施再決定	1534　檄文事件，カトリックのミサ批判のビラ出現。国王，新教徒弾圧開始。ロヨラ，パリでイエズス会結成
1531　反皇帝派の新教派諸侯・都市，シュマルカルデン同盟結成	
1538　カトリック諸侯同盟結成。新旧両派対立激化	1536　カルヴァン『キリスト教綱要』（原文ラテン語，国王献呈序文フランス語）
1541　カルヴァンによるジュネーヴ宗教改革	
1545　トリエント公会議。カトリック改革	1545　プロヴァンスで贖罪説教者集団ヴァルド派弾圧，大量処刑
1546　シュマルカルデン戦争	
1548　アウクスブルクの「甲冑帝国議会」，カトリック有利の「仮信条協定」採択	1547　パリ高等法院に火刑裁判所設置，新教徒弾圧強化
1552　カール五世，アンリ二世・プロテスタント派連合と対立	1549　この頃から，ジュネーヴ，ストラスブールへの宗教難民増加
1555　アウクスブルクの宗教和議	1559　パリで，改革派第一回全国教会会議開催。新教徒迫害も強まる

ドイツの状況がいかに特異であるかが分かる。

宗教改革におけるドイツの都市の役割

ドイツの宗教改革運動においてもう一つ特徴的なのは、「ドイツの宗教改革は都市的な出来事であった」と言われるほど、都市が重要な役割を果たしていることである。年表にあるような都市同盟が運動の節目で何度か結成されているが、同時期のフランスでパリがボルドー、リヨン、マルセイユなどと同盟することなどあり得なかった。確かに後の宗教戦争の際には、フランスでもパリの旧教組織とこうした都市が同盟を結ぶが、ドイツの都市同盟とは性格を異にするであろう。おそらくそれは、この時代における都市というもののありよう、とくに帝国都市に見られるような「ツンフト〔手工業者同業組合〕政治方式」と称される自治的政治体制を有するドイツの都市と、集権化の進む王国支配下のフランス諸都市との違いであろう。もっとも、ドイツでもツンフト支配型ではなく、都市貴族支配型の北ドイツの都市では事情が異なるようだが。いずれにしろ、当時の帝国都市約六五のうち五〇以上が十六世紀中に宗教改革を導入したという。そのなかで、仏独関係においてユニークな役割を果たした都市にストラスブール(当時はドイツ領、シュトラースブルク)がある。

一五二九年、皇帝カール五世はフランスと休戦・和約を結び、トルコのウィーン攻囲を凌ぐと、ボローニャで教皇より帝冠を受け、九年ぶりに帰国した。対外関係に余裕ができた皇帝は宗教問題解決のためシュパイヤー帝国議会を招集。ここでヴォルムス勅令が復活されると、ルター派諸侯が帝国都市とともに抗議する。その決定の当日、ルター派二諸侯(ザクセン、ヘッセン)と三帝国都市(ストラスブール、ニュルンベルク、ウルム)が、秘密裡に福音派同盟を決めたが、ストラスブールの不同意で結局実現できなかった。そしてその後もこの町は独自の動きをする。一五三〇年、チューリヒ、ベルン、バーゼルと「都市同盟」を結び、アウクスブルク帝国議会後、これにヘッセン方伯を加え「キリスト教協定」締結。またシュマルカルデン同盟結成にもヘッセン方伯とともに重要な役割を果たすことになる。この同盟は、帝国議会でルター派が提示した「アウクスブルクの信仰告白」が認められず、皇帝がヴォルムス勅令完全実施を命じたため、これに反発した新教派が中部ドイツのシュマルカルデンで結成したもの。なお、この軍事同盟には七人の諸侯、南西ドイツの八帝国都市と北ドイツの三ハンザ都市が参加し、ドイツ全国規模の最初の諸侯・都市同盟であるという。

「亡命の地」ライン都市ストラスブール　このように、ストラスブールはいくつかの都市同盟に参画するだけでなく、改革初期のフランスとルター派ドイツとの関係において、この町特有な役割を果たしている。何度か触れたが、ストラスブールは帝国西端、ライン川沿いの帝国都市の一つで、ローマ支配時代からの古い歴史を有する。この町は仏独国境、いやむしろヨーロッパの十字路とも言える地理的位置のためか、古来、政治とか宗教上の理由で人々が避難してくる「亡命の地」であった。それはこの町の伝統なのである。これは、拙著『ストラスブール』で述べたことでもあるが、概略を見ておこう。

ストラスブールが「亡命・庇護の地」であるという伝統は古く、十三世紀初め、シュヴァーベン大公フィリップがこの町を保護し、次いで皇帝フリードリヒ二世が直轄領化した時代に遡る。十五世紀には、グーテンベルクがマインツから逃れてきて一〇年も居住し、ここで印刷術を考案したとされるが、その亡命一年前、時の皇帝ジギスムントが帝国から追放された者に対し、この町に避難する権利を認め、ストラスブールにいわば「保護権」を与えていた。すでに帝国自由都市になっていたこの町は、抑圧・差別された多くの異国人を引き寄せる帝国内の「特権的な」地だったのだろう。

実際、十五世紀半ば、初の人口調査では、住民一万六〇〇〇人に加えて避難民一万人がいたとある。とくにこの宗教改革最盛期の頃は亡命者や避難民で溢れかえり、先のルフェーヴル・デタープルやカルヴァンのようなパリからの改革派名士だけでなく、ある時期には「住民人口の半分が〔ユグノーなどの〕フランス人逃亡者で占められた」という。いわゆるユグノーが逃避したのはジュネーヴだけではない。またこれはなにも中世だけのことではなく、十七世紀、アルザスに飢饉とペストが蔓延すると、ストラスブールの狭い市域内に三万人の避難民がいたというし、十八世紀には亡命ではないが、ゲーテが「遊学」し、『ゼーゼンハイムの牧歌』を残している。同時期ヘルダーやレンツも来ているが、十九世紀には革命派詩人ゲオルク・ビューヒナーが亡命してくる。

忘れてならないのは、この「亡命・庇護の地」という伝統と歴史は今日に至るまでその流れが引き継がれていることである。ストラスブールはおそらく中世から、とくに町の個性が確立されたユマニスムの時代から、おのが町がヨーロッパにおける「個人の権利と自由擁護の特権的な場」であることを誇りとし、「自由の国の門番」を自負していたのだろうが、それは現在も同様であろう。「ライン都市」ストラスブールに欧州議会や欧州人権裁判所などいくつかの欧州機関や組織の拠点が置かれるのは、理由のないことではないのである。

しかしながら、ストラスブールはただ亡命・庇護の地であっただけではない。一五三〇年代、フランソワ一世は、仇敵カール五世への牽制攻撃なのか、反皇帝のシュマルカルデン同盟と手を結び、バイエルンのカトリック派と妥協策を探り、あわよくば教会再統一を、と目論んだ。この時、王の側近としてカトリック派のギヨーム・デュ・ベレー（『フランス語の擁護と顕揚』のデュ・ベレーの叔父）が動き、ルター派からはルターよりも穏健な神学者メランヒトンが担ぎ出されるが、その仲介役をしたのが、ストラスブールに亡命していた改革派説教師マルティン・ブッツァー、パリにいたアルザス人、ユマニストのヨハネス・シュトルミウス（仏語名ジャン・ステュルム）である。この企ては、檄文事件の勃発によって実現しなかったが、触れておきたいのは、ストラスブールにはルター以前から改革の気運が蔓延しており、またこの頃のストラスブールの改革派の動向がパリに伝わっていることである。そしてその伝導役となったのが、この町で生まれ、マインツで完成されたというグーテンベルクの印刷術であろう。順を追ってみていこう。

帝国都市シュトラースブルクの宗教改革の息吹　ストラスブールには、ルターの訴えが伝わる前に説教師ガイラー・フォン・カイザースベルクや詩人ゼバスティアン・ブラントのような宗教改革の先駆者とも言える人物がいた。これも前掲拙著に詳しく述べたことなので、かいつまんで言うが、前者は十五世紀末からストラスブール大聖堂で三二年間、時代の悪弊、教会の腐敗、聖職者の堕落をユーモアたっぷりに生き生きと語り、後に「アルザスのボスュエ」と称された名説教師。後者は同じく教会の悪習・腐敗を断罪し、世のさまざまな愚行、悪徳を高らかな韻文の名調子で諷刺した『阿呆舟』（一四九四）の作者。二人は神学者で互いに終生の友、アルザス・ユマニスムの第一世代とされるが、いわゆる宗教改革者でもユマニストでもない。ともに皇帝マクシミリアン一世の顧問も務めているが、留意すべきはこの二人が活躍したのは、ルターの訴えの二〇年、三〇年も前の時代であることだ。ストラスブールには、宗教改革の直接的な訴えこそないが、早くも大聖堂の説教壇からその息吹が流れ出ていたのである。ブラントの諷刺批判も聖書をもとにした寓意や比喩で格調高いが、内実は告訴弾劾に近く、いかにもプロテスタント的。ただし、公平を期して言っておくと、ルターの論敵にヨハン・エックがいたように、ストラスブールにも稀代の反ルターの説教師トーマス・ムルナーがいた。対抗宗教改革派の勢力も強かったのである。

＊　参考までに、『阿呆舟』（尾崎盛景訳）のいくつかを掲げておこう。なお、このいわば「韻文で書かれた説教集」には、各篇ごとに木版画が付され、その相当数はデューラー作であるという。ブラントは印刷術に批判的であったが、その恩恵にいちはやくあずかり、『阿呆舟』は出版と同時に版を重ね、数年後ラテン語をはじめ英仏蘭語と次々に翻訳されて

いる。

「諸侯や貴族、国や都市、
今や全土にひろまった
恥辱屈辱思うとき、
キリスト教の衰退を
いやというほど見せつけられて、
目にいっぱいに溢れ出る
この涙を如何にせん。
……………
キリスト教の信仰の
　日毎の衰微と苦悩とは
目に余るものがあるからだ」
（第九九篇「信仰衰徴のこと」）

「聖書自身の教えとは
違って聖書を解釈し、
手に虚偽のはかり持ち、
勝手気儘に物をのせ、
重いも軽いも意のままに、
信仰衰徴のもとつくる。
まったく狂った世の中だ。
……………
邪神が皆に金をかけ、
宝をみんな取り出せば
無理に強制しなくても、
誰も進んでとんでくる。
邪神を助けて善人の
生命を奪う連中を、
金でたくさん買いしめる
……………」
（第一〇三篇「反キリスト
のこと」）

改革の息吹、ヴォージュを越えてパリへ　そしてこの息吹はルターの「九十五箇条の提言」が伝わるとともに大きな流れとなり、やがてヴォージュを越えてパリに届いて行く。おそらくその受け手の中心にいたのは、ナヴァール王妃マルグリット・ド・ナヴァールであろう。彼女はフランソワ一世の姉で、アンリ四世の祖母にあたるが、ともに十六世紀の文芸振興や擁護に努めた女性。彼女自身、物語集『エプタメロン』やいくつかの詩集を著した作家でもあるが、その宮廷は一種の「ユマニスト文芸サロン」の観があり、クレマン・マロやラブレーなど当代一流の作家、学者を集め、新教派を保護し、カルヴァンとも親交があった。注目すべきは、フランソワ一世が、この熱心なキリスト教徒で、改革派のパトロンである二歳上の姉マルグリットから相当な影響を受けていたことであろう。国王は檄文事件が起こる前までは新教徒に寛容であったのだから、その周辺取り巻きに新教シンパがおり、ヴォージュの向こうから流れてくる改革の波を受容する風土があったのである。ただ、この波が誰によってどのように伝えられたかは、つまびらかにはしないが、おそらくは前記パリにいたジャン・ステュルムたちであろう。

このジャン・ステュルム（一五〇七―一五八九）について若干触れておくと、彼はラインラント生まれのドイツ人。この時代特有のコスモポリタンのユマニストで、パリに長らく滞在した後、ストラスブールに来て、有名なギムナジウムや、やがてストラスブール大学になるアカデミーの前身、高等学院Haute Ecoleを創立した十六世紀の偉大な教育者。有名なというのは、東欧も含め各国から生徒が集まってきていたからである。彼はまたフランソワ一世やデンマーク王、後にはエリザベス女王や諸侯の情報提供役を務めた外交顧問でもあり、この時期の政治や宗教問題に深く関与しているが、とりわけフランスへの宗教改革の導入に貢献した。宗教戦争の際には、新教派に巨額の資金供与をし、晩年には貧窮するほどだったという。

印刷術の役割

確かなのは、この波を運んできたのがグーテンベルクの印刷術であることだ。またそれにはストラスブールにおける印刷術の発展が大きく寄与していたことである。一般に、「グーテンベルクはルターの先導者だった」（ユゴー）とか「書籍印刷なくして宗教改革なし」と言われるほど、ルネサンス期三大発明の一つ、印刷術が宗教改革に果たした役割は大きかった。ラブレーにも、「一切の兵火の器具は悪魔の教唆によりて創められたるもの」だが、印刷術は「天与の霊感によりて発明いたされたるもの」（前掲『パンタグリュエル物語』）とある。ストラスブールには、十五世紀後半すでにこの町最初の印刷業者ヨハン・メンテリンなる者が出現しており、彼は一四六〇年、四九行のラテン語聖書、一四六六年、最初のドイツ語聖書を印刷している（前者は一部がフライブルク大学図書館、後者はコルマール市立図書館蔵）。ルターのドイツ語聖書の半世紀前である。当時この町は印刷術が栄え、大きな印刷所を含めて一二の印刷工房があり、その影響はヨーロッパ中に及んだという。

この印刷術の波が伝わるのは早く、パリには一四七〇年、リヨンには一四七三年に印刷所ができ、十六世紀初頭にはフランス全土に普及していたと言われる。そしてこの波に乗ったのがルターの思想である。前記デュビによれば、それは「町から町へ〝伝染病〟のごとく伝わり」、あるスイス人ユマニストがツヴィングリ宛てに、フランスで「ルターの書物ほど貪欲に買い求められたものはない」と書き送っているという。ただ注意すべきは、この時代、書物を手にして読める者は経済的にも知的にも限られた階層であったことだ。識字率は、あるデータによれば、この頃のドイツで、都市部一〇―三〇％、農村部を含めた全国レベルで五％。またフランスでも、某公証人の所へ来た者で都市部の職人なら六〇％が署名できたが、農民・労働者の七〇％はできなかったという。いずれも歴史専門書からの数字で、確たる根拠が示されていないのであくまでも推計だろうが、総じて低いのは時代を考えれば当然であろう。

しかしながら、宗教のように広くひとの心や魂の領域に係わり、社会階層すべての人々に影響するものは、貴族や富裕商人のような限られた上層階級によってのみその改革が行われるわけではない。神のご加護を求めるのはむしろ貧しき民である。デュビが言うように、ユマニスムは社会階層の知的な隔たりを助長したかもしれないが、それと連動する宗教改革思想が民衆層に浸透しなければ、あれほどの社会変動は起こらなかっただろうし、ましてや「宗教改革運動の一形態」とされるドイツの農民戦争など起こり得なかったであろう。

それゆえ、この運動の広がりを識字率的観点からのみ判断することはできない。これを平民、下層民など社会全般に行き渡らせる伝達手段は、文字ではなく、ほかにあった。つまり、説教師の言葉であり、さらに改革アピールのビラを「木版画」という新しい表現形態が補強したのである。木版画は、中国では七世紀、日本では八世紀からと歴史は古いが、西洋では十五世紀初頭、まさに宗教改革と同時期に生まれている。ホイジンガが言うように、「二つの大衆向け表現手段、説教と版画とは人々の心に直接働きかけるもの」で、木版画とは元来そのような目的のために発展したと言えるかもしれない。宗教改革は印刷術と木版画によって、いわば仏独双方で「国民運動」化したと言うと、言い過ぎだろうか。

いずれにせよ、十六世紀前半は、宗教改革をめぐる新旧両派の対立を軸にして、フランス王家とハプスブルク家がせめぎ合う時代。双方の代表がフランソワ一世とカール五世であった。かたや自国の改革運動に寛容を示し、ドイツ新教派諸侯に肩入れをして相手方を攪乱するかと思えば、一転して厳しい抑圧策に変ずる。かたや旧教派の立場から国内の新教派勢力を抑えながらも、時には教皇と対立し、時には対オスマン・トルコや対仏外交政策のため新教派諸侯の協力も必要とするなど、それぞれ状況は複雑である。そうしたなかで、一五四七年フランソワ一世が没し、一五五六年カール五世が引退すると、この両雄の退場とともに、いったんヴァロワ朝とハプスブルク朝の対立劇は幕を閉じる。ただし終わったわけではなく、より深刻な宗教戦争と対立抗争劇へと進むことになるが……。

第六章　仏独対抗の進展

1　フランスの宗教戦争とドイツ諸侯

十六世紀後半の仏独　前章で見てきた宗教改革運動の流れのなかで、仏独双方にそれぞれ節目となる年がある。フランスにとっては一五五九年、ドイツにとっては一五五五年である。前者は長期に及んだイタリア戦役時代の終焉を告げ、内乱時代の発端となる。後者はアウクスブルクの宗教和議の年で、ドイツはこれによって半世紀間、国内で大きな争乱はなく平穏を維持することになる。試みにこの世紀後半の年表を見ると、ドイツ史の事項は一頁にも満たないが、フランス史のそれは二頁分も占めている。それはヴォージュの向こう側ではアウクスブルクの宗教和議で一定の信仰の自由が保障されたのに対し、こちら側では宗教対立とそれによる政治的分裂によって血を血で洗う内乱が起こったからである。

こうしたエポック・メーキングとなる出来事があった頃の仏独の状況を一瞥しておこう。

アンリ二世の「ドイツ散歩」と皇帝軍　フランソワ一世の息アンリ二世は、カール五世との争いでも父王を継承した。つまり、皇帝とドイツ・プロテスタント諸侯との対立の間隙を衝く攪乱戦法である。例えば、フランス王は諸侯軍に支援金を供与する代わりに、帝国領内のメッツ、トゥル、ヴェルダンの三都市を代官、いわば守護代として占拠する協定がザクセン州で結ばれた（一五五二年、ロッハウ条約）。アンリ二世の「ドイツ旅行」または「ドイツ散歩」である。なぜ諸侯はこのドイツへの国王「散歩」を要請したのか？　それは、近くのティヨンヴィルとルクセンブルク駐留の皇帝軍がこの三都市司教領に転送派遣されてくる不安から、その機先を制するためであったという。「散歩」というのは、アンリ二世はヴォージュを越えたが、ライン河までは行かず、北アルザスのヴィサンブール（独語名ヴァイセンブルク）に布陣した後、皇帝と諸侯の一時休戦の報が伝わると、すぐ帰国の途についたからである。ほんのふた月ほどの「散歩」だったのだ。

　だが実際は、皇帝はメッツ奪回のため攻めてくる。これを仏軍のギーズ公フランソワがよく防衛し、皇帝は撤退を余儀なくされる。それにしても、歴史とは異《い》なるもので、後に「聖バルテルミーの大虐殺」で主役を演じるのは、このフランス旧教の総大将、王家外戚のギーズ公一門であるが、この時はプロテスタント諸侯のために戦っている。ギーズ家はロレーヌ地方の大貴族。外戚というのは、この第二代ギーズ公フランソワの姉がスコットランド王妃であり、その娘が国王フランソワ二世の妃となっているからである。この王妃（後者）は国王死去後に出戻り、スコットランド女王となったメアリー・スチュアート。後に英国の新旧宗教対立抗争のなかでイングランド女王エリザベスに処刑され、カール五世はこの敗戦を機に引退を決意したのではないかとも言われている。この「ドイツ散歩」には意想外な歴史の展開の綾となる見えない糸が秘められていたのではなかろうか。

イタリア戦争終結・カトー＝カンブレジ条約　さて、イタリア戦争を終結させたのはカトー＝カンブレジ条約（一五五九）であるが、これは仏独だけでなく、イギリス、スペインをも巻き込むものであった。これはイタリアを舞台としたスペイン・ハプスブルク家とヴァロワ家の「決闘劇」の幕引きだけでなく、十六世紀後半におけるカトリックとプロテスタントの宗教戦争の幕開けとなるもの。その主戦場はネーデルラントとフランスで、主役も交替。アンリ二世、皇帝フェルディナント一世、フェリペ二世である。カール五世が退位した後、ハプスブルク家は皇帝の弟フェルディナント一世のオーストリア系と、息フェリペ二世のスペイン系に分離している（一五五六）。カトリック陣の雄はこのフェリペ二世だが、当時スペインはイベリア半島、ナポリ王国、ミラノ公国、ネーデルラント、アメリカ植民地と広大な支配領域を抱える大国であった。

「カトリック擁護」を旗印とするフェリペ二世の宗教政策に対し、まずネーデルラントが叛乱の狼煙をあげる。いわゆるオランダ独立戦争の始まりである。カルヴァン派優勢のネーデルラントは、大国スペインに立ち向かうために、当然ながら周辺諸国に援助を求める。フランスにとっても、宿敵スペインが自国のすぐ北にあるネーデルラントを失うことは願ってもない好都合。だが新旧宗教対立の内乱に引き裂かれたフランスには、それに対応する余裕はなし。それどころか、スペインのフランス宗教戦争への介入はより露骨になる。ネーデルラントにはスペイン軍が駐留しているのである。さらに、カトリック総本山、ローマ教皇庁によるプロテスタントへの反撃、カトリック改革も始動していた。

カトリーヌ・ド・メディシスの摂政、宗教内乱へ　フランスでは、アンリ二世騎馬槍試合で事故死。後継のフランソワ二世夭折。少年王シャルル九世即位、母后のカトリーヌ・ド・メディシス摂政と危機的な政治状況が続く。だが、その発端は、イタリア戦争終結後、和解のための王家どうしの婚儀の祝賀行事であった。これが未曾有の内乱に繋がるのだから、歴史の流転とは残酷にして皮肉なものである。アンリ二世未亡人カトリーヌ・ド・メディシスは「神は……私に三人の幼児と完全に分裂した王国を残された」と述懐したというが、摂政となってからは、新旧両勢力を和解融和させようとした。だがこの女傑の力をもってしても、両派の争いは収まらず、かえって激化する。以後は、劇画のように暗殺・報復・暗殺、そして虐殺と血まみれの惨劇。虐殺の犠牲者はほとんどいつもプロテスタントだったが、「ジュネーヴのペテン師で悪魔憑きのカルヴァン」（ラブレー）の命で批判的な独立派の神学者が焚刑に処せられているから、どちらもどちら。人間とはおしなべて愚かなものである。

まずギーズ公一派による「第一回目の聖バルテルミーの虐殺」と称されるヴァッシー（仏西北部）の虐殺（一五六二）。その報復でギーズ公フランソワ暗殺。数年後には新教派コンデ親王暗殺と続き、「聖バルテルミーの大虐殺」（一五七二）となって惨劇の頂点を迎え、以後も断続的ながら、三六年間も戦乱が繰返される。十六世紀末、第八次宗教戦争、通称「三アンリの戦い」開始。まずギーズ公アンリ、次いで国王アンリ三世が暗殺され、ヴァロワ朝断絶。残ったナヴァール王アンリが国王アンリ四世として即位し、ブルボン王朝成立。アンリ四世はユグノー派の領袖アントワーヌ・ド・ブルボンの息である。だがそれでも戦いは終わらず、世紀のどん詰まり一五九八年になってやっと、新教の信仰を認める「ナントの勅令」が出て、宗教戦争終結。ただしこの国王も後にカトリック教徒に暗殺されるから、三アンリはそろって刺客の凶刃に倒れた。

こうした流れにあって、新教側では、上記アントワーヌ・ド・ブルボンとコンデ公ルイ一世兄弟を中心にユグノー党結成。すぐドイツ人との連携が模索される。英国女王エリザベス一世がコンデ公に軍事援助を約したというが（ハンプトンコートの密約）、フランス・プロテスタントが頼りにするのは、やはりドイツ・プロテスタント諸侯である。例えば、戦乱勃発の一五六二年に七〇〇〇人のドイツ兵が新教徒軍に加えられ、その後もプファルツ選帝侯が手を差しのべてくる。彼はその息ヨハン＝カジミールをロレーヌ地方に派遣するが、この息子はフランス育ちの熱心なカルヴァン派。新教擁護のため戦わんと意気盛んな青年貴族である。だが、その背後では父のプファルツ選帝侯とコンデ公アンリ一世の間に「ストラスブール協定」なるものが結ばれ、勝利の暁にはヨハン＝カジミールに例のメッツ、トゥル、ヴェルダンの三司教領譲渡が約束されていた。ドイツも宗教的情熱だけで支援したのではないのだ。

それに、ドイツ側に働きかけたのはユグノー勢力だけでなく、摂政カトリーヌ・ド・メディシスはヴュルテンベルク侯と交渉。ドイツ諸侯に中立的立場をとるようもちかけている。またギーズ公フランソワ・ド・ロレーヌも暗殺前に、この同じ旧知のヴュルテンベルク侯に呼びかけ、紛争解決のため一緒に教皇と皇帝に会見を申し入れる段取りを画策。このヴュルテンベルク侯クリストフは、青年期を一〇年間、フランスの兵役で過ごしており、フランス王侯貴族とも誼みがあり、新旧両派から支援を要請されていた。要するに、宗教内乱勃発前後に新旧両派がなんとかドイツ人を仲間にせんと努めていたのである。

これに対しドイツ側はどう応じたのか。最初はシュトゥットガルトのヴュルテンベルク侯、次いでハイデルベルクのプファルツ選帝侯がフランス・プロテスタントに手を貸していたが、そう積極的ではなかった。なかにはフランスのすぐ隣の小君主ツヴァイブリュッケン公ヴォルフガングのような積極派もいたが、これはメッツを攻略し、あわよくばこの司教領を獲得せんと、狙っていた。実際、彼はコンデ公との密約で例の三司教領を約束され、ブルゴーニュを経てロワール渓谷にまで侵入したという。不首尾に終わったが、コンデ公からこの三司教領の匂いを嗅がされたのは上記プファルツ選帝侯だけではなかったのだ。

やがて摂政カトリーヌ・ド・メディシスの融和策にもかかわらず、内乱が進展拡大。フランスはネーデルラントの新教徒反乱とこれを弾圧するスペインの強硬策に大きく影響される。ネーデルラント側からの働きかけも強くなり、例えばオランイェ家（後のネーデルラントの総督職、王家の家系）のウィレム公とナッサウのルートヴィヒ兄弟がフランスとドイツの仲介役となり、新教派勢力を結集。少しでも対スペイン、自国の独立のためを図る。これにザクセン選帝侯が乗っかり、防衛同盟が論議され、ついにはその娘と摂政カトリーヌ・ド・メディシスの末子との婚姻さえも語られる。さらには、フランス王かその兄弟、君侯の誰かを皇帝位に就けようという計画までが、こぞの夢を今一度と「亡霊」のごとく立ち現れたという。しかもそれが、ザクセンとプファルツの両選帝侯、ヘッセン方伯のプロテスタント・トリオによって具体化されていたというから驚きである。これも、聖バルテルミーの勃発ですべて不首尾に終わったが……。

こうした失敗にもかかわらず、仏独連携の試みは繰り返される。例えば、バルテルミーの惨劇の翌年、仏独共同のネーデルラント遠征計画。これが、かたやナッサウのルートヴィヒとプファルツ家の一公子、かたや王としてポーランド王国に赴く途次のアンジュー公アンリ（後のアンリ三世）と同道した王大后（カトリーヌ・ド・メディシス）との間で交わされる。フランス王が資金を提供し、ルートヴィヒとヨハン＝カジミールが挙兵して出撃するが、これも不成功。その後、ヨハン＝カジミールがまたもや例の三司教領の餌に釣られてロワール河畔まで進むが、休戦成立で徒労に終わる。この時の撤退時、前記「レートル」（ドイツ騎兵）が腹いせなのか、狼藉の限りを尽くして去ったため悪名を残したという。

アンリ四世登場　やがて内乱時代末期になると、ドイツはあまり干渉してこなくなるが、それはフランス国内の情勢変化による。アンリ三世の代になり、その王弟が死去すると、王位継承権者としてナヴァール王アンリ・ド・ブルボン登場。彼こそ改宗に改宗を重ね、バルテルミーの虐殺の難をも逃れ生き残った、「フランス改革派諸教会の総保護者」の異称を有するユグノー派の総大将であった。後の国王アンリ四世である。当然ながら、この未来の「異端の王」に対する反撥は強く、全国規模で旧教同盟結成。スペインも加勢し、一挙に緊張が高まる。前記「三アンリの戦い」（一五八五）である。この戦いは信仰を賭けた「聖戦」などとはほど遠く、政治色の濃いもので、その推移は残酷混乱を極めるが、アンリ三世の暗殺、アンリ四世の即位によって終息する。

そうした状況下で、あろうことか、みたびあの懲りないヨハン＝カジミールが関与する。フランスでは、当時ルター派とカルヴァン派の協和を図り、新教諸国と大同団結した反スペイン同盟の結成計画がユグノー側から囁かれ、その熱心な賛同者ヨハン＝カジミールがドイツ諸侯に働きかけていた。それが実らないまま過ぎゆくうち、アンリ三世が旧教同盟と新教徒抑圧・追放の「ヌムール協定」を結ぶと、彼は副官を指揮者に三万五〇〇〇から四万の傭兵軍をアルザス・ロレーヌなどフランス東部や中部に送り込んだ。このランスクネとレートルの野武士団は各地を散々に荒らし回ったが、たった二度の戦闘で敗北・退却する。勝利よりも金銭物品強奪目的の傭兵だったのだろう。これはレートルの最後の「大侵略」だが、きわめて恐ろしい残虐・掠奪の足跡を残したという。

以後、アンリ四世の代になると、こうしたドイツ傭兵軍の大量派遣は減少する。この新国王は即位後五年間もパリに入城できず、新旧抗争の余波が続く王国の平定に苦労するが、欠けていたのは兵士よりも軍資金であった。即位時、カトリックから、「王国なき国王、妻なき夫、文無し戦士」と揶揄されていた彼は、その異名通り借金頼みの戦いを強いられ、王国内に侵入してくるスペイン軍と戦いながら、ライン河と英仏海峡対岸に援助を仰がざるを得なかったのである。かたやドイツ諸侯、とくにヘッセン＝カッセル方伯ヴィルヘルムが、かたやエリザベス一世が援軍・資金を提供。ただし、後者の場合はその代償としていつもカレー返還というような領土がらみの条件付きであった。

アンリ四世異聞　なお、この旧教徒側の揶揄「王国なき国王……」に関しては、若干長くなるが注釈を加えておこう。まず、「王国なき国王」。これは内乱がうち続くなか、即位しても、旧教徒はアンリ四世を王と認めず、数年間彼自身成聖式もできず、パリに王として入城できなかったから。次の「文無し戦士」。新国王は、諸侯や英国女王だけでなくトスカナ大公やスイス諸州も加えた借財ぶりは有名だったから、これもあまり説明を要しないことである。問題は「妻なき夫」のくだり。

その前に付言しておくが、フランソワ一世を大叔父とするアンリ四世は、ただ戦いと女色に明け暮れていただけでなく、この大叔父や祖母のマルグリット・ド・ナヴァールの血筋を受けた、大の芸術愛好家であった。平和時、とくに晩年、栄光の一〇年間には、フランソワ一世が大改築を行ったフォンテーヌブロー城をさらに改修拡大しているという。愛妾ガブリエル・デストレのための空中庭園を含む、多くの泉のある広大な庭園。七四メートルもの「ギャルリー・デ・セール（牡鹿の回廊）」。狩猟を描いた壮麗なフレスコ画や見事な彫像などが遺されており、二〇一〇年のアンリ四世没後四〇〇周年展で公開されている。また、奇しくも、同年、フランス革命以来行方不明になっていたアンリ四世の頭骨が、まるでスリラー映画なみの紆余曲折を経て発見。DNAの鑑定結果本物と判明し、やっと墓所に戻されたという。このブルボン王朝の祖は、実人生もピカレスク・ロマンさながら波瀾万丈だが、死後も途方もないエピソードを遺したものである。なお、これには続きがあり、二〇一一年には、ルイ十六世の血液残滓のDNA鑑定の結果、ブルボン王朝の始祖アンリ四世と七代隔てて、その悲劇の幕引き役となるルイ十六世は父方の血統で同一家系であることが判明したというが、その後異議が続出し、なおも紛糾している。

アンリ四世とマルグリット・ド・ヴァロワの婚礼、聖バルテルミーの虐殺　さて、アンリ四世の最初の妻は王妹マルグリット・ド・ヴァロワ、つまりカトリーヌ・ド・メディシスの娘である。この結婚には新旧両派の和平の象徴という意味が込められていたが（一五七二）、数日後聖バルテルミーの虐殺出来。この婚礼が「真紅〔血まみれ〕の婚礼」と称されたように、二人の生涯は波瀾に満ちていた。この二人はともにシャルル・ダングレームの曾孫、つまりフランソワ一世が出たヴァロワ＝アングレーム家系の末裔。同年齢の彼らは、他の王太子たちとともに同じフランス宮廷で育ったが、長じてこの王太子たちがフランス王になると、宗教戦争のなかで対立し、いがみ合うことになる。それを語れば一編の小説になるくらいドラマティックであり、十六世紀末期のフランス史の赤裸々な一断面の再現物語になるが、ここでは省略。関心のある向きはハインリヒ・マンの長編『アンリ四世』二部作（一九三五）でも読まれたい。ただこれは、仏訳版がromanとしてあるように、史実に相当のフィクションが混じっている。ここで一つだけ触れておけば、「王妃マルゴ」神話である。

「王妃マルゴ」神話　マルゴとは本来、兄シャルル九世が付けたマルグリット・ド・ヴァロワの愛称。十九世紀、アレクサンドル・デュマがこの王妃を題材にして『王妃マルゴ』を著し、これをもとに何本かの映画も生まれるほどに、いわば伝説化したものである。ただしそれはあくまでもフィクション。ヴァロワ朝末期の爛熟腐敗した宮廷にあったとはいえ、マルグリット王妃はマルゴのように、ただただ奔放で謀略好きの淫奔女ではなく、宗教戦争のなかで政争にも関与し、時には謀略に絡んだとも疑われたが、王妃として一定の役割を果たした女性でもある。デュマが作りあげた王妃マルゴは、当時のスキャンダル、史実を取り混ぜた人物像。まったく根拠がないわけではないが、その風聞悪評の大半は彼女の敵であったアグリッパ・ドービニェからきているという。この詩人にしてプロテスタント武将ドービニェは、アンリ四世の側近であった。後にアンリの改宗・即位の際に袂を分かつが、二人の孫同士、フランソワーズ・ドービニェ、後のマントノン侯爵夫人とルイ十四世がおよそ百年後に秘密裡に結婚するのだから、歴史とはここでも異なものである。

ついでながら、このマントノン夫人は、幽閉された父母の下、牢獄で生まれ、薄倖の娘時代を経て『滑稽物語』のスカロンと結婚。美貌と才気で社交界にも出入りしていたが、夫の死後、ルイ十四世と愛妾モンテスパン夫人の庶子を養育。やがて自らもルイ王の愛妾となるという数奇な生涯を送っている。その彼女が先祖伝来の新教を捨てて改宗し、後に王にナントの勅令破棄を使嗾したというのだから、時の流れ、ひとの運命とは異なもの、不思議なものである。

最後にマルグリット・ド・ヴァロワの名誉のために付言すると、彼女は「ヴァロワ朝家系の唯一の継承者」を自任していたようで、晩年には一つの時代から次の時代へ、一つの王朝から次の王朝への架け橋の役を果たしている。宗教戦争の真っ只中、夫アンリ四世とは決して平穏幸福な結婚生活を送ったわけではなく、「矍鑠たる色男とか粋人」と渾名された、艶聞絶えない夫（愛人六三人、非嫡出子含め子供二三人）はともかく、彼女も恋多き女性だったようで、ハインリヒ・マンのマルゴ像もそう描かれている。だが、二七年間、少なくともフランス王妃としての一〇年間（一五八九―一五九九）、マルグリットは「国王アンリ四世」に対しては忠実であった。一五八五年から幽閉されていたからでもあるが……不運にも、彼女はアンリと子をなさなかったので、王妃としての最大の役目を果たせなかった。だが、夫が庶子までなした「尻軽女」と結婚することには反対し、マリー・ド・メディシスに王妃のバトンを渡したのである。この「尻軽女」とはガブリエル・デストレ。マンの物語では類い希な美女「麗しのガブリエル」として描かれているが、三人の子をなして後、急逝する（毒殺とされている）。それはともかく、驚くべきというか称賛すべきというか、マルグリットは離婚後もマリー・ド・メディシスやその息、後のルイ十三世と良好な関係を保ち、若い王妃に助言し、ルイ十三世を自らの相続人にまでしているという。

もう一つ忘れてならないのは、マルグリット・ド・ヴァロワがヴァロワ朝からブルボン朝へのバトンタッチだけでなく、陰ながらルネサンスから偉大な世紀への、小さな架け橋役ともなっていることである。かつてのユマニスムのパトロンヌ、マルグリット・ド・ナヴァールのように、彼女はラテン語も駆使する教養豊かな文学者で、メセナであった。夫の領地、南西フランスの小市ネラックの城や、兄王の追っ手を逃れたオーヴェルニュ北のイボワ城、次いで蟄居隠棲を強いられ幽閉された、ルイ十一世下の牢獄ユッソン城などで一種の「文芸サロン」を開いており、モンテーニュやブラントーム、オノレ・デュルフェなどが訪れていたという。二〇年の追放生活の間、「砂漠、岩石と山々」に囲まれ孤立したなかで、彼女は『回想録』を執筆している。なお、マンの『アンリ四世』では、国王になる前のアンリ・ド・ナヴァールが三度旧教派のモンテーニュに会う場面が出てくるが、マンはよほどモンテーニュが好きだったとみえ、『随想録』からの引用多出。実際、モンテーニュ自ら述べるごとく、「王侯がた〔ナヴァール王とフランス王〕の調停」に中立中庸の立場から尽力しており、アンリ四世はボルドーのモンテーニュの館に何度か滞在しているという。モンテーニュは一面、政治家でもあったのだ。

一六〇五年、パリ帰還後も、ルーヴル宮向かいの左岸に宏壮な館を建ててこのサロンは続き、当代一流の詩人や哲学者に取り囲まれ過ごしたという。そうして、マルグリット・ド・ヴァロワはヴァロワ朝の輝かしい宮廷文化の残り火を燻らし、その思い出を伝えたかったのだろう。したがって、伝えられた史実や後世加えられた逸話や物語がどれほど真実か、正確には分からないにしても、総じて王妃マルグリット・ド・ヴァロワはまったくの伝説的「王妃マルゴ」だけではなかったと言えるのではなかろうか。

借財王アンリ四世　ただ「土地なし王」（ハインリヒ・マン）アンリ四世のドイツ諸侯に対する借財は相当なもので、しかも王国平定後も負債未払いのまま。諸侯は機会あるたびに返済を求めていた。彼らは、王が裕福なフィレンツェのメディチ家の娘、「両替屋の娘」（当時宮廷ではこう呼ばれていたという――マン）と再婚するとなると、取り立てを急いだが、それでも治世中に全額弁済ならず、数年続いた後、リシュリューの時に支払い中止となった。前述もしたが、メディチ家は昔からフランス王家の金庫番のようなもので、このメディチ家トスカナ大公フランチェスコ一世の息女のフランス王への輿入れとなれば、新婦は「女大銀行家」と渾名されたほど莫大な持参金付きであったが、それでも王の借金は残った。王は若年の頃から、「自分の借財は戦争だけが支払える」（ハインリヒ・マン『アンリ四世の青春』小栗浩訳）と思っていたというが、数々の戦争でも払いきれなかったのだろう。

ちなみに、アンリ四世は娘エリザベートをスペイン王フェリペ四世にめあわせるとき婚資として金五〇万エキュを出す約束をしたが、不渡りになっている。また孫のルイ十四世がスペイン王女マリー・テレーズ・ドトリシュを王妃に迎えるとき、同じく五〇万エキュを約束されたが、これも未払い。このことが後にスペイン王室の継承問題に絡んでくる。ヴォルテールによれば、ルイ十三世がフェリペ三世の娘アンヌ・ドトリシュを妃とする際も、五〇万エキュが婚資だったので、これが相場であろうと言い、こういう華やかな縁組みには三文の得もなく、王家の嫁の持参金は祝言の手土産程度であったという。

また笑い話のようだが、二世紀後の一八一六年、この初代ブルボン王に対する債権者を先祖にもつアンハルトの某君侯がルイ十八世に返済請求。やはり払ってもらえなかったという。二〇〇年前の先祖の貸金を請求する方もする方だが、フランス人は概して合理的というかケチというか、しまり屋が多いし、王侯とて二〇〇年前のご先祖さまの尻拭いはしないだろう。

要するにそれほど多額の借金、巨額の負債であったのだろうが、これはこの「文無し戦士」国王の国家経営、政策にまで影響したようである。すなわち、先人たち同様、アンリ四世も対スペイン政策上、フランスと新教諸国との統一戦線構築をひたすら模索し、なんとか諸侯を引き入れようとしたが、徒労だったのである。諸侯は、新教徒アンリ・ド・ナヴァールの勝利を期して支援してきたのに、カトリックに改宗して国王となった「変節漢」アンリ四世を快く思ってはいなかった。その誘いには頑として乗らなかったのである。ブルボン王朝の始祖で絶対王政の礎を築いたとされる「名君」も、彼らには「変節漢」でしかなかったのだ。こうしたドイツ諸侯の非協力はアンリ四世の意向というよりも後のフランスの外交政策に無視すべからざる影を落としている。実際、王国再建を図るアンリ四世を最も苦しめたのは財政問題で、自らのものだけでなく、前王アンリ三世からの巨額の負債もあったという。げに借金とは恐ろしきものなり、である。

ただし、アンリ四世の名誉のため付言すると、彼は国家財政の健全性を保つために自らの手を縛り、専横をいましめている。バスティーユに保管されていた国庫に三つの門をかけさせて、その鍵を財務総監、会計院長、高等法院長の三人に委ね、自らの手を縛り、あらゆる歳出の可否を検討合議させたのである。これに異を唱えた大臣たちに、国王は、それは自らの意志であり、臣民から徴収した税は「適切に臣民のためになること」にのみ使用すると答えた。四〇〇年前、こうした裁断を下したアンリ四世は女色と戦争に明け暮れただけでなく、やはり英明な国王であったと言えよう。

最後にアンリ四世にまつわるエピソードをもう一つ。この苦しい国家財政を助けようとした忠臣がいた。バルテルミー・ド・ラフマ（一五四五―一六一二）である。歴史上、アンリ四世の国王顧問官としてはスュリーが名高いが、ラフマは彼と同等の資格で当時のフランス財政、とりわけその産業政策に貢献。ラフマは今は忘れ去られているが、コルベールよりはるか前に重商主義を唱えた経済専門家でもあった。

貧乏貴族の出であるラフマは、二三歳でナヴァール王の近侍となり、やがて王の衣類用服地の調達役を担うようになると、宗教戦争で産業が破壊され、多くの職人が逃亡したことに気づく。高級布地は輸入され、そのため金貨が国外に流出していることも分かった。十六世紀末、アンリ四世がやっと国家統一をなし、平和が訪れても、旧教同盟はこの文無し国王に多額の金銭負担を強いた。国家は借金まみれで、経済は貧血状態、税収もままならない。そこでフランス立て直しのため、二つの考え方が浮上。スュリーの伝統的な農業振興策とラフマの新たな産業政策推進案。アンリ四世は後者をよしとした。

一五九六年、ラフマは『王国産業建設と公共工事推進建白書』を著し、手工業組合を発展させ、輸入を減らし、国家主導で王国産業を振興させるよう提案。そしてマルセイユに初の商工会議所を創設。一六〇二年、この元近侍頭は商務総監に任ぜられると、ユニークなことに、数百万本の桑の木を植えさせて養蚕を奨励。だが、蚕はパリ地方には向かず、南フランスだけが適地で、そのためなのか、リヨンは絹織産業の一大中心地になった。同じ頃、ゴブラン織りも彼の産業振興策の恩恵を被っている。またラフマは、ロワール河とセーヌ河を結ぶフランス初の河川航路ブリエール運河を建設したり、フランス郵便局の原型ともなる通信手段を設けたりして、アンリ四世を大いに助けたという。スュリーだけでなく、彼も国王の「優れた協力者」だったのである。もっとも、この時期アンリ四世とその政府はフランスではじめての一貫した経済政策を試みたが、その成果は微々たるものだった。宗教戦争、内乱の傷は深く、容易には消えなかったのだろう。

いずれにせよ、アンリ四世には、「三〇に及ぶ暗殺が、秘かにもくろまれ、そのいくつかが実行に移され、最後のがついにこの偉大な王をフランスから奪い去った」（ヴォルテール『哲学（イギリス）書簡』林達夫訳）のである。

2　三十年戦争前後の仏独

アウクスブルクの宗教和議後のドイツ　さて、イタリア戦役後、フランスで荒れ狂った宗教戦争の概要に触れてきたが、アウクスブルクの宗教和議・カール五世引退と続いたドイツは、その後どうなっていたのか。前述したように、ハプスブルク家はドイツ系とスペイン系に分かれたが、しばらくは両家系の対立も協力も起こらなかった。フェリペ二世の大規模な旧教化政策とフランスの宗教戦争を横目で見ながら、ドイツ系ハプスブルクは用心深く構え、世襲の家領の保全維持に専念していた。皇帝フェルディナント一世は、各地でほぼ定着していた長子相続の慣行に反して、世襲領を三人の息に分割相続させるという慎重さを見せた。

ドイツ史上では、一五五五年から三十年戦争勃発までの時期を「反（対抗）宗教改革の時代」と呼ぶそうだが、宗教和議の結果、状況は沈静化していたように見えても、水面下ではルター派とカルヴァン派の確執がくすぶり、カトリック改革も進行しつつあった。そうした不安定な状況下にあって、カトリック教会側の反撃は、イエズス会がその中心となり、次々と代わる皇帝の不手際もあって、次第に勢いを増してくる。皇帝マクシミリアン二世などは、表向きはカトリックでも、本心は確信的ルター派ではなかったかと思われていた。要するに、アウクスブルクの宗教和議が永続的な宗教平和をもたらすとは、心底では誰ひとり信じていなかったのだ。

まさに一触即発の地雷を抱える不穏な状況下のドイツに対し、アンリ四世は懲りずに、自らの借財をよそにドイツの新旧両派に和合を呼びかける。そしてなんとかネーデルラント問題処理のため、対スペイン同盟の誘いをかけ、とくにプロテスタント諸侯に働きかけていた。これは成功しなかったが、思わぬ事態が生じる。一六〇九年、ネーデルラントとスペインで一二年間の休戦条約が結ばれた頃、ライン河とオランダ境界沿いの三小公国（クレーフェ、ベルク、ユーリヒ）の継承問題が起こり、これが仏独、ハプスブルク家とフランスの新たな火種となった。

二〇年以上前から、前述したごとく、ドイツではカトリック改革の攻勢が強まり、すでにこの頃にはウィーンやティロルなど各地で新教信仰禁止。南ドイツでは全域でその火が消えようとしていた。新旧対立激化のなかで、この継承問題が起こると、双方が権利を主張。皇帝がカトリック側に立ち、この三公国接収を宣し、ユーリヒ市を占領してしまった。アンリ四世は、ハプスブルク家がライン河畔にまで根を下ろすことに脅威を感じ、「ドイツの自由」擁護を掲げ、プロテスタント諸侯に同盟を訴えた。今度は諸侯も応じたが、スペインが皇帝支持を鮮明にしたので、今にも全面戦争が始まろうとしていた。戦雲急で、シャンパーニュの国境沿いには軍隊が集結しつつあったその時に、アンリ四世がパリの路上で暗殺され、情勢が一変するのである。

アンリ四世暗殺、王妃マリー・ド・メディシス摂政　以後、フランスではマリー・ド・メディシスが摂政となり、かつてのアンリ四世の政策も徐々に変わってゆく。対ドイツ政策はプロテスタント諸侯と友好関係は保つものの、厳正中立、関与せず、になった。フランスとて、国内ではカトリック改革が進み、新旧対立のみならず、ガリカニスムというフランス固有の問題に加えて、コンデ公アンリ二世を頭目とする大貴族の反乱もあり、政情不安が続く。とても他国に係わる余裕などなし、というのが実情であった。

それどころか、フランスはスペインとも融和策に転じたのである。それは両王家の縁組、すなわちフランス王女エリザベートとスペイン王フェリペ四世、ルイ十三世とフェリペ四世の姉アンヌ・ドトリシュとの二つの婚姻に現れている。これは、摂政マリー・ド・メディシスが望んだ政略結婚。当時は両カップルとも未丁年の王太子と王女だが、一六一五年、ボルドーとスペインのブルゴスで同時に行われている。挙式以前の一六一二年、アンヌ・ドトリシュは一一歳で、同年齢のフランス王太子と婚約させられているから、まさに「人質」同然。また不幸にも、これが契機となって、以後約二〇年間、ルイ十三世母子の宿命的な確執・対立が生まれ、フランスの政治を左右する。ルイは結婚式後、母后への反感から三年間新婦に近づかなかったというし、アンヌはフランス語もぎこちないまま、夫からは見捨てられ、フランス王妃の称号と威厳を捨てない義母の冷たい視線のなかでスペイン王宮式の暮らしをせざるを得なかった。そのため、ルイ十三世は同性愛者と噂されたというが、嫡子ルイ十四世誕生は結婚後二〇年以上経っており、まさに「奇跡の子」と称せられた。

かくして、摂政マリー・ド・メディシスの思惑はともかく、ハプスブルク家との縁組み和解は、対外的にはフランスに平穏をもたらすはずであった。だがやがて、国内の政争はおろか、三十年戦争というヨーロッパ中を巻き込む未曾有の大事件に見舞われ、フランスとスペイン・ハプスブルク家はまたもや対立することになる。それは、前述したごとく、イングランド王が何代にもわたって、フランス王家や大貴族から妃を迎えながらも、そうした姻戚関係とは係わりなく、争いを重ね百年戦争へと至るのと、事情はまったく同じである。もっとも、イギリス王家の場合は、マリー・ド・メディシスが行ったほど露骨な政略結婚ではなかったであろうが……。それはともかく、問題の三十年戦争だが、これは詳細忠実に語れば長く複雑であり、また本旨ではないので、ここではその概略とこれがもたらした仏独への影響関係を見ておこう。

三十年戦争勃発　三十年戦争は火元はドイツ、周辺諸国を巻き込むが、主戦場もドイツである。発端は、カトリックの反動政策に憤激したプロテスタントがプラハ城で皇帝の代官を窓から投げ落とすという「窓外放擲」事件（一六一八）。だがやがて、これが宗教問題だけでなく、皇帝位継承と絡んで内乱に発展し、ヨーロッパ列強が介入する国際紛争に拡大する。後のヨーロッパ大陸の政治地図に多大の影響を及ぼすことになる。

この戦争は、アウクスブルクの和議以降も潜在的にあった、ドイツ新旧両派の争いから発したものだが、ヨーロッパ的視点から図式的に言うと、フランスとネーデルラント共和国がそれぞれの地点から、スペイン・オーストリア両ハプスブルク家と対立した抗争劇である。ネーデルラントは独立をめぐって対立。フランスは前世紀半ばから、南はピレネー、東南はミラノ、東はブルグント（フランシュ＝コンテ）、北はネーデルラント南部（現ベルギー）を境界にハプスブルク勢力圏と対峙していた。これはカール五世の時代の勢力圏とほとんど変わらない。それゆえ当然、そのなかにはドイツ皇帝も含まれ、フランスの統治者にとっては、この包囲網を打破消滅することが第一の課題。アンリ四世があれほどドイツ諸侯に対スペイン同盟を呼びかけたのはそのためである。三十年戦争はこうした状況下で展開されるが、フランス自身が直接参戦するのはずっと後であり、当初はネーデルラントの反乱後成立したオランダが反ハプスブルク連合の中心だった。十六、十七世紀の交に経済・交易分野などあらゆる面で、覇権的優位がスペインからオランダへ移っていたのである。背後にはつねにオランダの影があったという。

三十年戦争は大陸における最後にして最大の広範囲にわたる宗教戦争だが、英仏百年戦争と同様、休戦・和平を繰り返しながらヨーロッパ各地で、さまざまな交戦国どうしで行われた。新教徒のデンマーク王、次いでスウェーデン王が参戦。これが敗退するとフランスが反ハプスブルク家との争いの主役として登場。この頃すでに諸国家間の争いは宗教戦争の枠を越え、はっきりと政治化していた。

フランス、王妃摂政からリシュリュー、マザランの宰相政治へ　ところで、十七世紀前半のフランスは、ルイ十三世と母后マリー・ド・メディシスの対立から政治的不安定が続くなか、この戦争に対しては直接関与を避け、とくにドイツとは対峙しないようにしていた。いわば「隠れた〔遠隔操作の〕戦争」（デュビだが、こうした戦争政策を遂行していたのは、宰相リシュリュー枢機卿であった。歴史の偶然なのか、いたずらなのか、フランスは、アンリ二世没後はカトリーヌ・ド・メディシス、アンリ四世没後はマリー・ド・メディシス、ルイ十三世没後はアンヌ・ドトリシュと代々後室王妃による摂政政治が行われ、しかもリシュリューやマザランが宰相となって実質的な政策遂行者となる。王妃はいずれも外国人、マザランもイタリア人であるという奇妙な現象。「アンリ大王の他界以来名君が跡をたち、国民は宰相の専断に眉をひそめる」ことになる。

ともあれ、一六三五年、フランスはスウェーデン、オランダとの同盟を確認して、スペインに宣戦布告。当然ながらドイツ皇帝軍とも戦端が開かれ、以後戦いは延々と続く。一六四〇年、イベリア半島でカタルーニャ、ポルトガルの反乱が起こり、戦況はフランス側に有利に展開。フランスにとって願ってもない僥倖だが、その後「世を驚倒させながら反感」を買ったリシュリューと、「死なぬうちからもう忘れられていた」（ヴォルテール）ルイ十三世が相次いで死去。今度はスペインがこれを利して反撃に転ずる。だが、アンガン公（後の大コンデ公）やその麾下テュレンヌなど名将に率いられたフランス軍がライン河畔やバイエルンなど各地で勝利。皇帝は兜を脱がざるを得なくなる。そして一六四八年のヴェストファーレン条約によって、ようやく終結。

三十年戦争終結　準備会議だけで五年を要したという、この講和条約締結には交戦国のみならず、ポルトガルやスイス、ヴェネツィアやマントヴァなどイタリア諸都市、教皇領代表まで参列し、「三十年戦争」

の「国際的な」性格を物語るが、この条約はヨーロッパの勢力地図を書き換えることになる。概略すると、勝者側ではネーデルラント共和国、スイス連邦の独立承認。フランスはカール五世以来係争の地であった、例のメッツ、ヴェルダン、トゥルの三司教領だけでなく、要衝アルザスの大半を獲得。ドイツ諸侯を勝者側に入れるのは奇妙かもしれないが、彼らは帝国都市とともに全面的な「主権」（いわゆる「領邦高権」[Landeshoheit]と称されるもの。国家主権ではない）を認められ、選帝侯も結果的に一人増え、爾来八人となった。また宗教的には、アウクスブルクの和議が確認され、カトリックとルター派、カルヴァン派プロテスタントの三つの信仰が自由になった。

敗者はハプスブルク家・皇帝であり、神聖ローマ帝国であった。もはや皇帝は帝国議会の同意なくしては重要なことは何ひとつ決められず、帝国は「幽霊国家」（デュビ）でしかなかった。帝国がまったく有名無実化したわけではないが、弱体化。ドイツは三五〇の領邦国家・帝国都市に細分化され、国土は荒廃し、この戦争によって、「歴史的発展が二〇〇年も逆行してしまい……〔元の〕経済的水準を再び取り戻すまでには二〇〇年を要した」という。この国では、数世紀後の二度の世界大戦終結後も似たような繰り言が聞かれたような気がするが……もっとも、ドイツはその度ごとに、廃墟のなかからまるで不死鳥のごとく甦り、現在も世界有数の経済大国になっているのだから、なんとも不思議な活力を有する国である。何百年後にまた同じことが繰り返されるかもしれないが。なお、スペインは、ヴェストファーレン条約締結後も、フランスの権益拡張に反発。単独でフランスと一〇年間戦争を継続する。

係争の地アルザス＝エルザス　ここで忘れてならないのは、この条約が仏独関係においてもきわめて重要な節目になることである。つまり、フランスによるアルザス領有が以後何世紀にもわたって仏独紛争の元になり、またこの戦争におけるアルザスの姿が、普仏戦争、両世界大戦時仏独の争奪の的になったアル

仏独国境沿いの係争地

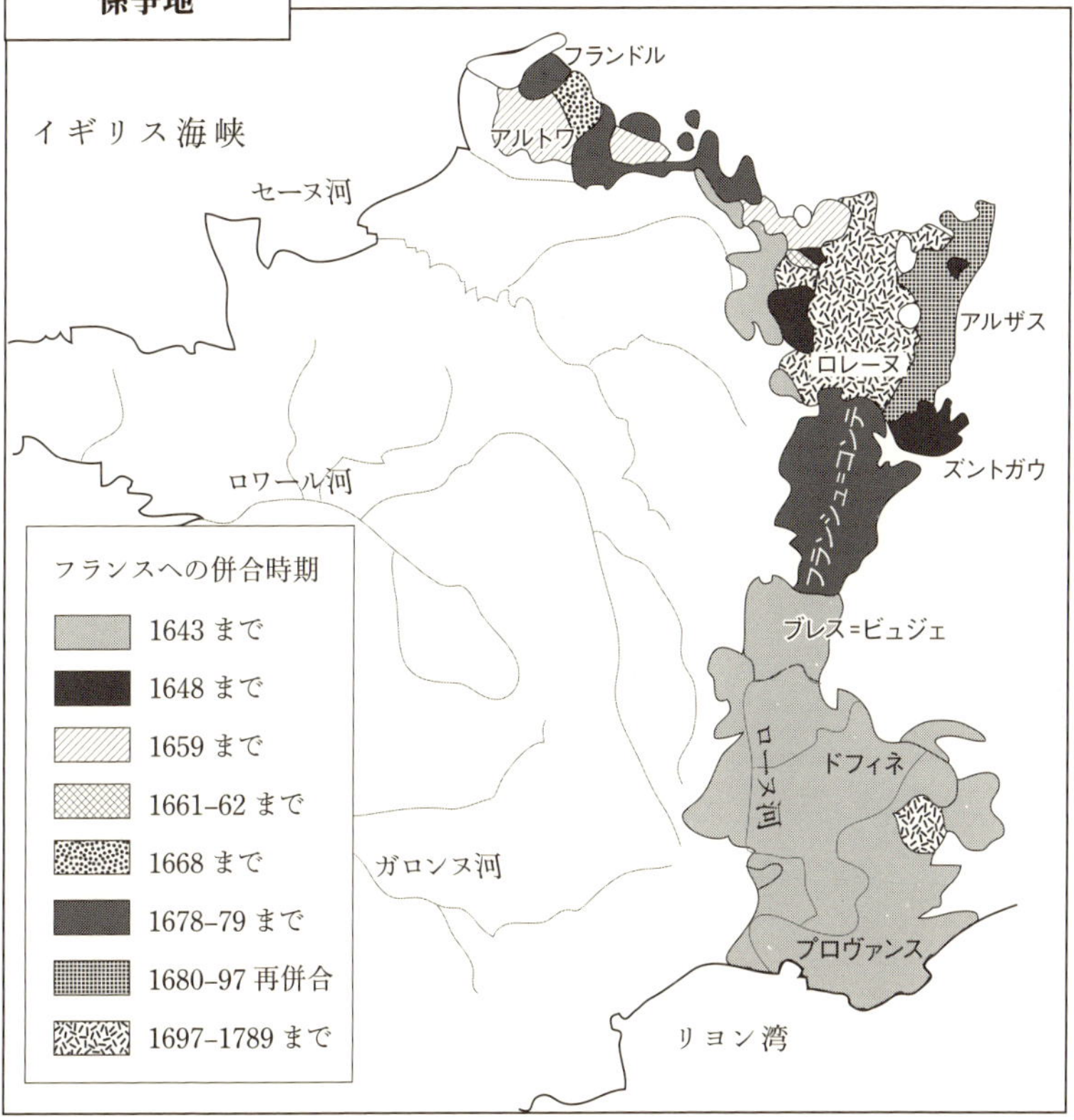
フランドル
アルトワ
イギリス海峡
セーヌ河
アルザス
ロレーヌ
フランシュ=コンテ
ズントガウ
ロワール河
ブレス=ビュジェ
ローヌ河
ドフィネ
ガロンヌ河
プロヴァンス
リヨン湾
フランスへの併合時期
1643 まで
1648 まで
1659 まで
1661–62 まで
1668 まで
1678–79 まで
1680–97 再併合
1697–1789 まで

ザスを予示するものと思われるので、これについては少し詳しく語らねばなるまい。アルザスはその度ごとに四度も国籍と国語の変更を強いられることになるのだから。

前述もしたが、アルザスはライン河とヴォージュ山地に挟まれた南北に細長く延びる地方で、古代からラテン、ゲルマン民族が相争う要衝の地であった。おそらく、三十年戦争時のヨーロッパで、アルザスは最も大きな被害を被り、最も荒廃させられた戦場の一つ。この時のアルザスの姿は三十年戦争の有り様を象徴しているように思われる。戦争勃発後ほどなくして、その舞台となるが、それはこの地の自然な地理的位置によるだけでなく、この小国にはハプスブルク家所領をはじめ、伯爵領、代官領、司教領、帝国都市領などがモザイク状に複雑に入り乱れてあったからであろう。

まず一六二一年、アルザスの隣人、カルヴァン派の頭目プファルツ選帝侯が国王争いに敗北すると、報復のため、その将軍の一人がアルザス北部に侵入し荒らし回って、一年後に退去。その反動で、カトリックがプロテスタントを抑圧。後者は信仰放棄か移住を迫られる。これは後にアルザス人がドイツかフランスを選択させられる姿の前触れのようなものである。

一六二九年、戦勝の勢いに乗って、皇帝が「復旧勅令」（世俗化していた教会財産すべてをカトリックに戻すこと）を出し、プロテスタント圧迫を強めると、スウェーデン王グスタフ・アドルフが新教救済を口実に介入。アルザスは大半が占領され、戦場となる。このように、アルザスはプファルツ侯軍、皇帝軍、スウェーデン軍と次から次へと占領されるが、スウェーデン軍の場合は掠奪・放火、苛酷な徴発と悪逆の限りを尽くしたので、農民の叛乱が起こった。残酷に鎮圧されるが、この国王が戦没すると、ハプスブルク家が反撃に転じ、軍隊が駐留・通過するだけでなく、またもや戦闘の舞台と化し、危機に怯えた貴族・領主がフランスに保護を求め、フランス軍の参戦となる。リシュリューにとっても、この古くからの「街道の十字路」アルザスは「ドイツへの門口」たる戦略的要地であった。もはやドイツと直接干戈を交えざるを得ない。

「街道の十字路」アルザス　この街道の十字路としてのアルザスはまたスペイン軍にとっては重要な「兵士の通り道」でもあった。前にも見たように、スペインはネーデルラントからフランシュ＝コンテに伸びる勢力圏を成していたが、その境界沿いにいわば「スペイン街道」が走り、これを通ってスペイン人は兵上や糧秣、軍資金を前線に運んでいた。その途上の重要地点がアルザス。これらの兵員・軍需品の調達先はミラノであるが、ミラノからはヴァルテリーナ回廊をアルプス越えしてドイツへ通じていた。ヴァルテリーナも古代から係争の地で、三十年戦争時はスペイン軍の補給要路となり、リシュリューが何度も切断しようとしたルートの重要な戦略地点。この作戦は成功しなかったが、彼はアルザスを攻略・確保することによって、ヴァルテリーナ－アルザス－フランドルの連結線を断った。歴史的に見れば、このことの方が後世はるかに重大な帰結をもたらしたのである。

さて、三十年戦争はドイツに前代未聞の大破壊と荒廃をもたらしたが、その様相はそっくりそのままアルザスに当てはまる。飢饉とペストなどの伝染病が蔓延。広大な耕作地が荒れ地となり、人口は地域にもよるが、とくに村落では激減。ところによっては半減したとされる。このアルザスにおける悲惨な光景は、他のドイツの戦場となった地域の光景でもあり、ドイツの至るところで見られたものである。「キリスト教を奉ずる王国では、君主同志の戦いで、国民が得をするようなことはまずない」（ヴォルテール）が、どのような戦争であれ、常に塗炭の苦しみを嘗めさせられるのは、勝敗にかかわらず、民である。後世の歴史家には、この「ドイツの人口を半減した」戦争の惨禍は、二十世紀の両大戦のそれよりも甚大な「大変動」「大異変」ではなかったかと推測する者もいるという。それほどの大惨禍だったのである。

ヴェストファーレン条約　そうしたなかで、アルザスはヴェストファーレン条約を迎えるが、この地方が完全にフランスに併合されるのは一六八一年のストラスブールの併合時。仏独の国境が国際法上確定されるのは一六九七年である。その詳細は省くが、国境に関するあの有名な文句、「ガリアの国境をフランスに返す」については付言しておこう。ゼレールによれば、これは長らく「ライン国境論の代表者」と見られていた枢機卿＝宰相リシュリューの言とされていたが、実際は十七世紀末に出た偽書『政治遺訓』の作者の創作で、リシュリュー本人とは無関係である。もちろん、この著作もリシュリューのものではなく、そこにはむしろ彼の思想や政策とはまったく反対のことも書かれているという。ゼレールの断定はともかく、早くも十八世紀、ヴォルテールが『印刷された偽言』（一七四九）なる書でこの『政治遺訓』に疑義を唱え、その真偽をめぐって論争が起こったというし、二十世紀の前記歴史家デュビもリシュリューの作ではないとしているから、厄介である。残念ながら、これらの原書は目にできないから、あくまでも推測だが。

いずれにせよ、アルザスはヴェストファーレン条約によって、神聖ローマ帝国成立以来ほぼ七〇〇年間帰属していたドイツの手を離れ、フランス王国の懐に入ってゆくことになる。ヴォルテールによれば、この条約交渉で、巧妙に立ち回った枢機卿マザランの手腕と幸運のお陰で、アルザスの宗主権がヴォージュを越えたというが（『ルイ十四世の世紀』）、その併合過程は波瀾に満ちたもので、「シャツを着替える」ようにすんなりとはいかなかった。爾後、仏独関係の節目となる歴史の激動期には常にその荒波にもまれ、この小国は「ヨーロッパというチェス盤の歩」として扱われる。この条約そのものがアルザスの規定に関しては曖昧で、その締結直後から、時のオーストリア宰相フォルマールは、「強者が勝つだろう」と言っていたというが、不幸にもこの予言は的中する。歴史の実際がそれを証明しているのである。

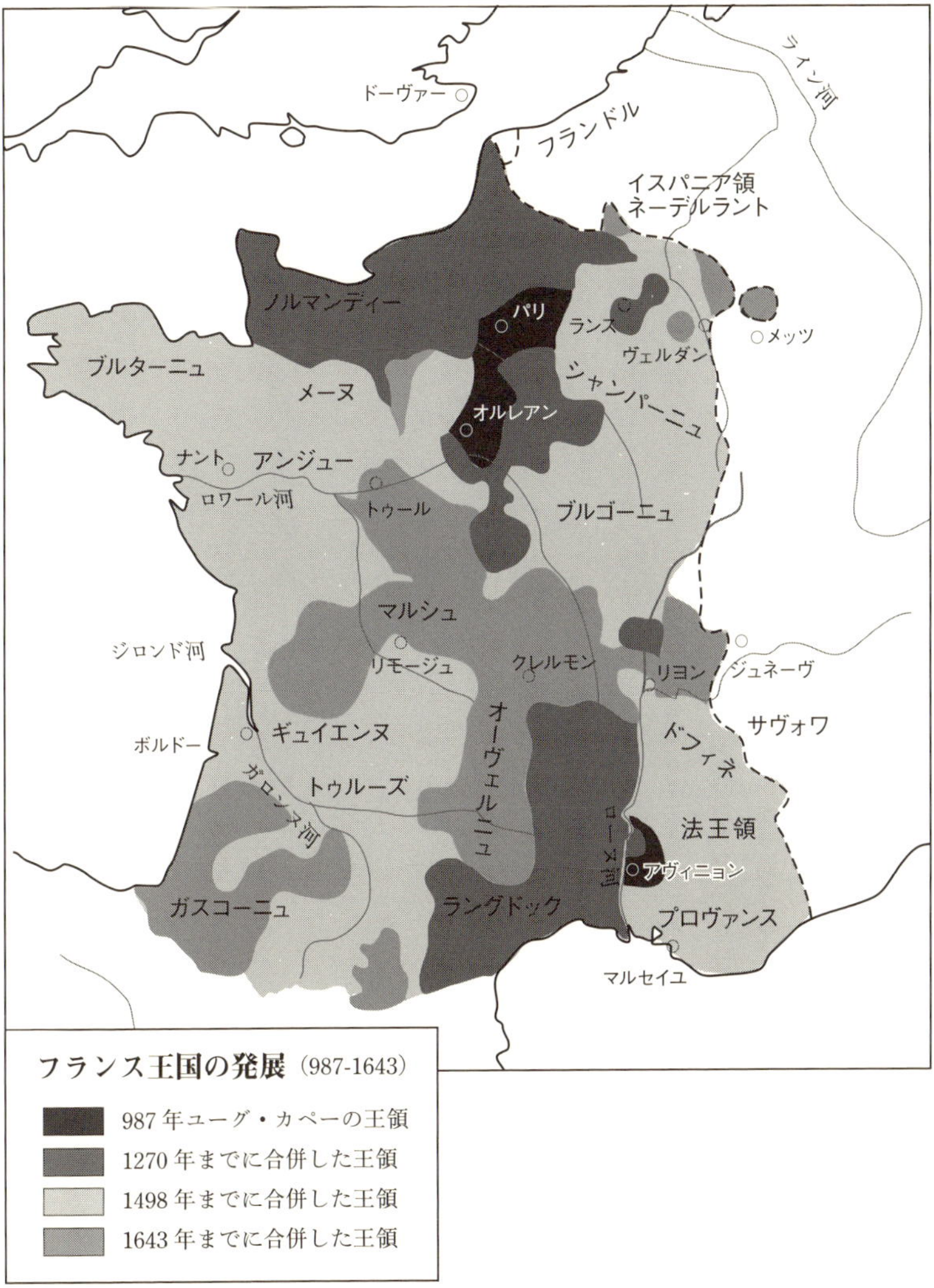

フランス王国の発展（987-1643）

＊　なお、ドイツでは、ストラスブールのフランス帰属を認めたライスワイク（Rijswijk）条約（一六九七）は Reiss-weg（剝奪）条約、フランシュ＝コンテがフランス領になったナイメーヘン（Nijmegen）条約（一六七八）は Nimm-weg（略奪）条約、これらを最終的に承認したユトレヒト（Utrecht）の講和（一七一三）は Unrecht（不公平）の講和と呼ばれたという。

3　ルイ十四世時代と仏独関係（1）

講和条約締結後のヨーロッパ　ヴェストファーレン条約後の仏独関係の舞台の登場人物を見ると、ルイ十四世が圧倒的な存在感をもって、スポットライトに浮かび上がる。その周辺には、さまざまな人物が蠢くが、もう一方のライトの先にはプリンツ・オイゲンの勇姿が屹立している。このオーストリアの将軍はフランス人として生まれヴェルサイユの宮廷育ちだが、ゆえあって、いわばオーストリア・ハプスブルク家に「帰化」した名将。ルイ十四世フランス軍と戦い、これを大いに苦しめる（後述）。もちろん、太陽王の宿敵はオイゲン公だけでなく多数いるが、なかでもルイ王の不倶戴天の敵オランダ・オレンジ公＝英国王ウィリアム三世、チャーチル・マールバラ公（ウィンストン・チャーチルの先祖）など難敵強敵がいた。

それはさておき、この講和条約締結一三年後、ルイ十四世が親政を始める頃のヨーロッパは、とくに仏独はどういう状況にあったのだろうか。概観すると、十七世紀後半のヨーロッパ、かつてカール五世以来覇権を誇ったスペインや神聖ローマ帝国は弱体化、つまりはハプスブルク家の野望は潰え、かわって絶対王制を基礎として近代国民国家の形成に向かうフランスやイギリスのような国々が台頭してきた時期である。いまだヨーロッパ諸国の政治・外交関係の基軸となるのは、ほとんどが君主制のためもあって、入り

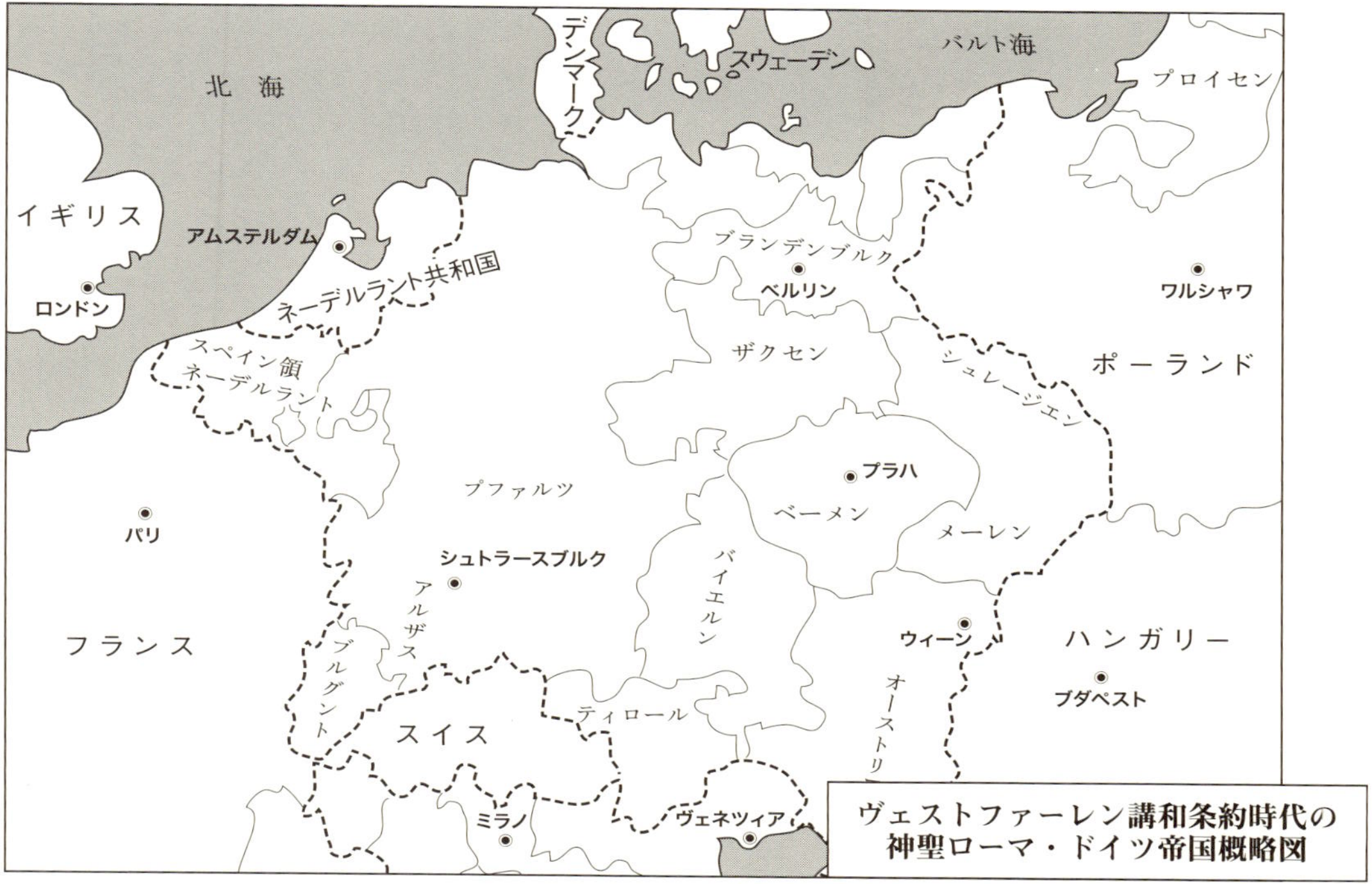

ヴェストファーレン講和条約時代の神聖ローマ・ドイツ帝国概略図

概略図としたのは，当時の神聖ローマ・ドイツ帝国はハプスブルク家領（オーストリア家系，スペイン家系），ホーエンツォレルン家領，教会領，帝国都市領など複雑なモザイク図から成るため簡略化した。

乱れた王室間の利害であったが、それが徐々に経済通商をめぐる国家的利害に変わりつつあった。もっとも、生涯戦争に明け暮れたルイ十四世の対外戦争の多くは、各国王家の継承問題、すなわち王朝的利害の衝突を契機としていたが……要するに、「偉大な世紀」は次世代の近代国家形成への大きな移行・転換期でもあったのである。

では、仏独はどういう状況にあったのか。まずはドイツから見てみよう。ヴェストファーレン条約後、ドイツは「帝国」が無力化し、聖俗諸侯と帝国都市の権力が強まり、皇帝支配の君主国なのか、諸侯共和国なのか、またはその混淆体なのか、甚だ不鮮明。面妖なるものになっていた。前掲『ルイ十四世の世紀』第二章冒頭で、ヴォルテールはこの条約前後のドイツを、「フランスの隣国中、一番強大なのはドイツ帝国だ……金力ではフランスにひけをとろうが」、元来「軽薄で……勇敢ではあるが熱しやすく冷めやすい」フランス人よりも「頑丈で辛抱強い人間の多いことにかけては一段上である」と評して、概略こう述べている（もっとも、フランス人については、英国人ダニエル・デフォーの『ロビンソン・クルーソー』にも、「フランス人の性格は、他国民の性格以上に気紛れで感情的で陽気で、その心も変化しやすいと一般に言われている」〔平井正穂訳〕という同じような指摘がある。このフランス人の「軽さ」は昔からヨーロッパ人の常識的な見方だったのだろうか）。

カペー朝初期、フランス王は大小の貴族を従えながらも、しばしば楯を突かれていたものだが、今のドイツの政治形態はそれと同様である。ただ、ドイツ帝国は昔のフランスの場合と異なって、「こういう〔諸侯や都市の寄せ集め〕組織がいまだに整然と存続しているのは、ねばり強い国民性の然らしめるところだろう」。皇帝は「金もなく領地もなく」、帝冠の名誉があるだけで実力はないが、十六世紀来、オーストリア・ハプスブルク家がこの権威を名実ともに恐るべきものにしたため、「諸侯の寄合世帯の共和国に絶対王制」ができはしないかという恐れがあった（三十年戦争で消滅するのだが）。

これは例によってヴォルテールらしい皮肉っぽい見方だが、十七世紀半ば、某ドイツ人でさえ帝国は「妖怪に似たるもの」と言ったそうだから、ドイツ国をゲルマン社会の部族国家が「化石化」したようなものと見るのも、あながち誇張とか間違いとは言えないかもしれない。ただ、帝国という「擬制」と領邦国家の二頭立て馬車の変則的な国家体制は、皇帝権力が弱まると、いったいドイツという国の「主権」はどこにあるのかが一層不分明になる。それゆえ、講和交渉において、皇帝と帝国が同じ内容で別個の条約を結ぶようなことが起きる。その曖昧かつ変則的な国制の弱点は中央集権的な国民国家形成の途上にある他のヨーロッパ諸国の干渉を招き、利用されやすい。こうしたドイツの弱みを突いて、最大限これを自国の利益のため活用したのが、ルイ十四世フランスであろう。

ルイ十四世フランス　由来、フランス人には、神聖ローマ帝国の元をなしたのはフランスであり、ドイツには名前が残っているだけで、シャルルマーニュ＝カール大帝の真正の後継者は自分たちであると自負する者がいた。それゆえ、前述したように、歴代フランス王には帝冠願望があり、ことあるごとに浮上してくる。ドイツにおける歴代皇帝選挙の際には常に諸侯が争い、教皇が介入し、時には内紛が全国規模の内乱にまで発展することがしばしばあった。十七世紀後半もそうした状況にあったが、その頃ドイツにとって幸運なのは、ルイ十四世が未丁年であったことだ。ところが、母后と宰相マザランの傘の下から出て、この国王が親政を始めると様相は一変し、仏独関係のみならず、ヨーロッパの政治情勢が大きく転換する。

ヴォルテールは前掲書第七章の標題で、ルイ十四世の親政開始とその後の展開を見事に要約している。「ルイ十四世の親政。スペインのハプスブルク家を威圧して、至るところで上席権を譲らせ、法王庁にも名誉毀損の償いをさせる。ダンケルクの買収。ドイツ、ポルトガル、オランダの保護者をもって自ら任じ、富国強兵の実を挙げる」。これは、アンリ大王の孫の代、「一君万民の理想」を体現したかのような「運命の寵児」として登場し、ブルボン王朝の絶頂期を現出させ、「内では万乗の君、外では王者の王者」と仰がれたルイ十四世とヨーロッパの関係を予示するものである。

当時ヨーロッパでは、イギリスで「護国卿」クロムウェルが没し、スウェーデンではグスタフ・アドルフから代替わりしていたクリスティーナ女王も譲位。ドイツでは皇帝フェルディナント三世逝去後、やはり帝冠争いが生じていた。宰相マザランは好機到来とばかりに、若年のルイ十四世を帝位につけようとする。ところが、フロンドの乱のような「内乱の猖獗に苦しみ、外戦の重みに喘いでいる」フランスには、帝国を腕ずくでとるほどの強さはないし、財政逼迫で帝冠を買い取る余裕もない。代々フランス王が得意とする大掛かりな買収作戦もままならない。まさに砂上の楼閣である。権謀術数のマキャベリスト、マザランをもってしても、実現不可能。せいぜいハプスブルク皇帝権の強化を恐れるドイツ諸侯と手を結び、帝国の威を牽制するライン同盟を結成する程度の方策しかなかった。これは、フランソワ一世からアンリ四世に至るまでの、フランスの古典的な対独政策であり、スペイン対策でもある。

「ルイ大王」誕生　帝位獲得はならないものの、ルイ十四世は親政開始（一六六一）後、コルベールの重商主義によって国富が増しつつあるなかで、このスペイン、すなわち仇敵ハプスブルク家との対抗関係を基軸にして、シャルルマーニュ＝カール大帝を彷彿とさせるようにヨーロッパへの覇権を強めてゆく。「ルイ大王」の誕生である。なお、かつてアンリ四世も死後大王と呼ばれたが、ルイ十四世はその全盛時代、一六八〇年、パリ市から大王の尊号を奉呈されている。ただルイは、祖父のアンリ四世同様、大王よりも太陽王、またはルイ十四世そのままがカール大帝のように通称として残った。

この大王の治世は、従来の王朝的対立と、次第に鮮明化してきた国際的な商業経済の覇権をめぐる戦争によって特徴づけられるが、そのことごとくがハプスブルク家と衝突する境界域、例えばネーデルラント、フランシュ＝コンテなどで展開される。ルイ十四世の行なった戦争は逐一挙げれば切りがないほどで、ヴォルテールの『ルイ十四世の世紀』のような、まさに「軍記物」が生まれるが、次の四つが主要な戦争であろう。すなわち、フランドル戦争（一六六七—一六六八）、オランダ戦争（一六七二—一六七八）、プファルツ（＝アウクスブルク同盟）戦争（一六八八—一六九七）、スペイン継承戦争（一七〇二—一七一三）。これを見ると、一六六一年の親政開始から一七一五年の逝去まで、平和よりも戦争の期間が長いように思われるが、これらの戦争には仏独両国家が直接または間接にどこかで必ず関与している。

なお、ここで留意しておくべきは、ドイツは前述したように、帝国と領邦国家の二頭立て馬車、つまり二元構造の国制なので、中世来、こうした戦争で双方の利害が異なる場合があり、各々の立場から係わることである。とりわけ、カール五世時代以降、皇帝はドイツというよりもハプスブルク家を代表し、領邦諸侯は自国の権益を最優先するゆえ、両者が同じ条約を別々に結ぶことさえあった。

ルイ十四世は統治開始後、まず「統合（合邦）」政策から始める。これは、前述した例の「土地憲章」修正作戦の焼き直しのようなもので、はるか昔十二世紀のルイ六世以来、歴代フランス王が大なり小なり手がけてきた国境修復、領土拡張政策である。とりわけ、シャルルマーニュの正統なる後裔を自任し、カロリング帝国の再興をも目指すルイ十四世にとっては、先祖代々の願望を実現せんとする手立てであった。そのためにルイは、メロヴィング朝時代にまで遡って、古い権原を発掘させ、裁判システムを使ってフランスの領有権の正統性を主張。相手が従わない場合には、武力をもって認知を強制したのである。

まず標的はアルザス　そこで、まず狙われたのはアルザスである。先にも触れたごとく、アルザスの領有関係は複雑で、ヴェストファーレン条約におけるアルザスの規定も曖昧なままであった。例えば、ストラスブールは「シュトラースブルク」のままで現状維持だが、コルマールなど十四世紀以来のデカポール（帝国十都市同盟）は帝国直属のままフランスの守護権下に入るという有り様なので、フランスはこれを利用しようとした。またロレーヌ（ロートリンゲン）公国は、条約締結後もスペイン側についてフランスと戦っていたが、ピレネーの講和後は、フランスの軍事的保護下に入ると、七〇〇年も続いた公国の継承者はウィーンに亡命。ルイ十四世の矛先は至るところに向けられるのだ。

　やがてスペイン領ネーデルラント、フランドルの「帰属」をめぐって戦争となるが、注目しておくべきは、その後の戦争もこの「帰属戦争」同様、王位継承問題がその口実または契機になっていることである。フランドル戦争では、フェリペ四世没後、ルイ十四世は妃のマリー・テレーズ（マリア・テレサ）がその長女であることからフランドルの相続権を主張。プファルツ戦争では、ルイの弟オルレアン公の後妻、つまり義妹がプファルツ選帝侯家の出であるという、こじつけ的な理由で相続権を主張。とどのつまりはスペイン継承戦争だが、この時もスペイン人王妃マリー・テレーズがだしに使われている。ルイは母后も王妃もスペイン王女で、二人はともに父方の相続権を放棄しているが、彼はこの棄権の誓約をすべて反故にし、「王妃の権利」を主張。当時、この種の契約は「署名などないも同然で、状況が変われば、すべて無に帰してしまう」という。ましてや、スペイン王国の膨大な所領が相続によってそのままそっくり手にはいるとなれば、フランス王の野望も宜《むべ》なるかな、である。孫をスペイン王に据えた太陽王は、「もはやピレネー（スペイン名ピリネオス）山脈は存在しない」と豪語していたのだから。

　とはいえ、いずれの戦争もその経緯を語れば、例のヴォルテールの戦記物になるほど興味深いが、ここでは割愛。ただ忘れてならないのは、こうした戦争のどれもがヨーロッパ的次元で行われ、時には大西洋の彼方の新大陸にまで波及し、交戦国は単にフランスとスペイン、ドイツ、ハプスブルク家のみではなかったことである。王は栄華栄耀の極みにありながら、ほとんど全欧の君主を向こうに回し、反感を買い、体面を傷つけていたのだ。まさに四面楚歌である。

スペイン継承戦争　その象徴例としてスペイン継承戦争を概観しておこう。これはルイ十四世の「戦争物語」の総仕上げのようなもの。スペイン王カルロス二世が病弱であったため、この継承問題が早くからヨーロッパ諸国の関心の的だったが、血縁関係の点では、フランス王家だけでなく、オーストリア・ハプスブルク家にも権利があった。まずルイ十四世も時の皇帝レオポルト一世も、その母はどちらもフェリペ三世の娘、姉妹であり、二人の君主は従兄弟どうし。そのうえ、ルイがマリー・テレーズと、皇帝がその妹マグダレータ・テレサと結婚しているので、敵対する二人は義兄弟でもあった。しかも、カルロス二世王妃マリア・ルイサは王弟オルレアン公とアンリエット・ダングルテールの娘、すなわちルイ王の姪、英国王チャールズ一世の孫娘である。このスペイン王妃となった姪は、フランス人であったためか、不可解な急死をした母親と同年の二六歳の若さで死去（一六八九）。母同様毒殺されたという噂が流れ、真偽はともかく、パリからの解毒剤が間に合わなかったとされたが。

こうした複雑な血縁関係のなかで、スペイン王が死去するはるか前の一六六八年、このルイ十四世と皇帝の義兄弟間で秘密分割協定が結ばれていたという。これが、スペイン継承戦争勃発の四〇年近く前で、しかもアメリカのスペイン領植民地分割にまで言及しているというから驚きである。もっとも、その後も、仏英蘭の列強は「頭のなかでスペイン王国という莫大な財産」を二度も勝手に「処分」しているのだから、秘密協定も何もあったものではない。

ところが、この秘密協定や処分とは裏腹に、カルロス二世が遺言状で、ルイ十四世の孫、アンジュー公フィリップを相続人に指名した。ヴォルテールによれば、三度目の遺言書き換えで、その経緯は『ルイ十四世の世紀』に詳細に語られているが、驚くべき方向転換。当然ながら、皇帝はフランスと国交断絶、戦争となる。当時の王侯君主は、自国王家の利害に係わることになると、道徳上の問題はさておき、国際関係や血縁関係などほとんど無視するのが普通であったというが、苛酷なものである。西欧宮廷社会には、「大阪城の千姫救出悲話」などの人情話や世話物はないのだ。

ましてや当時スペインの版図は、本国に加えてネーデルラント、フランシュ＝コンテ、ミラノ、ナバラ、ナポリ、シチリア、さらにアメリカ植民地と広大であり、ルイや皇帝の血が騒ぐはずである。だが、先の「財産処分」の密約は反故となり、フランスとスペインの結合を嫌ったイギリスやオランダが糾合し、皇帝も加わって反仏連合、いわゆる「ハーグ大同盟」結成。その前すでに、皇帝軍によってまずイタリアで、戦いの火蓋は切って落とされていたが……。やがてこの戦争は、ヨーロッパ諸国を巻き込み、海外植民地にまで及び、アメリカ大陸における英仏の抗争、「アン女王戦争」（一七〇二）を誘発する。そして、このルイ十四世最後の戦争の舞台に前記プリンツ・オイゲンが登場してくるのである。

オイゲン公を語る前に、ここで英仏の植民地戦争に触れておくと、以前から、イギリスがフランスとハプスブルク家の紛争に関与してくるのは、もちろんルイ十四世の覇権を抑えるためであったが、前記デュビによると、イギリスにはもう一つ隠れた戦争目的があった。当時、新大陸では、ミシシッピ河口に達したフランス人がルイジアナの名の下に、それと知らずして広大な植民地圏を築きつつあった。知らずしてというのは、その広大さのみならず、途方もない豊かな自然の価値が分からず、後にナポレオンが新興アメリカに二束三文で売り飛ばしてしまうからであるが、プファルツ戦争（一六八八―一六九七）の頃から、イギリスはこの新大陸のフランス植民地「帝国」の成立阻止と破壊を目指していたのである。その中心人物がルイ十四世の仇敵、オレンジ公＝ウィリアム三世であった。

ルイ十四世の宿敵プリンツ・オイゲン　さて、プリンツ・オイゲンとは、ブルボン系の血を引くサヴォワ侯、後のソワッソン伯を父、マザランの姪オランプ・マンシニを母とし、一六六三年パリで生まれ、ウージェーヌ＝フランソワ・ド・サヴォワ＝カリニャンという名でヴェルサイユに育ったフランス人である。長じて武人を目指したが、ルイ十四世の不興を買い、ハプスブルク家の血統に連なる先祖の縁をつてにレオポルト帝のもとに参じ、受け入れられる。このヨーロッパ近世史中の最高の武将の一人とされるオイゲン公が、なぜ主家を捨ててその宿敵のもとに身をよせたのか。

通説では、青年オイゲンが不興を買ったのは、国王に中隊指揮官職を求めたときの、その態度に問題があったとされる。そのため、青年は「断られるのみか、難詰されるという恥辱をなめ」、王は「他の誰も余にこれほど無礼な口をきいた者はいない」と洩らしたほどであったというが、国王の不快感はもっと微妙な別なところにもあったようだ。ここからは史実に虚構が多少混じった話になるが、オイゲン公は仏独どちらにも先祖・係累をもつ人物であり、カロリング朝以来の入り混じった仏独関係を象徴するような存在なので、少し詳しく見ておこう。

Mazarinettes　マザランのマドモワゼル（姫君）たち　当時、宰相マザランは妹の娘たち、すなわちその婚家マンシニ（イタリア名マンチーニ）家の姪五人を全員パリに呼び寄せていた。Mazarinettes（マザランのマドモワゼル［姫君］たち）である。マキャベリストの宰相はこの姪たちを結婚させること、すなわち自分の立身出世のためか政争の具に使うつもりだったのだろう。実際、彼女たち全員がフランス大貴族に嫁いでいる。確かにマンシニ家はローマ貴族の旧家であり、mésalliance（身分違いの結婚）ではなかっただろうが、マザランの意図は見え見えである。「マザリネット」は母后アンヌ・ドトリシュの庇護下に置かれていたが、なかでも、オイゲン公の母となる次女オランプ・マンシニはそのお気に入りで、格別の美女というのではなかったのに、「プレシユーズ〔才女気取り〕の真珠」と渾名されていた。この才女気取りが青年王ルイと親密な仲になり、王が催した祭典や舞踏会は彼女のためであったと言われるほどだった。ところが、彼女はソワッソン伯爵と結婚し、オイゲンが生まれるが、その兄の長男は結婚半年後に生まれたため、ルイ王の庶子ではないかと噂された。

その後、今度はそれまで姉オランプの引き立て役だったマリー・マンシニが青年王と恋仲になる。これがルイの本当の恋ではなかったか、とされるが、これも実らぬ恋であった。ヴォルテールによれば、マザランは「英国王〔チャールズ二世〕が所望したあの娘」ならばと、これを利用して姪を王妃にするべく、母后に打診するが、きっぱりと拒否されたという。マザランはこれを一生恨みに思ったようだが、姪のマリーからも終生嫌われることになる。なお、このマリー・マンシニとルイ王の別離は、ラシーヌの『ベレニス』に着想を与えたと言われている。

これ以上逸話的詳細は控えるが、青年オイゲンの申し出を却下したルイ十四世の拒絶の一因は、どうやらこのあたりにもあったようである。加えて、オランプ・マンシニも係わったとされる毒殺事件などのスキャンダル、陰謀事件に嫌気がさしたのか、王はオランプの息子たちになんの共感も示さなかったという。また、王の寵臣ルーヴォワ陸相がその息とオランプの娘の結婚を望んだが、後者が断ったことも陰で影響しているかもしれない。ともあれ、かくしてフランスは「戦時には英雄、平時には偉人と仰がれるに相応しい資質」の逸材、未来の戦国武将の雄をみすみす手放し、敵方に渡してしまったのである。なんとも惜しまれる人材、いや英雄喪失である。

＊ ここで、オイゲン公のフランス名ウージェーヌ＝フランソワ・サヴォワ・カリニャンに入っているサヴォワ・カリニャンについて若干見ておこう。サヴォワ（サヴォイア）とは、現在はジュラ山脈・アルプス沿いにスイス、イタリアと

国境を成すフランス南東部の地方で、古来イタリアとフランスのいわば自然の障壁となっていたが、その歴史は古い。簡略して史実を辿れば、前二世紀ローマ人征服、四世紀頃サヴォワという呼称の起源となるSapodiaなる語が出現。五世紀ブルグント族、六世紀フランク族に占拠され、プロヴァンス王国、ブルグント王国帰属を経て、十一世紀初め神聖ローマ帝国下に入る。以後、イタリアへの通路となって、フランス、イタリア、帝国の争奪の地となり、十五世紀にサヴォワ公国成立。十七世紀サヴォワ・カリニャンが分家となり、オイゲン公はこの家系に属するが、サヴォワ家の家系には仏独伊の血縁が入り乱れている。十七世紀には大部分がフランス領になるが、この公国は次第にイタリアへと傾斜してゆく。最終的に、ニース伯領と同時にフランスに譲渡されるのはずっと後、十九世紀（トリノ条約、一八六〇年）である。

オイゲン公の武勲とチャーチル・マールバラ公　実際、オイゲン公は皇帝の臣下となるや否や、迫りくるオスマン・トルコ軍との戦いに参戦し、たちまち武勲を挙げる。奇しくも、彼は墺土戦争勃発の一六六三年に生まれ、ウィーンを包囲したトルコ軍撃退の一六八三年に初陣を飾っている。時に二〇歳の青年勇士。二年後には師団長に抜擢されている。ここで以下、公爵が参戦したトルコ戦争からプファルツ戦争、スペイン継承戦争を経て、晩年のポーランド継承戦争に至るまで、逐一その戦績を見ることはしない。しかし、とくにスペイン継承戦争では、前記の英国武将チャーチル・マールバラと連携して、フランス軍と戦い、ほとんど連戦連勝と言ってよいほど、かつての主家を打ち破るのである。なお、このマールバラ公は、未来の敵将テュレンヌの軍に義勇兵のようにして参戦し、初陣を経験している。彼はテュレンヌ元帥に戦術を学んだとされるが、元帥もこのイギリス人美青年の才能をいち早く見抜いていたという。

もちろん、オイゲン公とて、ヴィラール元帥やヴァンドーム公などの敵将に敗れることもあったが、勝ち戦が断然多く、とくにマールバラ公と連携した戦いでは三度もフランス軍に勝利している。ちなみに、ヴァンドーム公の祖父はアンリ四世の庶子、母はマザランの姪ロール・マンシニ、オイゲン公の母はその妹オランプなので、敵味方に分かれた名将二人は従兄弟同士である。ただ血縁関係が入り混じって、従兄弟同士とか義兄弟が戦った戦争も末期になって、フランスが万策尽き果て、敵方に和平を求めつつあったとき、オイゲン公にとっては不運、ルイ十四世にとっては幸運だったのは、いわば最後の戦いでヴィラール元帥がオイゲン公を負かした「望外の勝利」であった。さらには「思いも寄らぬイギリスの内紛（政変）のお陰で」チャーチル・マールバラ公が失脚したことである。

＊ マールバラ公はスペイン継承戦争中、英蘭連合軍総司令官を務めていたが、二〇〇年後、末裔のウィンストン・チャーチル卿も第二次大戦中、連合国最高指導者の一人であった。ノーベル文学賞も受けたこの才人政治家には、先祖マールバラ公の伝記もある。

ユトレヒト条約　ともあれ、一二年にわたる嵐、スペイン継承戦争はユトレヒト条約およびラシュタットの和約をもって終結。留意しておくべきは、この時の各国間の取り決めが十八世紀の国際関係を規定したことであり、その影響は少なからず今日にまで及んでいることである。例えば、イギリスが獲得占領したジブラルタル（ヘラクレスの柱）は現在もイギリス領であるが、二〇一三年には、またもや紛争の種になっている。ちなみに、ラシュタットの和約はフランスとオーストリア間のみで結ばれたもので、ヴィラール元帥とオイゲン公が主君の名代として取り交わしたとされるが、ヴォルテールによると、その際、元帥は開口一番相手に、「公爵、私たちは決して敵同士ではない。あなたの敵はウィーンにいるし、私の敵はヴェルサイユにいますからな」と言ったというから、おもしろい。権謀術数渦巻くフランス宮廷社会でもまれ、ミュンヘン、ウィーンなどを外交官として渡り歩き、敵も味方も相半ばしたという、軽妙洒脱なヴィラール元帥の面目躍如たるものがあるではないか。

ヴィラール元帥の逸話をもう一つ。ある日、出陣の前、宮廷で人々が居並ぶなか、王に暇を乞うてこう言った。「陛下、私は陛下を私の敵の中に残して、陛下の敵と戦いに参ります」。また、フランス版「南海泡沫事件」とも言うべきジョン・ローの投機作戦でひと儲けした摂政オルレアン公の取り巻き連中には、「私など、敵のもの〔鹵獲品〕以外、何一つ身につけてはいない」と言ってみせたという。直言居士の元帥は、出世は遅れたものの、まさにフランス的エスプリと辛辣な批判精神の権化のような人物、ヴォルテール好みの才人だったのだろう。敵も多かったようだが。

ところで、オイゲン公は当時最強の武人・政治家の一人で、フリードリヒ大王〔二世〕から「事実上の国王」と呼ばれていたというが、戦争をしていただけではない。ヴォルテールはこの軍人公爵を評してこう言っている。生まれつき、軍事的天才の資質に恵まれ、誇りと判断力に富み、軍人にも政治家にも必要な勇気を備えており、幾多の戦争で、「ルイ十四世の権勢と、トルコ帝国の威力を脅かす。帝国を支配。しかも、勝利を重ね、権力の座にありながら、奢侈と財産をともに軽蔑する。そのうえ、文学を嗜み、ウィーンの宮廷では難しいにもかかわらず、これを保護したのである……」。

注目すべきは、この「文学を嗜み」という点だが、公爵は文芸を愛し、その保護者、メセナでもあったことである。ヨーロッパ各地を転戦する歴戦の強者であったオイゲン公は、家庭とか家族をもたず、その私生活はよく知られていないが、その足跡は戦場にあるだけではない。それは、公の思想、趣味や嗜好として、バロック建築の傑作の一つとされるウィーンにある彼の冬宮殿である、公邸兼居城やベルヴェデーレ〔展望閣〕、離宮庭園、一万五〇〇〇冊以上も有する書庫、厖大な絵画・彫刻コレクションにも残されているという。トルコ戦争勝利後のウィーンでは、バロック建築が流行したというが、宮殿建築はともかく、戦争に明け暮れた公爵に、はたしてこれだけの書籍をひもとき、美術品を愛でる時間があったのだろうか。

そのうえ、ラシュタットの和約後の晩年、オイゲン公はこれらの城や離宮で多くの文人・学者を迎え、支援したらしく、最晩年期のライプニッツにも会い、モンテスキューもウィーン来訪の折、公爵の食卓で歓談したというから、この時代には公のように、人知れぬ文武両道の王侯君主、精神の誇り高い貴人がいたのだろう。なお、オイゲン公没後、その芸術作品はサルデーニャ王（サヴォワ公）に、書籍・版画・デッサン類は皇帝に購入され、後者はオーストリアの国有コレクションに収められているという。

4　ルイ十四世時代と仏独関係（2）

ルイ十四世の威風、ラインを越える　さて仏独関係に戻るが、ルイ十四世治下には戦争があっただけではなく、両国民の民衆レベルの関係も進展し、旧制度最後の二世紀間ほど、フランス熱がドイツに広まったことはない、と言われる。「ルイ十四世の御代」には、フランスの言語や風俗、つまりはフランス風文化がライン河を越えてどっと流れ込み、諸侯貴族がミニ・ヴェルサイユを建造し、その生活文化を模倣したという。それは、上記ライプニッツがあまりの「フランスかぶれ」を慨嘆するほどであった。中世にも一時期、フランス風「雅び」の宮廷文化が流行ったことは前述したが、この時代の比ではない。

とはいえ、この時代のフランスかぶれも、主役は上層階級であったが、後述するように、ユグノーの影響も大きく、ある範囲内で社会全般に及んだものと思われる。まずは、ドイツの宮廷社会がフランスのそれを真似た。洗練された礼儀、軽やかな挙措、上品な会話、雅びな風情。それは十六世紀の終わり頃から始まったとされるが、実際にはルイ十四世治下の華やかな宮廷社会がヨーロッパ中に影響を及ぼす十七世紀後半からであろう。ルイ王は、治世と同様、宮廷を豪華絢爛たるものにしたので、日常茶飯事までが全欧の宮廷と同時代人の耳目を集め、王の一挙手一投足までもが話題になった。ドイツの上層階級がこれを模範にしたのである。

フリードリヒ大王とヴォルテール

以後あちこちでドイツ諸侯の小宮廷が建てられ、すべてがパリ風になった。とりわけ、ハイデルベルクやカッセルはそうだったが、それはプファルツ選帝侯やヘッセン方伯が親フランス派であったからである。なかでも、ベルリンのプロイセン王フリードリヒ一世は、ルイ十四世の鬘までそのまま真似たので、まるでルイ十四世の「沐猴《もっこう》」だった。その孫フリードリヒ二世（大王）もまたフランスかぶれでは、一頭抜きん出ていた。彼の宮殿では、「ドイツ語は兵隊と馬のためのものだ」（ヴォルテール）とまで言われ、数ある回廊や部屋を飾るのはフランスの画家ばかり。このサン・スーシ（無憂）宮殿にヴォルテールを招いたのはこの啓蒙君主で、『ルイ十四世の世紀』が書かれたのもここである。ただフェルネーの長老はほとんどドイツ語が話せず、二人はフランス語で話したというが、この啓蒙君主は大の音楽好きで、フルートの名手でもあり、作曲までしたというから、多彩な趣味の持ち主で、「複雑だが矛盾にも満ちた性格の人物」だったのだろう。もっとも、ヴォルテールとの関係で言えば、後にはこれが悪化して、フリードリヒ大王はフランクフルトでこの哲人を逮捕させるが。

ただそうした傾向はすでにあまねく及んでおり、ドレスデンの宮廷では、十七世紀中葉からフランス式になり、選帝侯妃と侯太子がフランス王妃、王太子のように、各自「館」をもち、また遠きザクセンはルター派でありながら、最もフランスの影響を受けた国の一つであった。町でも宮廷でも、フランス風がみなぎり、ライプツィヒは「小パリ」の名に値したという。太陽王の輝ける威光がヨーロッパ中に放射されたのである。なお、後で触れるが、このドレスデンの宮廷から、次世紀、ルイ十五世の王太子に皇女が嫁ぎ、ルイ十六世以降三代のフランス国王の母となる。

太陽王治下のフランス文化の威光

しかしながら、フランスからの西風は人々の趣味や嗜好、ファッション、生活文化の分野だけに吹いていたのではない。いわゆる精神文化、ことばと文学の世界にも微風が立ち始めたのである。何度か触れたように、十七世紀フランスは、国家統一と国語としての近代フランス語が確立された時代である。ルイ十四世の威勢が増すとともに、フランスでは文学・芸術が栄え、フランス語が「ヨーロッパ語」になり、「蛮風の源のようなところへ優雅な趣味と理知の光が浸潤した」(ヴォルテール)。ドイツが「蛮風の源のようなところ」とは言わないが、大きな影響を受けたことは確かであろう。ドイツ文化のフランス趣味摂取の始まりである。

この時代、フランスでは、音楽を除いて、文学・芸術のさまざまなジャンルに天才的人物が輩出した。コルネイユ、ラシーヌ、モリエールの三大劇詩人をはじめ、デカルト、パスカル、ラ・ブリュイエール、ラ・ロシュフコー、ラ・フォンテーヌ、ペローなどが綺羅星のごとく登場する。フランスかぶれしていたドイツの同時代、これらに匹敵する人物がどれほどいるのだろうか。残念ながら、三十年戦争で荒廃したドイツに文学・芸術が栄えるゆとりはなかったようだ。もっとも、文学者ではないが、ニュートンと並び称せられるライプニッツのような天才はいるし、十七世紀末にはバッハやヘンデルのようなバロック音楽の天才も出てくる。ただこの二人の音楽家が正当に評価されるのは十九世紀になってからだというが。

ヴォルテールによれば、「太陽王の世紀」「偉大な世紀」と称されるフランス十七世紀は、「ルイ十四世が死ぬ頃には、天も人才を産むのに疲れていた」くらい、いわば天才が出尽くした時代である。古典悲劇のお手本はともかく、宗教上の雄弁でさえ、ボスュエの荘厳なる「弔辞」があり、「今更繰り返しても、おざなりになるばかり。もう、真似をするか、へまをするしかない」。寓話にしても、「ラ・フォンテーヌが……一人で充分な数だけ作ってしまったから、何を付け足しても説くところは同じ、物語も似たり寄ったりになってしまう」。

ヴォルテールが『ルイ十四世の世紀』でこう諦観したのは、十八世紀中葉、近代科学の黎明期だが、歴史や物理学のように主題が絶えず新しくなるとか、同じ主題が何度も扱える絵画や彫刻とは違って、『シンナ』『アンドロマック』『詩法』『タルチュフ』などは一度きりの傑作で、二番煎じ、繰り返しがきかないというのは、真実であろう。もちろん、ヴォルテールの時代以降、ところ変われば品変わるで、幸いにして人智の進歩はなお進み、いろいろな天才が時代時代で誕生してくるが。

ゲーテもシラーもフランス文化心酔

ところで、次の十八世紀はドイツ文学の偉大な世紀の一つとされるが、その主役たるレッシング、ゲーテ、シラーなどの世代、彼らもまたフランス文化に心酔していた。その旗頭はレッシングだが、彼は「小パリ」のライプツィヒで神学生時代を過ごしたせいか、「ドイツのモリエール」を目指したというし、ゲーテはストラスブール大学に「遊学」し、有名な『ゼーゼンハイムの牧歌』を残している。また、レッシングにはディドロ、ゲーテにはヴォルテールやディドロ、シラーにはラシーヌ劇の翻訳がそれぞれにある。二世代年長のレッシングはともかく、ゲーテとシラーが「シュトゥルム・ウント・ドラング」で活躍するのは十八世紀後半である（後述）。それほどルイ十四世のフランスが影響し続けたということなのだろうが、ヨーロッパ語としてのフランス語とフランス文化の覇権は今しばらく続く。少なくとも、ヴィクトリア朝の繁栄と新興国アメリカが台頭するまでは。

ただし、誤解のないよう触れておかねばならないが、十七世紀ドイツでは、学問・思想の分野において、ライプニッツを除けば、大ゲーテのような天才こそ生まれなかったが、宗教思想、自然法思想や啓蒙思想の世界では営々として努力がなされていた。おそらくその象徴的な例の一つが、フランス・アカデミーを模したとされるベルリン科学アカデミーの誕生であろう（一七〇〇）。これは、プロイセン王フリードリヒ一世が、ライプニッツの意見を容れた王妃ゾフィー・シャルロッテの勧めで設立したものとされるが、その初代院長には、このフランスかぶれ批判派で、当時ドイツ学問界の最高峰であったライプニッツ自身が就いたという。

そして、このアカデミーは次のフリードリヒ大王のもとで大きく発展することになる。大王の肝いりで、一七四六年、ヴォルテールの論敵で、著名な数学・天文学者モーペルテュイが院長に就任。「王立科学・文学アカデミー（Académie Royale des Sciences et Belles-Lettres）」なるフランス語の公式名称がつく。この時代、フランス人がベルリン科学アカデミー院長に就いても、誰も不思議に思わなかったというが、十八世紀ヨーロッパにはそれほどコスモポリタンな雰囲気があったのだろう。だが、自然科学と数学の二部門に加えて、第三に「思索哲学」、第四に「文学」部門が設置されたというのは、いかにもドイツ的な特徴である。なお、芸術分野では、これより数年前にベルリン学術アカデミーが設立されている（一六九六）。

ユグノーもラインを越え、ベルリンまで……

いずれにせよ、ドイツはヴォージュの山並みを越え、ライン河の西から吹き渡ってくる、こうしたフランス文化の風を受けざるを得なかった。だが、ルイ十四世フランスの威風はただ自然に流れ伝わってきたのではない。仏独間の大きな歴史的社会的要因、厳密には宗教上の原因があった。フランスからドイツへのユグノーの流入である。ユグノーとはフランス新教徒（カルヴァン派）のことだが、十六世紀半ばの宗教戦争勃発時から、彼らはドイツに亡命し始めている。その流れが、リシュリュー、ルイ十四世の抑圧策によって加速され、フランスの影響を一層強めたのである。

ユグノーの亡命先は、当初は主としてカルヴァン派の選帝侯のプファルツだったが、聖バルテルミーの後はヘッセン＝カッセルやアルザスにも広がった。フランスには改革派の大学がなかったので、ハイデルベルクやストラスブール大学に多数の学生が集まった。ルイ十四世の時代になると、さまざまな理由で亡命者が選んだ地は、むしろ遠いドイツ東部、ブランデンブルクだった。すなわち理由は、ライン河畔のように、フランス軍の来襲を恐れる必要がないこと。ルター派国家なのに、君主はカルヴァン派で、信教の自由を保証していたこと（ホーエンツォレルン家は十七世紀以来カルヴァン派であった）。選帝侯たちが戦争で減少した人口の穴埋めに、外国人移民受け入れを奨励していたこと、などである。例えば、三十年戦争後間もない頃のベルリンは小都市で、人口は半減し六〇〇〇人程度だったという。しかも、戦争の惨禍に加えてその後の疫病大流行で、人口減だけでなく、経済が低迷していたため、移民大歓迎だったのである。ただそれのみならず、このユグノーの移住は仏独双方にとって、後世にまで影響するかなり重要な意味を有していた。

ところで、一六八五年はナントの勅令廃止の年だが、これはそれまでも続いていたユグノーの亡命に一層拍車をかけ、前例のない広がりを見せた。この年はまた、ルイ十四世がプファルツ選帝侯家断絶後、その継承権を要求し、プファルツ戦争のきっかけになり、親フランス派であったブランデンブルク大選帝侯が反フランスに転ずる年でもある。同年、ナントの勅令廃止を受けて間をおかず、大選帝侯はポツダム勅令を発してユグノー受け入れを表明している。その結果、二万人ものユグノーがブランデンブルクに移住し、とくにベルリンでは、十八世紀初頭には、推定四万人弱の人口に六〇〇〇人近くのユグノーがいたというし、また別な推測によると、その頃この町では「ドイツ人とフランス人がほぼ同数であった」とする説もある。

ユグノーの多分野への影響　ただ留意すべきは、彼らには知的エリート層から農民までいたが、とくに専門職の商工業者が多く、その後のプロイセンの経済と産業の発展に大いに寄与したことである。彼らはそこで各種特権を付与され、金銀細工、時計、紙、ガラス、プリント生地製造業などを導入し、それまでドイツになかった手袋や帽子、絹織物や羊毛加工まで持ち込んだ。また彼らだけでなく、農民は耕地権を与えられ、オレンジ、レモン、カリフラワー、グリンピース、アルティショなどの果実、花卉、タバコというような手のかかる農産物の栽培に従事した。フランスで迫害された新教徒がドイツで農地開拓者、植民となったのだ。フランス人ユグノーも「ドイツビール」にはすぐに慣れたそうだが。

当時プロイセンでは、人口増こそ国の富の源泉であり、国土開発、農村建設のための入植政策がいわば国策として奨励され、大選帝侯にとって、ユグノー受入れは大歓迎。一石二鳥にも、三鳥にもなったのだ。「ドイツは、北部のほぼ全域がまだ未開発の状態で、産業など見られなかったが」、ユグノーが大挙移住してきたお陰で、いくつかの都市や街区の建設によって風景が変わった。十八世紀半ばになっても、「亡命者のばらまいた金貨がごく普通に見つかる」ほど、彼らはドイツに浸透していたのである。

もっとも、産業の中核をなす商工業者層の一群が流出したことは、フランスにとっては大きな損失で、識者によってはそのためフランスの産業革命が遅れたとする者までいるが、それ以前に生きたヴォルテールでさえこう書いている。「フランスがこうしてなくしたのは、約五〇万の住民と、巨額の正貨と工芸技術だが……敵がこれを財源にした」とし、物だけでなく、オレンジ公やサヴォワ公は優秀なフランス士官や兵士を得て、亡命者ばかりの連隊をもち、後にルイ十四世と戦争をする。ユグノーの亡命先は主としてドイツだが、それだけでなく、ロンドンやオランダ、スイス、サヴォワ、地の果て新大陸にまで及び、「フランス人は、ユダヤ人以上に、遠くまで散らばった」という。ヴォルテールの証言は、多少大仰なところがあるが、ほぼ同時代人なので貴重である。

ついでに言えば、実際には、ユグノーの移住はフランス産業革命を遅らせるどころか、「イギリスの産業革命への準備にめざましい役割を演じた」(リチャード・フェイバー『フランス人とイギリス人』、北條・大島訳)のである。ユグノーのイギリス移住は早くも十六世紀に始まり、ナントの勅令(一六八五)以降には七―八万人に達しており、彼らとその子孫はイギリスの商工業に重要な位置を占め、「富裕になり、イギリスの名門の礎を築いた者も多い」という。ドーバー海峡を渡ったユグノーは長期間に及び、大ブリテンの地に定着したので、フランス・プロテスタントを先祖にもつイギリス人家系は数えきれないとされる。
とはいえ、十九世紀フランスが自国ではイギリスの近代産業の進展に大きく遅れたことは確かで、象徴的な例を挙げれば、一八七七年フランス人労働者は週七二時間働いていたが、これはイギリス人よりも二〇時間多く、しかも給料もフランス人の方が低かった。技術革新、とくに機械化の遅れが顕著で、高関税を楯にした保護主義のフランスに競争力はなく、生活水準も低かったのである。一八六〇年、ナポレオン三世がこうした状況を打開すべく英仏通商条約を結んで自由貿易に移行するが、生活水準の改善は見られたものの、遅れは容易には取り戻せなかった。辛うじてフランスがイギリスに勝ったのは、ワインと絹織物だけだったという。なお、ナポレオン三世には『貧困追放』(一八四四)なる小冊子がある。

ユグノーの文化的影響　さてドイツへのユグノー移住は、農民や商工業者だけでなく、ひとびとが交わるのだから当然文化的側面にも影響し、その中心となる知的エリート層の役割も大きかった。フランス語を話すことは上層階級にとってはシックな流行となり、一六八九年に、「フランス・ギムナジウム」の前身である「コレージュ・フランセ」ができると、ブルジョワ層はこぞって子弟を送り込み、読み書きそろばんだけでなく、文学や哲学、何よりもフランス語を学ばせたという。やがて「リセ・フランセ」もできるが、象徴的なのは、前記ライプニッツが院長であるベルリン科学アカデミーでは、啓蒙精神に則って、ドイツ語ではなく、フランス語で討論が行われたことであろう。この時代、ドイツ文化はフランス・ユグノーに影響されるところ大だったようである。
しかしながら、このようなフランス文化に対する反動も当然あり、とくに言語面に現れた。学問や教会用語は、中世以来、ドイツでもフランスでもラテン語だったが、ドイツでは、三十年戦争以降、一層フランス語の影響が強まり、これをユグノーの流入がさらに加速させた。貴族社会では、ドイツ語とフランス語の二言語使用が普通になり、時を経るごとにこの習慣が一般ブルジョワ階級にまで広まっていった。後にヴォルテールが、「ここでは誰もが我らのことば（フランス語）を話す。ドイツ語は兵隊と馬のためのものだ」と豪語するほどであった。この影響は現代にも残存しているようで、「伝統的精神から、〔ベルリンの〕フランス教会では今でも毎月一回、フランス語で説教が行われている」（ロヴァン『回想録』）いう。

ドイツ語浄化運動　こうした風潮に対し、反発も強まり、すでに十七世紀初頭から外来語排斥、ドイツ語擁護の気運、いわばドイツ語浄化運動が起こり、各地にそのための言語（国語）協会が生まれたという。一六一七年、ワイマールにできた「実りを結ぶ会」を嚆矢とするこの言語協会自体は、フィレンツェの「アカデミア・デラ・クルスカ」（通称クルスカ学会。一五八三年設立のイタリア語純化目的の言語学会）に倣ったものとされるが、フランス語の侵入によって生まれた言語改良運動がドイツ語の発音や正書法、文法の規範化に寄与したというのはなんとも皮肉な話である。ただ「ルターのことば」を脅かされる危機感は相当なもので、なかには過激な者まで現れた。彼らはガリシスム（フランス語特有表現）の濫用をとがめ、frantz parlieren=parler français（フランス語を話すこと）、つまりドイツ語訛りのフランス語なのか、フランス化されたドイツ語なのか分からないような言語の堕落を戒めた。それでも懲りないドイツ人がいて、Französling（フランスかぶれ）と称され、ことばだけでなく、服装や言動・所作、ものの考え方までWelsche（フランス野郎）を真似たので、ドイツ語擁護の愛国者から厳しく非難されたという。この愛国者たちのなかにあのライプニッツもいたのである。

こうした愛国者のフランス憎しはますます昂じて、ドイツのあらゆる不幸の根源はフランス模倣にある。

それこそドイツの肉体を蝕む「ウイルス」であり、「ペスト」であり、諸悪の根源であるとまでエスカレートする。だがこの手のフランス嫌いの数は増しても、大勢は、フランスかぶれとまでは言わないにしろ、フランス文化に慣れ親しみ、あのライプニッツでさえ、より確実かつ広汎な読者を得んがためにフランス語で著述したというから、何をかいわんや、である。

フランス語とドイツ語の相互侵入　以下、参考までに、この頃のフランス語からの借用語で今日なお使われているものをいくつか掲げておくと、Mode、Weste（チョッキ）、Parfüm（香水）、Perücke（鬘）、Serviette（ナプキン）、Tasse（カップ）、Omelette、Balkon（バルコニー）、Hotel、Sofa などの衣食住関係から、Papa、Mama、Onkel、Tante（おば）などの呼称にまで及んでいる。こうした日常語の借用語群を見ると、時代を経るに従い、フランス語が徐々に一般的社会層にも入り込んでいたことが推測できる。

ただこう見てくると、フランス語が一方的にドイツに侵入したように見えるが、十八世紀フランスのイギリスフィーバーによる英語の「大侵入」ほどではないにしても、ドイツ語もフランス語に入ってきている。前掲ヴァルトブルクの『フランス語の進化と構造』によれば、この時期のドイツはいくつかの科学・技術分野で先頭に立っていたが、とくに鉱物学、地質学、鉱山業に秀でていた。前述したが、十五世紀以来、フランスの鉱山業は大部分ドイツ人に託されていたので、quartz（石英）、gneiss（片麻岩）、cobalt、bocard（砕鉱機）、gangue（脈石）などドイツ語起源の借用語が生まれたのである。

興味深いのは、ヴァルトブルクが「二つのドイツ語国、アルザスとスイス」から、いわば「国外のドイツ語」もフランスに入ったと指摘していることである。まず、スイス人傭兵の例。この小国は長らく人口過剰に苦しみ、それを吸収する産業が存在しなかったので、毎年数千人単位で若者が兵士としてフランスに送り込まれた。そこから、例えば、bivac ＝Biwache（露営）、cible＝Schibe（標的）、képi＝Käppi（軍帽）

などの軍隊関係語が生まれた。またアルザスは、十七、十八世紀はまだドイツ語圏でフランス語はストラスブールなどの上流階級で話されているのみであった。この国境の地からはガストロノミーに関する語が入り、choucroute＝Sauerkraut（シュクルット）、Kirsch（サクランボ酒）などが賞味され始めたという。次のルイ十五世の代になると、この国王は英国嫌いで、兵学校に英語ではなく、ドイツ語を課業にしたそうだから、啓蒙の世紀には別な面からもドイツ語が入ってきたと思われる。

ルイ大王晩年、王位継承に悩む　このように、ルイ十四世時代からのフランス文化の影響はさまざまな形でヨーロッパ各地に及ぼされていたが、権勢富貴並ぶ者なき太陽王の光も晩年のスペイン継承戦争を経て次第に弱まり翳ってくる。王は一七一五年に七六歳で世を去るが、その晩年はさびしかった。前述したように、ルイ十四世は相続権とか継承権を理由に何度か戦争をしてきたが、今度は自らがこれに悩まされることになる。運命のなせる業なのか、王には直系の嗣子となる子や孫がほとんど皆いなくなっていた。ヴォルテールが言うごとく、王妃をはじめ、身内のものが皆早死にするのはルイ十四世の宿命だったのかもしれない。末期になって、それまでの「殺生」が身にたたったのだろうか。

不運なことに、残っていたのは曾孫にあたるルイ（後のルイ十五世）のみであった。だがこの子は幼く病弱であったため、国王は遺言で、王国基本法に反して庶子にまで王位継承資格を与えた。これは王の死後、取り消されるが、彼は自らが即位した際、父親のルイ十三世の遺言も取り消されたことを忘れていたのだろう。ついでに言えば、ルイ十四世の跡を継ぐのは孫のルイ十五世だが、なんの因果か、ルイ十五世の跡を継ぐのもその孫のルイ十六世である（後述）。

また、この王位継承に関しては笑い話のような逸話がある。ルイ十五世の結婚戦略である。フランス王家にとって、ルイ十四世の先例があるだけに、王位継承を確実にすることは最重要課題だった。まず取り決められたのは、一一歳の王と三歳のスペイン王女の婚姻。だが、これでは子供同士でいつ嗣子ができるのか分からないというので婚約解消。次に一七名の花嫁候補から選ばれたのは、ポーランドの廃王スタニスワフ・レシチンスキの娘マリア・レシチンスカだが、七歳年長の「姉さん女房」。当年二二歳、これならすぐにも世嗣誕生というわけだろうが、何とも露骨な政略結婚である。この元皇女、「ポーランドから来たシンデレラ」は魅力的で、外国語に堪能な教養ある女性であったというが、これではまるで馬か牛の純血種保存作戦さながらで、生まれた子供は一〇人、目的達成。だが、男子は二人のみで、一人は夭逝、嫡男も父に先立って死去。またもや孫が相続というのは何とも哀れ、皮肉な話である。

ただ同じ頃、ヴェルサイユだけでなく、ウィーンの宮廷でも世継ぎの問題が生じていた。皇帝カール六世には、マリア・テレジアを長女とする三人姉妹がいるだけで、男子がいなかったのである。王制国家一般に言えることで、前にも触れたが、王位の継承とか家督相続は大問題。とくにオーストリアのように、君主によって諸領邦が統合された複合国家の場合は、死活問題。それゆえ、スペイン継承戦争開戦に際し、相続協定によって、オーストリア系、スペイン系両ハプスブルク家ともまず男系長子相続が定められ、以下男系断絶の場合、女系相続の場合などとこと細かく取り決められたという。皇帝はそれでも安心できなかったのか、さらに「国事詔書」（一七一三）を発して、全家領の不分割・不分離と女系相続の優先順位まで定めた。いわばハプスブルク家の基本的家法である。ルイ十四世のように単なる遺言だけでは不安だったのだ。しかるに、この国事詔書をめぐってやがて継承戦争が起こる（後述）。この時代、王侯君主の遺言などまともに守られたためしがなく、また「先祖が放棄した継承権を、子孫が復活するのを防ぐ法規」もまったくなかったのである。

ともあれ、ルイ十四世はフランス絶対王政の最盛期を生き、「偉大なる世紀」を現出し、栄耀栄華を極めたが、その治世は破滅と悲惨のうちに終わった。「ルイ十四世の君主制は、反宗教改革のイデオロギー的な厳格さを反映して、入念に作られた芸術作品であった。それは……普遍的な形態として強い印象を与えた」（前掲『フランス人とイギリス人』）というような評もあるが、永久不滅の芸術作品どころではなかったのだ。実際、大王の晩年の姿を見ると、やはり「祇園精舎の鐘の声……盛者必衰のことわりをあらわす。おごれる人も久しからず……たけき者もついにはほろびぬ」の一節を想起させられる。ルイ十四世がとりわけ「おごれる人」でも「たけき者」でもなかったであろうが、ひとの世の常とはいえ、哀れなものである。

第七章　十八世紀・啓蒙主義の時代——フランス革命までの仏独関係

1　世紀初頭のライン両岸の様相

ヨーロッパ列強の勢力図の変化——三つの継承戦争　十八世紀初頭ルイ十四世が世を去り、仏独関係も新たな局面に入るが、この啓蒙の世紀には両国に大きな戦争とか対立はない。とはいえ、スペイン継承戦争で始まった十八世紀ヨーロッパでは、依然として王位継承をめぐる王朝間の争いが続き、以後もポーランド継承戦争（一七三三—一七三八）、オーストリア継承戦争（一七四〇—一七四八）が起こり、仏独は直接対決ではないが、否応なしに巻き込まれてゆく。歴史は続く、である。後に、マルクスは一八五一年のルイ・ナポレオンのクーデタの際、歴史はまず悲劇の形で、次に笑劇の形で常に繰り返されるものだと言ったというが、このたび重なる王位継承戦争はどちらであろうか。

だが、フランスの世紀とまで言われた十七世紀は確実に終わり、ルイ十四世時代の「覇権争奪」から

「勢力均衡」へと変わり、ヨーロッパ列強の勢力図も次第に塗り替えられる。ウィーンの栄光が傾いてゆくなか、フランスのライバルはハプスブルク家からイギリスへと移り、神聖ローマ帝国内におけるオーストリアとプロイセンの対立がヨーロッパ国際関係に影響する。そして、こうした歴史の流れは、後にオーストリア・ハプスブルク家からマリー・アントワネットが、かつての仇敵フランス王家のルイ十六世のもとに輿入れすることにも繋がってゆく。

プロイセン王国出現　さてルイ十四世没後、フランスは摂政期を経てなおブルボン王朝が続くが、「神聖ローマ・ドイツ帝国」は弱体化したとはいえ、皇帝位はオーストリア・ハプスブルク家にあり、「帝国」は勢いのない黒雲のようにヨーロッパ中部にどんよりと覆い被さり、その下の「ドイツ」ではプロイセンが台頭しつつあった。プロイセン王国が成立したのは一七〇一年、十八世紀に入った途端である。一七〇年後の一八七一年、その後裔プロイセン王ヴィルヘルム一世がドイツ皇帝として即位し、ドイツ帝国が成立することを考えると、まさに象徴的であるが、啓蒙の世紀、「ドイツ」はいまだ統一国家ドイツではなく、ドイツ＝「帝国」でもなく、時には「帝国」＝皇帝でもない。加えて、東方からはロシアが進出していた。

細部は省くが、ポーランド継承戦争（一七三三）はオーストリア・ロシア対フランス・スペインの争い。オーストリア継承戦争（一七四〇）はより複雑になり、プロイセンが絡んでくる。後者は、言うなれば、プロイセン王フリードリヒ二世とオーストリア家を相続したマリア・テレジアの対立で、争点は、豊かで広大な土地シュレージエンの領有であった。このいわば神聖ローマ帝国の「内輪もめ」にヨーロッパ列強、「ドイツ」のバイエルンやザクセンまでが、それぞれの利害から参戦する。この対立図は、オーストリア・イギリス対プロイセン・フランス・バイエルン・ザクセン・スペイン。前者にはハンガリー、オランダ、さらにはイタリアの援軍まで加わるが、大陸にオーストリア包囲網ができたようなものである。なお、シュレージエンとは、現ポーランド南西部、旧ドイツ領で、文化の伝統には乏しく、ルター派の信仰が根づいた土地。後にカトリックのハプスブルク家支配下、総督による代理支配で宮廷はなかったが、宗教的には、再洗礼派の拠点、ドイツ神秘思想の中心になるなど複雑な地方であった。奇妙なことに十七世紀「バロック期の有力文人の四人に一人」がこの地の出身であるという。

この図式は八年間の戦争中、関係国の利害、とくに「法破り」のフリードリヒ二世の軍略上の右顧左眄によって崩れ、入り乱れ、やがては七年戦争（一七五六―一七六三）へと繋がるが、留意しておくべきは、イギリスが関与し、かつて敵対関係にあったフランスとスペインが連携していることである。なぜ留意すべきか？　前者が関与してくるのは、ドイツにハノーファー選帝侯領を抱えていることもあるが、新大陸やインドにおける植民地でフランス・スペインと対決しているからである。後者の連携は、時のスペイン王がルイ十四世の孫だということもあるが、フランス外交の大きな路線転換を示しているからである。もっとも、後に女帝マリア・テレジアの方もフランスへの接近策に大きくカーブを切るのだが。

オーストリア継承戦争　もう一つ忘れてならないのは、オーストリア継承戦争が、外見上は王位継承をめぐる王朝間の伝統的な争いだが、その底流には次の時代を特徴づける植民地における覇権争いの芽をすでに宿していたことである。つまり、旧大陸における覇権争奪が新大陸へと移りつつあったのである。そうした意味でも、オーストリア継承戦争は後のヨーロッパ国際関係を規定するものだが、当然仏独関係においても微妙な影響が現れた。この長期にわたる戦争では、当初の勢力図が崩れ、第一次、第二次のシュレージエン戦争ともなって、次第に複雑に絡み合う。例えば、ザクセンはプロイセンとともにオーストリアと戦っていたが、そのうちオーストリアと和平を結び、フリードリヒ二世から攻撃されるようになり、フランスとも条約を交わしているのである（一七四六）。

＊なお、二十世紀初頭、オーストリアの作家ローベルト・ムージル（一八八〇―一九四二）著『特性のない男』（加藤他訳）に、主要テーマとして「平行運動」なる奇妙な名の社会・政治的運動が扱われている。これは一九一八年に、プロイセン・ドイツで皇帝ヴィルヘルム二世の即位三〇周年記念祝賀が催されるのに対して、同年オーストリアでは皇帝フランツ・ヨーゼフ一世の即位七〇周年を迎えることから、対抗上、ウィーンでもドイツに平行して、それを上回る記念式典を行うという趣旨で、「古きよきオーストリア帝国」復古を願う、第一次大戦前からの大愛国運動であった。ムージル描くところの、この平行または対抗運動着想の淵源があるとすれば、それはどうやら十八世紀半ばのこのオーストリア継承戦争の頃のようで、この平行運動なるものも、プロイセンとオーストリア・ハプスブルク家の伝統的な対立・相剋の流れに属するのだろう。

条約の裏に婚姻あり、ドイツ人皇女、ブルボン朝三国王の母となる　このフランス＝ザクセン条約の経緯はともかく、注目すべきは、この時代の慣例なのか、同盟とか講和条約が交わされるたびに、それを証拠立てるかのように併せて当事国間で婚姻も交わされていることで、この際も、ルイ十五世の王太子ルイ・ド・フランスがザクセン選帝侯アウグスト三世息女マリーア＝ヨーゼフを妃に迎えている。古今東西、どこにでもあった慣行であろうが、まさに条約の裏に婚姻あり、いわば人質婚である。この王女は後述の元ザクセン人でフランスの元帥サクスの姪である。ただこの婚姻以前に、ヴェルサイユの宮廷とドレスデンの宮廷は親密な関係にあったというが、この縁組みはある意味で重要な点を含んでいる。つまり、この王太子妃はルイ十六世、ルイ十八世、シャルル十世の母になるドイツ人女性で、義父王ルイ十五世の覚えはめでたかったという。ルイ十六世王妃マリー・アントワネットもハプスブルク家の「オーストリア＝ドイツ人」女性だが……。なお、ハプスブルク家には「他の者どもして戦争をなさしめよ。幸福なるオーストリアよ、なんじは婚姻（同盟）せよ」なる家憲があるという（前掲『マリー・アントワネット』）。

かつてフランス王室は、イタリアはメディチ家から、また敵対していたとはいえ、スペイン王室から王妃を迎えていたが、時代の趨勢なのか、大きな様変わりである。十八世紀半ば、某ドイツ人が、「幾度幸運なる結婚によって高潔なるゲルマン民族の血がフランスの王者の血統を若返らせ、稔り豊かにしたことぞ！」（ルイ・レノー『近代フランスに及ぼしたる独逸の影響』佐藤輝夫訳）と言ったというが、その通りかもしれない。また、「女は歴史であり、男は歴史をつくる。〝女としての〟歴史は宇宙的であり、〝男としての〟歴史は政治的である」（オスヴァルト・シュペングラー『西洋の没落』村松正俊訳）というアフォリズムがあるが、これもその通りかもしれない。

ちなみに、王太子ルイは紛れもなくルイ十五世の嫡男だが、信心深く潔癖な性格だったのか、父王の愛妾たちに反撥したためもあって、政治から遠ざけられていた。そのうえ、三六歳で若死にし、悲運にして王位の中継ぎ役に終わり、次の国王はまたもや孫となったのである。ルイ十五世もルイ十四世の孫、しかも曾孫だが、幼少時に王位についたので同じく摂政期を経ている。こういう摂政期には、元王妃や摂政君侯の愛妾やらが跋扈するのがフランス宮廷の習いのようで、摂政オルレアン公の跡を継いだコンデ家当主ブルボン公も愛妾プリー侯夫人に牛耳られ、後に失脚するが、フランス十八世紀にはこのプリー侯夫人を嚆矢として数々の女性が登場し、政治史を良くも悪くも彩ってみせる。ルイ十五世の愛妾ポンパドゥール夫人はその最たるものであろう。フランス王家は、前述のごとくカトリーヌ・メディシス以来、王妃の摂政が続いたが、この時代の美貌と才気を誇る貴婦人たちには「サロン」を主宰しただけでなく、国政にまで関与した者がいた。同時代のドイツではあまり見られないことで、これは「宮廷社会」「社交の国」フランスの特徴であろうか。

それはともかく、仏独関係においては、中世に「フランス人最初の教皇」になったジェルベールや前世紀の武将プリンツ・オイゲンのように、いつの時代にも両国を股にかけて活躍する人物がいるものだが、この十八世紀前半にもそのような、いわば「二重国籍者」がいた。前記モーリス・サクス元帥である。オイゲン公はフランス宮廷育ちながら、ルイ十四世に疎まれてフランスを捨てたが、サクス元帥は逆に、ベルリン育ちながら、ドイツを去るのである。彼はいわば位高きコンドッティエーレ（傭兵隊長）で、オイゲン公とは異なった意味でやはり仏独関係を象徴する人物の一人なので少し詳しく触れておこう。その前に付言しておくが、国境を接した仏独の歴史に翻弄されたり、活躍したりした者はほかにもおり、例えば十九世紀初め頃の作家シャミッソーがいる。彼は北仏の亡命貴族《エミグレ》の出だが、その作品『ペーター・シュレミールの奇談』（邦訳『影をなくした男』）において上記のような「二重国籍者」を主人公にして、自らの故郷喪失者としての苦悩を描いている。これは悪魔に影を売り渡した男の数奇な物語だが、主人公シュレミールは、フランス人でありながら、ドイツ軍人として故国の軍隊と戦わざるを得なくなったシャミッソー自身であろう。このような人物はどこにもいるものだが、仏独間にはとくに多いようだ。

ベルリン生まれのフランス元帥モーリス・サクス　さて、モーリス・サクス元帥こと、本名ヘルマン・モーリッツ・フォン・ザクセン伯爵は後のポーランド国王、ザクセン選帝侯フリードリヒ・アウグスト二世の庶子として生まれる（一六九六）。早くから軍人教育を受けて育ったが、生来の遊び好き、艶福家。その性向は若年期から現れ、その奔放埒ぶりを懸念した父のポーランド王によって、彼はフランスで軍務に就かされる。その後、ポーランドに舞い戻り、バルト海に面するクールラント公国（現リトアニア）をめぐって父王のポーランドと対立したり、未来のロシアの女帝アンナ・イヴァーノヴナなどと交渉をもったりしたが、公爵の位を得ること叶わず、一七二七年、フランスに戻る。この時から、モーリッツ・フォン・ザクセン変じてモーリス・サクスとなる。

だがその後の道も平坦ではなかった。フランス宮廷からは忘れられていたのだが、一七三三年、ポーランド継承戦争が勃発すると、この武将にも活躍の舞台がめぐってくる。ポーランド王女を妃としていたルイ十五世は、義父スタニスラフ・レクチンスキを王に擁立するが、オーストリアとロシアがザクセン選帝侯アウグスト三世を対抗馬に立てた。このアウグスト三世はモーリッツ・フォン・ザクセンの異母兄弟なのである。皮肉なことだが、戦国の時代にはよくあることで、とくに仏独間では、はるか後の第二次大戦中でさえ、アルザス人兄弟が敵味方に分かれて戦線で相まみえることになる。それはともかく、モーリス・サクスはフランス王の側につき、たちまち軍功を挙げるが、この継承戦争はアウグスト三世の勝利となり、レクチンスキはロレーヌ公国を受け取っただけだった。

一七四〇年、前記オーストリア継承戦争が起こると、サクス元帥は、危うく異母兄弟のアウグスト三世と戦いそうになるが、かろうじてこれを免れると、元帥は仏軍を率いて英蘭軍を破り、またもや勇名を馳せる（一七四五年、フォントノワの戦い）。その威勢を駆ってか、元帥は、前述したように、王太子と自分の姪のマリー＝ヨーゼフ・フォン・ザクセンの結婚（一七四七）を強力に推進し、この姪が後の三人のフランス国王の母となるのである。したがって、係累から言うと、サクス元帥はこのフランス国王たちの大叔父にあたる。

だが、このドイツ人のコンドッティエーレは、軍功の割には、元帥という称号以外に現世では大きな栄誉を受けなかったようだが、死後に意外な栄誉礼を受けている。葬儀はパリで「フランス元帥」として厳かに営まれたが、彼は「外国人、庶子、プロテスタント」であったため、ルイ十五世が望んだように王室菩提所サン・ドゥニには埋葬できなかった。その遺骸を引き受けたのは、なんと仏独国境の町ストラスブールで、現在もプロテスタントの牙城サン・トマ教会に祀られている。このドイツ出自の有名なフランス軍司令官が、常に仏独争奪の的となるストラスブールの地に眠っているのは実に象徴的なことである。

さらに注目すべきは、元帥の墓碑像で、これはルイ十五世が彫刻家ピガールに依頼したものだが、壮麗な一種の彫刻芸術作品であり、ピガールの代表作でもある（この墓碑像に関心のある向きは、前掲拙著『ストラスブール』掲載のカラー図版などを参照されたい）。この無類に演劇好きであったという元帥の墓碑像は、一見して一場のドラマ、一幅の絵であり、フランス墓碑芸術の傑作の一つとされて、後にロマン派詩人のイコンになったという。ちなみに、サクス元帥ことモーリッツ・フォン・ザクセンは、「ルソーの娘」ジョルジュ・サンドの父方の曾祖父にあたる。ともあれ、かくのごとくサクス元帥の血筋のように、フランスとドイツというのはライン河を挟んで入り混じり、どこか不思議な縁で結ばれているようだ。

2　ドイツにおけるフランス文化の影響

フランス語の威勢とドイツ人のフランス嫌い　さて繰り返しになるが、十八世紀中は仏独間に重大な葛藤はなく、両国家の諸関係は総じて平穏無事である。とはいえ、ドイツにおける国民感情は変化する。この時代、フランス語は国際語、つまりヨーロッパの公用語になりつつあり、前世紀以上に広まっていった。ただ、前述もしたが、フランス語が浸透すればするほど、一層フランス嫌いも増えてくる。スペイン継承戦争以降、この勢いがさらに強まり、ドイツ人はラインの西の隣人を「累代の仇敵（Erbfeind）」呼ばわりするようになる。この「エルプファイント」というドイツ語は本来トルコ人に対するものだったが、おそらく三十年戦争以後フランス人にも適用されたという。この名称は、トルコに対しては十九世紀初頭にほぼ消滅するが、フランスに対しては二十世紀まで続くのである。後に、ドイツは二十世紀後半、前述したように、トルコ人移民問題で悩まされるが、これも歴史の流れのヴァリアントだろうか……二〇一〇年現在でも、ドイツには二七〇万人のトルコ人がおり、九〇万人がドイツ国籍をもっているという。

フランス人大好きのフリードリヒ大王

ところで、こうしたフランス語やフランス趣味、つまりはフランス文化のライン対岸への浸透を語る場合、やはり忘れてならないのは、フリードリヒ大王であろう。この大王には何度か触れたが、オーストリア継承戦争、七年戦争とフランス相手に戦ってきながら、ドイツ本国だけでなく、フランスでも人気があった。彼が、プロイセン、否ドイツで一種の国民的英雄になったのは当然で、かのゲーテでさえこう言っている。「北の方に眼をやれば……北極星フリードリヒが光芒を放っていた。ドイツ、ヨーロッパ、いや世界全体がこの星をめぐって回転しているかのように見えたのである」(『詩と真実』)。

ところが奇妙なことにフランスでも、敵ながら天晴れなるフランス贔屓というわけで、褒め称えられていた。それゆえ、この戦争中、ドイツで生まれた「フリッツ」人気がヴォージュを越えて反響したのか、フランスでもフリードリヒ熱が高まり、これが伝統的な反オーストリア感情と相俟って、「オーストリアを支持しながらも信用せず、プロイセンと戦いながらも共感を持ち続けた」という逆説的な状況が生じたのである。後には、「フランス軍隊中にプロイセン式練兵ばかりか、プロイセン軍の幹部までも導入されることになった」というから、驚きである。

確かに、フリードリヒは優れた精神の持ち主で、有能な政治家でありかつ名将であったが、幼少時からいわば「フランス人」として育てられたようなもので、徹底したフランスかぶれであった。彼はフランス語しか話さず、フランス語でしか書かなかったし、フランス語で書かれた作品しか読むに値しないと思っていた。啓蒙君主としてヴォルテールやディドロたちと交流があっただけでなく、彼は自ら哲学者王であることを誇りにしていた。もちろん、啓蒙君主と言っても専制君主であることに変わりはない。だがそれでも、この改革派のプロイセン王は、フランスではことのほか愛され、一時は彼を悪く言うことはタブーでさえあった。いずれにせよ、フリードリヒ大王は軍人王と哲学者というヤヌス（双面神）のような存在であるが、それはプロイセン自体のイメージでもあった。

前記レノーによれば、「十八世紀のフランス人は、自国に対しコスモポリット的であるにもかかわらず、ドイツ人たちが祖国に熱情を捧げるのを見ては、非常に美しいことだと思った」というから、こうした感慨は当然かもしれないが、フランス人の幻想でもあろう。「十八世紀のフランスは、自国を尊敬していると言って紹介せられたドイツが、反フランス的であったことを決して知ってはいなかった」し、あの反ナポレオン・親独派のスタール夫人の手にかかると、この大王の欠点とか非難すべき行状は大部分が、そのフランス的教養のせいだとなるが……。いずれにしろ、フリードリヒ大王は「病膏肓に入る」ほどのフランスかぶれであったが、ドイツに対するフランス文化の影響の象徴でもあったのである。

ロスバッハの勝利　それはともかく、仏独関係において、フリードリヒ二世は、別な角度からも留意しておくべき点がある。それは、七年戦争で、この大王は当初苦戦の連続だったが、一七五七年秋、ロスバッハ（エルベ川支流のザーレ川西辺）で、帝国軍とフランス軍を破ったことである。このロスバッハの勝利が前記のフリッツ人気のもととなるが、それだけではない。「ドイツ人にとって、ロスバッハは新しい国民精神を示す契機となった」のである。彼らにとって、プロイセン王がフランス人に勝ったことは大変な喜びで、敗者の陣列に多数のドイツ人もいたことや、ロスバッハ以降フリードリヒが何度か敗戦の憂き目を見たことなど問題ではなかった。この勝利によって、三十年戦争以降、ルイ十四世の威光を浴びて暗黙裡に被らされてきた劣等コンプレックスが吹っ飛び、いわゆるナショナリズムの発揚に繋がったのである。

ただし、このロスバッハの勝利が仏独関係史上の主要な日付というのではない。重要なのはドイツ国内における人心の変化である。この日以来、いまだ統一ならざるモザイク状の領邦国家群のドイツで、他の領国民を含めて、プロイセン王に託して国民的繁栄を実現したいという漠とした願望が生まれ、国家統一というはるかなる夢、その茫漠とした気運が芽生え始めたのである。ゼレールによれば、「プロイセンによるドイツ統一の歴史にはある一定の内的な論理がないわけではない。すなわち、この歴史の出発点はロスバッハでフランス人を打ち破った勝利にあり、その終点はヴェルサイユ、つまり一世紀後、〔普仏〕戦争でフランスに勝ったことにある」。

もちろん、このロスバッハの勝利は仏独関係にまったく無関係というわけではなく、フランスに対するドイツ人の感情を微妙に変化させ、やがては「疾風怒濤」に象徴されるような国民主義的・反フランス的な動きに繋がってゆくのである。だが、ロスバッハや疾風怒濤以前の十八世紀前半に、すでにこうした国民主義的な気運はドイツ社会の内部で、微弱ではあるが、目覚め始めていた。それは、ドイツ国内だけではなく、フランスにおける人心の変化にも呼応するものであり、また前述したユグノーの影響というような仏独関係史上の歴史的な事実も絡んでいるのである。それを少し詳しく見てみよう。

啓蒙の世紀における文化的力関係の変化

さて、フリードリヒ大王の例のように、啓蒙の世紀の仏独関係は、少なくとも前半は、前世紀の流れを受けて、フランスがまだ優位な位置を占めており、とくに文化的にはそうであった。だが、ルイ十四世の威光も消え、時代が進むに連れて、この仏独間の文化的な力関係にも徐々に微妙な変化が生じていた。前掲『近代フランスに及ぼしたる独逸の影響』によれば、世紀前半から、北方、つまりはイギリス、次いでドイツの影響が静かに及び始めていたのである。このほぼ一世紀前に出された書には、それが詳細に語られており、少々長くなるが、その冒頭にはこうある。

「宗教改革以来途絶えていた北方民族の影響が再びフランスの上に及ぼし始めたのは十八世紀からのことである。この現象は、当時北方民族の知的生活が見せた顕著なる躍進ということばかりでは、説明がつかず、少なくとも当時におけるフランス人の心の中に生じて、特質的には感受性の解放というものであった革新にも、同じ程度に由来している。古典時代に王座を占めていた理性の支配を投げ捨てて、感情と本能に身を任せながら、フランス人の精神はゲルマン諸国民の思想様式を採択したように思われるが、その思想の本質は、上代から継承してきた合理的伝統に対して個人的低下意識〔心理・感情〕の肯定というところにあるのであった。ゆえに、フランス人の間に起こったこうした態度の変化というものが、先ずもって文学の領域において……風習、哲学、科学の分野においても、この北方民族の影響の到来ということを記しづけるものである……」。

しかしながら、ドイツ文化とか思想がライン河を渡って、フランスのそれと相対し、互いに関連し合い、切磋琢磨の影響関係が生まれるのは世紀中葉以降であり、それまでのプロセスも困難が多く、交流は並大抵のことではなかった。双方の文化生活や精神的慣習には、なお甚だしい違い・対立があったからである。そこで、いわば「ゲルマン思想のプロパガンダ」作戦が始まるのだが、十八世紀前半の仏独はどういう状況にあったのだろうか。まずフランスから見ておこう。

＊ なお、レノーの「北方民族の知的生活が見せた顕著なる躍進」とはいわゆるロマンティスムのことであろうが、これは歴史的にはイギリス、ドイツなど北欧で広まり、次いでフランスやイタリアに伝わったものである。このロマン派的感性の流れは、詳述はしないが、ある文学史家によると、その淵源は遠く宗教改革のもたらした知的・精神的変化に遡るもので、プロテスタンティズムの所産であり、それがカトリック的伝統の南欧に及んだのだという。実際、王政復古時代、ロマン派の敵方はロマンティスムを「文学のプロテスタンティズム」と呼び、これを究極の非難として浴びせた

というから、この見方は当時一般的なものであったのだろう。この文学運動も初期には「エルナニ事件」のような熾烈な闘いを強いられたのだから。

さて、もし仮に、少々乱暴だが、フランスの十六・十七・十八世紀の三時代をひとまとめにして、旧制度社会の生成・発展・解体のプロセスと見ると、十八世紀は紛れもなくこの解体期という最終局面にあたる。歴史の流れとしては、七二年にも及ぶルイ十四世の治世が終わり（一七一五）、ブルボン王朝の末期段階に入り、やがてフランス革命という大転換によって近代市民社会を迎える時代である。そこには、政治や経済だけでなく、文化や社会システムにおいても、ルイ十四世時代の古典的な段階とは異なる新しい諸要素が芽生え、変化が生じつつあった。その細部はおくとしても、興味深いのは、王政は衰退の坂道にあっても、経済は十七世紀の長期停滞を脱して成長へと歩み始め、人口もそれと並行して増加へと転じつつあったことである。それを象徴するのは、中世以来フランスを悩ませ続けてきたペストが、一七二〇年のマルセイユの流行を最後にほぼ消滅したことであろう。「経済史上の十八世紀」は一七三〇年前後に始まるというし、人口も同じ頃すでに推定二三〇〇万人に達していたとされる。こうした社会の下部構造において変化が起これば、漸進的ではあるが、連動して精神面や文化の上部構造においても変化が生じてこざるを得ない。

ではドイツはどうか。フランスは、大雑把であるとはいえ、前記のように旧制度社会というタームで三つの世紀を括ることができるが、ドイツの場合はこのような時代区分は当てはまらないようだ。ある説によると、ドイツの十八世紀は「中世的世界の終焉」を告げる時代であり、一七五〇年頃が「中世」と「近代」の境目であるというが、なんとも曖昧な見方である。むしろ留意しておくべきは、ドイツ十八世紀は、前述のごとく、一七〇一年にプロイセン王国が成立し、このホーエンツォレルン王家の雄としてフリードリヒ大王が誕生することであろう。ただ、この世紀は、総体的には仏独双方とも「古い世界」と「新しい世界」が併存、交錯し、次の時代へ移行する時期で、ドイツの場合、「中世的世界観からの決別」を画するものとして「啓蒙精神」が現れ、広く社会的な一般的現象となって行き渡り、時代が大きく変わり始めていたようだ。そうした歴史の節目となるのが、やはり十八世紀中葉で、例えば人口も急カーブで増え始め、一七五〇年頃の約一八〇〇万が、一八〇〇年頃には二四〇〇万に達しているという。人口が増えれば、それを養うための食糧生産はもとより、付随して産業・経済活動が旺盛になり、ここでも人心は変化してゆく。

かくして、仏独両国は、政治・社会体制は異なるとはいえ、かたや旧制度社会の解体、かたや中世的世界との決別のプロセスを経て近代市民社会へと歩み始め、やがてはともに大きな転換点を迎えることになる。ライン河を挟んで、ほぼ同時期にヴォージュの西ではルイ十四世が逝去し、はるか北方ではプロイセン王国が誕生して「啓蒙の世紀」が開幕したのは、象徴的である。では、このような状況下で、仏独関係はどのように展開していったのだろうか。前述したように、十八世紀前半は、スペイン、ポーランド、オーストリアの各継承戦争、七年戦争と続くが、仏独間に直接対決や交渉はないので、ここは文化面、とくに文学とか思想の分野での影響関係を見ておこう。

さて本題に入る前に、まずフランスとドイツの文学史を開いてみると、興味深い事実に気づかされる。フランスの文学史は、ほとんどどの文学史の書をみても、中世、十六、十七、十八世紀と、各世紀ごとに叙述されているが、ドイツの文学史は、すべてではないが、そのような時代区分ごとの記述よりも、例えば、十七世紀は「バロック」、十八世紀は「啓蒙主義」を章題にした書が多い。これは、前述のごとく、フランスは、大雑把ではあるが、三つの世紀を旧制度という一つのタームで括って段階ごとに時代区分ができるが、ドイツはそれができないことにも呼応するようだ。ただし、ここで言う世紀とは、歴史の流れにおける時代区分であって、いわゆる暦法上の形式的な一〇〇年間の一世紀ではない。

それはともかく、仏独双方とも十七世紀から負わされてきた桎梏から、それぞれの仕方で抜け出そうとしていた。フランスは、ルイ十四世の「輝かしい治世」の代償として残された疲弊した社会状況にありながらも、全体的な雰囲気として、前世紀の文学、芸術などの輝かしい知的・精神的所産、とくにコルネイユ、ラシーヌ、モリエールに代表されるような文学的古典主義規範の軛から脱して、感性の解放と新たな自然を希求する気運が生まれていた。ドイツは、依然として「縮刷版小君主国」とでも言える小邦の分立状態が続くなかで、三十年戦争の荒廃から立ち直り、政治的・経済的な後進性を克服しようとする努力がなされ、啓蒙思潮の合理主義を受け入れる素地ができ、大哲学者ライプニッツが生まれ、文学・思想にもその影響が及び始めていた。

仏独双方に重い前世紀の文学遺産

このように仏独双方とも、啓蒙思潮の大波を受けつつあったことに変わりはなく、その原因も現れ方も異なるが、ともに啓蒙の世紀へと歩みつつあったのである。ただ、こと文学に関しては、双方にまだ大きな違いがあった。まず背負わされてきた重荷の質も量も大違いなのである。繰り返しになるが、フランスは太陽王の治下で文芸も栄え、前記の三代劇詩人をはじめ、詩人や作家と称せられる者が綺羅星のごとく居並ぶが、三十年戦争で荒れ果てた十七世紀ドイツには、不幸にして、彼らに匹敵する者は少ない、否むしろいないと言ったら言い過ぎだろうか。グリンメルスハウゼンの『ジンプリツィシムスの冒険（阿呆物語）』のような一種のビルドゥングスロマーンの走りのごとき傑作もあるが、総じて当時のドイツには、宮廷詩人や学者を除いて、国民一般が文芸などという「無用の学」にエネルギーを割く余裕はあまりなかったのだろう。それゆえ、十八世紀初頭、イタリアの哲学者ヴィーコのように、「ドイツはあらゆるヨーロッパ諸国のうちでも、最も未開の国である」などと暴言を吐く者まで出てくるのである。

確かに、二、三の本邦のドイツ文学史を見ても、十七世紀の記述は一〇頁に満たないものが多く、フランスのそれよりもはるかに少ない。しかしながら、こうした扱いは「従来の価値観によりかかった文学史の偏見や怠慢の所産」であるとして、反論している書もある（佐藤晃一編『ドイツの文学』）。すなわち、「ドイツ文学における最初の文芸理論書、最初のソネット、最初の五幕構成の悲劇、最初の喜劇」など「ドイツ近代文学のジャンル」は、その発現形態がいかに「稚拙で不完全」であろうとも、ほとんどすべて十七世紀に出現しており、「バロック文学は以後の文学とは非連続のものではない」という。おそらくその通りかもしれない。また、「戦乱〔三十年戦争〕の継続が一義的に文化・芸術の窒息・破壊を意味するものではない。むしろ前世紀に比べれば文学の分野では……活潑な営みの見られた時期である」（藤本・岩村他『ドイツ文学史』）と、バロック文学を積極的に評価し、的確かつ客観的に位置づける見方もある。

しかしながら、十七世紀ドイツ文学が「不毛」であるという「偏見」は抜きがたく、以後も長らく続いたというが、音楽は別として、フランスの十七世紀と比すれば致し方なく、やはり文芸、思想など文化というものも時の国情、国勢とか国民の活力を反映しているのだろう。では、十八世紀のフランス人はこうした状況をどう見ていたのか、またドイツ人はどう考えていたのか。前記レノーやゼレールなどを参考にして、以下に見ておこう。

3　フランスにおけるドイツ文芸のプロパガンダ作戦

フランス人の見たドイツ文化　まずフランス人だが、彼らは一般に、ドイツにはライプニッツやクリスティアン・ヴォルフなど優れた哲学者や学者はいても、詩人とか作家がいるのかと疑いの目で見るし、彼らには「ルターの言葉」は判読しがたくて、馴染みがなく、ドイツ語は科学や道徳の記述には適していても、詩歌や雄弁術には不向きであると考えていた。極端な者になると、絵画や詩歌などの芸術はオランダが北限で、それ以北では「草昧未開の詩人、粗野な作者、味気なき色彩画家」を輩出したに過ぎないなどと論断していたという。

要するに、十八世紀初め頃のフランス人は、ドイツには、中世はともかく、近代のいわゆる国民的文学はいまだ存在せず、ラインの対岸ではフランス文芸の放つような陸離たる光彩はなく、それは「パリとルイ十四世のごとき王者」が欠けているからだと思っていたのだ。まさに尊大なる偏見である。もっとも、こうしたフランス人の偏見は根深く残り、後世両大戦間期、「ドイツには画家がいない」などと嘯いた批評家がいたとか、また二十世紀末でも、パリの美術館ではドイツ人画家がごくわずかしか見られなかったというから伝統的なものかもしれない。フランス人は傲岸不遜にも、ドイツには国民的文学だけでなく、絵画も存在せずと考えていたのだろうか。もっとも、「一七三四年、フランス人の理性がまだ子供の状態にあった時代」と書いた辛辣なフランス人作家（スタンダール）もいたが。

ついでながら、これには後日談がある。二〇一三年春から、ルーヴル美術館でドイツ絵画の特別展『フリードリヒ（一七七四—一八四〇：ドイツ・ロマン派）からベックマン（一八八四—一九五〇：表現主義）までのドイツ、一八〇〇—一九三九』が開催されたが、これがライン対岸では批判と論争を引き起こしたという。詳細は控えるが、フランス側にはいまだ「ドイツには画家がいない」という偏見の残滓があるが、ドイツ側からすると、この年限の区切り方からして問題で、ゲーテの時代からナチズムまでをドイツの歴史と文化の一貫した流れと見ることに強い反発があるとされる。一日平均三四〇〇人集めたというこの展覧会は、エリゼ条約（一九六三年締結。後述）五〇周年記念も兼ねていたというから、いつまで経っても仏独関係は悩ましいものである。またこの特別展の原題名は De l'Allemagne, 1800-1939, de Friedrich à Beckmann だが、この De l'Allemagne はスタール夫人の『ドイツ論』の原題名でもあり、何か意味深長なものがありはしないだろうか。なお、フランスを批判するドイツは、他方で逆にポーランドから抗議・批判されている。二〇一三年三月、ZDF（ドイツ第2テレビ）で放映されたテレビ番組でポーランドのレジスタンス組織と反ユダヤ主義の関係を諷刺したことから、猛反発を受けたという。折しも、四月にはワルシャワ・ゲットー蜂起七〇周年を迎えていた。ドイツとポーランド、これもまた複雑で悩ましいものである。

ドイツは文化も地方分権、フランスは文化も中央集権

それはともかく、後にゲーテは、「ドイツが偉大であるのは、驚くべき国民文化が国のあらゆる場所に均等に行きわたっているからだ……数世紀来ドイツに二つの首都、ウィーンとベルリン、あるいはただ一つの首都しかなかったとすれば、いったいドイツ文化はどうなっているか……」（『エッカーマンとの対話』、前掲『ゲーテ全集』第11巻所収）と言うが、ドイツは元来、中央集権の国フランスと違って、文化も地方分権的だったのだろう。

なお、この仏独両国における文化のあり方は現代にまで続いているようだ。例えば、フランスではかつてのアンドレ・マルローのような大物の文化大臣がいたが、ドイツには、ナチ時代を含めて戦後は一九九八年まで、連邦政府に文化大臣はいなかった。ゲッベルスは文化相ではなく、宣伝相だった。教育・文化行政は各州政府に委ねられており、今でもドイツには文化省はなく、文化大臣がいても各州政府の文化行政の調整役、いわば役所なき文化担当の連邦政府代表といった存在であるという。実際、この違いは一般的文化行政にも現れ、フランスでは、例えば映画やテレビにおいて、英語使用を制限したり、外国（とくにアメリカの）作品数を割当てたり、政府が介入することがある。いわゆる文化における「割当て制」だが、ドイツにおいては、州政府はともかく、連邦政府レベルではあり得ないことであろう。この国には、かつての全体主義時代に「強制・拘束的文化」を経験したという苦い思いがあるからでもあろう。ラジオ・テレビにしても、ドイツには地方を本局とする、南西ドイツ放送や北ドイツ放送など強力な地域放送網があるが、フランスはパリ中心で、ドイツと同規模の南フランス放送やブルターニュ放送などはない。仏独の政治・社会体制の違いは文化面にも反映されているのである。

「この傲慢極まるフランス人の非礼」への反撃——「ゲルマン思想のプロパガンダ」作戦　ただし、このフランス人の偏見にも一理あり、当たらずとも遠からずのところがある。一理というのは、「ドイツ文学の名に値する国民的文学はこの〔啓蒙の〕世紀にはじめて確立された」（『ドイツ文学案内』）と見なされ、少なくとも一七四〇―五〇年以前にはドイツ近代文学は存在しなかった、と言われたりするからである。ドイツに啓蒙の世紀が訪れるのは世紀後半である。もちろん、フランス人の紋切り型の愚劣な偏見とか軽蔑は無知からくるものだが、ドイツ人が立腹し、その名誉にかけて、「この傲慢極まるフランス人の非礼」に対して、文学者で、啓蒙主義時代の大立者であるゴットシェート教授などが反撃するのは当然である。ゴットシェート自身、「フランス古典文芸の模倣者」で、フォントネルやヴォルテールなどと知り合いであったが、知的愛国心に駆られて、ライプツィヒ大学の大講堂でフランス人の誹謗に対して痛烈に弁駁したという。

　そこで、傷つけられた国民的自尊心の反動として、ドイツ人自身による「ゲルマン思想のプロパガンダ」作戦が始まるが、これはレノーの用語で、前掲書『ドイツの影響』は、「第一部　鑿孔《さくこう》（一七五〇―一八一四）・第一章　ゲルマン思想のプロパガンダ」としてある。ユニークにして意味深い用語である。なぜか。かつて十六、十七世紀にイタリアやスペインから文芸の傑作が入ってくると、そのまま受け入れられたものだが、イギリスの文学作品がフランスに広まるのには半世紀近くかかり、しかもアベ・プレヴォーやヴォルテールなどの亡命経験者をはじめ、フランス人自身の努力を必要とした。ところが、英国文学に次いでフランスに入ってきたドイツ文学は、ドイツ人自身の手を経なければならなかったのである。これは、この時期の仏独の文化的関係のズレを示している、大きな特徴である。つまり、それだけフランス人の無知と無関心は大きく、仏独を隔てる「文化」のライン河は越えがたかったのであろう。スタール夫人など親独派が登場するのは、もっと後のことで、ラインに仏独間の「文化の橋」が架かるにはなお半世紀を要するだろう。ちなみに、この大河が仏独国境になったのは十七世紀末、舟橋であったものや木造に代わって固定した、まともな橋が架かるのは十九世紀後半、ストラスブールでは一八六一年完成である。一〇年後、普仏戦争で破壊されるが。

ユグノーのフランス人啓蒙運動

ただ実際には、ドイツ事情を伝えようとしたフランス人たちがいた。その一つが、ベルリンに逃れたユグノーがアムステルダムを拠点にはじめた『ゲルマン文庫』（一七二〇）である。これは宗教臭が強く、パリではほとんど読まれなかったため、宣伝効果が上がらず、ドイツ人自身も不満で、彼ら自身が乗りださざるを得なかった。そこで彼らドイツ人は、自国に対するフランス人の無知と誤謬、偏見からくる「蒙昧を啓く」、つまり啓蒙運動を起こし、「偏見に対する闘い」を開始したのである。なお、この『ゲルマン文庫』は後に『ドイツ・スイス・北方文学新聞』『新ゲルマン文庫』となって、アムステルダムやハーグで、一七六〇年まで出版されていたという。ここで多少視点はずれるが、忘れてならないのは、十七世紀末ロッテルダムに亡命した、啓蒙思想の先駆とされるピエール・ベールである。このユグノーは、異郷の地オランダで『文学共和国新報』なる「民衆形成的な最初の学術雑誌」を出しているが、『歴史批判辞典』の著者として名高く、その与えた影響はフランスのみならず、ドイツにも及んでいる。「十八世紀のドイツで、一度はベールの辞典のとりこになり、それぞれの〔ゲーテの言う〕ラビリントに迷い込んだ文学者の数は意外に多い」(河原忠彦『十八世紀の独仏文化交流の諸相』)という。詳細はつまびらかにしないが、ゲーテをはじめ、ヴィンケルマン、レッシング、ゴットシェート、ヴィーラントなど十八世紀ドイツの文学者たちが軒並みこの辞典の影響を受けたとされている。

ところで、この宣伝戦は、当時ドイツ文学界を二分していた二つの流派の指導者、すなわち親フランス派のゴットシェートと親イギリス派のボードマーによって始められたが、ドイツにおけるフランスの影響を打破しようとした反仏主義の後者よりも、ヴォルテールなどと知己であった前者のやり方が巧妙だった。ゴットシェートは、弟子の一人をパリに送り込んで、「あらゆる機会を摑んでフランス人の目を開き、祖国の文芸的評価を知らしむるようにせよ」と命じた。この知的国粋主義に燃えたメルヒオール・グリムなる弟子は、有能な外交官のような資質とドン・ファン的性向の持ち主で、たちまちパリの社交界に入り込み、文学社会にも溶けこんだのである。そして彼自身も後に作家となり、『文学通信』で有名になるが、前出オイゲン公やサクス元帥とは異なったレベルで、仏独「二重国籍者」的人物なので付言しておこう。ただし、このグリムは『文学通信』のグリムであり、「グリム童話」のグリム兄弟とは別人である。

メルヒオール・グリム(一七二三—一八〇七)は四二年間もパリに在住した、いわば「半フランス人」。オイゲン公やサクス元帥のような軍人ではないし、時代も違うので、彼の活動舞台はパリの「サロン」とか劇場裏で、そこが戦場となる。彼は、あろうことか「人間嫌い」のルソーの手引きで社交界に出入りし、例えばエピネー夫人の上流文芸サロンの常連となり、ついでその愛人となるが、その前はある女性歌手が愛人だったという。後のジュリアン・ソレルのように、女性をステップにして社会上昇をしていくが、グリムはディドロやヴォルテール、生臭坊主的な面もある啓蒙派のリベルタン、レナール神父などと知り合い、時のフランス文芸に精通するかたわら、ゴットシェートの命を受けてパリでドイツ文学のプロパガンダ作戦にも従事していた。

プロパガンダ作戦要員グリムの『文学通信』　確かに、グリムは文学史上に名を成すような作品こそ残さなかったが、文芸批評家、とくに音楽評論家として活躍し、やがてエピネー夫人とディドロの援助で『文学通信』を始める。この刊行物は、外国人の読者向けにパリの知的状況や文化生活に関する情報提供をするものだったが、読者層にはヨーロッパの諸君主や宮廷人もいた。そのためグリムは各国の宮廷とも接し、ザクセン公爵夫人、ポーランド王、スウェーデン女王、ロシア女帝などにその名が知られるようになり、時には外交官のような役割も果たしていた。それゆえ、後にはハプスブルク家の皇帝ヨーゼフ二世から男爵の爵位を授かり、フォン・グリムとなるのである。

したがって、彼が活躍したのは、単に仏独文化交流の面だけではなく、ヨーロッパ各国の宮廷を渡り歩いていたようだが、この百科全書派の友であったグリムは、ルソーとも係わりがあり、『告白録』には随所に登場する。ここで、その交遊関係を見ると長くなるので省略するが、ルソーはグリムを自分に向けられた「陰謀」の親玉とみなし、最後には絶交する。ルソーはディドロとも絶交するが……それはともかく、グリムが与えた影響範囲は意外に広く、『文学通信』はドイツでも多くの読者をもち、ゲーテもその一人であった。ゲーテはグリムとは四度も会っているという。またディドロには、『グリム氏へのレナール神父擁護の手紙』のようなものもあり、グリムと百科全書派の交遊も多彩であり、それを綴ればゆうに一冊の本になるだろう。さらに言えば、世紀半ば、グリムはある貴族に従ってはじめてパリに来るが、その頃はドイツからのこうした、いわば移住者が多かった。それはサクス元帥の輝かしい軍功やフリードリヒ大王の人気にあやかった現象であるというが、世紀中葉の仏独関係は文武両面の意外なところで展開されていたようだ。

いずれにしろ、グリムの与えた影響は多様かつ多彩で、『文学通信』の果たした役割も大きいが、これ以上詳述は控えよう。なお、この『文学通信』は一七五三―九三年の間発行されており、十八世紀後半の知的・芸術的状況に関する貴重な文化ドキュメントとなっている。

閑話休題――ところで、ドイツ文芸のプロパガンダ作戦要員であるグリムは、ゴットシェートから与えられた使命を忘れてはいなかった。彼は、一七五〇年秋、時の一大文芸誌『メルキュール・ド・フランス』でドイツ文学の紹介に及び、「ドイツにもちゃんと立派な、そしてもうすでに昔からの文学があった」と宣伝した。さらに二年後、『アルマナ・デ・スペクタクル』誌では、「ドイツの劇は少なくともフランスの劇とその古さを等しくし、大コルネイユやモリエールの時代までは、これまた同様に華々しかった」と豪語したという。まさに空威張りである。しかしながら、時代の空気や社会状況が変わっていた。

これが一〇年前なら、フランス人の嘲笑を買ったであろうが、その頃はイギリス文学の流入が強まり、フリードリヒ二世の威名も与って、北方文学への評価も変わり、パリのドイツ観も様変わりしていた。ヴォルテールがプロイセン王の招聘に応じ、ベルリンに赴いたのもちょうどその頃で（一七五〇）、人々はグリムの駄法螺とも言える宣伝文句を信じて、ドイツ人も文学をもっており、これを疑ったことは愚かであったと考えるようになったのである。そのうえ、タイミングよく、ドイツのビュフォン（フランスの博物学者）とも言える、著名な解剖・生理・植物学者で詩人のアルブレヒト・フォン・ハラーの『詩歌集』の仏訳版が出た。ルソーの同郷人であるハラーは、アルプスの自然を歌って時のフランス人の心を捉えたのだろう。「軽佻浮薄な」フランス人にも自然に対する「感覚的」心情が生まれつつあり、従来の古典的規範にがんじがらめの作品に倦み疲れていた心の琴線がうち震え出したのかもしれない。

ドイツ文学のフランス入り

かくして、「ドイツ文学は十八世紀の中葉に至ってはじめてフランス入りをした」のである。とくに、一七六〇—七〇年代の頃、「ドイツの詩歌と文芸は今日パリにおいてあたかも英文学がここしばらく以前からそうであるように、一つの流行」になり、サロンで「美しいご婦人たち」の口の端に上るようになったという。そしてそれは決して誇張ではなかった。ゴットシェートとグリム師弟の努力がやっと実ったわけである。

だがゴットシェートのプロパガンダ作戦は、それで終わったわけではない。彼らは、自国が文学の道に乗りだしてからまだ日も浅く、隣国フランスの放つような光彩を得ていないことは百も承知していた。グリム自身が、「三〇年ほど前から、ドイツは小鳥どもの巣となっている。鳥どもはただ歌える季節を待っているばかりである。わが国の詩神にとってのそうした光輝ある時代も、たぶんさして遠い先のことではない」と述べ、やっとドイツにも順番がめぐってきたと意気盛んなのである。

そこでゴットシェートは、フランス人に「チュートン語」を広めようと、『言語の手引き』なるドイツ語入門書をストラスブールとパリで刊行した（一七五三）。そして匿名ながら、その序文で、「ドイツ系のフランク人」たるフランス人にシャルルマーニュ＝カール大帝は「ドイツの英雄」であり、この王者の言葉はヨーロッパの国語の半分を生じせしめたのではないか、なぜいつまでも無視するのかと訴えたのである。あまつさえ、この文法書の表紙には、ルイ十五世の王太子妃となった、前記のザクセン大公女の名が大きく記され、彼女がこの本の置かれた卓子の方へとその公子（後のフランス国王）の手を引く絵が描かれていたという。こうした涙ぐましいほどの努力の結果、仏独双方での雰囲気が変わり、パリでは、ポンパドゥール夫人の勧めで設立されたばかりの王立兵学校で（一七五一）、ドイツ人教授によるドイツ語教育さえ始まったのである。もっとも、これには、ルイ十五世の英語嫌いが背景にあったと思われる。ある時、国王は、「英国人は朕の王国の精神を台なしにしてしまった……若者をこうした堕落の状態に晒さないようにしよう」と言って、英語を兵学校の課業から外したという。この兵学校では、後にナポレオンも学ぶことになる。

このようにして、ドイツのプロパガンダ作戦は、先のグリムのような「二重国籍者」的人物のお陰で次第に成果を上げてゆくが、その他にも何人かのドイツ文芸「宣伝工作員」がいた。レノーの前掲書には、仏訳『ドイツ詩選』のミヒャエル・フーバーや、叙事詩『アベルの死』によってフランスで圧倒的な人気を博したドイツ系スイスの田園詩人ゲスナー（一七三〇—一七八八）などの動向が詳細に語られているし、また『文芸・美術におけるドイツ人の進歩』とか『ドイツ文学に関するプロイセン人の書簡』がフランス人向けに著されたとある。だがこうした文芸家はドイツ文学史上ではマイナーですぐ忘れられ、一般には記載がない。それらを逐一なぞっても煩瑣に過ぎるので、ここでは省略するが、忘れてならないのは、こうした今では無名の人々がヘルダーやゲーテ、シラーのはるか以前に、「十八世紀のフランスにおけるドイツの影響」面で一定の役割を果たしていたことである。

新聞雑誌メディア駆使のドイツ式宣伝

彼らの宣伝作戦については、一つだけ触れておこう。それは、彼ら宣伝隊がパリの一流新聞雑誌をドイツ文芸プロパガンダ作戦の手段に使ったことである。例えば、『百科全書新聞』『学者日報』『メルキュール・ド・フランス』、とりわけ『文芸年鑑』などであるが、ドイツ人は由来、新聞雑誌という媒体を使うことが巧みであり、「ルターの〝ちり紙新聞〔木版画入りのパンフレットのことか?〕〟やフリードリヒ二世のパンフレット、ビスマルクの〝天啓〟新聞」などが好例だという。啓蒙の世紀はこのメディアが一般化し、仏独双方で「世論」とか「公論」という「公共意見」が人心に対して大きな影響を及ぼすようになった時代で、彼らもその重要性に気づき、いちはやく利用したのであろう。ドイツではすでに十八世紀初め、英国に倣って、日常生活万般の問題を物語で伝え、市民啓発運動を展開する週刊誌が発行されていたというが、ドイツ宣伝隊は、パリの新聞を媒介にしてこれと同じ手法を使ったのだ。なかでも、留意しておくべきは『外人日報』なる新聞が果たした役割である。

『外人日報』とは、十八世紀半ば、パリで「外国文学の知識をフランスに伝播することを趣旨」として発刊された新聞で、当時ヴェルサイユを含めた大部分のヨーロッパの宮廷、パリの知的・政治的社会や法曹関係者に読まれ、ヨーロッパのほとんどの大都市でも購読できたという。興味深いのは、当時のコスモポリタン的な時代とか世相を反映しているのか、この新聞は、オルレアン侯に仕えていたドイツ系フランス人某が創設し、ルイ十四世の妾腹筋のそのまた妾腹の、トゥルーズ伯の庶子でリベルタンの文芸家が財政支援者であった。

また編集者や執筆者もフランス人のみならず、ドイツ人を含む外人も多く、ルソーも加わっていた――「人間嫌いの」ルソーは名前だけだったかもしれないが。この「世界市民的」な新聞創刊の「序文」を書いたのは、匿名だったが例のグリムである（一七五四）。後にアベ・プレヴォーが編集長になると英国色が強くなるが、やがて親独派に代わると、ドイツ書の翻訳や解説が著しく増加した。ただ、あまりに「チュートン色」が濃くなり、休刊を余儀なくされたが（一七五八）、後に復刊。そして復刊後も、前記フーバーなどドイツ人が中心となり、『外人日報』は、「フランス語をもって書かれる真のチュートン宣伝の用具」と化したが、やがて廃刊になる（一七六三）。

ドイツ書でパリの本屋は水浸し　しかしながら、その果たした役割は大きかった。彼らドイツ人宣伝隊は、勢いに駆られて、またフランス文学の衰微にも乗じて、ドイツ文芸を宣伝しただけでなく、七年戦争のさなかにフリードリヒ二世を鼓舞するためなのか、プロイセンの国歌までこの新聞に掲載したのである。さらに、それに甘んずることなく、彼らはドイツ書の翻訳でパリの本屋を水浸しにしてしまったという。しかも、その大半を彼らドイツ人自身が訳して、著名なヴィンケルマン『古代芸術史』、クロプシュトック『救世主』、レッシング『寓話』、ヴィーラント『ムザーリオン』などから、『ウェルテル』まで大量のドイツ書を供したというから、猛烈な翻訳攻勢である。もっとも、ドイツ人訳者名はほとんどが匿名か頭文字だけであったそうだが……。ただ、フランス人の方は、半世紀後、「真にドイツに文学が出現する頃」までは、ドイツ書の翻訳にはまったく無関心であった。

それにしても、十八世紀中葉の数年間にドイツ人自らこれだけ大量の翻訳をし、まるで洪水のごとくパリの書店に溢れさせたのは、なに故であろうか。それは、ひたすら「愛国的自尊心、歴史が彼らの文芸の伝播に当てた時期を待つことなくそうしようとする自尊心」、フランスの文芸に何がなんでも対抗しようとする知的愛国心のためであったという。そこには、爛熟した王朝文化の頽廃期の坂道にあって、フランス人の趣味が堕落し、何か新たなるものを求めて変容しつつあるという、ドイツ人には有利な状況もあった。いずれにしろ、「十八世紀のパリは書物狂症に憑かれていた」ので、ドイツの三文文士どもが浴びせる、「概して平凡な価値」の翻訳作品による宣伝攻勢にいとも容易に屈し、ラインの彼方からの「感受性の侵略」に晒されたのである。

ただし、『外人日報』を中心にしたこれだけの大々的な宣伝戦にもかかわらず、ヘルダーは、一七六九年、パリからのある書簡で、フランスにはなお「ドイツ国内の状況とかドイツ文学について通じて」いない者がいると嘆いているし、一七八〇年末の『百科全書新聞』でも、某ドイツ人が、「ドイツは昔から今日に至るまで、フランスがその乳で育んだと同数の、否それ以上の詩人を産出している」と弁じているという。さらに一八〇〇年にも、ヴィルヘルム・フォン・フンボルトも同じような愁訴を繰り返しているというから、ドイツ人の熱意はなかなか伝わらなかったようである。

4 「疾風怒濤」期からフランス革命へ

フランスでは「大革命」、ドイツでは「文化」革命　しかしながら、ドイツ国内では新たな動きが起こりつつあった。前述したような、七年戦争におけるフリードリヒ二世のロスバッハの勝利が、ドイツ人の国民意識とか民族感情を高めたこともあって、この大王に「ドイツ」の象徴をみる風潮が生まれたことは確かで、世紀中葉からそうした民族的エネルギーのマグマがドイツ人の意識下で沸々とたぎり始めていた。そしてそれは、フランスのように革命に至る政治的・社会的プロセスとしてよりは精神的・文化的な運動となって、一七七〇年以降、とくに一七八〇年代から現れた。つまり、ほぼ同時代に、フランスでは政治・社会革命となるものが、ドイツでは文学ないしは文化革命となって出現する。「ドイツ的内面性」の世界の誕生である。ある説によると、これは後世「ドイツ運動」と称され、一八三〇年頃まで続く文学・思想・芸術・音楽など諸分野にわたる一種の総合的な文化運動のようなものであるというが、いみじくもゲーテ（一七四九―一八三二）の歩み、彼が活躍した足跡とおおむね一致する時期である。また、それは、ほぼ全ヨーロッパを通じて市民階級が上昇していく時期でもある。

もちろん、ゲーテだけではない。そこには、彼の先達ヘルダー、同伴者シラーがおり、哲学では、カント、フィヒテ、シェリング、ヘーゲル、ギリシア古典美の再評価者ヴィンケルマン、言語学者のヴィルヘルムと自然・地理学者のアレクサンダーのフォン・フンボルト兄弟、初期ロマン派の指導者であったフォン・シュレーゲルの学者兄弟、さらには音楽のハイドン、モーツァルト、ベートーヴェンなどが綺羅星のごとく居並ぶ。十七世紀フランスの天空を飾る星々に匹敵するか、もしくはその広がりにおいては上回るほどの壮観な光景である。この時期、フランスにはモーツァルトやベートーヴェンのような音楽の天才はいなかったのだから。なお、ここでは詳しくは触れないが、この時代、ドイツの天空には「ドイツ民族（das Volk）」という偶像星も生まれ、そこから「選良民族」信仰が派生し、後に汎ゲルマン主義的思想となって歴史に暗い影を投ずることになる。つまり、この時期、ドイツでは、まだ排他的ではないが、民族感情・国民意識が高まるとともに、汎ゲルマン主義的思想の淵源も生じつつあったのである（ジャック・ロレーヌ『フランスのなかのドイツ人』拙訳）。

「疾風怒濤」　それはともかく、この「ドイツ運動」と称されるものの象徴が「疾風怒濤」であろう。この疾風怒濤自体は短期間の純粋に文学的な運動であるが、これがドイツでは、プロイセン的な「啓蒙専制政治のイデオロギーであった啓蒙思潮の機械的合理主義への反抗」として起こり、反フランス的・国民主義的傾向ともなって現れる。確かに、この運動以前に、すでにレッシング『ハンブルク演劇論』（一七六七―一七六九）ではフランス古典劇が否定され、シェークスピアが称揚されているし、前記のクロプシュトックの宗教叙事詩『救世主』（一七四八―一七七三）では、キリストの苦難と昇天を主題として、全能の創造主に対する一大讃歌の陰で、「パリ風な懐疑論や無信仰、放逸な自由主義」的な風潮に対する抗議の姿勢が示されているという。もちろん、こうしたフランス嫌いが跋扈するようになっても、ヴィーラントのような親フランス派は残存するが（英国派でもあるが）、「ヴォルテールを倒せ！　ヴィーラントを倒せ！」の声は日増しに強まり、シラーはシェークスピアだけを認め、フランス・モデルを拒む。ドイツ文学は従来フランス文学に刺激・影響を受けてきたが、イギリス文学がこれに取って代わろうとしていたのである。そしてライン対岸では、国民文学確立への道が始まる。

ストラスブールでのゲーテとヘルダーの出会い

ところで、一般に疾風怒濤運動を決定づけたのは、ドイツ生まれのフランスの町ストラスブールにおけるヘルダーとゲーテの出会い、あの「ドイツ文学史上の一大事件」とされる出会いだが、その後のゲーテの歩みはこの運動を象徴しているように思われる。とりわけ、この大詩人のフランスまたはフランス語との関係は興味深い。自叙伝『詩と真実』(菊盛・伊藤訳)に詳しく記されているが(第一一章)、ゲーテはまず、「少年の頃からフランス語が好きだった」と回想している。彼はフランクフルトの上流階級に生まれ、「実地に用いることで、いわば第二の母語のように」日常的フランス語を習得しており、ストラスブールに来たのはフランス語能力を高めるためでもあった。それが、いつの間にかフランス語嫌いになる。その経緯は『詩と真実』に詳しいが、それはおくとして、ここで注目しておくべきは、ゲーテが、「フランス語を全面的に拒否して、これまで以上に懸命かつ真剣に母語〔ドイツ語〕に専念しよう」と断固決意することである。

この「フランス語拒否症」は、ドイツ人のゲーテにとってごく自然な反応かもしれないが、これは単なる愛国的感情からではなく、新たなドイツ精神に向かう「自己が非=自己なるものと接して明らかになった」からであろう。その契機となったのが、ヘルダーによって示されたシェークスピアやオシアンのロマネスクな作品世界、素朴なドイツ民謡の調べへの導きであるとされる。以後、彼は「いっさいのフランス的なものを一挙にかなぐりすてて……老成してお上品なもの」となっていたフランス文学を批判し、ヴォルテールを槍玉にあげ、ルソーやディドロを称え、他の同時代人たちと同様、シェークスピアを手本、守護神として独自の文学世界を構築してゆくのである。

フランスかぶれのフリードリヒ大王は、シェークスピアを「カナダの土人に相応しい馬鹿げた話」と罵倒するが、このイギリスの大劇詩人は十八世紀後半のドイツ文芸の導きの星だったのだろう。ついでに言えば、大王は、ゲーテのデビュー作、史劇『ゲッツ・フォン・ベルリヒンゲン』も「イギリスの拙劣な作品の唾棄すべき模倣」とこきおろしているという。いずれにしろ、ゲーテに象徴されるような「文化的覚醒」が「フランス的文化規範」に対する反抗またはその解放運動として現れたことは、間違いあるまい。もちろん、フランスでも、ルソーやディドロによって十七世紀フランスの古典主義的文化規範に対する反逆が起こっていたが。

さて、文学のことはこれくらいにしておくが、短命であったとはいえ、「疾風怒濤」が魂の世界を深く揺るがし、ドイツの精神史に大きな役割を果たしたことは確かであろう。こうした純粋に文学的とか芸術的な運動が一般大衆のメンタリティにまで及ぶことは少ないが、この運動の場合も、ドイツ固有の小邦分立という伝統的状況もあって、社会的変革への契機、原動力となることはなかった。確かに、多くのフランスかぶれの偏執的な著作家の目を覚まさせる効果はあったが、民衆一般のフランス趣味とかフランス・モデルへの憧憬を変えることはなかった。あの懲りないフランスかぶれのフリードリヒ二世が、前記のような偏狭な罵言を発したのは一七八〇年であるという。したがって、フランス革命の前夜にあっても、ドイツは、少なくとも宮廷や上流ブルジョワ階級は依然としてフランス文明の波に洗われており、社会的、精神的にはフランスの文化圏のなかで生きていたのである。

「大革命」前夜の仏独――「ジャガイモ戦争」 では、フランス革命前夜の仏独は、政治的にはどんな関係にあったのか。この時期、両国間でとくに大きな波風は立たなかったが、強いて挙げれば、バイエルン継承戦争、別称「ジャガイモ戦争」がある。これは神聖ローマ皇帝ヨーゼフ二世が、オーストリアの西に接するバイエルンで選帝侯マクシミリアンが嗣子なくして世を去ったとき、積年の願望を実現すべくその獲得を図ったため、これを阻止すべく、ドイツ諸侯を代表してプロイセンが挙兵した戦争である。フランスはこの領地争いに間接的に係わるので、ヨーゼフ二世は、義弟、つまり妹のマリー・アントワネットの夫たるルイ十六世によるフランスの加勢を当てこんだが、フランスからは、プロイセンへの義理立てなのか、ベルリンに向けて義勇兵が出兵する。

ただこの戦争は、戦争というよりは鎧姿の政治交渉のようなもので、兵士が戦闘よりも畑荒らしに励んだことから「ジャガイモ戦争」の異名が付いたという。フランス兵も、おそらく出兵とは名ばかりで、ジャガイモ狩りに加わったのだろう。この戦争は、フランスの仲介によって、台頭しつつあったロシアも加わった妥協平和が成立して、終息。この頃からのロシアの関与はドイツにとって大きな圧力、重みになるというが……。ただその後も、懲りないヨーゼフ二世は自領のネーデルラントとバイエルンの交換を図り、またもや事を構える。だが、フランスは今回もフリードリヒ二世に下駄を預けたので、結局はこれもプロイセンやドイツ諸侯同盟の反対にあい、フランスの意向もあって頓挫。ちなみに、「ジャガイモ」はアメリカ渡来で、一七七一—七二年の飢饉の際に重宝されて全ドイツに広まり、この頃からドイツ人には主食のごとく食されるようになったようである。

要するに、フランスは、フリードリヒ二世とヨーゼフ二世の間に立って、老いた大王に下駄を預け、皇帝の野望、挑発を抑え、行司役よろしくその対立関係を自国に累が及ばないようにうまく裁いたのである。その背景には、世論に根深く残るオーストリア嫌いとプロイセンへの同情心や、時のフランス政府の平和主義的志向もあるが、どうやら実情は別で、大革命前夜のフランスには、大王と皇帝の抗争、いわばドイツの内紛などに係わっている余裕はなく、それどころではなかったのである。

なぜなら、十八世紀後半のヨーロッパ情勢は、植民地帝国化しつつあったイギリスの強大化と新興国プロイセンやロシアの台頭によって急激に変貌し、旧制度社会瓦解の坂道にさしかかっていたフランスは、国際的に不利な状況に置かれていたからである。フランスとオーストリアとの同盟という「外交革命」も急速な状況変化に翻弄され、功を奏しなかった。そのうえ、新大陸における英仏間の争いは激化。フランスがアメリカの独立戦争を支援したこともあって、慢性的な財政難が一層深刻化していた。ライン対岸の内輪もめに係わるどころではなかったのである。かくして、ブルボン王朝末期のフランスは、「バスティーユ襲撃」という歴史の大変動への坂道を下ってゆき、ドイツは、他のヨーロッパ諸国とともに否応なしにその大渦巻に呑み込まれることになる。

第八章　フランス革命と仏独関係

1　ライン両岸の革命前夜からナポレオン登場へ

世紀の転換期、ライン両岸の王国と帝国の終焉　フランス革命がドイツに与えた影響は大きく、その道筋を忠実に辿れば長く、きわめて複雑になろう。だがその行き着く先、影響関係のプロセスの果てを象徴するのは、フランス革命を軸にして動いた十八世紀末から十九世紀初めにかけての仏独激動の歴史のなかで、ヨーロッパ世界からフランス王国とともに、八〇〇年続いた神聖ローマ帝国が消滅した（一八〇六）こと、「帝国の終焉」であろう。その流れの概略を辿る前にライン両岸の状況、まずは、ライン左岸から押し寄せるフランス革命の大波を受ける前の十八世紀後半、ドイツと神聖ローマ帝国はどういう状況にあったのか、概観しておこう。前述したように、この時代はもはや明確にドイツ＝神聖ローマ帝国ではなく、ライン対岸ではホーエンツォレルン家のプロイセン王国対ハプスブルク家のオーストリア帝国の二大国の対立という構図になっているが。

まず意外なのは、フランスの旧制度社会が崩壊の道を辿りつつあった頃、ドイツでは領邦国家分立という体制のなかで、幾人かの領邦君主のイニシアティヴによって社会改革の試みがなされていたことである。ドイツの「啓蒙君主」は単にフリードリヒ二世だけだったのではなく、そのスケールはともかく、いくつかの領邦に開明的君主がいたのである。もちろん、フランスにはフリードリヒ大王的な啓蒙専制君主はいなくとも、ブルボン王政下でも、歴史的・社会的要請からさまざまな改革が試みられている。だが、ドイツの場合、特徴的なのは、「ブルジョワ〔市民〕革命」とされるフランス革命のような第三身分中心の、下からの革命ではなく、世紀後半、こうした啓蒙君主によって支配階級側、言うなれば「上からの改革」の試みが、しかもフランス革命前の時代になされていたことである。当然ながら、啓蒙君主と言っても、専制君主であることに変わりはなくそれには限界はあるが、その先鞭をつけたのは、おそらくオーストリア・ハプスブルク家の神聖ローマ皇帝ヨーゼフ二世であろう（以下、すべてではないが、本節細部は『ドイツ史2』の記述に拠る）。

皇帝ヨーゼフ二世の改革の試み　そこでこの皇帝だが、彼は、共同統治者たる母親の女帝マリア・テレジアが死去して（一七八〇）、単独支配権を手にすると、猛然と改革に着手し、以後一〇年間に六〇〇〇もの法令を発布したという。もちろん、そのすべてが実現したわけではないであろうが、彼は母の意に反してプロイセンのフリードリヒ二世を尊敬し、ヴォルテールに私淑していたと言われ、大王同様いわゆる「啓蒙専制君主」。当時としては驚くべき革新的な宗教上の「寛容令」を公布し、新教徒のみならず、フランス革命に先駆けてユダヤ人の解放まで行っている。この寛容令は、一定の制限付きながら新教徒の信仰の自由、公民権を認めるもので、二世紀前のアンリ四世の「ナントの勅令」さながらである。このほか、改革の試みは国家と教会の分離策、死刑制度や拷問の廃止、農民の体僕制（農奴制。農民には人格の自由がなく、移動・結婚・職業選択の自由がなかった）とかツンフト（手工業者の同業組合）規制の廃止などから、行政・軍制改革、文化政策に至るまできわめて多岐にわたっているという。この皇帝は、フランス革命勃発一年後に死するが、その改革の試みがどれほど実現したかはともかく、ユダヤ人解放などフランス革命の成果を先取りするような変革を行っていることは驚きである。ドイツ史には改革精神としての「ヨーゼフ主義」なる用語があるそうだが、それも宜なるかな、である。

このヨーゼフ二世の改革の試みはオーストリア帝国内のことであるが、ドイツの領邦国家内の改革の成功例としてはザクセン選帝侯国があるという。この国は七年戦争後の国土と国力「再興」のため、「義人公」アウグスト三世の下で経済復興、商業・産業の振興が図られ、ライプツィヒの見本市が栄えた（見本市来訪者の多くはユダヤ人）。この再興運動もさることながら、注目すべきは教育に熱心なことで、既存の有名なライプツィヒ大学のみならず、世紀後半には、後に名声を博する鉱山学校や、聾唖学校、師範学校、実業学校、林業学校などすべてドイツ最初の専門学校が設立されていることだ。もっとも、ザクセンという地方は、宗教改革以来推進されてきた国民教育に熱心で、すでに十七世紀初めドイツで最初の「学校条例」が出され、世紀半ばには「就学義務令」がやはり他に先駆けて布告されているそうだから、そうした知的・文化的伝統があるのだろう。ザクセンはドイツの書籍生産の中心でもあったという。

その他「領邦国家的啓蒙」の例としては、西南ドイツのバーデンやヘッセン＝ダルムシュタットが挙げられるが、ここで留意すべきはあの大ゲーテが枢密参議官として国政に参画した小邦ザクセン＝ワイマールであろう。この大作家は、なんと財政・税制改革や軍隊の縮小から土木建設公共工事、農業改善、廃鉱山の再開発まで手がけていたというから驚きである。古今東西このような傑物は世界にも稀であろうが、ゲーテはまさに天才ならぬ、文字通り「天下の大才」と言えよう。理想国家の建設でも夢見ていたのだろうが、この改革大臣ゲーテといえども、時代の制約には勝てず、小国の改革の壁に突き当たって挫折。「檸檬の花咲く国」イタリアに旅立つそうだが。

ともあれ、ドイツの「啓蒙絶対主義」の時代にはほかに名君もいたようだが、暴君もいたらしく、付言しておきたいのはこの頃、奴隷貿易ならぬ「兵士貿易」なるものが行われていたことである。前述したように、ヨーロッパには中世以来「傭兵」が存在し、各種の戦争で大きな戦力となっていたが、その伝統が十八世紀末にも生きていたのである。例えば、ヴュルテンベルクのカール・オイゲン公は「啓蒙」君主だが、暴君でもあり、自分の兵隊をオランダに売り飛ばし、売られた兵士たちは南アフリカのケープで戦ったという。このオイゲン公はほかにも暴政を行なっているが、詩人・劇作家のシラーはこの国に生まれ、長じて、君主設立の「カール学院」で学びながら、『たくらみと恋』で自国の兵士を外国に売った暴君として、彼を告発しているという。確かに、劇中第二幕第二景で、大公が愛妾に贈った宝石の代償に七〇〇〇人の兵をアメリカに送り飛ばしたという場面が出てくる(『シラー』番匠谷英一訳)から、この「兵士貿易」は事実だったのだろう。だが悪道にも、上には上があるもので、この兵士貿易で最も悪名高いのはヘッセン＝カッセル方伯。彼はイギリスから巨額の援助金をもらって蓄財を重ね、ドイツ諸侯随一の金満家になったが、アメリカ独立戦争のため二万近くの兵をイギリスに貸与(または譲渡)。哀れ、この傭兵たちははるかなる新大陸で戦わされたという。

ロートシルト＝ロスチャイルド家の出現　ついでに言えば、この強欲な暴君の蓄財管理に携わり、巨万の富を築いたのがフランクフルトのユダヤ人金融商ロートシルト(ロスチャイルド)家。人道に悖《もと》る悪行の上前をはねる輩は、ユダヤ人ならずとも、どこにでもいるものであるが、この未来の銀行家は、名はマイヤー・アムシェル、姓はなし。フランクフルトのユダヤ人小路に住んでいたが、当時のユダヤ人には姓をもつことができず、看板とか家号（通り名）を代わりに使っていた。ロートシルトは der Rote Schild（赤い標識）という家号からきているのである。ヘッセン＝カッセル方伯に取り立てられてから、彼の運が開け、やがて五人の息子たちのうち長男をフランクフルトに残し、他をウィーン、ロンドン、ナポリ、パリに住まわせてヨーロッパ中に金融網を張り巡らし、一大金融家系を構築。二代目はオーストリア皇帝からは男爵位まで授かり（一八二二）、今日に至っている。

ただ十八世紀後半ドイツの、いわば改革時代、領邦君主たちの治世上の政治・経済・司法面などの制度的なハードの改革のみならず、忘れてならないのは文化というソフトが制度として認知されたかのように、あちこちに「文化拠点」ができたということである。これもきわめてドイツ的な特徴であろうが、例えば、ヨーゼフ二世の「国民劇場」設立、ザクセンの教育振興策、ギーセン大学にドイツ（世界？）最初の経済学部創設。兵士貿易のカッセル方伯でさえ、行政・司法改革だけでなく、公共図書館を含む「ヨーロッパ大陸最初の近代的博物館」開設。それゆえ、ドイツでは、ゲーテのいたワイマールはもとより、カールスルーエやダルムシュタットなどに文学や演劇、音楽など文化活動の拠点がこの頃からできたのである。ここでも、先に引いたゲーテの言、「ウィーンとベルリン、あるいはただ一つの首都しかなかったとすれば……ドイツ文化はどうなっているか」の意味が鮮明になって想起される。

仏独における「啓蒙絶対（専制）主義」　以上、総じて言えば、この時代のドイツに対して、「啓蒙絶対〔専制〕主義」などという一見明らかに矛盾するような用語が、ドイツ語の便利な合成語のように使われるのは、「開明的な」啓蒙君主と「兵士貿易」の専制君主が一個の人格に同居している、つまり簡単に言えば、名君と暴君が同時存在するような状況があったからであろう。ただこれが、ドイツ特有の状況のように見え、「啓蒙絶対主義」なる概念は、一般に「オーストリア・プロイセン・ロシアといった後進的国家の近代化に適用される」といえども、フランスでも、ブルボン絶対王政の末期には「啓蒙専制主義」と称される傾向が生じている。この時代、フランスもいまだ先進近代国家などとは言えず、その建設途上にあったのだ。もちろん、この概念用語が有する意味内容も、それが適用されるコンテクストも状況も、仏独では異なるであろう。第一、中央集権国家のフランスと領邦国家の集合体、つまりは地方分権国家のドイツとは国制からして違うし、また後者には帝国議会や領邦議会はあっても、前者におけるように、王令登録権を楯にしばしば王権に抵抗する「高等法院」のような売買制度の貴族職の権力機関はなかった。ところが、そうした異なる状況下でありながら、ライン両岸でほぼ同時期に体制転換、社会変革への似たような動きが顕在化しつつあったことは、きわめて興味深く、留意すべきことのように思われる。

では同じ頃、フランスはどうだったのだろうか。ルイ十五世が、祖父ルイ十四世の七二年間に次ぐ五九年間もの長い統治期間を終え、不評のうちに世を去り、孫のルイ十六世の治世が始まったのは一七七四年。この若年の王も、統治者としての資質に欠け、しかも王妃マリー・アントワネットの悪評判で王家の権威は失墜していた。とはいえ、王家が国政上の中心であることに変わりはなく、国事は国王と大臣と宮廷の間で議されていたが、ブルボン朝末期のこの時代になると、アンリ四世とかルイ十四世のような強烈なリーダーシップの下での統治は行われなかった。世紀全体を通じて言えるが、とくに後半には、国王の無能もあずかって、次から次へと宰相、大臣が変わり、絶対王政の権力基盤は揺らぎ始め、王権は弱体化。体制は不安定になりつつあった。フランスの場合も、ドイツのように、王権によって「上からの」改革が何度か試みられたが、絶対王政下で社会改革をなし、近代的な中央集権的国民国家を構築するという矛盾の上に、高等法院を筆頭に、既得権を有する社会の各層のさまざまな伝統的組織・機関の抵抗にあってたびたび頓挫。そうした政治的危機に経済的危機が重なるのである。

本来、十八世紀フランス社会は、前述したように、ルイ十四世時代の戦争と奢侈豪勢な宮廷生活によって疲弊した前世紀からの流れを脱して、経済的には好況の波動局面に入っており、産業の発展・拡大が進み、人口増や都市化が進展。社会状況が大きく変化しつつあった。とりわけ象徴的なのは、ブルジョワジーという中間階層が時代が進むにつれて増大。この上昇階級がフランス社会の大きな一翼を占めるようになったことである。フランス革命の頃には、この階層が世紀初頭の三倍になっていたという。もっとも、この「ブルジョワジー」は単なる漠然とした市民階級というものではなく、フランスの場合、この概念用語にはかなり注意を要し、またドイツにおけるブルジョワジーというものとも微妙に異なるようだ。つまり、仏独では「第三身分」となる階級の構成要素が若干異なるのである。これについては、少し敷衍しておこう。

仏独の第三身分の相違　第三身分とは元来、十四世紀初め成立したとされるフランスの身分制議会である三部会において、貴族、聖職者の特権階級以外の第三部に属する者、すなわち平民で、一般的にはブルジョワジー（市民階級）を指すが、旧制度下ではこれが一つの均質的な階級を構成していたのではない。当然ながら、上層有産市民、中産市民、小市民などに分化していて、平民から聖職者になる者もおり、そのうえ、フランス社会には前述した「官職売買」と「叙爵」制度があり、平民から貴族になる者もいた。そのため旧貴族（帯剣貴族）のほかに新貴族（法服貴族）が生まれ、十八世紀になると、とくにその弊害も目立ってくる。第三身分の平民がこの慣行を利用して「社会上昇」し、階級間の移動・浸透が起こっていたのである。「フランスでは、なろうと思えば誰でも侯爵になれる」（ヴォルテール）のだった。もちろん、この第三身分が革命の主役になるが、これには富裕層の商工業者の代表はいても、当初農民や手工業者は一人もいなかった。したがって、ここで言うブルジョワジーは均質な単一階級ではなく、特権身分以外のさまざまな社会階層出身者の都市市民によって構成されていたのである。もっとも、革命時には、聖職者シエイエスや貴族ミラボーのように第三身分に加わる者もおり、さらには革命の進行とともに農民・下層市民なども参加してくるから、第三身分の枠組みがゆるみ、複雑になるが……。ちなみに、革命期はフランス人口の約八五％が農民であった。なお、全国三部会は、絶対王政確立期の一六一四年以来開かれたことがなく、一七八九年、革命勃発前の召集時には、国王・大臣をはじめ誰一人会議の開催・運営方式を知らなかったという。

ではドイツの場合はどうか。ドイツでは三部会にあたるのは身分制（等族）議会。当初は貴族・聖職者・都市の特権身分議会で、第三身分にあたるのはやはり都市の代表たる市民階層であるが、啓蒙の世紀にはさまざまな種類の「市民」がおり、このカテゴリーのなかに多様な階層の人々がひとまとめにされていたという。しかも、中世以来の都市法に基づく権利・義務を有する「都市市民」という「完全市民」と、都市法の適用外の市民、いわば「免除者」なる地位の市民が区分けされていたというから、フランス社会の市民階級とは、いささか様相を異にする。この免除者という「新市民層」はまた「中間身分」とも呼ばれ、これには新興ブルジョワジーとしての経済市民も当然いたが、その主要部分を成すのは国家官吏、大学教授や教師、弁護士や公証人、医師や軍隊将校など教養市民。彼らこそが啓蒙の担い手となり、ドイツの「第三身分」の中核となる階層であるという。いかにもドイツらしい特性である。そして一般に、経済市民よりも、社会のエリート層に属する、そうした教養市民の方が重く見られたが、その「教養市民」が、「多かれ少なかれ主君の食卓からこぼれ落ちるパン屑で生きている人びと」と認識されていたというから、驚きである。この場合、「パン屑」とは「禄を食む」というほどの比喩的表現であるにしても、フランスでは、本物の「パン屑」で生きている者は第三身分の範疇にさえ入らなかったのだから、大変な違いである。また当然ながら、「小邦分立体制」のドイツでは、フランスのような全国三部会はなかった。

さらに驚きなのは、このドイツの第三身分の拠って立つ原理が大学教育を背景とした能力主義。能力さえあれば、貴族から市民、農民に至るまで、形式上は出自とか身分を問わず「新市民層」になれるということだ。この一見平等な競争原理方式が当時の身分社会で、そのまま単純に実行されたのではないにしても、官職売買制度のフランスとは、これまた大変な違い。ドイツ社会にも売官制がなかったわけではないが、フランスのような制度としてではなく、どうやら慣行としてであったようだ。

家庭教師の時代　だが、ドイツでは官職ポスト自体が少なく、官職売買もままならず、大学出の文筆家など知識層の大半が「就職難」で、「日雇い労働者」同然であったという。そのためライン対岸の十八世紀は「家庭教師の時代」と揶揄されるほどで、フィヒテ、ヘーゲル、ヘルダーリンのような、後世に名を残す詩人や哲学者でも家庭教師をして糊口を凌いだそうだから、ライン両岸の違いは歴然としている。ヘルダーリンは「ドイツにはもはや人間なく、あるは職業のみ」と言ったというが、この詩人は何度か家庭教師をしても、わずか二年間の図書館司書職以外、「職業」に就いたことはなかった。レンツには文字通り『家庭教師』（一七七四）という戯曲まである。

一般に詩人や作家のような「無用」の人種には、いつの時代、またどこでも、生活手段に事欠き貧窮に喘ぐ者が多い。すでにしてセルバンテスの『ドン・キホーテ』（永田寛定訳）にも、武事と文事を弁じた、あの「にがり顔の騎士」の長広舌に、「学徒〔文士・学者〕の苦労はほかでもない。主として貧乏じゃ」とある。要するに、文弱の徒たる「学徒の最大の悲惨がかれらのいわゆる《施行につくこと〔施しの粥をもらって食うこと〕》でござる」というのである。もっとも、ラブレーには、「哲人方やこの世で一文なしだった人々は、あの世へ行くと、今度は大した御身分の旦那方になって」、ディオゲネスもエピクテトスも福楽を受けたとあるが（前掲『パンタグリュエル物語』）、「イギリス小説の父」と称されたフィールディングの『トム・ジョーンズ』（朱牟田夏雄訳）にも、「文筆業という儲からない商売」は「何も資本なしで始め得る」と考えられているので、「これを志すものはたいがい下層貧困の輩ばかり」とある。どうやら文弱の徒貧なることは万国共通のようである。

それゆえ、十八世紀ドイツで家庭教師などしなくてもよかったのは、裕福な生まれのゲーテくらいではなかったのか。ハイネがフィヒテを論じた一節には、ドイツの卓越した人々のほとんどの青年時代が「苦難の連続」で、彼らの「ゆりかごのそばには貧困が腰掛け、彼らをゆりそだてた……貧困というこのやせた乳母は一生を通じて彼らの忠実な伴侶であった」（『ドイツ宗教・哲学史考』、世界文学大系『ハイネ』所収）とある。またツヴァイクによれば、「フランスにおいては……精神的な仕事に対する大きな尊敬の念というものが、何年も前からすでに、高い収入を仕事から得られない詩人や作家たちに目立たない閑職を与えるという賢明な方法を成熟」させているという（『昨日の世界I』原田義人訳）。どこからライン両岸における、そのような差違が生じるのか。おそらく社会システムや慣習の違いであろうが、その根底には、旧制度下の非近代的な官僚機構ながら、これを根幹にした中央集権的国家体制のフランスと、領邦国家群の地方分権的体制のドイツとの違いがあるのだろう。興味深いが、ここでは割愛。これ以上は触れないでおこう。

旧制度解体へ　それはともかく、ブルジョワジーの上昇によってアンシアン・レジーム社会が内部から大きく変容し、解体していくなかで、何度か触れたように、フランスの国家財政は前世紀以来慢性的な赤字状態にあったが、アメリカ独立戦争（一七七五―一七八三）への支援・参戦によって、完全な破産状態に陥っていった。負債返済額が歳出の半分を占める大赤字。現代ならば債務不履行、デフォルト、「パニック」、国家崩壊であろう。したがって、フランスの「上からの」改革は、高等法院をめぐる司法改革とか軍制改革などもなされているが、財政・税制改革が大問題となる。加えて、長期の好況局面にあった経済が一七七〇年代半ばから不況の様相を呈し始め、これに一七八五年、一七八八年の旱魃・凶作が追い打ちになって、各地で民衆騒擾を誘発。さらに革命勃発の一七八九年には、食糧不足や価格高騰から民衆が穀物倉の打ち壊しや修道院の略奪に及ぶまで過激化。リヨンでは壁紙製造工場が襲撃破壊されるなど社会全体が不穏化していた。こうした民衆騒擾は、それまでにもあったことだが、この時期には啓蒙の世紀という時代背景のもとで、民衆層を中心として共和主義的フランス国民の「革命的心性」が生まれつつあったのである。そうした状況下でフランス革命勃発となるが、本書ではこの革命そのものを論ずることが本旨ではないので、仏独関係に戻ろう。このフランスの「上からの」改革について、一つだけ興味深いことに触れておくと、フランスでは、この頃から、政府機関におけるいわゆる「報告書」方式が始まっている。一七八〇年代初め、国王ルイ十六世が、食糧・経済危機、国庫破綻状況打開のため、官僚、経済学者、銀行家から成る専門委員会に「報告書」を求めたという。だが、これを受け取った革命前のフランス政府は引き出しに閉まったまま放置。大革命勃発となる。一般に当世はやりの委員会・報告書方式は、どこでも官民を問わず、いわば責任逃れ、分かりきった対策の引き延ばしや権威づけのための常套手段。今でも無為無策や実行遅延の隠れ蓑に用いられることが多いが、すでにしてルイ十六世時代からこの悪しき「慣行」は始まっていたようである。

フランス革命とドイツ　さてそこで、フランス革命とドイツであるが、後者はヴォージュを超え、ライン左岸から流れてくる隣国の大動乱の便りをどう受けとめたのだろうか。当然ながら、その反響の仕方はドイツ社会の階層によって異なり、封建ドイツすなわち君主諸侯にとって革命は嫌悪・憎悪の対象であった。一般民衆には、隣国で十分の一税や賦役が廃止されるという噂が羨望の念をもって迎えられた。ここで注目したいのは、ドイツでも大きな力をもつようになった世論を形成していた知識人や文化人などの、前述した教養市民層の反応・動向である。当初、彼らはフランス革命を一様に好意的に受けとめ、なかには熱狂的に歓迎する者もあった。ゲーテだけは例外だったというが、もともと親仏派のヴィーラントはともかく、クロプシュトックのような昨日までフランス嫌いだった者が突然フランス賛美者に変身し、パリから来た「朝のそよ風」、自由の「生まれいずる太陽」を歓迎。ヘルダーリンは共和国の「巨人の歩み」を称えたという。これは大革命のもたらした奇蹟の一つであろう。あのカントでさえ、一度も変えたことのない毎日の散歩の道筋を変えて、フランスからの飛脚を出迎えに行ったという。彼の弟子でまだ学生だったフィヒテ、シェリング、ヘーゲルなどがこの大革命に熱中したのは、これまた当然。ちなみに、カントの生活は定規のように恐ろしく几帳面で、起床、コーヒー、執筆、講義、食事、散歩など「万事の時間がきちんと決められて」おり、菩提樹の狭い並木道の「哲人の道」を散歩するのは常に三時半。出会った人々は彼に挨拶した後、懐中時計の時間を合わせ直したという。

だが、啓蒙思想の洗礼を受けた彼らの革命賛美は、前述の「上からの」改革さえも成就した試しはない、自国の現状に対する不満の裏返しでもあった。当時、ドイツは規模とか質はともかくヨーロッパで最も大学が多かったというが、教養市民層の中核をなしていた大学出の知識人層の大半は、これも前述のごとく「文筆プロレタリアート」同然。彼らが、ドイツでも体制転換、社会変革を願って、フランス革命を歓迎・是認するはずである。しかしながら、革命が急進化・過激化し、「恐怖政治」が出現、革命プロセスが醜悪かつ残虐な様相を帯びてくると、文化人はもとより、彼らも期待を裏切られ、失望し、反発するのである。

例えば、老詩人クロプシュトックは、シラーと同時にフランス国民公会から名誉市民の称号まで贈られながら（一七九二）、この大激変を「愚民の血の支配」「人類の大逆犯」と弾劾。シラーも革命の混乱と流血のあまりの惨状に顔をそむけたという。先に、「ルイ十四世の君主制は……芸術作品であった」の喩えを引いたが、これは「テルミドール」の革命派たちにも言えることで、彼らもまた、「イデオロギー的な厳格さと芸術的なエネルギーによって鼓舞されており、さらに明瞭に自らを人類に恩恵を施すものと考えた」（前掲『フランス人とイギリス人』）というが、この「芸術作品」は血まみれの作品でもあった。英国の政治家で保守主義の鼻祖とされるエドマンド・バークから、その『フランス革命の省察』（一七九〇）において大革命を批判・論難され、譴責・説教されても致し方のないことであった。もっとも、バークの真の標的は当時のイギリス急進派だったそうだが……ともあれ、フランスで革命のジャコバン化が進むと、ドイツでは反動として「ジャコバン狩り」が始まることになるのである。

大革命の広がり、ポーランド分割　ところで、地政学的に言うと、フランス革命は国王一家の逃亡事件（ヴァレンヌ事件）を契機に、「国際化＝ヨーロッパ化」し、国境を越え始めた。それまで近隣諸国は懸念しつつも座視していたのである。オーストリアとプロイセンは領土的野心からポーランドに目が向き、ロシアもポーランド進出を目論み、さらにオスマン・トルコとも問題を抱えていた。いつもながらイギリスにとって、フランスの混乱は好都合。第二次、第三次ポーランド分割が起こり、ポーランドがヨーロッパの地図上から抹殺されたのはフランス革命の最中である（一七九五）。当初、各国には革命フランスに介入する意思も余裕もなかったのだ。ところが、ヴァレンヌ逃亡事件で危機感を強めた神聖ローマ皇帝とプロイセン王が「ピルニッツ宣言」（フランス君主制救済の共同行動要請アピール）によって、いわば「口先介入」の脅しをかけると、逆効果。かえってフランス革命派を刺激し、戦端が開かれることになる。

そこで七年戦争以来の戦争となるが、プロイセン・オーストリア連合軍の動きは緩慢。おそらくこの戦争も中世から何度も繰り返されてきた王朝戦争の続きのようなものと考えていたのかもしれない。ライン河畔コブレンツには、王族を中心とした「亡命者」によってフランス亡命宮廷さえできていたのだから。だが時を経ずして、その予測を大きく越え、革命対反革命の戦争、さらにはフランスの大陸制覇戦争へと変容してゆく。その転換点となったのが、フランスが普墺連合軍を破ったヴァルミーの戦いである。この時、ワイマール公に随行していたゲーテが、「今日、ここから世界史の新しい時代が始まる」と語ったというのは、有名な話。ただし、詩人は単なる砲声や戦闘にではなく、「武装した民衆」の熱情・激昂に感銘を受けたのだが。やがて、フランス軍が反攻・進撃し、ライン左岸一帯を占領してしまうことになる。そしてルイ十六世処刑後、イギリス参戦、第一次対仏同盟形成。戦線が拡大し、革命の炬火がライン河、アルプス、ピレネー、大西洋を四辺とするフランスのいわゆる「自然国境」を越えてゆく。フランスにはその国土の形から「六角形」の別称があるが、今やスイスと北欧諸国を除くヨーロッパ相手の全方位、文字通り全面戦争である。

自然国境論　ちなみに、この自然国境論について付言すると、これは、しばしばルイ十四世時代の戦争の動機であったとされるが、一説では十九世紀の愛国的歴史家の想像の産物であるという。ただし、ゼレールによると、これを最初に普及させたのはどうやらドイツ人である。一七九二年一〇月、ライン左岸がフランス占領下に入ると、「マインツ共和国」なる蜻蛉国家ができ、そこに「ジャコバン・クラブ（自由と平等ドイツ友の会）」がつくられ、民主化推進を求めてフランスへの併合運動が勃発する。蜻蛉国家というのは、わずか三カ月で崩壊するからだが、その指導者の一人にゲオルク・フォルスターなる人物がいた。彼は当時著名な博物学者・旅行家、また文筆家でもあり、ゲーテやアレクサンダー・フォン・フンボルトの友人であった。フォルスターは、同じ博物学者の父とともにクックの世界一周旅行にも同行し、博識を極めた、当時最も自由で開放的な、偏見にとらわれない精神の持ち主の一人で、フランス革命賛美者。そこで彼は、フランス兵がマインツにやってきたある日、自然がライン河をもって平和で偉大な共和国の境界として定めたという、あの思想にとらわれ、夙に託して広めたのである。

しかしながら、これまで見てきたことでも明らかなように、ルイ十四世時代はおろか、この自然国境説がフランス王国で議され、問題になることはなかった。国と国を分かつという近代的国境概念が生まれるのは、後に絶対王政から近代国家への移行過程で、国どうしの領域的支配が明確に意識され始めてからである。歴代フランス国王にライン河が仏独国境であるという考えはなく、それを戦争目的や政策目標にすることもなかった。第一、ライン河流域には、諸侯領のみならず、司教領などさまざまな勢力が入り乱れており、近代的な意味で「国境」が問題になることはなかったのだ。それに革命政権からして、当初は近隣地域への侵略戦争には消極的。ライン地方、次いでベルギーの占領と事態が進展するにつれて、安全保障上それらを併合せざるを得なくなり、その裏付けの理屈として自然国境説が使われたのである。そして戦争が激化すると、この自然国境説が軍事拡張政策の論拠としても使われだした。そうした状況下に、フォルスターが登場するが、結末はまさに蜻蛉のごとくであった。すなわち、一七九三年三月、ライン地方が革命的に再編成され、マインツに「ライン公会」ができ、フランスへの合併決議がなされると、フォルスターは勇躍パリに赴き、決議が国民公会によって承認される。だが三カ月後の七月、普墺連合軍によってマインツ共和国はあえなく崩壊。哀れにも、フォルスターはパリで客死。

ただし、このフォルスターだけでなく、ドイツ人でライン河自然国境説を唱えたのはほかにもおり、例えばヨーゼフ・フォン・ゲレスのような、当初ライン左岸の共和主義運動の論客で、後に熱烈な反ナポレオンの国粋主義者に変ずるロマン派もいるし、オーストリア宰相メッテルニヒがナポレオンとの外交上の駆け引きに持ち出すこともあったというから、仏独間ではさまざまな局面で亡霊のごとく、何度も登場するようである。

とはいえ、ラインが国境であるという意識は、マリー・アントワネットがフランス王家に嫁ぐときには仏独双方にすでにあったようだ。前述したが、その際、ライン河の中州に離れ屋が建てられ、厳かにして盛大な花嫁引渡しの儀式が執り行われた折、舞台となった「大広間の中央に置かれたテーブルが国境を象徴」していたという（前掲『マリー・アントワネット』）。この時、マリー・アントワネットは純然たる「ドイツ」人ではなく、オーストリア・ハプスブルク家の皇女だったのだが。

ナポレオン登場とドイツの伝統的国制の大変換

さてここで、本論にとって問題となるのは、この戦争のさなかにプロイセンがフランスと単独講和（バーゼルの和約、一七九五年）を結び、フランスにライン左岸を委ねてしまったため、マイン河を境にドイツの南北分断が起こり、北ドイツ全域は安全地帯になったが、神聖ローマ帝国が事実上分裂したことである。つまり、マイン地方を横切って一本の「境界線」が走ったことになるが、これはプロイセンの南境。そして一七九〇年代後半になると、ナポレオンが頭角を現し、フランス軍は勝利を重ねるが、神聖ローマ帝国、すなわちドイツにとっては国制を揺るがす大変動が起こる。つまり、プロイセンの戦線離脱後、革命戦争は事実上オーストリア一国とフランスとの戦いになっていたが、ナポレオンの攻勢を前に皇帝軍は敗北を重ねて、カンポ・フォルミオ（一七九七）、次いでリュネヴィル（一八〇一）の講和と譲歩を余儀なくされ、フランスのライン左岸領有を改めて認め、皇帝はこれを追認することになるのである。

ところが、それだけではなかったのだ。すでにバーゼルの和約からして、プロイセンが左岸で失う領土の右岸における代償を定めた秘密条項があり、これが次第に拡大解釈されて、中世以来の領邦国家体制というドイツの伝統的国制を大変換させるような「爆弾」が仕掛けられていた。そのため「世俗化」（世俗諸侯による聖界領の没収）とか「陪臣化」（皇帝直属資格を失い、他国領の陪臣になること）のような荒療治が行われ、ドイツの領域地図が大きく塗り替えられたのである。とくに問題となったのは、世俗化、すなわち聖界領の没収・廃止であり、プロイセンとオーストリアが激しく対立した。それも当然で、もしこれが実現されると、カトリックのオーストリアはドイツ国内に有する保護国・聖界領をすべて失うからである。結局は、プロイセンをドイツにおけるオーストリアに対する分銅であると考えていたフランスの介入でプロイセン側に有利な結果となる。実際、その影響は甚大であった。例えば、一一二の帝国諸侯領が取り潰され、約三〇〇万人が「国籍」を変えさせられ、帝国都市は四一が陪臣化されて、六都市だけが残り、帝国騎士領はすべて消滅したのである。

ただしその一方では、「代償」を名目に領土を拡大し、失った領土の四倍も受け取ったプロイセンをはじめ、漁夫の利を得た「代償太り」の領邦もあるというから、わが国江戸時代の「国替え」とか「お取り潰し」どころではなく、ドイツにとっては、まさに「大革命」。またここで忘れてならないのは、こうした領土取引劇の裏にはパリとペテルブルクの影があり、とりわけナポレオンの意向が強く働き、南西ドイツの弱小領邦が優遇され、これが後のライン同盟（フランス史では連邦）に繋がることである。いずれにしろ、「帝国解体」の序曲が始まっており、ナポレオンの影が大きく張り出してきていた。しかも、その影はライン左岸にとどまらず、やがてはラインを渡り、東方へと伸び、西はドーバー海峡を越え、ヨーロッパの天空にかかり、もくもくたる黒雲となって大陸を覆ってゆくのである。

2　ナポレオンの影の下のドイツ

神聖ローマ帝国解体　一八〇六年――この年、フランスではすでにナポレオン・ボナパルトの第一帝政が始まっており、ドイツでは神聖ローマ帝国が消滅した。それまで「ドイツ」＝神聖ローマ帝国と考えられていた大前提が崩壊。オットー大帝のローマ皇帝戴冠（九六二）以来続いてきた帝国が八四四歳という「超」高齢で、静かに息を引き取った、いわば「歴史的な」年である。しかも、「ドイツ」はすでにその大半がナポレオン・フランスの支配下に入っていた。もちろん、この年はそれだけではなく、ライン同盟成立、ナポレオン、ベルリン入城、大陸封鎖令発布、オランダ王国建設、第四次対仏大同盟結成など、ナポレオンが破竹の勢いで進撃してゆく大動乱の年。まさに、「すべてに冠たるナポレオン」の始まりである。

なお、「ドイツ国民の神聖ローマ帝国」が「静かに息を引き取った」というのは、当時のドイツには、「ザクセンの愛国者、バイエルンの愛国者、フランクフルトの愛国者」はいても、「帝国を祖国として愛するドイツ愛国者」はおらず、帝国滅亡を嘆く者はいなかったからである。十八世紀後半、ドイツの文化的・精神的覚醒によって、彼らの文化的アイデンティティへの希求は高まっても、ドイツ国民という国民意識はいまだ稀薄で、ましてや神聖ローマ帝国に対する愛着など微塵もなく、一八〇六年に帝国が滅びても、「ゲーテやシラーはなんら特別な感慨も抱かなかった」という。それは、小邦分立の国家体制では致し方なく、ドイツ国民意識の確立には次世代フィヒテの『ドイツ国民に告ぐ』（一八〇七）の熱烈なる愛国精神や、ナポレオン支配を脱するための解放戦争を待たねばなるまい。

ナポレオン台頭　ところで、ナポレオンが頭角を現したのは、一七九三年、英国艦隊から南仏トゥーロンを奪回する作戦に成功したときからであるが、歴史年表上に登場するのは、一七九五年、パリにおけるヴァンデミエール（ぶどう月）の王党派反乱鎮圧であろう。以後この青年将校は数々の戦闘で、類い希なる軍事的天才ぶりを示し、一七九九年、ブリュメールのクーデタによって政権を掌握する。時にナポレオン三〇歳。若き第一頭領は、サン＝ニケーズ街の爆弾暗殺未遂事件（一八〇〇）などに遭いながらも戦い続け、王党派の陰謀・反乱を抑えて国内の権力基盤を確立し、やがて終身頭領となり、着々と帝政への道を歩んでゆく。一八〇五年、アウステルリッツの戦勝後、ライン左岸地域を越え、ドイツ南西部まで大きく支配の影をのばし、やがてライン同盟の「保護者」として現れる。

このサン＝ニケーズ街のテロについて付言しておくと、アンリ四世をはじめ国王暗殺や未遂事件は過去に何度も起こっているが、このナポレオン暗殺未遂はそれまでにない特異なものだった。もちろん、ナポレオンは敵が多く、その秋だけでもすでに二度暗殺の陰謀を企てられており、このテロが三度目。この度は短刀や毒薬などの伝統的手法ではなく、パリのど真ん中で爆弾が使われたのである。爆弾テロである。すなわち、一八〇〇年一二月二四日の夕刻、テュイルリー宮殿にほど近いサン＝ニケーズ街に一頭の雌馬に繋がれた荷車がとまっていた。まったく平凡な風景。だが、第一統領がそばを通過して数秒後、荷馬車が爆発し、数十人の死傷者が出た。強運の男は間一髪で免れたが、前代未聞の暗殺未遂事件。皮肉なことに、この元砲兵将校は爆弾テロで命を落とすところだったのである。ツヴァイクの伝記『ジョゼフ・フーシェ』（山下肇訳）にも、ハイドンの「天地創造」のパリ初演を観劇にオペラ座に向かうナポレオンがこの暗殺未遂を免れた場面があり、仕掛けられていた爆弾は地雷、四〇人の死傷者が出たとある。

何度も触れているように、当時、ナポレオンが及ぼした影響は、フランスのみならず、ヨーロッパ、とりわけ隣国ドイツに対しては大きかった。ただゼレールによると、ナポレオンは確かにドイツに甚大な影響を与えたが、彼自身は当初、ドイツ征服とか制覇を夢見ていたわけではなく、このコルシカ生まれの地中海人の大陸における仇敵はオーストリア、ロシア、大敵はイギリスであった。彼の大陸制覇の野望のなかには、「ドイツ」はないが、いとも容易にラインを越えて侵攻。前述したように、せいぜいプロイセンをオーストリアに対する分銅役として使うことだけが、その念頭にあったのである。しかしながら、ドイツにとって、この分銅役は大きな犠牲を払わされ、民族的な屈辱を味わわされることになる。

「ライン同盟」　ドイツが受けた最大の影響は、ライン左岸の領有から右岸に従属国家ができ、ライン同盟となって、プロイセンを除くドイツのこの地域一帯が、一八一四年までの八年間、ナポレオン・フランスの擬似的属国化してしまったことだった。すなわち一八〇六年七月、バイエルン、ヴュルテンベルク、バーデンなど南西ドイツ一六邦が、ナポレオンを「保護者」として「ライン同盟」を結成。そしてさらに、前述した陪臣化が一層進み、多数の小領邦が取り潰され、選帝侯が廃され、「大公」が生まれ、フランツ二世の皇帝挂冠、神聖ローマ帝国解体。「ナポレオン・ドイツ」の誕生である。これは、いわばライン対岸の体制転覆、国制転換に繋がる「ドイツ版フランス革命」のようなものだが、この「外からの」強いられた改革は、繰り返すが、ドイツ人にとっては民族的恥辱、「国辱」ものであった。

ただここで留意すべきは、この同盟はいわばナポレオン・フランスのドイツ支配機構であり、また実質的にはその軍事援助機構となり、プロイセンやオーストリアに対する「緩衝地帯」、クッションになったことである。しかもただの「分銅役」ではなく、ナポレオンが行なったあらゆる戦争に加えられ、ドイツ人はスペイン、プロイセン、オーストリア、さらにはロシアにさえもナポレオン麾下の軍隊に兵を送ったのである。これでは、まるで金のかからぬ傭兵だ。さらにこのライン同盟に、北ドイツのナポレオン傀儡

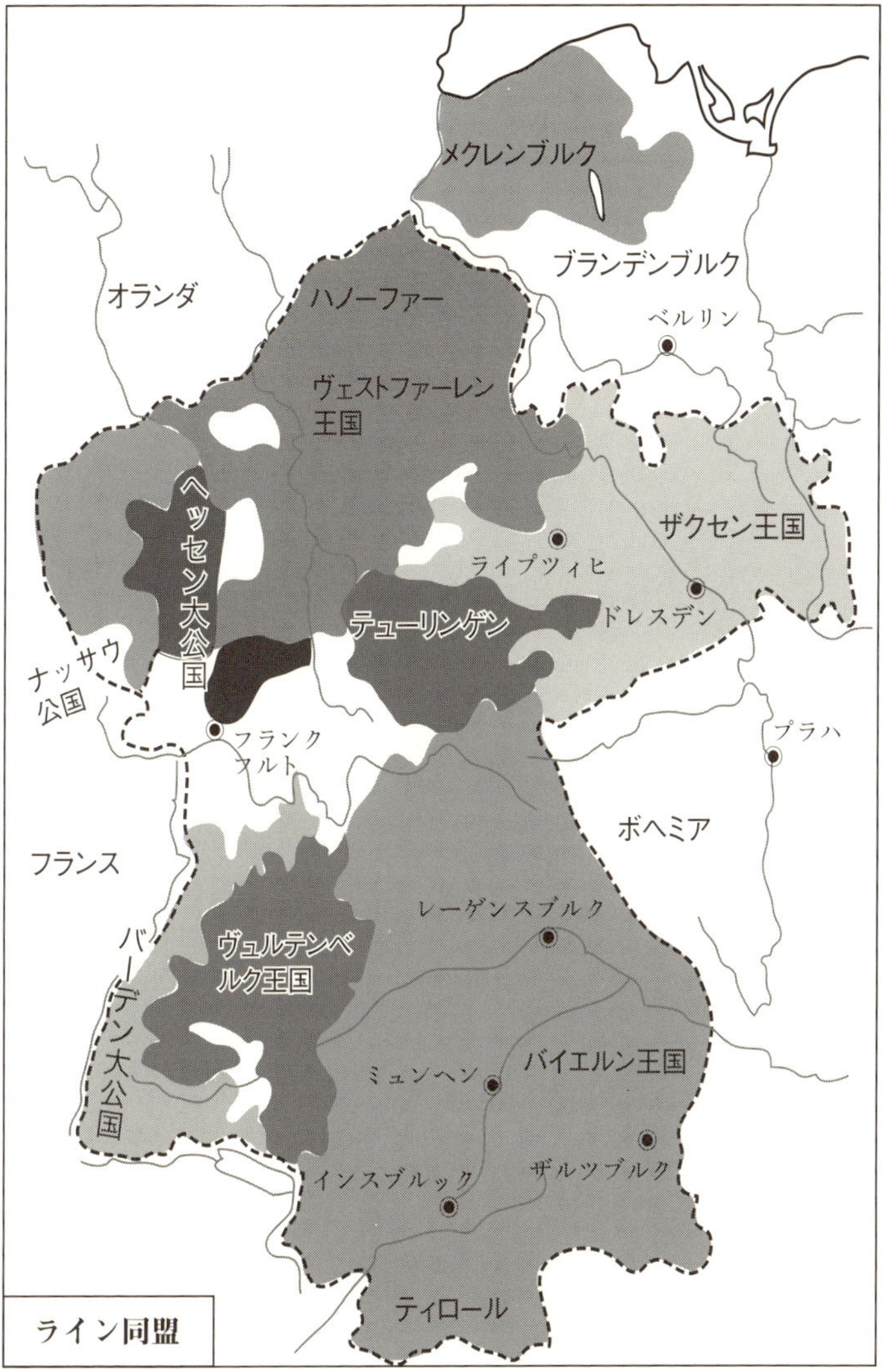
メクレンブルク
ブランデンブルク
ベルリン
オランダ
ハノーファー
ヴェストファーレン王国
ヘッセン大公国
ザクセン王国
ライプツィヒ
ドレスデン
テューリンゲン
ナッサウ公国
フランクフルト
プラハ
ボヘミア
フランス
レーゲンスブルク
ヴュルテンベルク王国
バーデン大公国
バイエルン王国
ミュンヘン
ザルツブルク
インスブルック
ティロール

ライン同盟

国家や、ザクセン王国などの中部諸邦が参加させられ、左岸はフランスに、右岸はプロイセンにという棲み分けどころではなく、最終的には普墺両国も組み込まれて「ライン・エルベ・ドナウ同盟」となり、図式的に言えば現在のドイツの大部分に匹敵するまでの領域に拡大した。そしてついには、ブーシュ・ド・レルブ（エルベの河口）なるフランス帝国の最北端の県さえ生まれ、ハンブルクが県庁となった。「いかなる時代にも、フランスがライン対岸でこれほどの勢力を振るうことができた試しはなかった」（ゼレール）。一時的とはいえ、ナポレオンの威勢には驚嘆すべきものがあった。一八一〇年頃、ナポレオン・フランス帝国は国域拡大によって人口四四〇〇万人、一三〇県。この最北端県もその一つだった（フランス本国は三〇〇〇万前後、県数九五）。こういう流れを象徴するのが、フランスとプロイセン間のティルジットの和約（一八〇七）であろう。

ナポレオンの大勝利

これは、イェーナの戦いで勝利したナポレオンのドイツ支配、大陸制覇のピークをなすもので、ロシアとの秘密条約はともかく、プロイセンにとっては大打撃、屈辱以外の何ものでもなかった。プロイセン王国は半分以上も削り取られて、東部諸州は「ワルシャワ大公国」に、西部は「ヴェストファーレン王国」にされて、いわば両腕をもぎ取られたのも同然。かろうじて生き延びたのである。しかも、ナポレオンの思惑によって、やっとである。要するに、一七四〇年のフリードリヒ二世即位時のプロイセンに戻されたのだ。

ナポレオンは当初、ドイツをプロイセン人の「レッセ・フェール」にしておくつもりだったが、この度の戦争で、この国家を抹殺し、地図から消そうと考えた。だが、ロシアを同盟者にしたいとする策謀からツァーに免じてという体裁で、考えを変えたのだった。全盛時、「すべてに冠たるナポレオン」はいともたやすく、あちこちに国家をつくったり、つぶしたりしているのだから、プロイセンの存亡も意のままだったのだろう。それゆえ、ラインの両岸にずらりと並んだ陪臣〔衛星〕国家は、フランス人かその走狗が主権者におさまった、いわば傀儡国家。例えば、ベルク大公国（ルール地方）は皇帝の妹婿ミュラ。ヴェストファーレン王国は皇帝の末弟ジェローム・ボナパルト。ワルシャワ大公国は皇帝の代理人、ザクセン選帝侯が同君連合で王座を占めていた。さらには、バルト海や北海沿岸諸領邦、メクレンブルク公国やリューベック、ブレーメン、ハンブルクなどの自由都市もナポレオン・ドイツに加えられる（一八一〇）。

ただこの時代のドイツの状況には奇妙なところがあり、プロイセンが両腕切断のような仕打ちを受けたのをみて、プロイセン以外のドイツ人は安堵し、殊に南部諸領邦国家は多かれ少なかれ公然と快哉を叫んだという。だからプロイセン以外では、敵よりもむしろ味方が多く、諸侯はナポレオンがハプスブルク家の傘下から離脱させてくれたことに、民衆は教会と封建制の頸枷から解き放たれたことに満足していたのである。本来ならば、侵略者か闖入者たる者が「保護者」とか解放者とされるのは、明らかに矛盾だが、これにいち早く気づいた天才がいた。ベートーヴェンである。彼はナポレオンに捧げた「交響楽第三番・英雄」の献辞を削除・取り下げたのである（一八〇八）。ただ、十九世紀初頭、国家としての体制定まらぬ「ドイツ」がそのような矛盾した状況を可能にしたのであり、あのフランス贔屓のハインリヒ・ハイネのナポレオン大好きも、そこから生まれたのだろう（後述）。ウィーン会議後も、民衆にナポレオン人気は残るのである。

敗者プロイセン　哀れにも、プロイセンは、そのような状況と国王フリードリヒ・ヴィルヘルム三世の怯懦と不決断のために領土を半減されたどころではなく、ナポレオン・ドイツの支配下で、莫大な賠償金、軍備制限、フランス駐留軍など苛酷な条件を押しつけられたのである。そのうえ、一八〇六年にはすでにベルリン布告による大陸封鎖が実施されており、これがもたらした影響も大きかった。これはイギリスとの通商禁止を目的にした、ナポレオンの大陸制覇の野望を象徴するものだが、その効果は地域や経済部門によってまちまちだった。

総じて言えば、ライン左岸は恩恵を受け、右岸は打撃を被ったとされるが、実際はこの経済封鎖には抜け穴、裂け目があり、結果的には、英国の逆封鎖も与って、フランスにマイナスであったという。例えば、確かに「ハンブルクの商社の大量死」と形容されるほどハンザ諸都市は深刻な被害を被ったが、バルト海を舞台にした伝統的な、半ば公認の密貿易が盛んで、禁制品の砂糖やコーヒーも高値で取引されており、その中心がライプツィヒであった。それに右岸のベルク（ルール地方）もしっかりと生き延びており、後のドイツ重工業コンツェルンの代名詞クルップ（死の商人とも言われた）が創業されたのはこの封鎖中、一八一一年。また東部のプロイセン領シュレージエンでさえ、西隣のザクセンが栄えたお陰で発展したというから、世の中分からぬものである。ナポレオンの目論見は綻びだらけだったのだ。

ただ、ナポレオン・フランスの軍事占領はプロイセンには重くのしかかった。ボナパルトは軍備制限を課しながら、戦争の支払いは戦争にさせると称して、戦費はもちろん、経常費さえもプロイセン人から徴収したのである。プロイセンの民衆は兵士として動員されるだけでなく、重税を課されたうえに、頻繁な徴発にも応じなければならなかった。これでは、民衆の不満が鬱積し、反ナポレオン感情が高まり、人心が離反する。彼らとてナポレオンの膝下に屈するだけではなく、水面下でそのような屈辱的状況に対し反抗することになる。

それに、この時期、ドイツでは、ナポレオンのあまりの専制、独裁ぶりに愛国主義的精神が昂揚して、政治化しつつあり、ドイツ人一般に「プロイセンをつうじてドイツ」のためにという気運が生まれていた。国内的には、いわゆるプロイセン改革が進行していたが、軍備面でも準備に怠りなかった。プロイセン人は軍備制限を受けながら、「休暇予備役兵」制度なるものによって着々と軍事力を増強していた。つまり、訓練済みの兵士を順次帰郷させ、これを新兵と交替させ、制限内で現員数を維持するどころか、鼠算式に予備役兵を増員するという、いわば辻褄合わせ、員数合わせの巧妙な措置を講じていたのである。後世、第一次大戦後、ヒトラー・ドイツが復讐に燃えて軍事力の増強を図ったのも、この歴史に学んだのかもしれない……ともあれ、ナポレオン・ドイツ下で、プロイセンが未来の「ドイツの酵母」になるだろうという気運は時代の流れでもあった。

ナポレオンのドイツにおける功罪　さて、ナポレオンが、フランスまたはドイツにおいて果たした役割は、月並みに功罪相半ばするといった単純なものではなく、とくに後者におけるそれは複雑だが、もし功罪の功の方があるとすれば、ドイツが否応なく迫られた国家と社会の近代化であり、そのために改革が試みられたことであろう。とりわけ、ライン左岸地域ではそれが顕著であった。例えば、前述もしたが、この地に多数あった聖俗諸侯領が一掃され、行政面では県・郡・市町村といった縦割り型のフランス式中央集権的行政機構が適用され、法制面ではナポレオン法典が施行され、身分制廃止や法の前の平等確立とかツンフトの撤廃などが行われたのである。

もちろん、罪の方もある。官庁や教育用語にフランス語を強制するなど、フランス革命時の「一国家、一言語」政策を踏襲した言語的・文化的な「均制化」を目指したり、ドイツの実情を無視した教会政策を押しつけたりして、反感を招いた。そうした事情は、ベルク大公国のような右岸の陪臣国家でも同様で、ライン同盟の諸国家はどこもナポレオン的近代化モデルの実験場さながらであった。まさにナポレオン・フランス＝ナポレオン・ドイツ。ただ大雑把に総じて言えば、改革の実験期間あまりに短く、その重圧あまりに大きくて、しかもこの近代化実験が成果を見る前に、肝心の「保護者」が失脚。ライン同盟諸国家が消滅してしまったため、ほとんどすべてが中途半端に終わってしまった。

しかしながら、ここで見逃してならないのは、よくも悪くもナポレオンの干渉とか文化的「均制化」を排して、バイエルンやバーデン、ヴュルテンベルクなど諸国で自らの意思によって改革の試みが行われ、そのイニシアティヴをとったのが、啓蒙絶対主義の伝統のなかで育った開明的貴族とか教養官僚であったことであろう。ドイツにおける啓蒙思想は、ドイツ式ではあるが、確実に実を結んでおり、不十分ながらもこうした改革の試行錯誤に現れている。そしてそれが、前記ヨーゼフ二世流の「上からの革命」であれ、「革命なき革命的改革」であれ、ナポレオンという「外圧」がその契機ないしは触媒になったことは、否定できないだろう。象徴的な例で言えば、このナポレオン・ドイツ、ライン同盟時代のバイエルン王国、バーデン大公国、ヴュルテンベルク王国の領域がほぼそのままの枠組みで残り、現在のバイエルン州やバーデン＝ヴュルテンベルク州の州域となっていること。歴史は続く、である。

プロイセンの国家改造　プロイセンの場合も「上からの革命」という点では同じである。ティルジットの和約で国家存亡の危機に瀕したプロイセンは、否応なく国家の立て直し、改革を迫られる。そこにはナポレオンという外圧のみならず、プロイセン自身の「内発」的なものが強く作用していた。この改革はいわば「政府の英知による、よい意味の革命」、つまり「上からの革命」ではあるが、ともかく国家再建、いわゆる「プロイセン改革」が始まる。そして政治・行政機構、経済通商、財政・税制はもとより、軍制、教育制度、農民解放策などあらゆる面でプロイセン国家の再構築が試みられるのである。どれもこれも、ナポレオン・ドイツ体制の重圧下で行われるが、まさに「革命なき革命的改革」。しかも、それらすべてが、ナポレオンの仕打ちから受けた屈辱感がバネとなり、国難をもたらした独裁者に対する復讐の精神と革命フランスへの憎悪の念に燃えて行われる。そしてドイツ史でいう「解放戦争」＝反ナポレオン戦争開始の一八一三年までの雌伏期間中に、このプロイセン王国の内政改革を通じて、いまだなき政治的統一体としての「ドイツ」における「愛国主義」が醸成されてゆくのである。そしてここにきてようやく、ドイツでは、この愛国主義を軸にして「国家」と「国民」が結びつけられることになる。なお、ゼレールは、解放戦争 Freiheitskrieg＝Befreiungskrieg を guerre de libération＝guerre d'indépendance と翻訳している。ドイツ語の方は前者が一般的な意味でも使われる解放戦争、後者はとくに反ナポレオン戦争（一八一三―一八一五）を指すというが、ゼレールの indépendance（独立）とは意味深である。

ところで、この一八一三年からの解放戦争が可能になるには、忍耐強い何年かの準備期間が必要であり、プロイセン王国の復興が前提であった。そしてそのためには、何よりもプロイセンの精神的・道徳的再生が必要不可欠な条件となるが、凡庸な国王フリードリヒ・ヴィルヘルム三世でさえ、「国家は物質的に失ったところのものを精神的諸力によって埋め合わせねばならない」と述べるような状況が生じていた。国家再建、諸改革実行の前に、あるいは同時に「心の備え」が要求されたのである。その主導的役割を果たしたのが、教育改革中に新設されたベルリン大学（一八一〇）を中心に集まったひと握りの知識人の不撓不屈の活動だった。ここにも、ドイツにおける啓蒙思想の一つの表れがあるだろうが、フランスにおけるそれが大革命に結実しているとすれば、世紀の転換期に生じたこうした政治的・社会的変動はラインを挟んで、変則的ではあるが、仏独相互に作用し、啓蒙思想がさまざまな段階で連動していたと言えるだろう。

そのような思想運動の筆頭にくるのはおそらくカントであろうが、このケーニヒスベルクの哲人は一八〇四年に死去しており、現実にその教えを広め、大きな感化を与えたのはフィヒテである。後者は、ゼレールによれば、一八〇六年まではフランス賛美者、完璧なコスモポリタンであったが、この年を境に「改宗」し、熱烈な愛国主義者に転じたという。それだけナポレオンの与えたインパクトは強烈で、『ドイツ国民に告ぐ』(一八〇七)を生むことになるが、この愛国主義的マニフェストに共感・賛同する者は多かった。同じ流れのなかに神学者のシュライエルマッヒャーや反動的ジャーナリストのアルントが挙げられるが、とりわけクライストの『ヘルマンの戦い』には、ゲルマン民族をローマの圧制から救った国民的英雄(アルミニウス)に託して「ナポレオン憎悪とドイツ人の民族的蜂起の願望」が語られ、「彼らの死体でライン河をせきとめ/逆立つ波で泡立つ水を王城のまわりにめぐらせよ」なる物騒な呼びかけまであるというから恐ろしい。そしてこうした愛国主義の政治化と「ドイツ化」への高まりのなかで、一八一三年、ベルリン大学創立者ヴィルヘルム・フォン・フンボルトは、「ドイツは一つの国民、一つの民族、一つの国家である……ドイツは自由で強力でなければならない」と言明。これは、いわば解放戦争の狼煙をあげたようなものであろう。

＊ ハインリヒ・フォン・クライストは、代々軍人家系の貴族出自で、自らもプロイセン軍少尉だが、若くして退役。後に文筆活動に転じ、反ナポレオン運動の嫌疑で逮捕されたり、週刊紙『ゲルマニア』の発行を企てたりした確信犯的な反ナポレオン派。三四歳で哀れな人妻道連れにピストル自殺している。

3　ナポレオン後の仏独――ウィーン体制から七月革命へ

皇帝没落の序曲からレクイエムへ　一八一三年――この年は仏独、否ヨーロッパの歴史の流れが大きく変わる節目の年となる。ナポレオンの覇権精神、思い上がりによる戦争拡大策はとどまることを知らず、自らの破滅を招く契機となる年でもある。前年一八一二年はいわばナポレオン・ヨーロッパの絶頂点だが、皇帝没落のフーガの序曲はまさにこの年に始まっている。すなわち、同年のロシア遠征大失敗、「大陸軍」

雪の原野大潰走。ハイネが言うように、「神が、雪が、コザック兵がナポレオンの精鋭を打ち砕いた」（『ロマン派』）のである。この頃、例のアルントの『ラインはドイツの川、ドイツの国境に非ず』が象徴するように、ドイツ愛国主義を鼓舞する気運が増していた。やがてプロイセンも、ナポレオンのあまりの独裁横暴ぶりに堪忍袋の緒が切れたのか、ロシアと同盟。フランスに宣戦布告し、一時は敗れるが、この同盟にオーストリア、スウェーデンが加わり、一八一三年、ライプツィヒの戦い（諸国民戦争）で勝利。その間、バイエルンやバーデンが戦線離脱し、ライン同盟も瓦解。

やがて歴史の場面が転換する。舞台は戦場からウィーンでの外交交渉に移り、第一次パリ条約締結（一八一四）。ナポレオン、エルバ島配流、ブルボン朝復活、仏独国境は一七九二年の境界に戻される。だが、「舞踏と恋の戯れと陰謀と口論が続いている最中に大砲の轟声一発」。「獅子ナポレオンがエルバの檻を破って脱出した」報が入ると、再度場面転換。以後短時日に、百日天下、ワーテルローの戦い、ナポレオン、セント・ヘレナ島配流、二度目の王政復古、第二次パリ条約（一八一五）。情勢はめまぐるしく変転し、ナポレオン没落。レクイエムの曲が流れ始める。これに関しては、ハイネに、「プロイセンのロバが瀕死の獅子〔ナポレオン〕にとどめの足蹴をかけた」という面白い一節がある。ナポレオンはセント・ヘレナで、プロイセンを踏みにじっておくのを忘れたことに気づき、歯ぎしりして口惜しがったが時すでに遅く、歩いていた道に兎が走ってくると、怒りのあまり兎を踏みつぶしたという（『フランスの状態〔事情〕』）。

ウィーン会議　ところでこのウィーン会議だが、普墺露英など八カ国が集まったのだから各国の主張・思惑が交錯するのは当然としても、メッテルニヒやタレーランが暗躍する、例の「外交劇」が繰り広げられた。とくにヨーロッパ列国間の「勢力均衡」を政治理念とするオーストリア外相メッテルニヒが主役。その宥和的平和模索の試み・駆け引きが先導したであろうが、これがまたルイ十八世政府代表のタレーランの策謀と一致。つまり、メッテルニヒは、戦争前から、ロシアの覇権を恐れて、ナポレオンの完全没落を望まず、妥協策を提案していたが、この時も勢力均衡作戦。一方、タレーランは祖国復興のためにはイギリスとの友好関係が重要であるとして、プロイセンの復興とロシアの覇権を望まなかった。そこで、この「会議は踊る、されど……」の舞台で狡猾老獪な狐と狸のような二人の役者の思惑、化かし合いがぴたりと一致。タレーランはオーストリアとイギリスと共謀して、ザクセンの完全回復を図るプロイセンとポーランド全領を望むロシアの計画を阻んだという。

ゼレールによれば、この一見フランスの国益に反するような態度は、ルイ十八世の母が、前述したようにザクセン大公の息女であったことに拠るというが、タレーランにとって、ザクセンをプロイセンの好きなようにさせるのは、我慢できなかったのだろうか。ついでながら、プロイセンはロシアと共同戦線を張ることがよくあるが、フリードリヒ・ヴィルヘルム三世の長女がロシア皇帝ニコライ一世の妃となっている。なお、このメッテルニヒの勢力均衡策に関して言えば、これはヨーロッパ外交の伝統のようなものらしく、一三〇年後、第二次大戦終結時ヤルタ会談で、英国首相チャーチルが同じような態度を取る。フランスはこの会談には出席を認められなかったが、老練なチャーチルとイーデン外相が見事な外交手腕を発揮し、フランスの立場と権益を擁護した。そこには、卓越した政治家チャーチルの戦後を見通した深謀遠慮が働いており、彼はフランスの復権・復興がヨーロッパ政治のバランスには不可欠で、何よりもフランスが「防共の砦」となるよう願っていたとされる。「鉄のカーテン」代わりにしようとしたのだろうが、このチャーチルの「バランス・オブ・パワー」策は、時空間を越えてメッテルニヒの勢力均衡策と軌を一にするものではなかろうか。

では、この条約後仏独はどうなったか。フランスは第二次パリ条約では、より厳しい条件に晒されたが、それでも王政復古。最終的には一七九〇年の国境に復帰してアルザス（とロレーヌのモーゼル県）の地はそのままで、フランスの権益はなんとか守られた。だが、プロイセンは旧王国復活とはならず、またその後すぐにはドイツ国民国家形成ともならなかった。結局プロイセンが獲得したのは、ザクセンの一部とライン左岸司教領の大部分、右岸のベルク大公国とヴェストファーレンの四分の一であった。

しかしながら、ドイツにとって重要なことは、ウィーン体制下でドイツ連邦制が誕生したことであろう。プロイセンとオーストリアの二元主導の連邦とはいえ、これは、少々乱暴な喩えで言えば、オットー大帝創始の神聖ローマ帝国、否それよりはるか以前の古ゲルマンの部族社会以来の歴史と伝統に基づくきわめてドイツ的な原初の、ゲルマンの部族社会的な国制の亡霊、その歴史的継承、近代版ではないだろうか。もちろん、旧体制に戻ったのではなく、ナポレオンの影響下行われたドイツの国制改革はもはや不可逆であった。群小諸邦は消滅し、有力諸邦に併合されたが、それでも、このドイツ連邦が三五の領邦と四自由都市から成る小邦分立であることに変わりはなく、ハイネは、これを随所で揶揄している。例えば、ドイツは「三六枚のつぎはぎ」でできている「道化〔＝ドイツ国民〕」の上着のようなものだ（『フランスの状態』）とか、「傘一本くれれば……〔ドイツの〕王さま三六人くれてやる」「寝間着一枚くれれば、王さま三六人くれてやる」（『アッタ・トロル』）と笑いとばしている。当意即妙、辛辣な諷刺である。

ちなみに、この詩人の諷刺・諧謔精神については、あるスペイン人評者が、「ハイネの詩魂の特質は皮肉と揶揄と諷刺であり……ハイネの詩の女神はヴォルテールの長髪に巣くったドイツのさよなき鳥である」と述べているが、「ヴォルテールの長髪に……」とは愉快な喩えである（ベッケル『緑の瞳・月影』高橋正武訳、あとがき）。

ウィーン体制後の仏独、ライン左岸が争点

いずれにしろ、ナポレオン後、ウィーン体制下で、よくも

悪くも十九世紀の仏独関係の第二幕が開幕。かたやドイツ連邦から（国内）関税同盟、北ドイツ連邦を経てドイツ帝国へ、かたや王政復古、共和政、第二帝政へと、仏独はそれぞれの道を歩むことになる。その過程で、一八七〇年までの仏独関係の争点となるのは、ライン左岸である。通常、このことは仏独それぞれの歴史記述には現れないが、ゼレールによれば、これはフランスとプロイセンすなわちドイツとの秘かなる懸案事項、相互に疑惑と不信の念に満ちた通底奏音となる。フランス人は、ライン左岸、国境を取り上げた諸条約を呪い、プロイセン人の方でも、一八一三年の精神は死んでおらず、いつかは取り戻したライン地方を同化し、そしてドイツ統一を、と夢見ている。つまり、メッテルニヒ体制とも称される当時のヨーロッパ的状況下にあって、フランスには、「一八一五年に、我々はイギリスとロシアへの卑屈な礼譲によって我らの罪の当然の罰を免れた」という一般世論があり、ドイツでは、フランスへの憎悪が、高まりつつあった愛国心と相俟って、一つの国民的伝統になり、「フランス人を取って食う輩（Franzosenfresser）」と称される極端なフランス嫌いまで出現したという。

もっとも、フランスにも一七九三年の危険な遺産である「自然国境」観念が脳髄にこびりついた強硬派がいて、ライン左岸奪還を叫んでいた。ただしばらくは、王政復古政府は、ウィーン会議で定められた領土規約を遵守せざるを得ず、あからさまにはそのような動きに同調するわけにはいかなかった。だが年月が経つにつれてラインへの郷愁が強まり、英国政治家パーマストンが、パリ滞在後、「どのフランス人も頭がおかしくなっている。ライン、アルプス、ピレネーが取り戻せるなら、両手を切られてもいいと、みなが言っている」というほどだった。また帝政時代の某老将軍は「フランスにとってのライン河はロシアにとってのボスポラス海峡のようなものだ」と語っていたというから、まさに例の自然国境説再燃。それゆえ、後に一八六六年、ナポレオン三世が、普墺戦争で中立を条件にライン左岸の割譲を要求すると、ビスマルクがこれを拒否するという事態が生じ、やがてはそれが普仏戦争、ドイツ第二帝国、フランス第三共和政への歴史的展開に繋がるのである。ルイ・ナポレオンがはじめて、七月王政打倒を目指して蜂起したのも、たしかストラスブールだったが。

七月革命　ライン両岸で、こうした精神が蔓延しているさなか、フランスで七月革命が起こってルイ・フィリップの立憲王政が出現する。ドイツでは、その影響を受けて「静穏の二〇年代」が終わり、やはり領邦諸国家の立憲君主制へと移行していく。ただし、仏独の立憲君主制の内実は異なるとはいえ、両国とも時が移るに連れて保守化する。だが当初、ライン対岸では、一八二〇年代、静穏とは名ばかりで、守旧反動的なメッテルニヒ体制下、「自由と統一」への動きが抑圧されていた反動から、一時的には熱烈な自由への希望が生じた。ことに自らをいまだ「やむを得ざるプロイセン人（Musspreussen）」と思っていたライン人は、それを強く感じ、フランス時代の郷愁に浸った。ヴォージュを超えて、いわゆる「栄光の三日間」、ハイネの言う「民衆の三日間〔七月革命〕の自由熱」の波がライン地方に伝わり、人々は抑圧された状況からの脱出・解放を願ったのである。

この時、「パリの日射病にかかった」ハイネの感慨は、ドイツ人一般のものではないとしても、当時のライン地方の人々の複雑微妙な心情（Gemüt）をよく表しているという。パリに移る前のハイネは、「あのフランス人ぎらいが最も根深いハンブルクでさえ、今はただフランスに対する感激にみちているそうだ……いっさいが忘れられたのだ……ハンブルクには三色旗が翻り、どこへ行ってもマルセイエーズの歌が流れ……」（『ヘルゴラント便り』）と熱狂的に記している。同じく熱烈なフランス好きにルートヴィヒ・ベルネがおり、後にハイネ同様パリに赴き、徹底した合理主義と自由への溢れんばかりの感動で『パリ通信』を著し、七月革命後の状況報告をしているという。この二人はともにユダヤ人だが、後に反目することになる。ともあれ、ハイネ、このフランスのなかのドイツ人、「全く完全に帰化している」（サント＝ブーヴ）と評されたドイツ人ハイネは、この時期の仏独関係においては異色の存在である（後述）。

七月革命下の仏独

では、プロイセンをはじめとする、ドイツの諸政府はどうか。彼らはメッテルニヒ精神に支配されており、革命精神の蔓延を恐れ、正統王政の崩壊がフランスの外交政策に影響するのではないかと懸念していた。だが、「バリケードの王」ルイ＝フィリップは、タレーランの忠言を容れて、穏健策を取り、ベルギー独立問題にも公平さを保ったので、ドイツや他のヨーロッパ諸国は安堵した。ところが、フランス世論、とくに自由主義・共和主義的世論は、保守的な外交路線をとって、ウィーン会議で定まった境界の変更を望まないルイ＝フィリップ王政に不満で、失われたライン国境への執着心が根深くあった。そこへ、一八四〇年、オスマン・トルコとエジプト間で東方問題が起こると、英露普墺の四国同盟とフランスが対立する事態出来。憤激したフランス世論には、一八一五年の復讐精神が甦り、例の自然国境論さえ再燃した。こうした国民感情の手前、王自身、怒った振りをせざるを得ず、「必要ならば、予は虎を野に放ちもしよう」と、四国同盟の大使たちに見得を切って見せたという。

では、ドイツ世論はどうか。当初はフランス世論の熱狂に啞然としたものの、当然ながら反撥が起こり、至るところで反仏の愛国歌が沸き起こった。例えば、ニコラウス・ベッカーの詩『ラインの歌』は作曲家が競って作曲するほどの国民的流行となり、そのお陰でベッカーはプロイセン王から年金をもらったという。このボンの無名詩人の歌には、ラマルティーヌが『平和のラ・マルセイエーズ』で、ミュッセが『ドイツ・ライン』で返礼しており、後者の短いが辛辣な応答詩は有名。愉快なのは、ハイネの『ドイツ・冬物語』で、父なるラインが、このベッカーの歌を「ばかな歌」と罵倒し、ミュッセを「いたずら小僧」と呼んで嘆いていることだ。また同じ頃、やはり無名詩人の『ラインの護り』が生まれ、これは普仏戦争の時のドイツ軍歌となっている。

＊ ちなみに、この軍歌は、人気はあったが、国歌とはならず、事実上国歌になったのは、第一次世界大戦前に流行った『ドイツの歌』（ハイドン作曲、ホフマン作詞）。公認されたのはさらに遅くワイマール共和国の時代（一九二二）である。もともとこの歌詞は、ロマン派詩人ホフマン・フォン・ファラースレーベンの『非政治的歌謡』（一八四一）の一つで、これにハイドンがフランツ二世神聖ローマ皇帝（後のオーストリア皇帝フランツ一世）の誕生日記念に作曲した『皇帝賛歌』（一七九七）があてられた。例の「世界に冠たるドイツ」も含まれていたが、当時の外交的配慮から外され、一九四五年には、この歌はナチに利用されたこともあって、一時連合国によって禁止。一九五二年、西ドイツ政府が再統一を願ってなのか、「幸福の唯一の保証人、統一、正義、自由」を復活採択。だが一九五四年、サッカー世界選手権で戦後はじめて参加を許されたドイツが、優勝候補ハンガリーを破って優勝すると、熱狂した観客は禁止の「世界に冠たるドイツ」を熱唱したという。こうした変遷ぶりを見ると、ドイツという「国家」の歴史や国民感情はやはり複雑である。

このように、ドイツは第二帝国にさえいわゆる国歌はなかったわけだが、国旗についても同様で、北ドイツ連邦商船旗の黒白赤旗が帝国旗〔プロイセンの黒白、ハンザ同盟の白赤を合わせたもの〕となり（一八九二）、ワイマール共和国下になってやっと現在の黒赤黄旗を採択。この三色は、元はナポレオンに対する解放戦争（一八一三―一五）を戦ったイェーナの学生たちの色で、ハンバッハの大集会（一八三二）でも使われ、一八四八年革命の旗ともなって、一九二二年にドイツ国旗として定まったもの。それでもなお、商船旗は元のままの黒白赤旗で、ドイツ海軍もこの元帝国旗を掲げ、第三帝国でもこの三色が使用されていた。しかも、この帝国海軍の軍艦旗は、二十世紀末、ドイツ統一前の東独における「ライプツィヒの月曜デモ」にも担ぎだされたという。担ぎだしたのはスキンヘッドの若者たちだが……このことは、国歌、国旗という国家統合のシンボルをめぐってさえ国論が分裂するのだから、全一的な意味での統一がこの国ではいかに困難であったかを物語っている。フランスでは、フランス・ライン軍歌ラ・マルセイエーズがフランス国歌になったが、こちらも作者ルージェ・ド・リールは軍人の素人詩人。国歌に選定されたのは一八七九年、三色旗が国旗になったのは一八八〇年（後述）。

愛国精神高まる仏独

こうした仏独双方の愛国主義的な緊張状態にあって忘れてならないのは、当時フランスの「ショーヴィニズム」はドイツにのみ向けられたのではなく、むしろ通商関係や植民地問題で外交上対立していたイギリスが主導した四国同盟に触発されたもので、ライン対岸では、これがプロイセン政府に有利に働いたことであろう。諸邦の一般ドイツ人には、フランス世論の攻勢に対して、プロイセンが国土防衛の障壁役を果たしてくれるように思え、プロイセンにとっては悲願であるドイツ統一を遂行するのに恰好の状況が生まれたからである。以後、世紀前半のドイツでは、諸邦で憲法制定とか立憲君主制への移行の試みがなされるなか、各地域の関税同盟を経てドイツ関税同盟結成。プロイセンを軸にしてやがてはドイツ統一の道へと進んでゆく。その大きな契機となるのが、一八四八年の三月革命である（後述）。

そうした過程で、この時期、十九世紀前半のルイ＝フィリップ時代、仏独関係を象徴するのは、何度か触れてきた「フランスのなかのドイツ人」、ハインリヒ・ハイネであろう。前述したように、仏独関係では、中世の「最初のフランス人教皇」ジェルベール、十七世紀のオイゲン公、十八世紀のサクス元帥のように、時代時代においてそれを象徴するような「二重国籍」的人物が登場する。十九世紀前半では、フランス側ではスタール夫人、ドイツ側ではハイネであり、前者が果たした役割も重要であるが、ここでは後者を中心にしてその影響関係を見る。その前に、一八四八年頃の一般的状況を概観しておこう。

一八四八年二月、パリ革命の報がもたらされると、ヨーロッパ各国はまたもやフランス革命かと、あの恐怖政治を連想して身構えた。プロイセンでも、虎は野に放たれて、今にも嚙みつきそうだと見て、フリードリヒ・ヴィルヘルム王は剣の鍔に手をかけて、一八一三年と一八一五年の記憶を新たにした。だが、幸いにしてこれは杞憂。一八三〇年のルイ＝フィリップ同様、パリの臨時政府は各国政府を安心させるのが急務として、一種の平和通牒が発せられたのである。その作者は時の外務大臣ラマルティーヌ。当時、一見奇妙な現象だが、フランスには例の自然国境論と親独的傾向が共存するような風潮があった。この詩人・政治家もそうした考えの一人で、一八四〇年の危機のさなかに、前記『平和のラ・マルセイエーズ』を著し、平和讃歌とドイツに対する熱烈な友情を示しているが、当時の人々にはそれがそう矛盾したことでもなく、普通のことと見られていた。ヴィクトル・ユゴーでさえこうした風潮に染まっており、それは『ライン河』（一八四二）を読めば分かる。

ラマルティーヌやユゴーのような文学世代、当時の教養ある文化層は一般にドイツ熱にかかっているが、これは十九世紀におけるフランス精神の一特色であり、そこには前世紀のドイツの対フランスプロパガンダ作戦の影響もあったのだろう。また何度か触れたように、フランスには歴史的・外交的にオーストリア・ハプスブルク家に対する対抗心からドイツへの友好的な雰囲気があり、また政治家にさえ親プロイセン的な古い偏見が残っていたが、この二つの要因が相俟って、フランス国民にドイツ統一が自国に及ぼす危険を見落とさせることになる。このような状況への先鞭役を務めたのが、フランス側では帝政期のスタール夫人。「女性の身体に男の精神を備えたスタール夫人」（ラマルティーヌ）である。

スタール夫人の役割　確かに、スタール夫人がドイツの文学思想の紹介を通してフランス人一般にドイツ事情理解のために果たした役割は大きいが、前章でみたように、彼女以前に、フランスにはドイツの事物や状況に対する関心が目覚めていたことも想起しておこう。例えば、ミラボーには、革命前に『フリードリヒ大王下のプロイセン王国について』（一七八七）『ベルリン宮廷秘史』（一七八九）なる著作があるが、これは外交使節としてベルリンに赴いた折の見聞録。とくに後者は匿名だったが、暴露されてスキャンダルを巻き起こしたという。だがスタール夫人が、十九世紀初頭に切り開いたドイツへの道を辿っていった文学者や歴史家は数多い。

なかでも、ヴィクトール・クザンは三度もドイツを訪れ、ゲーテやシェリングなどさまざまな人物と会い、とくにヘーゲルの影響を受けたようで、「ヘーゲル氏は、ゲーテが詩人に、ナポレオンが将軍に生まれたように、形而上学者に生まれた」と称賛している（『マガジンヌ・リテレール』誌、特集「二世紀間の仏独知的交流──愛と憎しみ」、一九九七年一一月号）。またクザンには『ドイツの思い出』なる書があるが、彼はドイツの教育組織にも感化を受け、「さまざまな学部の講義を集めれば、ゲッティンゲン大学は一種の動く百科辞典だ」と賛嘆している。ソルボンヌ教授でアカデミー会員、パリ高等師範学校校長、文相などを歴任した彼は多くの学者・知識人にそのドイツ仕込みの教えを広めたとされる。その弟子筋にはエドガール・キネやジュール・ミシュレをはじめ多数いるが、総じて彼らはスタール夫人の示したドイツ観を是認し、クザンの教えに従い、キネはヘルダーを、ミシュレはルターを翻訳するほどであった。だがゼレールによると、ドイツ婦人を妻としたキネだけは、当時蔓延していたドイツ崇拝（teutomanie）を「公憂」と称してその危険性を警告し、一八三〇年代からビスマルクの出現を予言していたという。この警鐘はほとんど無視されたが……。

ただ付言しておくと、彼ら学者層は別にして、この頃のフランス・ロマン派は、自作の主題の多くをドイツから借用したユゴーをはじめ、ドイツ語は読めず、唯一例外はハイネの友でもあったネルヴァルである。当のスタール夫人からして、ドイツ語は弱く、その知見の多くはドイツ・ロマン派の頭目A・W・シュレーゲルなどの「講義」に負うているのだから、前にも触れたが、ドイツ側からのフランスへのアプローチに比べて、フランス側からのそれは弱かったのだろう。その弱点をついて、これを補完しようとしたのがほかならぬハイネ、「ドイツ詩人」にして「フランス知識人」ハイネなのである。

ただハイネを語る前に、参考までにスタール夫人のドイツ語観を見ておこう。夫人は、フランス語はいかなる言葉よりも簡潔明瞭で、ひとが言いたいことをこれほど軽妙に指し示し、これほど明確に説明する言葉はないとしつつ、こう述べている。「ドイツ語は会話の正確さや早さには、はるかに不適切である。文法構造の性質そのものから、通常、文章が終わってからしか意味が分からない。例えば、フランスには会話を遮る楽しみがあって、これが議論を活発にし、言うべき大切なことをできるだけ早く話すように促すが、ドイツにはこの楽しみがない。文の始まりは終わりがこなければ、何も意味しないから……それは物事の内容を知るにはよく、また丁寧であるが、面白み、刺激が少ない」(『ドイツ論』)。

＊ ちなみに『ドイツ論』には、これにまつわる興味深い挿話がある。一八〇三年、ワイマール公爵夫妻のサロンで、スタール夫人はシラーに会っているが、その時の様子が描かれている。それによると、詩人は、フランス語は完璧に読めても、話すのは不得手だったが、それでも夫人はフランス語で話し、詩人の演劇観に反論するため、「フランス語の武器、早さ・活発さと冷やかし・冗談を使った」とある。後にシラーは、辟易したのかゲーテにこうこぼしたという。「彼女は最高度のフランス精神の生き姿だが、ただひとつくたびれるのは、その驚くべき早口だ。彼女についていくには、聴き取り器械にでもならねばなるまいて」。この頃、ドイツの社交界でフランス語は、いわば「公用語」でもあっただろうが、シラーには気の毒な話である。

4 「フランス人の中のドイツ人」——ハインリヒ・ハイネ

仏独関係の象徴ハイネ　さて、ハインリヒ・ハイネ(一七九七—一八五六)は、わが国では明治以来、森鷗外や上田敏などによって紹介され、一般に抒情詩人として知られているが、彼には前衛的な革命派詩人としての一面やコスモポリタン的知識人の側面も色濃くあった。ここでは、「ドイツのスキャンダル」とも「ヨーロッパ的事件」とも称されたハイネが十九世紀前半の仏独関係において果たした、そのコスモポリタン的役割、すなわちフランスにおけるハイネを中心にして見てみよう。ハンス・マイヤーによれば（『アウトサイダー』宇京早苗訳）、バルザックは、ハイネを「友人、同盟者」であり、「ドイツ人の中のユダヤ人、フランス人の中のドイツ人……アウトサイダー」と見なしていたが、この観点からハイネを語ることは、七月革命下のフランスと、ナポレオン・ドイツ時代から三月革命までのドイツとの状況に係わることにもなる。

ハイネのフランス語は「ドンドコドン」　詩人ハイネが生まれ育ったのは、ナポレオン・ドイツ時代、ライン同盟地域のラインラント州はデュッセルドルフ。中等教育まではフランス式とドイツ式教育を同時並行的に受けており、大学まではいわば「二言語式教育」で育ったも同然である。フランス人支配の町で、少年ハイネがどんな教育を受けたのかは、『ル・グランの書』（前掲『ハイネ』所収、以下同）で皮肉たっぷり、おもしろおかしく語られている。リツェーウム（高等中学校）で、ラテン語、ギリシア語に悩まされ、地理を苦手としたハイネが、「いちばん進歩が著しかったのは……フランス語」だったという。フランス語教師は文法のみならず、フランス語でドイツ史も教えたというが、ハイネのフランス語上達に最も貢献したのは、未来の詩人宅に宿営していたル・グランなる駐留フランス軍鼓笛隊の鼓手であった。ハイネは、この鼓手の叩く「ドンドコドン」でフランス語や近代史を学んだという。「リベルテ（自由）」はマルセイユ・マーチで、「エガリテ（平等）」は「サ・イラ、サ・イラ」マーチのドンドコドン。バスティーユやテュイルリー襲撃の歴史は血なぐまさいギロチン行進曲のドンドコドン伴奏で学んだとある。いずれもフランス革命にまつわる「ドンドコドン」だが、要するに、「フランス人がというだけでなく、フランス精神が支配していた」（『メモワール』）町で、いわば「半フランス」人として成長したようなものである。この点、前述のゲーテの場合のフランス語とは、時代も社会環境も違うので当然であるが、かなり相違している。

その後、ハイネは富裕な銀行家の叔父に倣って一時は実業・商人の道を目指すが、当然ながら不適格。長じて、大学に進むと、「ドンドコドン」のような田園風景的な様相は一変する。一八一九年、ボン大学に入った彼は、ゴシック建築と古いドイツ歌謡や詩に熱中する愛国青年で、一八一三年の国民蜂起の落とし子「ブルシェンシャフト」(愛国的学生結社)のメンバーであり、友人たちとも連帯感があった。だが、ゲッティンゲン大学に移ると、ハイネは強烈な反ユダヤ感情に出会うことになる。一八二〇年、ドレスデンで開催されたブルシェンシャフトの大会では、「ユダヤ人には祖国などない」のだから、その加入は無意味であると決議された。一八二一年、ハイネは不分明な理由でゲッティンゲン大学から除籍処分。それを、彼はつねに学生相手の決闘事件のためだとしているが、それだけではなく、ブルシェンシャフトにおけるこの反ユダヤ感情も大きく作用していたと思われる。いずれにせよ、これを機に、彼は学生仲間の中で疎外感を覚え、とくに teutomane(ドイツ崇拝者)の若者たちの行動に危惧と不安を感じ始めた。これは、青年ハイネにとって、おそらくはじめての苦い痛切な体験で、その断絶感と怒り、哀しみはトラウマとなり、その痕跡は彼がドイツ人と祖国について書くものすべてに見出されるという。そして以後、彼は、このユダヤ人とドイツ人の二重のアイデンティティに懊悩しながら、人生の後半生を異郷パリの地で過ごすことになる。ドイツ中世の地霊や悪霊、亡霊の影を見つつ……もっともパリの街灯の光は強すぎて幽霊も怯えるというが。

ハイネのナポレオン崇拝　ところで、ハイネのナポレオン崇拝熱はその著作の随所に見られる。彼の少年期は、ナポレオンが権力の絶頂に達し、やがて没落する時期に当たり、実際彼は、デュッセルドルフで、白馬に跨って並木道を歩み進むナポレオン皇帝を見て感激している（『ル・グランの書』）。その他、ナポレオン礼賛とか彼への言及は、「無条件のナポレオン崇拝者と思わないでほしい」と言いつも、『北海』『ミュンヘンからジェノヴァへの旅』『ヘルゴラント便り』『ロマン派』『ドイツの宗教と哲学の歴史について』『フランスの状態』『告白』など至るところに見出せる。要するに、ハイネにとって、ナポレオンは侵略者ではなく、解放者として登場していたのである。換言すれば、「ドイツ的な眠り病」からドイツ国民を目覚めさせ、「ゲルマニア全体を支配していた無常な平静」を打ち破る触媒役。ラインのユダヤ人たるハイネにとっては、「ゲットー」を終わらせてくれた解放者だったのだろう。矛盾してはいるが、ハイネは民主主義者にして、皇帝ナポレオン崇拝者だったのである。

一八三〇年、喀血後の静養のため、北海のヘルゴラント島に滞在していたハイネに「七月革命」の報が届くと、彼は熱狂する。「ラ・ファイエット、三色旗、マルセイユの歌……ぼくは革命の子だ……花！　ぼくは決死の戦いに臨むために、頭を花で飾りたい……竪琴をぼくに渡してくれ、ぼくが戦いの歌をうたうために……ぼくは全身、喜びと歌、全身剣と炎だ！」。これは詩人の運命に決定的な影響を与えた。「パリの日射病にかかった」のである。

ハイネ、パリへ　翌三一年五月、パリに赴く。スタンダールが『赤と黒』の副題を「一八三〇年代記」とした頃のフランスである。スタンダール自身、「フランス座の柱の下で弾丸の飛ぶさま」を見て、七月革命に夢中になったと懐古している（『アンリ・ブリュラールの生涯』）。それはともかく、到着後すぐ、ハイネは『グローブ』紙の編集部を訪ねているが、これはサン・シモン主義の機関紙で、編集長のミシェル・シュヴァリエは後にハイネのパリの忠実な友人の一人となる。そして早くも二日後の『グローブ』紙（一八三一年五月二二日）に、ハイネはすでに『旅の絵』や『歌の本』の有名作家としてこう紹介されている。

「著名なドイツの作家、ドクトゥール〔博士〕・ハイネが一昨日からパリにいる。彼は、進歩の大義を擁護し、官憲や貴族の敵意に敢然として立ち向かう、あの勇気ある青年たちの一人である。ハイネ氏は、率直かつ生彩にあふれ、ドイツにおける民衆の利害をペンでもって擁護しているが、偏狭なナショナリズムに陥ることはない。彼の『旅の絵』とか、故郷ライン地方の最近の不幸やフランスの歴史に関する著作は彼に大変な名声をもたらしている」(フランス語版『フランス論』補遺)。

また同年一二月の『グローブ』でも、ハイネが小冊子「カールドルフ貴族論」に付した序文の抜粋が掲載されているが、そこでも紹介文で「ドクトゥール・ハイネ氏はまだ若いが、ヨーロッパの作家の最前列に位置している。これほど鮮烈な手さばきで〔批判の〕揶揄嘲笑を操り、浴びせるのは難しい」と称賛されている。そしてさらに、「このかくも強烈な皮肉屋、この仮借なき、専制主義の敵は、同時にまた今世紀最大の芸術家の一人でもある」としつつ、注目すべきは、この記事子が、ハイネを次のように見ていることである。

「ドイツとフランスがともに手を携えて〝民衆の神聖同盟〟を実現すべき時代が近いとするならば、この偉大な企てにおいて、ハイネ氏には立派な使命が与えられている……ハイネ氏はこの役割に慣れている。数年前から、彼はドイツ新世代の進歩派の先頭を歩み、闘っているのだ」

つまり、パリ滞在後半年ほどで、ハイネは早くも「ヨーロッパ的事件」として予感されていたのである。もちろん、彼がフランスの一般読者に広く知られたのでもなく、またこの予感がたやすく実現することはないが……。以後、ハイネはプロイセンの言論抑圧、当局の検閲と闘いながら、パリからドイツ人に向けて自由のために書き続け、またフランス人にも訴えかける。晩年、病に伏して「しとねの墓穴」で呻吟しながらも、自由の大義のために詩人として、精神の騎士として闘い続けるのである。

ところで、ハイネはドイツとフランスについて、また両国関係についてあちこちで語っているが、それが明確に意識されるのは一八三一年以降のことであり、その架橋になるという考えはパリで生まれたものだという。彼には、フランス語版『ドイツ論』(一八三五)と『フランス論』(一八三三)があるが、この二つの著作は、前者がフランス人に、後者がドイツ人に向けて編まれた既刊のテクストから成る評論集である。ただし、この題名自体はフランス語版のみで、ドイツ語版にはなく、その構成と成立の歴史を辿ると、興味深いが、筆者はハイネの専門家ではないので、仏独関係の観点からに限り、詳細は省くことにする。

ハイネのスタール夫人批判

まず、彼がフランス人にドイツを語る場合、スタール夫人の『ドイツ論』に対する批判、反論からだが、それはいくつかの著述に見られる。例えば、『告白』では、自分は自著にスタール夫人の有名な著作と同一の名前をつけたが、それは「論駁的意図からそうした」と明言している。また『ロマン派』では、スタール夫人の『ドイツ論』は、「ドイツの精神生活について、フランス人が受け取った唯一の包括的な報告である」としながらも、読む際にはある程度用心しなければならない、と警告し、直截にこう断じている。すなわち、スタール夫人は、「本という形式で、いわば一つのサロンを公開し」、そこにドイツの作家たちを招き、フランスにドイツ紹介の機会を提供したのだが、その主調音をなすのはロマン派の頭目の一人で、夫人の案内役たるアウグスト・ヴィルヘルム・シュレーゲルの声であり、一党一派のものだ、と。

以下同様だが、晩年の『告白』では、ハイネのスタール夫人批判や皮肉はいっそう辛辣になる。真偽はともかく、ナポレオンに熱をあげたスタール夫人が相手にされなかったので、皇帝に敵意を表明し、その野蛮な支配を罵倒し、警察に追っ払われるまで罵倒し続け、ドイツに逃れた。そこでシュレーゲルという学者に出会い、ドイツ文学のあらゆる屋根裏部屋にも案内してもらって、ドイツ紹介の書をものにしたという。そして、「この書物はいつも私には滑稽でもあり、また腹立たしくもある印象を与えた」と、憤慨している。スタール夫人は、「我々の哲学者たち」を口当たりの良い氷菓子のように見なし、「カントをヴァニラ入りソルベ、フィヒテをヒスタッシュ、シェリングをアールカンのように飲み込んだ」。さらにまた、彼女は「帝政期フランス最大の作家である」と認めながら、「彼女の天才は女性であり、女性のあらゆる欠陥と気紛れ」とをもっており、「この天才の輝かしいカンカン踊りに対蹠するのが、男性としての私の義務」であるという（カンカン踊りとは、ルイ・フィリップ時代に流行したダンスで、キャバレー、ムーラン・ルージュなどの呼物）。ハイネらしい毒舌だが、世のフェミニストが聞いたら柳眉を逆立てるであろう。彼は民主主義者にしてアンチ・フェミニストだったわけだ。この時代よくあることだが。

要するに、夫人は自分の見たいものだけを見て、気に入ることだけを聞いて、皇帝に対する憎悪から『ドイツ論』を書いたのであり、「我々の牢獄、我々の娼家、我々の兵営」など見ずして、「我々の誠実、我々の徳性、我々の精神的修養」だけを称賛している。「作り話」のようなものだ。それゆえ、これを修正・打破すべく自らの『ドイツ論』を書いたというのである。もっとも、フランス知識人・文化人は多くがこの「作り話」にドイツ観を育まれたのだが……。ただ、スタール夫人の名誉のために言えば、ハイネの言はもっともながら、夫人は、先のドイツ語観にしろ、ドイツのすべてをバラ色に描いたのではない。『ドイツ論』の随所にフランス人特有の優越感も滲み出ており、含みや皮肉のある文章や批判的な一節さえある。「プロイセンのイメージは、ヤヌスの顔のように双面、つまり軍人と哲学者の面を呈していた」と言ったのは、ほかならぬスタール夫人なのである。それゆえ、後にボードレールがハイネの『ロマン派』に関して言ったように、スタール夫人批判にも相当「偏った、情熱〔感情〕的、政治的な」面があったと言えよう。ハイネが言うように、シュレーゲル教授からの受け売りだけで、夫人に『ドイツ論』が書けるものではなかろう。

ともあれ、スタール夫人の『ドイツ論』は、一八三〇年頃にはパリで権威をなしていたが、なんと言っても夫人が描いたのはナポレオン時代のドイツで、ルイ＝フィリップ治下のパリで暮らすハイネからすれば、まったくの時代遅れ。彼がこれを修正補完、いわば書き直そうとしたのは当然であろう。そうでなくとも、当時のフランス人はドイツ事情には疎いのだから……。

ちなみに現代一般に、スタール夫人がどのように見られているか、参考までに、ラギャルドとミシャール著『十九世紀』（リセ用文学史）の一節を引いておこう。「おそらくスタール夫人には芸術が欠けており、またもっと重大なのは、彼女の批評的見解が深い検証にはほとんど堪え得ないことである。夫人の知識情報は幅広いが、表面的であり、それはまた彼女が実践し、広めているコスモポリティスムの危うさでもある。夫人は自らフランスに模範として示しているドイツ文学をよく知らないし、ギリシア・ラテン文学を誤って単純化し、フランス古典主義を理解せず、それを当時のドイツの批判的先入観に与《くみ》して扱っている。しかしながら、夫人の影響は無視できないであろう」。

詳細は控えるが、富裕な銀行家で後にルイ十六世の財務総監となるネッケルの娘であるスタール夫人は、母親主宰のサロンで知的形成をなしており、その知識情報はそこに出入りする「哲学者」たちから多くを得ていたので、いわば「耳学問」が基礎なのである。とはいえ、ビュフォン、マルモンテル、グリムなど当代一流の知識人相手の耳学問だから、高度な耳学問ではある。その意味では確かに限界はあるが、スタール夫人はそれ相応の知的努力をなしており、繰り返すが、耳学問だけで『文学論』『ドイツ論』は書けない。現代の尺度でこの「貴婦人文学者」を「アマチュア」と評するのは酷であろう。とまれ、「自由なる女性」スタール夫人は、よくも悪くも十八世紀パリの上流ブルジョワ文芸・政治サロンの申し子のようなものである。

ハイネの『フランス論』 では、『フランス論』のほうはどうか。これは、ハイネがはじめてフランスで出した本で（一八三三）、また「しとねの墓穴」で詩人が手を入れた最後の本（一八五七）でもある。これは、ハイネが『アウクスブルガー・アルゲマイネ・ツァイトゥング』紙に載せた政治的論説集（ドイツ語版では『フランスの状態』）と「フランスの画家――サロン展評」「フランス演劇について」から成るが、この本の出版状況にも複雑な歴史があるようだ。その詳細はおくとして、この『フランス論』初版（一八三三）では、政治的な暗示・批判を含む箇所が相当削除されているが、その代わり、検閲のためドイツ語版では歪曲されていた『フランスの状態』の序文が全文、はじめて出版されている。当時すでに『旅の絵』がプロイセンなどで発禁になり（一八二七）、当局の監視下にあって、自由に主張することができず、ドイツで出せないものはフランスで、フランスで出せないものはドイツで出すという状況におかれていたのである。検閲とは、ハイネにとって終生身にまといつく大問題であるが、ここでは触れないことにする。ただ、一つだけ具体例を挙げると、『フランス論』はプロイセンでは発禁、フランス語版でも四分の一、しかも本質的な部分が削除され、その完全版をフランス人読者が手にしたのは、なんと一六〇年後の一九九四年のガリマール版。当時、この本自体がスキャンダラスなものだったのだろう。

それはさておき、『ドイツ論』も『フランス論』ももちろんドイツ語原文からの翻訳であるが、これが問題なのである。誤訳とか意訳とかではない。このフランス語訳が通常とは異なり、訳者名が明記されておらず、Heinrich Heine のドイツ語名ではなく、Henri Heine とフランス語読みにされた著者名が載っているだけなのだ。ハイネは一八三一年、パリに居住して以来、急速にフランス社会に同化。パリの文学界にも溶けこんで、フランス語も達者になっているが、前記二著はもちろん、『両世界評論』など各種雑誌に寄稿する場合も、翻訳者を介して論説や記事を発表している。話すことと書くことは別なのである。ところが、ある時期（一八三二年末）から、雑誌記事にさえ、翻訳者名が載らなくなった。後に出る単行本でも同様である。なぜか。それにはいくつかの理由があるが、まず第一に、作者ハイネが自作のフランス語訳すべてに細部まで関与したからであろう。『アッタ・トロル』の翻訳者は、ベルヌがハイネを Wort-krämer（言葉に拘泥、彫琢する者）と称したことを挙げ、フランス語ならば joaillier littéraire（言葉〔文学〕の宝飾師）であろうと言っている。

ちなみに、ハイネとフランス語翻訳者の関係については、ソルボンヌ大学提出の『フランスの作家ハイネ？』なる博士論文があるが、それほど複雑なのである。また、ハイネは詩人ネルヴァルだけには、「アポロン〔詩神〕の兄弟」として翻訳者を名乗ることを認めていたというが、ネルヴァルはすでにゲーテの『ファウスト』の仏訳があり、ハイネ作も『抒情挿曲』『北海』などを訳している。

だがそれにしても、ハイネはなぜそこまでこだわったのか。大雑把に言えば、彼は「仏訳された」作家という通常のレッテルを拒んだのである。おそらく、彼はフランスの作家ではないが、仏独二言語で表現できる作家たらんとしたのだろう。確かに、ハイネは半生をパリで過ごした半フランス人だが、自ら述べる如く、「ぼくはドイツで知られている、ドイツ詩人である」（『歌の本』）ことを忘れず、決してフランス語で韻を踏むことはしなかった。また、『詩と伝説』（この題名もドイツ語版にはない）を贈ったギゾー宛の手紙では（一八五五）、「思想と生においてはほとんどフランス人の、この私が、詩の領域ではいかにドイツ人であるか、貴兄は驚かれることでしょう」と、書いている。それは、彼が辛辣に体制批判をしながらも、死ぬまでプロイセン王の臣民であり、同時にルイ＝フィリップのパリに留まって市民王に忠実だったその態度にも、どこかで響き合う。フランス政府からは年金をもらっていたそうだが……。まさに「パリのライン人」である。ところが、彼には別な願望があったのだ。

「ヨーロッパ的な作家」へ　しとねの墓穴にあった詩人には、何度かハイネ死すとの誤報も出て、また何度か遺言も書いていたが、一八五一年の一節にはこうあるという。「わが人生の大問題は、ドイツとフランスの協商〔真摯なる相互理解〕に努め、国際間の敵意と偏見を己の利益のために利用する、民主主義の敵の策略を打破することであった。その点、私はわが同胞とフランス人に等しく貢献したと思う」。だが、こうした晩年の述懐よりもはるか以前、青年時代に（一八二八年頃イタリアで）、彼にはすでに「ヨーロッパの本」を書きたいという夢、野望があった。つまり、かなり早くから、ハイネには、ドイツの詩人にしてフランスの知識人たらんとする漠然とした自覚があり、自らを「ヨーロッパ的な作家」になるものと思い定めていたようである。そしてそうした意識の顕在化、いわばその自己実現の場がまさにパリだったのだろう。つまり、この二重のアイデンティティにおいてこそ、仏独の国境を越え、ヨーロッパの地平に打って出て、ハイネはその生きた時代の政治的かつ文学的な闘争に「自由の戦士」として参加したのである。彼にとって、この夢を実現できる場は、パリ以外にはなかったのだ。パリはヨーロッパ精神の首都だから。

それゆえ、七月革命二年後、ゲーテが死去すると、ハイネは「芸術時代」の終焉を明確に意識し、フランスにおけるドイツのスポークスマンとして、また「世論の代弁者」として「公共広場」に躍り出て、自由と民主主義のために敢然と闘うのである。この時期のドイツは、もはやスタール夫人が語ったようなドイツではない。ドイツ国民は目覚め、ドイツも変化していたが、抑圧的なメッテルニヒ体制下にあることに変わりはなかった。とりわけ、ハイネが激しく反発したのは、一八三二年夏の自由主義的運動に対する厳しい弾圧であるが、詩人の異議申し立てが鮮烈に現れたのが、『フランス論』の序文なのである。

この一八三二年には、バイエルンはプファルツの古城ハンバッハで、「ドイツ人の国民的祝祭」と銘打って統一大集会が開催され、人民主権や共和制、ドイツ統一と諸民族解放、ヨーロッパの民主的連帯が高らかに謳われたという。だがこの民衆運動の高揚に狼狽したメッテルニヒの圧力下、連邦議会は弾圧措置強化を決議。集会・結社が禁止され、自由主義者や共和主義者が逮捕・断罪された。これは、同じメッテルニヒの保守反動体制下の、苛烈な弾圧政策「カールスバートの決議〔集会・結社・出版の規制抑圧策〕」（一八一九）の再来であろう。

ハイネの『我弾劾す』　この権力の暴力的な抑圧に対して、ハイネは先の序文で、「苦悩と憤激のあまりうち震えながらも猛然と立ち上がり、こう宣告している。「私は世論の代弁者としての絶対の権能に基づいて〔連邦議会の決議の〕作成者たちに訴訟を提起し、人民の信頼を濫用した罪で告発する。人民の尊厳を侮辱した罪で告発する。ドイツ人民に対する大逆罪で告発する。私は彼らを告発する！」。おそらく、これはそれまでにハイネが書いた最も激越な文章の一つであろう。まさにゾラの『我弾劾す』（一八九八）に七〇年近く先立つ、一八三二年の『我弾劾す』である。もし『我弾劾す』を書くことが社会参加する近代的知識人の役割を定義づけるものならば、その出発点は、一八三二年、ハイネによって記されたものと見なさねばなるまい。また忘れてならないのは、ゾラと違い、ハイネは、言論が抑圧され、思想闘争が弾圧された「検閲の時代」に『我弾劾す』を著し、しかもそれを多様な形で展開していたことである。

さらにもう一つ見過ごしてならないのは、ハイネが告発したのはプロイセン当局やドイツ諸侯だけでなく、その思想的共犯者にも容赦していないことである。多くの作家、政論家、学者たちも奴隷的な「下僕」として断罪されている。「ヘーゲルは奴隷状態を、既成事実を理性的なものとして弁護」し、「シュライエルマッヒャーは自由に反抗し……キリストの忍従を認め」ねばならなかった。この哲学者と神学者は権力に利用され、「理性と神への裏切りによって公然と自己の名誉を傷つける」ように強いられたという。

以下同様で、政治的な現状維持のために言いなりになった者には、一切情状酌量はない。「理性と神への裏切り」によって、ジュリアン・バンダの『知識人の裏切り』（一九二七）に先んじた、まさにドイツ版「知識人の裏切り」と称すべきものである。

それゆえ、ここにこそ「ドイツのスキャンダル」にして「ヨーロッパ的事件」であるという比喩的存在たるハイネの真の意味が存すると思われる。スキャンダルとは、「存在のスキャンダラスな性格をあばき、告発することである。すなわち、スキャンダラスなものが在って、その上でスキャンダルは起こる」（渋沢龍彦『神聖受胎』）。まさに詩人ハイネがそうだった。彼には、écrire（書くこと）こそが、存在のスキャンダラスな性格を暴くことだったのである。ハイネが晩年、自らは思想家というよりも芸術家として迫害・断罪されたのであり、「わが罪は思想ではなく、エクリチュール、文体であった」（『流謫の神々』一八五三年）と、謙虚に告白する意味もそこにあったのだろう。ただ留意しておくべきは、ハイネの時代、ここで言う「知識人」なる語はまだ存在していなかったことである。このIntellectuels=Intellektueller はドレフュス事件の頃からフランスで用いられ始めたもので、フランスの『ロベール大辞典』第五巻にその用例が載っている。この点、興味深いのは、ハーバーマスの「ハイネとドイツにおける知識人の役割」という論考である。これは、ハイネ没後一三〇周年記念の際行われたハーバーマスの講演「精神と権力――ひとつのドイツ的テーマ」の副題（轡田収訳、『思想』、一九八七年）だが、ハーバーマスによると、ハイネは「まだドレフュス派の意味での知識人」ではなく、「潜在的な知識人」「原初知識人」とでも言うべきもので、今日普通に言われるところの社会参加する知識人ではない。つまり、ドイツ語でいうur-（始・原）の付いた知識人なのであろう。

ところで、十九世紀前半の仏独関係においては、かくのごとくハイネのように、祖国を愛する、いわば土着の「コスモポリタン」が国際都市パリに登場し、「ドイツのスキャンダル」と称されるユニークな活動を展開していたが、その後両国の政治・社会的諸関係はどうなっていったのだろうか。次章では、世紀後半の仏独の様相を追ってみよう。

第九章　大危機の時代 I——普仏戦争から第一次世界大戦へ

1　ビスマルクとナポレオン三世——普仏戦争へ

十九世紀後半の仏独関係の節目となるのは、やはり前に触れた一八四八年のフランス二月革命と、それに続くドイツ三月革命であろう。ラインの西では、大革命、第一帝政、復古王政と続いた後、この革命によって七月王政が倒れ、第二共和政、第二帝政へとめまぐるしく政体が変転。東では、ベルリンとウィーンで革命の嵐が吹き荒れ、その終息後も、革命の二大目標「自由と統一」も実現しないまま、またもや反動化するなかで、憲法制定、国民議会開催、関税同盟の強化など統一への模索が続いてゆく。

ただ付言しておくと、こうした革命以前、ヨーロッパ諸地域には、ウィーン体制の綻びから生じて、革命勃発に至らしめるようないろいろな火種が潜在していた。この綻びを生む共通の根とか、地下茎から出た芽がさまざまな形で地上に伸びており、例えば、一八四七年、ベルリンでは食糧危機から「ジャガイモ革命」という「米騒動」のような、いわば革命の序曲が起こっているが、こうした飢餓暴動はドイツ各地で散発していたという。

ウィーン体制から「革命の春」、そして反動　ところで、この革命の大波はライン両岸を襲っただけではない。一衣帯水のヨーロッパ各地に及び、ウィーン体制がメッテルニヒの退場とともに崩壊すると、「革命の春」とも「諸民族の春」と称される現象を引き起こした。また、十九世紀ヨーロッパというドラマがあれば、一八四八年というのは、その第一幕の一八一五年以降のウィーン体制を解体させる歴史の転換点であっただけでなく、前世紀のフランス革命とイギリスの産業革命が交錯する政治と経済の大変動期。いわば、ヨーロッパにおける「二重革命」の時代の終焉を告げる年でもあった。繰り返すが、これを機に、フランスは、短命の第二共和政へ、次いで帝政へと移行。ドイツは分立国家の併存という固有な状況もあって、反革命の前に挫折したとはいえ、いわゆる近代化、国家統一の試みが独自のダイナミズムをもって進展。そして、かたやナポレオン三世が登場して第二帝政へ、かたやビスマルクが主役となり、プロイセン・ドイツ帝国へと歴史の歯車回転。第二幕の開演である。やがて舞台では、プロイセン王国と他のドイツ諸国、オーストリア帝国、フランスが絡み合い、さらにはドイツ周辺諸国やイギリス、ロシアなどを巻き込んで縺れるなかで、この二人の主役、プロイセンの鉄血宰相とフランス皇帝が相まみえることになる。

ナポレオン三世とビスマルク　では、この二人の出自、来歴はどうか。ナポレオン三世はナポレオン一世の甥で一八〇七年生まれ。ビスマルクは特権階級ユンカー（十九世紀初頭まではエルベ河以東の土地貴族、十九世紀半ばからは大農場経営者層）の出で一八一五年生まれ（この年はナポレオンの敗北が決定的になった年でもある）。前者が皇帝になったのは一八五二年、後者が宰相になったのは一八六二年。一〇年の開きがあるが、国政に参画する係わり方も異なる。ナポレオン三世は、七月王政下、政治的陰謀の廉で獄中か亡命中で、ほとんど無名、政治的経験もなし。ナポレオン伝説に乗じて、フランス史上初の直接普通選挙によって、予想外の圧倒的大差で大統領（一八四八）に選出される。ビスマルクは三二歳でプロイセン連合州議会に初登場。以後連邦議会のプロイセン代表、駐ロシア大使、駐フランス大使などを務め、政治経験は豊富であった。世紀後半、この二人が仏独関係のさまざまな局面で相接することになるが、それはビスマルクが政権に就いてからである。

一八四八年五月、フランスの憲法制定国民議会は、ラマルティーヌの演説後、「対独友好協約」を可決した。ナポレオン三世はその綱領に反対しなかった。彼は第一帝政崩壊後、アレネンベルク城（ドイツ語系スイス）で育ち、アウクスブルクのギムナジウムに通い、またスイスの軍学校で学んでいるが、プロイセンを知らず、ドイツ全体のこともほとんど知らなかった。彼にも多くのフランス人に共通なドイツへの幻想があり、ドイツの諸事情にはあまり関心がなかったようである。

ナポレオン三世の即位とドイツの反応　しかし、ドイツでは、ナポレオン三世の即位に対してさまざまな反応が起こった。何度か触れたが、いまだ統一ならざるドイツでは、プロイセン対反プロイセンの図式は残っており、バイエルンやバーデン、ヴュルテンベルクなどの南ドイツ諸国にはナポレオン伝説が生きていた。「すべてに冠たるナポレオン」の残影である。それに、こうした邦国の宮廷とナポレオン三世は親密な、いわば親戚関係。彼がカールスルーエやシュトゥットガルトを訪れると、民衆から歓迎されたという。だが、プロイセンでは、国王や大臣が彼には頑なな不信感を露骨に示した。ユンカーの有力な機関紙『クロイツツァイトゥング』は反ナポレオン三世のキャンペーンを展開。かつて、大ナポレオンに痛めつけられた苦い記憶がトラウマとして残っていたのだろう。

そのためもあってなのか、プロイセンの対仏政策は、ビスマルクが表舞台に登場するまでは優柔不断で定まらなかった。一八五三年、クリミア戦争が起こると、英仏と露の争いのどちら側にもつかず中立の場に立てこもり、同じく中途半端な中立策を取ったオーストリアと運命をともにした。ナポレオン三世はこれに勝利して帝国の威信を高める。一八五九年、イタリア戦役が勃発すると、フランスはサルデーニャを助けて、オーストリアと戦うが、プロイセンはこの時も中立策を取った。ただ、モルトケなど軍部の強硬派がライン方面へ六箇師団を派遣してナポレオン三世に圧力をかけ、和約を早めさせたが、このボナパルティスム外交の勝利はフランスの威光をさらに増したのである。

留意すべきは、この戦争直後、ドイツ世論は、オーストリアがイタリアの諸地方を失ったことよりも、フランスがニースとサヴォワを併合したことに不安を抱いたことである。例の自然国境論が念頭に浮かんだのだろう。今やアルプスの稜線は欠くるところがなく、フランスに微笑みかけていた。ドイツ人からすると、勝ったフランス人はそれだけで満足せず、次はライン沿岸の方に目を向けるものと思われた。それゆえ、「プファルツやバーデン大公国の住民は、〔普仏戦争までの〕一〇年間毎晩、明日の朝こそはテュルコ〔turco：アルジェリア狙撃兵。クリミア戦争の際、アルジェリア兵がトルコ風の服装だったため、ロシア人がつけた渾名〕に起こされるかもしれないと不安なまま眠りについた、と言っても極端な誇張ではなかった」（ゼレール）という。

このようなドイツ人の懸念に根拠がないわけではない。何度か触れたように、自然国境論はフランス人の国民的トラウマか伝統、いわば「大いなる幻想」であり、ナポレオン三世もその例に洩れなかった。彼の「ライン渇望」は、多くのドイツ人歴史家にとってはフランス人の固定観念だったのだ。そのナポレオン外交が目指したのは、ウィーン条約の破棄と自然国境への「回帰」。これは一八三〇年代の自由主義派や共和派と共通の願望であり、そのためにイギリスと友好関係を維持し、オーストリアとロシアに対抗するが、これもフランス外交の常道だった。それが、ドイツ人には絶えざる不安、潜在的な脅威となるのである。ただ、ナポレオン三世は共和派と同じく、大革命の国境を取り戻すためプロイセンと戦うつもりはなかった。彼は、ドイツがフランスの助けで統一を実現した暁には、寛容な態度にでるものと期待した、あの夢想家の一人だったのである。むしろ彼は、ライン左岸よりもベルギーのことを考えていたというから、なんともおめでたい話。ベルギーはすでに一八三〇年に独立しており、ここに食指を動かしたりすると、イギリスが黙っていないだろうから。

ビスマルク登場　これに対して、ビスマルクはどうか。この鉄血宰相は時代遅れの伝統や理屈に合わない同情、感傷に流されるような柔な人間ではなく、「白色革命家」とも称せられたほど、政治的構想力と革新性に富み、権謀術策にたけた、稀代の現実主義の政治家。クリミア戦争後、威信を高めたフランスが暗黙裡にプロイセンへの圧力となり、ことあるたびにロシアと同盟するのではないかと恐れたビスマルクは、政権掌握前から、フランスとの協商を弁護してきた。この協商作戦は、プロイセンまたはドイツを対オーストリアの重し、緩衝役とするフランスの伝統的なドイツ政策に合致するものだが、同時にまた、プロイセンにとっても、フランスが対オーストリアへの武器、衝立代わりになった。だが時代も状況も変化し、こうした仏独双方の外交政策が単純に機能するわけではなく、フランス、ドイツはもちろん、ヨーロッパ情勢が日々動き、変容しつつあったのである。

その好例がユトランド半島のシュレースヴィヒ＝ホルシュタイン両公国をめぐる争い、デンマーク戦争（一八六四）であろう。これは、ドイツ統一戦争と称される普墺戦争、普仏戦争の前哨戦と言われる。この両公国は住民の八割強がドイツ人だが、その一つシュレースヴィヒ公国をデンマークが併合したことから、プロイセンとオーストリアが介入したのである。この時はじめてナポレオン三世とビスマルクが相まみえることになる。当初ビスマルクは、フランスが局外中立を守って、恩を着せることにより、何か代償を要求するものと思っていた。ところが、ナポレオン三世はそのことに気づかなかったか、またはその振りをしたのか、シュレースヴィヒ＝ホルシュタインがプロイセンとオーストリアの分割統治になるのを座視していた。ビスマルクはそのあまりの無関心さに気味が悪くなった。皇帝は一体何を考えているのだろう？

一八六五年秋、オーストリアとの断交前、真相を確かめるためなのか、ビスマルクは南仏の保養地ビアリッツに赴き、滞在中のナポレオン三世と会談。フランスからは好意的な中立策の返答があっただけで、なんの要求もなかったという。皇帝の念頭にはライン左岸が浮かんでいただろうが……。ただし、「代償の約束なし」というのは、ゼレールやドイツ史側の見方で、異説がある。前掲デュビ『フランスの歴史』によれば、ナポレオン三世はこの中立を「配慮した〔気配りの〕中立」と呼び、プロイセンには代償、例えば、ドイツ統一の暁には、一八一五年の国境を修正することを求めたという。どちらなのか判断しかねるが、会談では確約こそなくとも、暗黙の諒解があったものと、取りあえずは前者に与しておこう。いずれにしろ、一八六六年六月、普墺戦争開戦。

だが、ナポレオン三世も古狸だった。ビスマルクには、まるでうわの空のような応対をしておきながら、裏ではオーストリアの秘密提案に応じていたのである。戦勝の際には、プロイセン領土削減、ライン左岸に独立邦国創建というのだから、ナポレオン三世が乗らないはずはない。要するに、彼は二枚舌外交で、漁夫の利を得ようとしたのである。

確かに、ナポレオン三世は、ユゴーから「ちびナポレオン」と痛罵されたり、ビスマルクから「不遇の大いなる無能者」などと揶揄されたりしているが、実際そういう面があるとしても、『新ナポレオン思想』『貧困追放』などの著述もある「確かな知性と幅広い教養の持ち主」でもあった。優柔不断な面もあるが、パリ大改造のような近代化推進派的な側面もあり、またクーデタを起こして皇帝になるほど果敢な決断力もある、いわば玉石混淆的な性格の人物だった。それゆえ、二枚舌外交もできるし、第二帝政フランスも統治できたが、ビスマルクの「罠にはまって」普仏戦争で捕虜となり、破滅するのである。

普墺戦争とフランス　ところで、普墺戦争の結果は全ヨーロッパにとって予想外、驚きだった。オーストリア側には、反プロイセンのドイツ諸国連合、すなわち連邦軍がついたにもかかわらず、武力と戦術に勝るプロイセンが電撃的な勝利を収めたからである。そうしたなかで、ナポレオン三世が仲介に乗りだすが、これには、彼なりの深謀遠慮があった。元来、フランスの伝統的なドイツ政策は、ライン左岸への領土拡大とドイツ分断策だったが、彼もこれを踏襲し、プロイセンとオーストリアの分裂状態を利用しようとした。バランス・オブ・パワーの原理から、どちらか一方が消滅するのは、フランスにとって都合が悪く、決定的に勝負がつく前にバランスを保とうとしたのである。この「ドイツ＝ドイツ戦争」または「兄弟戦争」の結果、ドイツ側ではドイツ連邦機構解体、北ドイツ連邦成立。当然ながらオーストリアは弱体化し、東欧諸民族のナショナリズムの影響下、いわば東方ドナウ帝国の観をなし、オーストリア＝ハンガリー二重帝国誕生。ビスマルクが目指したドイツ統一のプロセスは着々と進んでいたのである。

では、ナポレオン三世の秘かなる願望はどうか。代償要求交渉の圧力として、ライン左岸に兵馬でも進めておけばよいものを、彼は逡巡し、休戦提案一週間後にやっと御輿を上げ、最初はライン沿岸プファルツとマインツを所望した。これが無視されると、今度は一八一四年の国境回復とルクセンブルク、折を見てベルギーの併合を認めるよう申し出て、その代わり、プロイセンとの攻守同盟を承認する提案をした。虫のいい話である。老獪なビスマルクは、いったんは耳を傾けるような素振りを見せたが、一転してことごとく退けた。だが、このルクセンブルク大公国をめぐる鉄血宰相と皇帝の駆け引きは、以下の如く仏独両雄の争いを象徴するものでもある。

フランスが植民帝国の基礎を固めたのは第二帝政期だが、当時メキシコ遠征などに狂奔していたナポレオン三世は、普墺戦争の中立の代償に求めたルクセンブルク大公国が拒否されると、国威発揚、権力誇示のためなのか、これを買収しようとした。この辺りの事情を少し詳しく述べると、こうである。オランダを主権国とするこの大公国は北ドイツ連邦には属さないのに、そこにいまだにプロイセン軍が駐屯しているとして、ナポレオン三世はその撤退を求め、併せてオランダ国王と折衝してその買収を工作。当然ながら、ビスマルクは、旧ドイツ連邦の大公国がフランス領になることに猛然と抗議。だが、鉄血宰相も名うての古狐である。裏では、フランスが南ドイツ諸国の北ドイツ連邦入りを承認するなら、買収を認めるとフランス大使に示唆し、他方では、オランダ国王に買収を拒絶するよう威嚇的な圧力をかけていたのである。結局、この狐と狸の化かし合いは、英露の介入で、プロイセン軍の撤退とルクセンブルクの永世中立化となって終わり、ナポレオン三世の野望ならずだが、いわば喧嘩両成敗。ビスマルクのドイツ統一作戦の進展とともに、両者の争いは次の舞台に移ってゆく。

普仏戦争とビスマルクのドイツ統一　普墺戦争勝利後、ビスマルクにとって課題となるのは、フランスのドイツ分断政策への対応もさることながら、これと密接に関連する南ドイツ諸国を北ドイツ連邦に統合してドイツ統一を完成することであった。つまり、南ドイツに根強くある反プロイセン気運と連邦分立主義（pariticularisme）の克服が最重要課題。これが統一プロセスの大きなハードルなのである。百戦錬磨のビスマルクにもこのハードルは容易には乗り越えられず、彼の統一作戦の地平線上には、ドイツ民族意識の高揚・統合に「外圧」、とりわけフランスの「脅威」を利用できないものかという願望・謀略構想が浮かんできた。先のルクセンブルク問題もその一つだが、折しも、はるか南のイベリア半島で、降って湧いたかのように、恰好の出来事が起こる。スペイン王位継承問題である。まるで前世紀の王朝外交紛争のような話だが、ビスマルクはこれに飛びついた。

一八六八年、スペインで革命が起こり、女王亡命後、ホーエンツォレルン家の分家筋のレオポルト大公が継承者に選ばれた。これを知ったナポレオン三世は、栄誉あるブルボン朝スペインの玉座にプロイセン王族がのぼり、フランスが東西からその一族に挟まれるかのような状況は容認できない、と強硬に抗議。立候補は取り下げられた。フランスにとっては、三五〇年前、ハプスブルク家によって東西から包囲されたトラウマがあったのだろうか。だが問題はそこで終わらなかった。「エムス電報」事件が起こったのである。ナポレオン三世は、ヴィルヘルム一世に対し、ホーエンツォレルン家がスペイン王位に一族から継承者を出すことには今後も一切同意できない旨の合意・確約を取るべく、フランス大使をコブレンツ東の保養地（バート）エムスに滞在中のプロイセン王のもとに派遣。この非礼に立腹したヴィルヘルム一世はことの次第をベルリンに電報で知らせ、鬱憤晴らし。これを見てここぞとばかりに、ビスマルクがこの文面を改竄し、新聞に公表させるとセンセーションを巻き起こし、ドイツの対仏感情は一挙に悪化。同時にこれはフランス側にも波及し、パリの民衆の激昂を招き、やがて普仏戦争勃発となる。ビスマルクはエムス電報を「ガリアの牡牛の頭につけた赤い布きれ」と言ったそうだが、まさに作戦成功である。

戦争そのものは、準備万端怠りなく待ちかまえていたプロイセン軍が圧勝。ふた月もしないうちに、ナポレオン三世はスダンで降伏し、虜囚の身となる。第二帝政崩壊である。ここで留意すべきは、ビスマルクはただこの戦争に勝っただけではなく、この戦争に反プロイセン勢力だった南ドイツ諸国を引き入れ、一丸となってフランスを打ち負かしたことである。ビスマルクはこの戦争以前に、彼らと攻守同盟を結んでいたのだ。したがって、一般に普仏戦争と呼ばれるものは実際には、プロイセン単体ではなく、ドイツとフランスの戦争である。マイン川の南北で裂け目が生ずることを期待していたフランスの思惑は見事にはずれ、ここでもビスマルクの作戦成功となる。

南ドイツに燻る反プロイセン感情とフランス人気

ところが、実はこれにも異説がある。ゼレールによれば、このドイツ南北の攻守同盟はそうすんなりとはいかなかったようである。フランスでは、南ドイツ諸国が中立を守るものと期待していた。ある者は条件次第では、協力が得られると考え、そのためにある作戦プランが練られていた。実際、まだ至るところにフランスへの共感が根強く残っていたのである。大公がヴィルヘルム一世の女婿だったバーデンを除いて、バイエルンやヴュルテンベルクでは反戦気分が濃厚に感じられた。フランスのために祈るドイツ人さえいたという。それは、古い友情の残照だろうが、南ドイツでは、それほど反プロイセン感情が強かったということでもあろう。

ただし、どうやらこの異説はある程度は事実のようで、ビスマルクは、戦勝後もヴェルサイユでバイエルンやヴュルテンベルクの非協力的な態度に悩まされ、パリとシュトゥットガルト、ミュンヘン間でやり取りされた秘密書簡の写しを見せて公開すると脅して、やっと譲歩させたという。この写しは、アルザスのオ・ラン県セルネーにある、副皇帝と渾名された大臣ルーエルの屋敷で発見されたものだが、アルザスはライン河を挟んで、バーデンやヴュルテンベルクと隣り合わせである。このように、フランスは、よくも悪くも、また直接間接にドイツ統一に最後まで協力させられ、ビスマルクの手のひらで踊らされることになる。

それにまたドイツ帝国成立直前にも、南北間の齟齬は存続し、ビスマルクは南ドイツ諸国政府と統一交渉を行なっている。やはり例の連邦分立主義の抵抗に遭い、とくに最大の有力邦国バイエルンには、国制上の独自権限や通信・軍制上の裁量権などを認めてやっと統一への参加を納得させたという。繰り返すが、

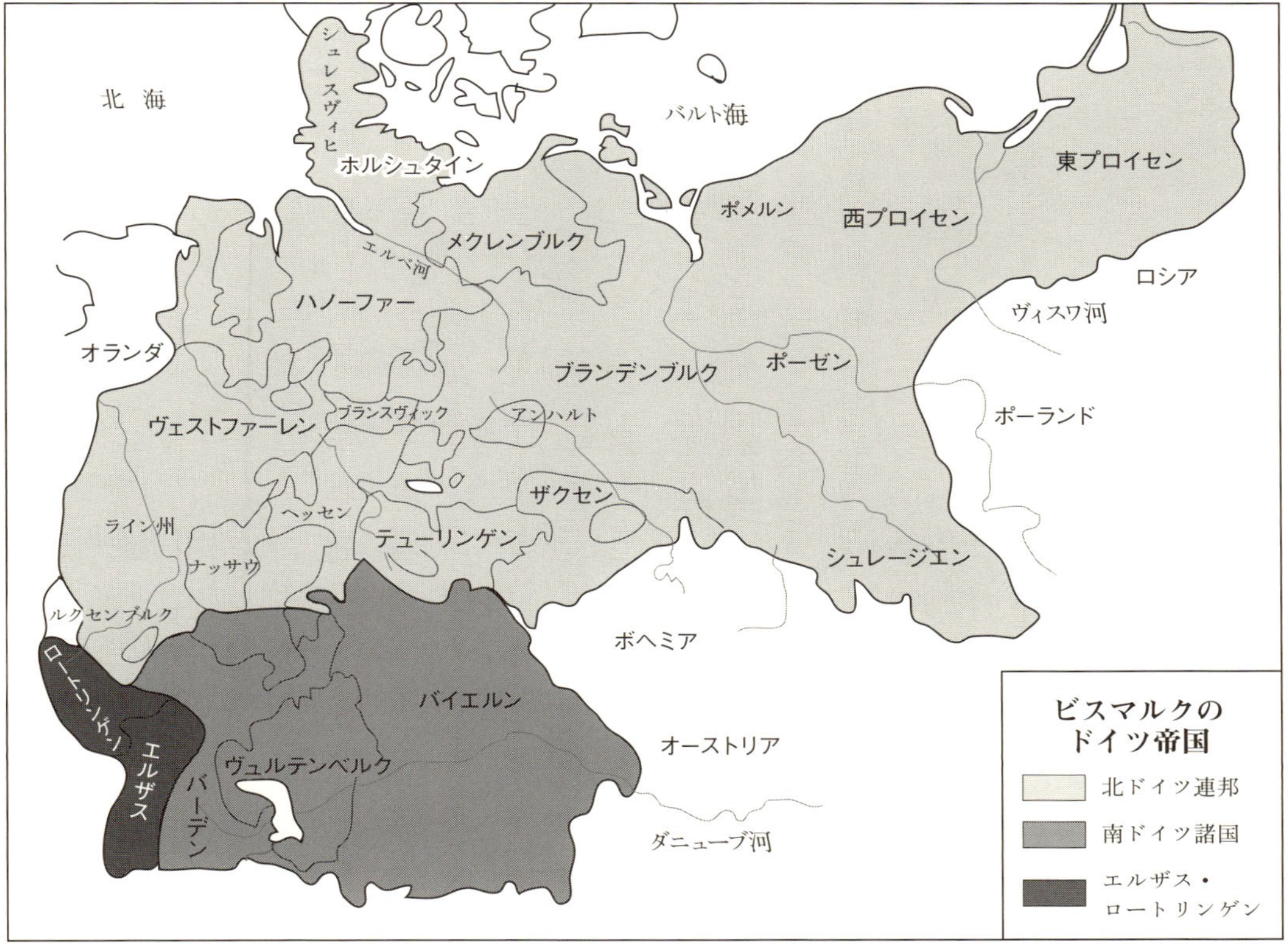
ビスマルクの
ドイツ帝国
北ドイツ連邦
南ドイツ諸国
エルザス・
ロートリンゲン
北海
バルト海
シュレスヴィヒ
ホルシュタイン
東プロイセン
ポメルン
西プロイセン
メクレンブルク
エルベ河
ロシア
ハノーファー
ヴィスワ河
オランダ
ブランデンブルク
ポーゼン
ブランスヴィック
アンハルト
ポーランド
ヴェストファーレン
ザクセン
ヘッセン
ライン州
テューリンゲン
シュレージエン
ナッサウ
ルクセンブルク
ボヘミア
ロートリンゲン
バイエルン
エルザス
オーストリア
ヴュルテンベルク
バーデン
ダニューブ河

南部の反プロイセン感情は想像以上に根深かったのである。もっとも、プロイセンにはプロイセン独得の民族感情があるというから、この南北の対立はドイツ国民の伝統かもしれない。実際四〇年後の第一次大戦中、戦闘中捕まったドイツ兵は、フランス人中尉に繰り返し、こう訴えている。「私はプロイセンではない。シュヴァーベンだ。シュヴァーベン人はフランスに害を及ぼしたことはない。シュヴァーベン人は戦争したくなかった……私は負傷したフランス人に飲物を与えた。仲間もそうした。それがシュヴァーベン人のやり方だ」（モーリス・ジュヌヴォワ『ヴェルダンにて（一九一四年八月二五日—一〇月九日）』、『一四年の人びと』所収。なお、この戦場日誌の作者ジュヌヴォワ（一八九〇—一九八〇）は首席入学のノルマリアンで、教授資格試験準備中に召集・参戦。後に作家となり、アカデミー・フランセーズ終身書記）。

もっとも、こういうマイン河以南、南ドイツの「独自性」の残影は今でもあり、この国には北ドイツを含めて各州独特の「愛郷心」があるようだ。それはともかく、ビスマルクがドイツ統一に果たした役割の重要性は言うまでもないが、二十一世紀の現在、かつて帝国議会の真向かいに鎮座していた鉄血宰相の彫像は取り払われ、ベルリンの公園ティーアガルテンの森のどこかにあるという。時代の流れとはいえ、ドイツ人のビスマルクに対するこうした扱いには、何か釈然としないものがありはしないだろうか。

2 ドイツ第二帝国とフランス第三共和政——第一次世界大戦へ

ともあれ、ドイツ統一が完成し、第二帝国樹立。フランスは第三共和政の時代となる。確かに、この統一は、大革命以来のフランス式共和制とは異なり、所謂「デモクラシー」なき国家統一と言われるが、統一は統一である。フランスや英国のように、「国家としての伝統をもたない」（ヴァイツゼッカー）ドイツが近代国家として統一されたのである。そしてこれを機に仏独関係は新たな展開をすることになる。つまり、ビスマルクの統一ドイツがヨーロッパ、否、世界の列強の一つとなり、やがては仏独の二国間関係を越えて国際舞台に踊り出て、二十世紀前半の大戦争を引き起こす「トラブルメーカー」となるのである。

「アルザス・ロレーヌ」問題　かくしてビスマルクの戦争目的は達せられたが、古来ドイツとフランスの戦争で、「アルザス・ロレーヌ」が問題にならずに終わることはない。アルザスは、ローマ人とゲルマン人の時代から争奪の的、係争の地なのである。いわば「ダモクレスの剣」であるが、とくにドイツ人にとって、アルザス・ロレーヌは「時効にかからないドイツの財産として没収されねばならない」(マルクス『フランスの内乱』木下半治訳) 土地なのである。それゆえ、まるでこれが戦争目的であったかの如く、プロイセンは戦勝後もフランスとの講和交渉に応ぜず、アルザス・ロレーヌの割譲を要求し、そのうえ軍部はフランス防衛の柱石であるメッス(独語名メッツ) まで渇望し、戦争を続行した。結局は、十七世紀の三十年戦争以降、フランス領になっていたアルザスはまたもやドイツ領に戻ったのである。ついでに通商問題に関して言えば、一八六二年、仏独は関税同盟を結んでいるが、フランス人はこれを破棄し、「相互最恵国待遇」制度を望み、フランクフルトの本条約にその約款が挿入された。この条項は誰にもあまり警戒されなかったが、恒久的なものとなり、後にドイツ工業が発展し、強力になったとき、フランスには大きな重荷となる。それゆえ、「フランクフルト条約第十一条はフランスに工業上のスダン〔敗北〕を科したと非難された」のである。

なお、このプロイセンの戦争続行について補足すると、ロヴァンによれば(前掲『ビスマルク』)、これはビスマルクの本意ではなく、軍部の意向、世論の動向が大きく働いたからであり、宰相がそれを抑え切れなかったのが実情だという。それどころか、ビスマルクは「穏健政策をとり、〝併合なき和平〟を願っていたかもしれない」し、戦争当初から「彼はドイツをとらえた民族主義的感情の高揚に苛立ち、不安になっていた」というから、鉄血宰相の真意は複雑微妙である。詳しくは触れないが、十八世紀直系の「プロイセン愛国主義」を世界観の根底に据える彼は、いわゆる純然たる「覇権主義的ナショナリズムや汎ゲルマン主義」とは距離を置いており、その周囲には出身母体の味方たるユンカーだけでなく、旧社会の貴族や聖職者などの特権階級、新興資本家ブルジョワ階級、さらには勃興する労働者階層など「政敵」が犇めいていたのである。それゆえ、彼は自由主義者、カトリック教会、社会民主主義を相手に「宣戦布告」なしに「三つの戦争」をしていたと言われる。さらに皇帝や帝国議会とのバランスを取るのもひと苦労であった。そのためか、絶大な権力を誇った彼でさえ、時として「強度のペシミズムや深刻な懐疑主義に襲われて、絶えず不機嫌になり、それが年齢とともに強まり」、鬱状態に陥ることさえあったという。これはビスマルクの『回想録』などに基づくロヴァンの分析だが、興味深い指摘ではなかろうか。なお、引退後のビスマルクは、森林豊かな広大な領地にあったが、その威信や栄誉に相応しからぬ旅籠に住んでいたという。その頃の庭の円卓を前に座る肖像写真を見ると、かつての「鉄血宰相」の遠くを見やる眼差しは、どこか寂しげである（ミヒャエル・シュテュルマー『世紀横断するドイツ人』）。

ところで、一八七〇年の戦争ほど重苦しい帰結を生んだものはあまりない。ビスマルクでさえ、自分で引き起こしておきながら、この戦争がどれほど未来に係わるものなのか、その展望が描けず、先を見通せなかった。プロイセンの敵意は、アルザス・ロレーヌ獲得のみならず、五〇億フランの巨額の賠償金を得てもなお和らぐことはなかった。それどころか、爾後、プロイセンを中心として固まった全ドイツの敵意がフランスに向けられたのである。他方、フランス側でも、数世紀来の友好感情に抑えがたい遺恨が取って代わり、掠奪国家プロイセンにだけでなく、その山賊行為に荷担した非プロイセンのドイツに対しても敵対感情が増した。フランス人にとっては、アルザスの奪還が対独復讐主義の象徴となり、ビスマルクにはこれが最も警戒すべきことだったのである。それは、数々の出来事に現れた対立抗争の激しさを見れば明らかで、その最も尖鋭なものがおそらくこのアルザス・ロレーヌ問題であろう。ともあれ、これがおおよそ、普仏戦争と第一次世界大戦間の仏独関係の状態であったと言えよう。

ただし、ありていに言えば、この期間、仏独間に敵対的感情だけがあったのではなく、世紀末にかけて両国間で平和な経済的協業関係が生まれていたのである。例えば、ベンツやダイムラーはすでに一八八〇年代、フランス人同業者と提携しており、鉄鋼業界でも交流が活発化し、シュネデールが設立したアルジェリアの鉄鉱山開発会社には、クルップやティッセンが資本参加していた。後述するが、この合弁会社はセルビアにおける武器売却でも市場を分け合っている。要するに、普仏戦争にもかかわらず、第一次大戦前、ライン両岸の銀行や大企業の協調例は数多く、経済・交易関係も大きく発展していたのである。この平和な架橋を断ち切ったのは、これも後で触れるモロッコ問題である。

「フランス人には悪魔ビスマルク、ドイツ人には悪魔ルイ十四世」　それにしても、この仏独の敵対感情は一体どこからくるのだろうか。おそらくは、中世初期のフランスと神聖ローマ帝国の時代、またはそれ以前の前記ヴェルダン条約の頃からの政治・経済・社会・宗教・文化など諸次元における、さまざまな軋轢・対立・和解の積み重なりと、その繰り返しから生じたものであろうが、「アルザス・ロレーヌ問題」がその根幹にあるように思われる。現に二〇〇年間フランス領であったアルザスが、普仏戦争でドイツ領となったことに、フランスは癒しがたい恨みを抱くし、ドイツは、二〇〇年前、それまで七〇〇年間自国領であった地がヴェストファーレン条約によってフランスに奪われたという消しがたい遺恨があったのだろう。このあたりから、「フランス人には悪魔はビスマルク、ドイツ人には悪魔はルイ十四世」という仏独両国民相互の国民感情が生まれたようだ。ともあれ、積年の恨みを越えて、フランスに勝ち、新帝国樹立・国家統一なったドイツにとっては、このライン左岸の旧領奪還はドイツ統一の象徴であり、絆であったのだ。彼らには、アルザスの象徴であるストラスブール大聖堂を建立したのは我らドイツ人であるという誇りもある。ドイツは、戦勝記念日九月二日 Sedantag を国祭日として祝うが、パリでは、七月一四日、政府、諸官庁、軍隊、愛国的群衆が革命記念日にパレードしても、コンコルド広場のストラスブールの像は黒い紗のベールで覆われたままである。

＊ なお、この彫像は、八角形のコンコルド広場の各角にある、フランスの都市を象徴するものの一つで、ストラスブールの像は女性像だが、一八七一年からは長らく黒いベールで覆われ、墓石のように花で飾られていたという。またこの広場は、ルイ十五世の病気回復を記念して、ルイ十五世広場として一七七五年完成されたが、時代の情勢に応じて、革命広場、コンコルド（国民融和）広場、王政復古期にはまたルイ十五世、次いでルイ十六世広場、ラ・シャルト（憲章）広場と変わり、七月王政でやっとコンコルド広場に定着したもの。まさにフランスの歴史を物語っている。例えば、一七九三年、広場の一角にギロチンが立てられ、ルイ十六世が処刑され、次いでテュイルリーの鉄柵門近くに「国民の剃刀」が設置され、マリー・アントワネットをはじめ、ダントンやロベスピエールなど夥しい数の者が断頭台の露と消えた。

マリー・アントワネットについて付言すれば、断頭台に登る前に、このブルボン朝最後のフランス王妃はシテ島にある監獄コンシエルジュリの一室に監禁されていたが、伝説によると、このギロチンの「待合室」で、処刑直前一夜にして髪が真っ白になったという（一七九三）。だが、サント゠ブーヴは『月曜閑談』で、この変色は二年前の、国王一家が国外脱出を試みて逃亡し、ヴァレンヌで逮捕された際に起きていたとして、王妃の第一侍女カンパン夫人の言を伝えている。「［ヴァレンヌ後］一夜にして、王妃の髪は七〇歳の老婆のごとく白くなっていた。彼女は三六歳だった」。ルイ十五世の娘たちの読書役、次いでマリー・アントワネットの友でもあったこの侍女は『マリー・アントワネット回想』なる本を残しているが、ことの真偽はどうであろうか。ただし、この手の話はよくあり、アンリ四世の口髭も、へンリー八世に処刑される前のトーマス・モアの髪と頬髭も一夜にして白くなったというし、文学作品、例えばシェークスピア劇（『ヘンリー八世』）やウォルター・スコットの物語詩（『マーミオン』）などにも同種の話はあるそうだから、史実なのか虚構なのかは分からない。

またついでに言えば、ラ・マルセイエーズが国歌に選定されたのは一八七九年。七月一四日の革命記念日が国祭日になり、三色旗が国旗に制定されたのは一八八〇年。また、もう一つのフランスのシンボル、ジャンヌ・ダルクも公的に認知されたのははるかに遅い。この十五世紀、百年戦争時代の「オルレアンの乙女」は、今でこそフランスの通りや広場に最も多くつけられた六つの名前の一つだが、長らく忘れられており、十七・十八世紀には「純然たる伝説」に過ぎなかったという。確かに、この神の声を聞いたロレーヌの寒村ドンレミの羊飼いの少女、後の「オルレアンの乙女」はヴォルテールには手ひどく扱われ、アナトール・フランスにも幻覚憑きの女と貶されているが、復権されたのは、十九世紀初頭、王政復古期の歴史家たち（シスモンディ、ラヴァレなど）によってであった。以後、歴史や文学（例：ジュール・ミシュレやシャルル・ペギー）などに何度も取り上げられ、映画では、大女優たちがこの中世の女戦士、聖女を演じており、フランス人の想像空間に不可欠の象徴的存在となる。だが、一九一二年、ロレーヌ出身の首相レイモン・ポワンカレが国民祝祭日としてジャンヌ・ダルクの日を設けて、愛国精神高揚に利用したのを皮切りに、今日に至るまで政治的な道具にも供されている。要するに、十九世紀末から第一次大戦前までは、これらすべてが、フランス世論がナショナリズムに傾斜し、反ドイツ感情が高揚する、つまり反独ナショナリズム形成に寄与し、さらには「フランス神話」「国民的幻想」醸成の道にも繫がってゆくのである。換言すれば、ミシュレやジュール・フェリーの時代には、自由とデモクラシーの同義語であったナショナリズムが、次第にイデオロギー色の濃いものに変質するのである。

さらに付け加えると、ジャンヌ・ダルクは一九二〇年に列聖され、五月第二日曜日がジャンヌ記念の国祭日に定められているが、これは、一四二九年、オルレアン解放の日の五月八日にちなんでであろう。折しも六〇〇年後、大統領選のあった二〇一二年のフランスでは、ジャンヌ・ダルクの日は春ではなく、冬一月に……選挙騒ぎのなかであらゆる大統領候補者に祝祭されたという。まるで、六〇〇年前の彼女の生誕日一四一二年一月六日（推定。当時戸籍簿はなし）を思い出したかのように。ただフランスはユニークな国で、共和派から王党派までマルセイエーズを歌い、トリコロールのたすきとか綬を付けるが、オルレアンの乙女の場合も同様で、ド・ゴールからミッテランまで、右翼から左翼まで、極左さえもが彼女を祝福する。だがその歩みは決して平坦ではなく、一九二四年、時の首相エドゥアール・エリオによって国祭日を無視されたり、一九三七年、人民戦線によって禁じられたりしているのである。ちなみに、仏独係争の地アルザスはヴォージュ山地、バロン・ダルザス（アルザス円峰）の山頂には、前脚を上げ駆けはやる騎馬に乗り、戦旗を掲げる女戦士ジャンヌ・ダルクの彫像が立っているが、西の敵軍イギリスの方ではなく、東方ラインの彼方、ドイツ向きだという。写真を見ても新しそうだから、おそらく第一次大戦以降のものと思われる。

ところで、普仏戦争後の、文化面における仏独関係はどうなったのか。前述したように、スタール夫人の道案内以来、フランスにはドイツ崇拝者が多数いたが、さすがにこの戦争以後は牧歌的な崇拝はなくなった。だが、エルネスト・ルナンのように依然としてドイツ贔屓である者もおり、総じて言えば、フランスの知識階層は二つのドイツを区別する便利なディスタングォ（弁別法）を隠れ蓑にした。一つは軍国的でアグレッシブ、獰猛な隣人、一つは公正な思想と科学研究の友、つまりはビスマルクのドイツとゲーテのドイツである。残虐に鎮圧されたパリ・コミューンを経て、ヴェルサイユでドイツ第二帝国創立のセレモニーが行われるような国辱を味あわされてなお、ワーグナーがもて囃され、ニーチェが熱狂的に歓迎されたのである。それも、世論の反独感情が高まる一八八〇年代後半から、ワーグナーやニーチェブームが起こっている。実は、ワーグナーは第二帝政時代にパリに来ており、すでに熱烈な賛美者がいたが、一八八五年頃に決定的な勝利を収め、ニーチェは一八九五年頃から流行が始まり、サロンで貴婦人たちの間でさえ、〝ホット〟な話題になったという。

ではドイツ側はどうか。ライン対岸の文化界でも、従来どおり、フランス文学や思想のめぼしい作品は好意的に受け取られ、とりわけゾラと自然主義に人気があったという。ドイツにも世紀末、短期だが、ハウプトマンに代表されるような自然主義があるのだから、ラインの両岸で同じような現象が起こるのは当然であろうか。ともあれ、仏独間の知的交流とか文化的交換はバランスがとれ、一見良好のように見えた。しかしながら、こうした外見上穏やかな知的・科学的な関係や、文学とか芸術上の影響など、政治を原因とするような二国間の諸問題に対して、当然ながら無力である。それは以後の両国関係の有り様を見れば納得がいくであろう。

普仏戦争から第一次世界大戦までの政治関係・三つの時期　ところで、普仏戦争から第一次世界大戦までの四〇年間の仏独の政治関係は、概ね三つの時期に区別される。すなわち、第一期：一八七一―一八九〇年、第二期：一八九〇―一九〇四年、第三期：一九〇四―一九一四年である。以下、各時期の概要を見ておこう。

第一期：ビスマルクの威勢　普仏戦争後、ビスマルクが君臨する時代になると、仏独関係は、時代の趨勢にしたがい次第に国際状況に左右されるようになり、彼はこれを巧みに利用する。すなわち、鉄血宰相にとって、普仏戦争後の基本的な対仏外交戦略は、列強間の国際秩序に絡ませてフランスを孤立状態に封じ込め、同盟国などが生まれないようにして、反独感情を抑え込むことだった。やがてフランスは、独墺露三帝条約（一八八一）、独墺伊三国同盟（一八八二）に包囲されることになる。なお、これまで宰相という語を「〔中国で〕天子を助けて政治を司る」という一般的な意味で用いてきたが、ドイツでは、最高政治指導者は元来首相（prime minister）ではなく、中世前期から神聖ローマ帝国解体まで宰相（Kanzler）と呼ばれ、今日でも使用されているようだ。これは元来、国王や皇帝の最高補弼《ほひつ》者を指すものだが、ビスマルクはドイツ帝国設立以来「連邦宰相」から「帝国宰相」となり、その強烈な個性もあって権限は絶大であり、鉄血宰相（der Eiserne Kanzler）の異名を有する。時の皇帝ヴィルヘルム一世は、「こういう宰相のもとで皇帝であることは容易ではない」とぼやいていたという。

さて、その間もビスマルクの策略は巧妙で、さまざまな手でフランスを牽制したり、威嚇したりするのだった。例えば、一八七三年、ドイツでカトリック教会との闘い、いわゆる文化闘争が始まり、ローマの長女であるフランス・カトリック教会が、ドイツの聖職者たちを支援する動きを見せると、彼は露骨に不機嫌な態度を示した。この文化闘争とは、近代国家の前提となる宗教からの分離を図り、ドイツ帝国の統一を完成するため必須の道程の一つであった。フランスで言えば、コンコルダ（政教協約）であるが、ドイツではこれが単純な国家の「世俗化＝非宗教化」ではない固有な事情もあった。つまり、国家統一のため、ビスマルクは依然として南ドイツの反プロイセン的連邦分立主義と闘わざるを得なかったが、前述の如く、カトリック勢力はマイン川以南の地域が拠点だったのである。フランス・カトリックがドイツ・カトリックへ同情を示したのは、宗教的な理由から、また共和政の反教権政策で同じような圧迫に苦しんでいるからであろうが、フランスはむかしから南ドイツとの繋がりが強かったからでもあろう。

また一八七五年春、ドイツの某紙に「戦争、眼前にせまる」という記事が載り、ひと騒動起こした。フランスが戦後、賠償金を期限より早く完済すると、急速な経済復興にともない軍備の再建・強化を図っているのではないかという噂が流れたのである。実際、フランスはこの賠償金を国債発行によって数年間で返済しており、国家財政的には普仏戦争の影響をほとんど受けていなかった。そのため、ドイツ参謀本部で対仏予防戦争の可能性まで囁かれると、ビスマルクはそれをフランスへの圧力になるだろうと放置して、利用しようとさえ考えた。もっとも、この頃すでに国際関係は複雑になっており、ドイツが対仏強硬姿勢を続ければ厄介だと、英露両大国が懸念を示したので、ビスマルクも慎重になり、この騒動も下火になったそうだが。

そうは言っても、敗戦国フランス外交の弱体化と国際的孤立は進み、一八七八年、露土戦争処理のベルリン会議には、ビスマルク議長の下、イギリス、オーストリア、ロシア、トルコが集まり、バルカン半島の権益を分け合ったが、フランスは代表一人送れなかった。このように、ビスマルクは「公正な仲介人」として、ヨーロッパ列強の関係をバランス・オブ・パワーの巧みな外交術で操って、ドイツの国益を守り、フランスを国際舞台から排除するが、そうしたなかで、フランス第三共和政は植民地主義へと向かってゆく。なお、十九世紀の三大会議の一つとされるこのベルリン会議について補足すると、フランスは出席しなかったが、この席上、英語で発言した英国首相を除いて、オーストリア、イタリア代表はおろか、ロシア、トルコ代表さえもフランス語で討議したという。フランス語は国際語としてなお健在。この頃から、すでにイギリスの特異性、「不実なアルビヨン」(イギリスの古称。後述)振りは発揮されていたようだ。

ビスマルク、フランス植民地政策黙認　それは、対独復讐を恐れるビスマルクの黙認するところで、彼にとっては、フランスの視線がヴォージュよりは、海の彼方に向けられる方がむしろ都合がよかったのである。フランスの植民地主義はすでに第二帝政下、ナポレオン三世によって始められていたが、国策として本格化したのはこの時期で、これが敗戦後鬱屈としていた国民感情の捌け口になり、国威発揚の場となっていたかもしれない。この頃のフランス人は、失われた地アルザス・ロレーヌを「いつも思っていよう、だが決して話すまい」(「共和国のセールスマン」レオン・ガンベッタの言)と誓いながら、アフリカ各地やアジアは清、インドシナへと向かい、他日「別れた兄弟」と再会できるのを秘かに期待していたのだろう。

しかしながら、フランスの植民政策は新たな敵を生み出し、自国をますます孤立させる弱点があった。アルジェリアの植民化がほぼ完了し、さらにチュニスを占領すると(一八八一)、イタリアとの縺れが生じ、その結果、イタリアはオーストリアとドイツの三国同盟を結ぶ。チュニジアは、地中海を挟んで、イタリアの対岸にあるのだ。次いで、エジプトの青年将校反乱事件(一八八二)、コンゴ問題(一八八四)が起こると、英仏間の関係が緊張。またもやビスマルクが調停人として登場する。彼は当初植民地獲得を国家事業として考えてはいなかったが、すでに民間主導の「ドイツ植民協会」(一八八二)ができており、こうした動きを外交政策の一環として推進せざるを得なかった。このコンゴ会議では、皮肉なことに、植民地大国イギリスが孤立し、仏独が連携したという。ただ留意すべきは、一八八〇年代半ばには、南太平洋にビスマルク諸島まで生まれているが、ビスマルクにとっては、植民地獲得はあくまでも内外政策の一環として推進するものでしかなかったことである。

他方、フランスでも植民地政策にまったく異論がないわけではなく、アフリカやアジアの植民地獲得で問題が起こるたびに、国内で不満や反対論が噴出した。植民地政策の推進は、本質的な問題、つまりドイツへの復讐心を逸らすことになるという非難が左右両翼から挙がったのである。そうした国民感情を象徴するのがおそらくブーランジェ運動。ブーランジェ将軍は共和派だったが、愛国者同盟に「復讐将軍」として担ぎ上げられ、大衆的人気を博していた。ちょうどその頃、一八八七年、ロレーヌ地方で仏独国境を越えたフランス人警官シュネブレがドイツ官憲に逮捕されるという事件が起こった。この国境事件は、本来ならば、四八時間もあれば片がつきそうな些細な偶発事件。だが、フランスでは一挙に反独感情が燃えあがり、ドイツではビスマルクがここぞとばかりに、フランスを威嚇する機会と考え、あわや爆発寸前まで事態が悪化。だが両国の国内事情のため、衝突には至らなかった。つまり一時は、復讐将軍の人気が沸騰したが、フランスの複雑な政治状況から、穏健な共和派が盛り返し、ブーランジェは失脚する(一八八九)。ドイツでは、ビスマルクが新皇帝ヴィルヘルム二世と折り合いが悪く退陣を余儀なくされた(一八九〇)のである。時あたかも、皮肉なことに、老宰相が最も恐れていた東西からの挟み撃ち、仏露同盟の悪夢が現実になろうとしていた。この同盟の遠因はアルザス・ロレーヌの併合で、宰相自身が「フランスをロシアの腕の中に追い込んだ」も同然だったのだが。

第二期：第二帝国の世界展開　ビスマルクの失墜後はさしたる事件もなく、一五年が経過。ライン対岸からの圧力がなくなると、フランスは徐々に孤立から抜け出し、かつての大国の列に戻ってくる。一八九二年には、露仏軍事協定が結ばれ、国際舞台に本格的に復帰。これは、後に露仏同盟となり、ドイツではそれまでビスマルク外交の基本だった独露友好・提携路線の大転換を生むことになる。このように国際舞台も大きく場面転換し、ヨーロッパ列国は内政問題を抱えながらも、その視線を海外に向けてゆく。どこの国でも、内政がこじれると、国民の目を外交問題に転ずるのは、時の政権にとっては常道なのであろう。ただ隣国ドイツでは多少事情が異なり、これが「世界政策」の名の下で登場していた。一八九六年、ヴィルヘルム二世は、ドイツ帝国創建二五周年の際、「ドイツ帝国は世界帝国になった」と演説したという。この頃から、「世界に冠たるドイツ」のイデオロギーが芽生え、やがてはヒトラーの「生活圏」構想によって、「今日われらのものなるはドイツ、明日は全世界」というようなスローガンに変質していったのだろう。

実際この時期、ドイツは政治的にも経済的にも軍事的にもその全盛期にあるかのような観を与えていた。その世界政策とは世界的規模にわたる対外政策の展開、つまりは植民地獲得であり、ドイツの帝国主義的野望を意味する。それを象徴するのがイギリスとの建艦競争。世界を制するには海を制することであり、そのためには巨大な戦艦を必要とする。ところが、ドイツは、往古カール大帝が艦隊をもたなかった伝統を受け継いだのか、強力な陸軍国ではあっても、海軍は弱小。とてもイギリスの大艦隊、とくにドレッドノート型のような超大型戦艦には太刀打ちできない。軍艦マニアのヴィルヘルム二世は、「我々ドイツはイギリスの弩級戦艦ドレッドノート〔無敵〕級に対して我々の〝無敵 Fürchte nichts〟級を建造しなければならない」（ギュンター・グラス『私の一世紀』林・岩淵訳）とぶちあげたという。そこで大艦巨砲主義の「艦隊政策」となるが、まさにプロイセンの富国強兵・殖産興業政策の極みである。当然ながら、こうしたドイツの覇権主義志向の世界政策は、必然的に他のヨーロッパ列強とぶつからざるを得ない。

他方フランスでは、一八九四年、植民地省が設置され、植民地統治を本格化する態勢が整えられ、植民地拡大のキャンペーンまで展開された。当初フランスの植民地政策はドイツと衝突することはなかったが、このような拡大策はまず、アメリカ独立前のアメリカ大陸における植民地獲得戦争のように、イギリスとぶつかることになる。今回の対立劇の舞台はアフリカ大陸。その第一幕は一八九八年のファショダ事件である。これは、前記青年将校反乱暴動を鎮圧して以来、エジプトを支配していたイギリスがカイロから南への大陸縦断作戦を企てていたのに対し、フランスが西海岸のダカールを起点に東海岸のジブチまでの横断を策して進軍。上ナイル河地域（スーダン）のファショダで一触即発の事態になったものである。外交交渉によって、かろうじて武力衝突は回避されたが、この紛争処理は英仏関係の改善のみならず、その後の国際秩序の再編に繋がる事件であった。

第三期：ドイツ砲艦外交、列強とぶつかる　ビスマルク退場後、ヴィルヘルム皇帝のドイツでは外交政策も異なる。一八九四年、露仏同盟が発効すると、ヨーロッパの国際関係は、独墺伊三国同盟、露仏同盟、イギリスの三者鼎立の構図となり、当然植民地戦略も変化する。元来、急速な資本主義の発展にともない高度工業化の時代を迎えていたドイツにとって、植民地の経済的意味は植民地大国英仏に比べればはるかに小さかった。だが前記世界政策の名の下に、帝国は対外的膨張の道を歩み始めていた。一九〇七年、帝国植民省が設立されると、植民地獲得はドイツの国家事業となる。そして当然ながら、ヨーロッパ列強、とくにフランスの権益とぶつかり、軋轢・対立が生じる。その好例がモロッコ問題であろう。

モロッコ問題　一九〇四年、英仏協商成立、エジプトにおけるイギリス、モロッコにおけるフランスのそれぞれの優先権が相互承認される。すでに西南アフリカで、鉄道敷設や鉱山開発、プランテーション経営などの経済権益を有していたドイツは、当然ながらこれに反撥する。いまやモロッコが仏独の争奪の地となったのである。一九〇五年、タンジール事件（ヴィルヘルム皇帝のモロッコの港町タンジールへの抗議示威訪問）、一九一一年、アガディール事件（モロッコ西南岸のアガディールに威嚇のためドイツ砲艦派遣）を経て、ようやく解決をみるが、これは仏独抗争を軸にした、第一次世界大戦の前哨戦のような国際紛争であった。

つまり、スペインのアルヘシラスで開催された第一次モロッコ問題国際会議（一九〇六）では、フランス側に英露伊米などがついたのに、ドイツ側にはオーストリアとオスマン帝国が味方しただけで、ドイツは孤立させられた。英仏露三国間に楔を打ち込もうとしたドイツ皇帝の目算は見事にはずれ、むしろその関係を強化するという皮肉な逆効果になった。砲艦外交実らず、である。それどころか、すでに一九〇二年には、フランスのモロッコ支配とイタリアのリビア進出を交換条件に仏伊間で秘密協定が結ばれ、三国同盟には罅が入っていたのである。そしてやがては、三国協商（英仏露）が生まれ、三国同盟（独墺伊）に対峙することになるが、これはビスマルクの対仏包囲網とは逆に対独包囲網になり、第一次世界大戦の引き金の一つとなった。なお前記G・グラスによれば、この示威訪問、砲艦外交で有名になったのは、ヴィルヘルム皇帝の被った尖り兜、ピッケル＝ヘルメット（尖端の尖ったピッケル部分だけが金属で、あとは革かフェルト製）。これは本来プロイセン兵の軍帽だが、回教寺院の丸屋根や尖塔と好対照をなし、風刺画に描かれたり、複製品が土産物になったり、しまいには痰壺用にまで使われ重宝されたという。後には、第一次大戦時のドイツ兵の鉄兜に変ずる。

以後も、モロッコを舞台に仏独間の小競り合いは続くが、アガディール事件でやっと最終局面を迎える。

第二次モロッコ問題処理の交渉で、中央アフリカを狙っていたドイツは仏領コンゴ割譲を要求したが、フランスが戦争を恐れて譲歩したのに、イギリスが介入・断固反対したため、結局ドイツは自国領カメルーンの拡大という成果だけで、フランスのモロッコ支配が承認された。この条約は仏独双方にとって不評。フランスでは反独感情が高まり、ドイツでも「世界帝国」の夢どころか、惨めな結果に失望感が広がり、来たるべき戦争に備えて「国防協会」が設立され、陸軍大増強が推進された。対外的には、英仏関係が一層緊密化し、ドイツの孤立が深まることになる。

サライェヴォ事件勃発　そうしたこみいった状況下で、第一次世界大戦勃発となるが、その直接の引き金となるサライェヴォ事件の舞台、バルカン半島の背景もまたヨーロッパ列強の権益が絡み合って、きわめて複雑である。この半島は、いわば民族の坩堝で、今でも火薬庫のようなものだが、大戦前夜も諸民族が入り乱れており、その多くは四世紀以上もオスマン帝国の支配下にあった。しかも、これにヨーロッパ列強の利害が絡んで、複雑な国際問題が生じ、いわゆるバルカン問題となる。簡略化して言えば、サライェヴォ事件とは、オーストリアがセルビア人の居住するボスニアとヘルツェゴヴィナを併合したため（一九〇八）、セルビアの憎悪を招き、その報復にオーストリア帝国帝位継承者フェルディナント大公夫妻が暗殺されたテロ事件である。その前舞台では、一九一二年、第一次バルカン戦争、一九一三年、第二次バルカン戦争勃発。トルコ対バルカン諸国、バルカン諸国間の対立、列強の干渉が絡み合い、一触即発。火の粉ひとつで瞬時に燃えあがる火薬庫、まさに「悪魔の大鍋」である。

この二度のバルカン戦争で、傑作なのはヨーロッパ列強、なかでも仏独がいかに関与していたかである。トルコ軍はドイツ将校によって訓練され、ドイツ軍需産業の雄クルップ砲を備え、敵対するバルカン同盟軍はフランス将校によって訓練され、フランスの大兵器会社シュネデールの大砲をぶっ放したという。この時はトルコ軍が敗れたため、例の国防協会の活動を一層強めたそうだが。これはまた、時移って二十一世紀になると、NATO軍の英仏戦闘機がリビアを空爆しているが、かつてフランスはミサイルなど含めて戦闘機や武器を売り込んでいたことを想起させる。歴史は繰り返すというが、人間はいつまでも似たような愚行を繰り返すものらしい。ついでに言えば、仏独は有数の武器輸出国で、とくにドイツは米ロに次ぐ世界三位の輸出国。現在もトルコやギリシアなどバルカン半島や中近東諸国への兵器や軍需装備品などへの輸出が盛んで、二〇一一年末にも、サウジアラビアへの二〇〇台の戦車売却をめぐって、教会の抗議を受けもめている。八万人の雇用を抱えるドイツ軍需産業は、国防軍が緊縮・縮小を強いられている折、売り込みに必死だという。

大戦前夜の仏独　ところで、大戦前夜の仏独は対外的には上述のような国際関係、三国協商と三国同盟の網の目に絡み取られていたが、それぞれの国内ではどうだったのだろうか。フランスでは、アクシオン・フランセーズを筆頭とする反独ナショナリズムとジャン・ジョレスに象徴される反戦運動が拮抗しており、世論は二分された観を呈していた。とくに外交問題をめぐって、国論は分裂し、国政も混乱していたが、時の大統領ポワンカレは、基本的には対独戦争を避けがたいと見ており、兵役制や法整備、軍備拡充などを進めていた。だがサライェヴォ事件が起こった時点では、まだ誰もこれが大戦争の導火線になるとは思わなかった。直後に、以前から仏露同盟を重視していたポワンカレは訪露し、仏露首脳会談を行っているが、これは「慣習的なもの」、「儀礼的責務」であり、開戦の話し合いに行ったのではないという。実際のところ、誰も「もう二度とごめんだ！」と、戦争など望んでいなかったのである。この「ノー・モアー」は両大戦間にはやる言葉だが……。

　ところが、ドイツでは様相が異なっていた。言うなれば、早くから官民一体で戦争準備をしていたのでである。前述したが、すでにビスマルク時代、一八七五年頃、対仏予防戦争の可能性が検討され、一八八〇年代にはモルトケ参謀総長の下で、仏露二正面戦争を想定して作戦計画が策定されていた。これが後任の参謀総長シュリーフェン伯爵の下で具体化し、一九〇六年に確定された、いわゆるシュリーフェン計画。実際、大戦開始時にはドイツはその作戦通り、ベルギーからフランスに進撃してきたのである。また世紀末には海軍で戦艦建造計画が推進され、国を挙げての軍事戦略策定が着々と進行していた。なお、この海軍増強策には、ヴィルヘルム二世の海軍好きが影響していたと思われる。この皇帝の母は英国女王ヴィクトリアの長女、通称ヴィッキー皇后で、皇帝はその孫にあたるが、一八八九年、この孫は祖母の女王から英国艦隊元帥の称号を授与され、有頂天になったという。以後も海軍演習やパレードなど「兵隊ごっこ」を繰り返すが、一九〇九年のドイツ軍演習には英国から、当時商務院総裁の若きチャーチルが参加している（前掲『世紀横断するドイツ人』）。

この場合ユニークなのは、こうした軍備増強推進のために、大衆的プロパガンダを担う協会とか団体がつねに存在していたことである。すなわち、ドイツ艦隊協会、諸団体の元締め役の全ドイツ連盟、ドイツ国防協会、ドイツ在郷軍人協会などがあり、なかには後のヒトラーユーゲントの前身のような青年ドイツ同盟が大戦直前に創設され数十万の青少年を集めていたという。もちろん、開戦時には労働者などの反戦運動が繰り広げられているが、ローザ・ルクセンブルクのような革命的活動家はいても、フランスのジョレスのような政治的リーダーはいなかった。要するに、フランスとは違い、ドイツには「社会ミリタリズム」のような風潮が蔓延しており、軍国主義的なプロイセン・ドイツとか好戦的なビスマルク・ドイツのイメージが生まれたのであろう。ただ総じて言えば、ドイツでも、サライェヴォ事件直後は、世論もこのテロが直接大戦に至るとは予想していなかった。一般民衆は、フランス同様、「もう二度とごめんだ」が本音だったかもしれない。

いずれにしろ、一九一四年、第一次世界大戦勃発である。この頃について、ムージルは『特性のない男』の冒頭で、「大西洋上に低気圧があった。低気圧は東方に移動して、ロシア上空に停滞する高気圧に向かっていた……一九一三年八月のある晴れた日のことだった」と記しているが、現実には、翌年夏に勃発する第一次大戦という猛烈な颱風を生む低気圧がバルカン半島上空から北方ドイツとロシアに向かい、以後四年間途方もない黒雲の「戦乱雲」となってヨーロッパ大陸を覆ったのである。

第十章　大危機の時代Ⅱ——第一次世界大戦から第二次世界大戦

1　第一次世界大戦

塹壕も新兵器もある「大戦」

バルカン半島における前記フェルディナント大公暗殺事件で発生した戦火は、三国同盟、三国協商という国際関係の網の目を伝って飛び火し、燎原の炎の如く瞬く間にヨーロッパ中に広がった。この戦争（以下、大戦）は、はじめて「大戦」という語が用いられた大戦争であり、まだ第一次という語が付かないままで、一九一五年から大戦と呼ばれていたが、戦法においては、前近代と近代が入り混じったような戦争でもあった。前近代というのは、野戦・機動戦が主体とはいえ、塹壕戦の別称が示すような伝統的側面があるから。近代というのは、それまで使用されていなかった新兵器が続々と登場したからである。塹壕とか陣地戦はむかしからあったが、この戦争において、鉄砲・大砲以外にはじめて飛行機や潜水艦が使われ、焼夷弾や照明弾が開発され、毒ガスや火炎放射器、戦車などの新兵器まで現れた。まさに、戦争の「工業化・機械化」である。ついでに言えば、石油がいわば「武器」として登場したのはパリ・コミューンの頃で、前掲『フランスの内乱』にはこうある。「国民兵が逃げ込んだ家々は、憲兵によって包囲され、石油（これはこの戦争においてはじめて姿を見せたものだ）を浴びせられ、それから火をかけられた……」「戦争においては、火災は……正当な武器である」（マルクス）。

例えば、ドイツ軍の「デブのベルタ砲」（ベルタはクルップの社長夫人名。英語名ビッグ・バーサ）とか「カイザー・ヴィルヘルム砲」などの巨大砲が出現したのはこの時である。実際、「デブのベルタ」が改良された「パリ砲〔のっぽのベルタ〕」によって、パリは北東一二〇キロ離れたサン・ゴバンの森から砲撃されている。また武器ではないが、航空写真が生まれたのもこの大戦においてである。ドイツ軍はタウベというハト型単葉機を使って、日中に塹壕陣地の位置を航空写真撮影して特定し、それをもとにフランス軍に夜襲攻撃をかけたという。フランス兵の軍服は当初赤のズボンに青の上着だったが、昼間はよく目立ち、当時カラー写真でなくとも、上空からの撮影に便利だったのだろう。ホライゾンブルーの軍服になるのはもっと後のこと。このように、二十世紀初頭、ヨーロッパ諸国では科学技術が向上し、工業化が大きく進展しており、第一次大戦は最初の「工業的戦争」、いわばその「実験場」、戦争機械の「インキュベーター」とも言えたのである。

戦車の威力　ちなみに、この長期に及んだ塹壕戦では、機関銃や大砲も格段に性能が上がっていたが、威力を発揮したのは連合軍側の戦車である。上記巨大砲は威力十分でも、大きすぎて移動・操作困難という弱点があった。英仏は重戦車を含めて戦車を大量に投入して優勢になったが、ドイツ側は、戦略の誤りからなのか、戦闘機の開発生産に比重を置いたのか、戦車のそれが疎かになっていた。軍上層部に戦車の効力が分からなかったということもあろうが、実際はその余力がなかったと思われる。西部戦線、東部戦線、イタリア戦線、バルカン戦線と広範囲に戦場を広げたために、戦闘機が有利と判断したのだろうか。だが、仏独の戦闘の主舞台は国境沿いの西部戦線で、塹壕が拠点となった。ただし、誤解のないよう付言するが、塹壕戦といっても、前述したように野戦が主体であり、兵士は穴蔵に閉じこもってばかりいたのではない。確かに、長期間塹壕で互いに敵勢の動向を窺い、待ち伏せをしてはいたが、激戦のヴェルダンやソムの戦い（一九一五・一九一六）でも、常に塹壕戦であったわけではなく、一九一八年には塹壕はなかった。エピナール版画のポワリュ（フランス兵の別称。後述）像は修正されねばならないという（ピエール・ミケル『レ・ポワリュ』）。

世界戦としての「大戦」　ところで、大戦は、ドイツとフランスだけでなく、イギリス、ロシア、オーストリア、イタリア、バルカン諸国、遅れて参戦した当時の新興国アメリカを巻き込み、世界各地に影響が及んだ、文字通りの大戦争であり、殺傷・破壊力が増した新兵器の登場と長期戦によって、主要戦闘国の仏独双方とも未曾有の死傷者を出したが、これはある程度想定された戦争だったのだろう。これまで概観してきた当時の仏独関係、国際情勢やその流れを辿ってみると、そう思わざるを得ない。ただ戦争の発火点がいつ、どこで生じるのかが予測不能だっただけのように思える。ここでは仏独関係に焦点を絞ってみよう。

その前に、遅れて参戦してきたアメリカについても、若干触れておこう。ほかでも記したことなので詳細は避けるが（拙著『アメリカ－フランス』）、アメリカはモンロー・ドクトリンを建前に中立を守っていたために参戦が遅れただけでなく、その行動・態度には相当計算高いところがあったとされる。「ビジネスはビジネス」が国是か信条のこの国は、参戦するまで交戦国双方に武器や軍需物資を売って巨利を得ていたのである。「民主主義諸国の兵器庫」（ローズベルト）は、死の商人役も果たしていたわけだ。しかも、やっと参戦したのも、フランス人流に多少穿った見方をすれば、この「ビジネスはビジネス」が立ちゆかなくなったから。つまり、ドイツが英仏海峡を封鎖していたため、同盟国向けの貨物を満載したカーゴはアメリカの港湾に留め置かれたままで、貨物船の渋滞はミシシッピ川を遡って、大陸奥まで続いており、これに業を煮やした中西部の穀物業者たちが政府に圧力をかけたというのである。これはさもありなんで、いわばアメリカという国家の習い性のようなもの、一九一七年の時も、一九四一年の時も同じである。まさに、「アメリカ人は万策尽きて、やっと正しいことをする」（チャーチル）。なお、今からするといささか驚くべきことだが、参戦時の一九一七年、「アメリカにはほとんど軍隊がなかった」ので、急遽軍隊の編成に迫られ、志願兵を募ったところわずか四〇〇〇人余りで、結局「選抜兵役法」なる徴兵制に頼らざるを得なかったという。休戦の頃、サミー（米兵）はフランスだけで二〇〇万人以上いたが、一九一八年三月時点では、欧州全体で三五万人以下だった。わずか一〇〇年前のことだが、現在世界を跋扈する米軍兵の姿からは想像もつかないことである。

さて、大戦はバルカン半島から発して、ドイツの対ロシア、フランスへの宣戦布告、次いでドイツがベルギーの中立を犯してそこからフランスに進撃、そのためイギリス参戦と続き、（イベリア半島を除く）ヨーロッパ中が係わる大戦争となるが、仏独を主役とした戦争に対する見方、その対応など相互の国内状況には似たようなところが多い。

前述したが、まず、第一に仏独とも戦争があり得るものとして準備しており、とくにドイツは普仏戦争後、いち早く作戦計画を立てていた。そして開戦時には、双方が戦争は短期で終わるものとみており、しかも互いが相手の戦力を過小評価していたため、ことごとく想定が狂い、思わぬ長期戦となる。とくにドイツは、西部戦線でフランスを叩く電撃作戦を予定していたが、フランス軍の抗戦激しく思惑外れ。またロシアが予想外に早く戦場に出てきたため、東部戦線にも兵力を割かねばならぬ想定外状況。ビスマルクが恐れていたように、東西で仏露との二正面作戦を余儀なくされる。他方フランスも、ドイツ軍の装備や組織をよく知らず、戦争は短期で、比較的容易に勝てると、能天気な見立て。この国には「大陸軍」なるナポレオン伝説、「ヨーロッパ最強の陸軍国」という幻想がなお生きていたのだろうか。ともあれ、緒戦時はどちらも情報不足、自己過信で、戦争が四年にも及ぶとは思いもしなかったのである。

毒ガス登場　そこで前記の塹壕戦になるが、穴居時代さながらの塹壕を陣地にしたこの戦いは仏独双方に甚大な被害をもたらした。戦場では旧来の機関銃や大砲だけでなく、戦車、毒ガス、火炎放射器などの新兵器が使われたため、戦死者数の増大はもちろんだが、手足を失ったのみならず、顔の頬半分がそげ落ちたとか、顎骨が欠けたとかきわめて悲惨な傷痍軍人を生むことになる。双方に「顔面損傷兵」がいたのである。なお、毒ガスを最初に使用したのはドイツ軍で、一九一五年四月だが、フランス軍もその五カ月後には使用し、そのためガスマスクも生まれている。毒ガスを吸うと、「肺を焼いてしまい……血を吐き、窒息して、苦しんで死んでしまう」というが、ドイツ軍の毒ガスには「白十字」なる名が付されていた。なんとも痛ましい皮肉かつ残酷なコード名である。こうした新兵器による戦傷者のため、義手義足製造、顔面損傷者用フェイスプレート作成技術などが開発され、進歩したと言われている。なお、最近の報道によれば（『レクスプレス』二〇一三年一〇月）、フランスにはこの大戦で未使用の毒ガス二六〇トンの砲弾が残存しており、しかも保管区域はかつての激戦地マルヌで、そこから一〇〇キロの所には放射性廃棄物の埋蔵センターがあるというから恐ろしい。まさに歴史は続いており、「大戦一〇〇周年記念祭」どころではあるまい。

悲惨苛酷な塹壕戦　実際、ひとくちで戦争というが、塹壕戦の実態は苛酷壮絶なもので、例えば、開戦早々一九一四年九月、すでに次のような凄まじい光景が出現していた。「彼にはもう鼻がなかった。その代わり、穴が開いて血がしたたり、したたり落ちる……もう一人は下顎が吹っ飛んでいた。一発の銃弾でこんなことになるのか？　顔の下半分が赤く、ぐにゃりと垂れ下がる肉片でしかなく、そこから血と唾が混じって網状にべとつき流れている……顔面蒼白でよろめく、もう一人は裂けた腹からはみ出て赤いシャツを膨らませている内臓を両手で支えている……」（前掲『ヴェルダンにて』）。これはフランス軍中尉の実録であるが、まさに地獄絵図さながらである。

それは、この戦場日誌の一〇年後に出版されたレマルクの『西部戦線異状なし』（一九二九）でも同様。随所に凄まじい状景が出てくる。「僕の隣の一等卒は、首を射ち飛ばされてしまったが、首がないままでなお二、三歩進んだ。その首の痕からは、噴水のように血が吹き出た」、「僕らは頭蓋骨がなくて生きている人間を見た。両足とも射ち飛ばされた兵隊の走るのを見た……僕らは口のない人間、下顎のない人間、顔のない人間を見た。出血で死なないように、二時間のあいだ腕の動脈を歯で嚙みしめていた兵隊を見た」、「上を見ると、樹の枝に死人が引っ掛かっている。真っ裸の兵士が樹の股の上に胡座をかいている。頭の上には鉄兜をのっけているが、そのほかは真っ裸である。胡座をかいているように見えるのは、実は躰の半分だけが上にのっかっているのである。それは〔地雷で吹っ飛ばされた〕足のない上体〔上半身〕であった」（秦豊吉訳）。これはドイツ兵から見た地獄絵図である。映画『西部戦線異状なし』のラストシーンでは、若い兵士が塹壕から手を伸ばして、ひらひらと舞う、小さな蝶々を摑もうとして狙撃され、落命する悲痛な場面があるが、原作自体は戦争の恐ろしく残酷凄惨な人間獣的かつ虚無的な世界を描いた小説である。レマルクの戦場体験は戦傷のためわずか一ヵ月で、後は野戦病院で終戦を迎えており、「この本は自分の体験を語ったものではなく……〔野戦病院で得た〕同世代の仲間の前線の体験を集めたものだ」という。なお、大戦を描いたものには、他にもアンリ・バルビュス『砲火』、エルンスト・ユンガー『鋼鉄の嵐のなかで』など多数あるが、仏独の作家だけでなく「シャーロック・ホームズ」のコナン・ドイルの従軍記『三つの前線巡察』やドス・パソスの『ある男の入門——一九一七』などもあり、ヘミングウェイの『日はまた昇る』『武器よさらば』も大戦に関連する。この戦争に参戦関与した詩人・作家は多いのである。

「ポワリュ」　ところで、ポワリュの一人が撮った写真集（マルセル・フェルセール『大戦への眼差し』）を見ると、塹壕そのものもおよそ前近代的で、二十世紀にあちこちで繰り広げられた山岳地帯のゲリラ戦を思わせるようなものがある。そうしたなかで、兵士が髭を剃れないほど塹壕戦が長期持久戦に及んだため、ポワリュ（poilu）という第一次大戦従軍兵士を指す異名まで生まれた。この語の原意は「毛深い、勇敢な」だが、転じて「ポワリュ」（毛深い＝勇敢な兵士）になったという。ただこの語は、後方の戦争文化に起源を発するもので、前線ではその作為的な性格のためあまり使われず、むしろ平凡なbonshommes（好人物、奴、好漢）が好まれた。なお、この語はフランス兵だけの異名だが、塹壕に籠もったのはもちろん彼らだけではなく、ミヒェル（ドイツ兵の異名）も、トミー（イギリス兵）もいた。遅れてきたサミー（アメリカ兵）は少なかっただろうが……。なお、この大戦には、カナダ兵も約一〇万人参戦しており、一九一七年、北仏アルトワ平原のヴィミーでは数千人のカナダの若者が戦場に倒れ、この地にはその記念碑があり、毎年七〇万人が訪れるという。公平を期して言えば、コモンウェルスの関連から、カナダ兵以外にもオーストラリア兵やニュージランド兵もいた。

もっとも、戦争とはいつの時代にも残酷・悲惨なもので、大戦に限らず、戦後のヴェトナム戦争、最近のアフガニスタン、イラク戦争でも同じような犠牲者、傷痍軍人を生んでいる。いまだ戦闘のトラウマに悩まされる者はもちろん、イラク戦争では爆弾テロに巻き込まれ、脳を四〇%失ったまま生き残り、植物人間になった者などが多数いるという。アメリカはボストンの高層ビルの建ち並ぶビジネス街のど真ん中に、アル中や精神障害に悩む帰還兵や寄る辺なき旧兵士の受け入れセンターがある。これは全米最大の収容施設であり、その名を「ニュー・イングランド」というそうだが、なんとも皮肉かつ残酷な名称ではないか。公式にはそうした旧兵士は一四万四〇〇〇人とされているが、潜在的な者を含めればはるかに多いと思われる。こうした肉体的・精神的傷痍軍人以外にも、社会復帰や失業問題に苦しむ帰還兵がごまんといるともいう。

ポワリュの証言

ところで、このポワリュたちが塹壕から家族や友人宛に出した書簡集（J・P・ゲノ、Y・ラプリュム編『ポワリュの証言』）があるが、参考までにその一、二を引いておこう。なお、この大戦では、「西欧の戦争史上はじめて、共和国の学校教育のお陰で、八〇〇万人以上……の軍隊が全員かまたはほとんどが読み書きのできる兵士で構成されていた」（『大戦への眼差し』）ので、「自己を記述すること」、つまり手紙や手帖で自己や身辺のことを語ることができたという。

「塹壕戦で、最悪なのは空雷〔魚雷型投下爆弾〕だ。この五〇キロのメリナイト〔強力爆薬〕が爆発して裂けると、恐ろしいものだ。その一つが塹壕の真っ只中に落ちるような恐ろしいことが起こると、確実に一五人や二〇人は殺される。わが軍の一つがドイツ野郎《ボッシュ》の所に落ちると、奴らの足が我々の陣地の〔最前列を越えて〕二列目まで、吹っ飛んでくるのだ」（一九一五年六月二四日）。

「すごい見ものだった！　まずセメントと数百個の土嚢が積み重なったドイツ野郎の塹壕がわが軍の大砲で撃ち崩される。これはおもしろい。だがおもしろくないのは、半ば土に埋もれて、足や頭を見せている死体だ。ほかのは埋もれたままで、溝を掘ると出てくる。戦争とはおもしろいものよ！　人間は文明とやらを誇れるのだ！」（一九一五年七月一九日）。

なお、ついでに言えば、この戦いはあまりに長期間に及んだため、前線兵士たちによる「塹壕共同体」のようなミニ戦場社会が生まれ、塹壕新聞まで発行されたという。言うなれば、日常生活が戦争のなかに入り込んだようなもので、言論統制、検閲の制約を受けながらも、この戦場新聞には当局の偽造されたプロパガンダや人心操作を批判する記事や、後方の家族への思いや不安を率直に語る兵士たちの心情を伝える記事があったとされる。大戦中、政府のプロパガンダは猛烈で「大本営発表」と同じ。新聞雑誌は「誇大宣伝」に走り、信頼を失っていただけに、こうした「ポワリュ」の戦場からの便り、「情報」は一層貴重だったのである。これらの悲痛な声は戦後も長らく無視されていたが……。

「ユニオン・サクレ」と「城内平和体制」　さて仏独の類似した状況の話に戻ると、開戦時から、双方で左派政党や労働者の反戦運動が起こっており、それを抑え込むかのように、総動員令・戒厳令布告と続き、やがて祖国防衛の御旗の下に、フランスでは「ユニオン・サクレ」（文字通りは神聖同盟）。ドイツでは「城内平和体制」結成。政争や左右のイデオロギーの違いには蓋をしてひとまず挙国一致、総力戦となる。わが国で言えば、国防国家体制＝大政翼賛会のようなもの。ただフランスは攻め込まれたのだから、祖国防衛という大義名分が成り立つが、他国領土に攻め込んだドイツにもそれが通用するというのは、おかしな話。よくあることだが、他人の部屋（国土）に土足で上がり込んで、「侵略」ではないと強弁するようなものだ。もっとも、ドイツの祖国防衛は当初、ツァーリズム・ロシア、汎スラヴ主義の脅威に対する、国民向けのスローガンだったようだが、大戦中この「祖国防衛」は繰り返し叫ばれることになる。ただヒトラーも、仏独間の衝突は「フランスの攻撃に対するドイツの防衛という形態でのみ解決が図られる」としているから、これはドイツでは一般的だったのだろう。

なお、「城内平和」とは、「中世以来……共同体の防衛のために、城塞内での係争や闘争を禁ずるものであった」ことに由来するという（J＝J・ベッケール／G・クルマイヒ『第一次世界大戦』剣持・西山訳）。

ところで、この挙国一致体制だが、フランスでは、反教権主義を掲げる共和政府と激しく対立していたカトリック教会さえ加わっているから、まさに大同団結のユニオン・サクレ。だが、ドイツではいささか事情が異なる。大同団結という点では同じでも、この国の宿命なのか、第二帝国創立以来も国内の分裂・対立は続いており、祖国防衛を御旗に「城内平和」体制を確立し、これを国民国家ドイツの統合実現のために利用しようとした。普仏戦争が帝国創立・ドイツ統一の口実にされた先例もある。皇帝ヴィルヘルム二世は、動員令布告後、王宮広場の群衆に向かって、「余はもはや党派を知らず、ただドイツ人を知るのみ」と演説したというが、そう言わざるを得ないほど、この国はバラバラで、いわゆる国民統合のスローガンが必要だったのだろう。ただし、ユニオン・サクレも城内平和も、両国民にそのうち戦争も終わるだろうという希望的観測がある限りにおいてであって、戦争が長期化、泥沼化すると、随所で綻びが生じ、やがてはライン両岸で、厭戦や反戦の気運が広がっていくのである。

ここで少々脱線するが、前掲『第一次世界大戦』によれば、第二帝国は全土が通常二五の「軍管区」に区分され、戦時ともなると、これに行政権が移り、個々の軍管区司令官が絶大な権力を行使したという。一種の軍事独裁体制だが、フランスに比べて「シビリアン・コントロール」が弱かったのだろう。これを定めた帝国憲法はプロイセン法に遡り、当初は最高司令部もなく、二五の軍管区を統括する軍最高統帥部ができたのは大戦中の一九一六年。また国民皆兵の時代になっても、各州に個別の召集兵がおり、連隊は「バイエルン連隊」「ザクセン連隊」などと称されていたというから、この国には中世以来の領邦国家、否、古代ゲルマンの部族国家を継承する、いわゆる分権国家体制の伝統がこんなところにも生きていたのだろう。まさに「バラバラ」国家。おそらくナチの「大管区」制度はこれを踏襲したものであり、これ自体がはるか遠くゲルマン民族の行政区であったという。

ついでながら、バイエルンやザクセン、バーデン州などは独自の軍隊や外交団のみならず、通貨や切手まで有しており、君主制や自由都市などが存続するが、そうした旧弊な連邦体制を決定的に払拭するのは第一次大戦である（『世紀横断するドイツ人』）。真の意味で統一国家ドイツが実現するには、時間がかかるのである。例えば、ドイツ帝国の鉄道網は七つの国有鉄道に分断されており、「機関車でさえ二一〇種類の型に分裂していたので」大戦時、前線への兵員輸送や弾薬食糧補給に支障をきたしたという。シュリーフェン計画全体が鉄道や馬車に大きく依存していただけに、その影響は大きかった。「帝国鉄道統一」は一九二〇年のことである（ギュンター・グラス）。ただそうは言っても、ベルリンが政治的中心であるのは当然だが、文化的・経済的には地方・州が大きな役割を果たしていることに変わりはない。

さらに付け加えると、この「二〇〇種もの機関車」という伝統は今も続いているようで、二〇一三年の夏、ドイツ国鉄マインツ駅ではローカル線が運休し、長距離の幹線列車は迂回を余儀なくされたという。理由は、走行管理担当要員が病気または休暇で不足しているためとされるが、一番の原因は転轍器操作者がいないことに加えて、ドイツでは転轍器が各地域で異なり、その操作には熟練を要し、補充が簡単にはいかないことであるというから、恐れ入る。確かに、機関車が別々ならば、転轍器も別々であろうが、当時、ドイツは九月に総選挙を控え、ヴァカンス中。信じられないような伝統・しきたりではなかろうか。

長期戦下の仏独　マルヌの戦い、ヴェルダンの戦い、ソムの戦いと激戦が続く長期戦の下、仏独とも後方では経済的にも社会的にも戦時体制が布かれたなかで、時が経つにつれて戦局が膠着化。やがて矛盾や綻びが目立ち始め、国民の不満・反感が高まる。この戦争は、各種新兵器が登場し未曾有の死傷者を出しただけでなく、戦線が拡大し大規模化すると、物量戦であることが判明。当事国には兵員確保に加えて、武器弾薬、軍需物資を補給する兵站部門が重要となる。そのためには、労働力確保が大きな問題になり、後方社会では、物心両面で国民が大きな負担を強いられることになる。その上、戦時体制の常で、統制経済、とくに食糧統制とかインフレが進行。市民生活は不自由を余儀なくされる。

フランスでは、幸いにして戦争末期（一九一八）までは、農業生産が低下したとはいえ、砂糖など特殊品を除けば、食糧統制はなかった。だがドイツでは、イギリスの英仏海峡封鎖のため次第に状況が悪化し、パン配給制をはじめ、食糧統制が一般化して、戦時食糧局まで設置された。開戦二年後の一九一六年秋には、穀物類の不作もあって、「戦時パン」どころか、下層社会ではジャガイモではなく、カブラ（スウェーデンカブ）が主食となり、その冬は「カブラの冬」と言われるほど、食糧状況が最悪化。一九一八年末の写真には、食物を求めてゴミ置き場を漁る、哀れな女性たちの姿さえある。あちこちでデモや食糧暴動が多発したという。もっとも、第二次大戦下日本でも、カボチャや芋づる、粟・稗類などが米飯に混じり、フランスでも、「カブハボタン」なる家畜飼料が食用になったというから、戦時下ではいずこも事情は同じようだ。

戦争目的　ところで、この大戦で仏独、とくに戦争を仕掛けた方のドイツは一体何のために戦争を行い、フランスはそれをどう受けとめたのか。

ドイツでは、開戦一カ月で宰相ベートマン＝ホルヴェークが、ドイツ銀行頭取グヴィナーの「中央ヨーロッパ圏」構想（後述）に触発されて、九月綱領なる戦争目的論をまとめていたという。それによると、ルクセンブルク併合、ベルギー属国化、北フランスの鉱物資源地域の割譲と多額の賠償金を要求し、フランスを弱体化すること。さらに東欧、北西欧州諸国をドイツ支配下に置き、これらを中央ヨーロッパ経済同盟圏に組織化し、中央アフリカ植民地帝国を建設するというプラン。まさに覇権主義そのもの、ドイツ帝国主義の願望である。結局、幸いにして実現しなかったが、ここからどうして祖国防衛論などが出てくるのだろうか。ドイツの先制攻撃は祖国防衛のためであるというような論はいわゆるこじつけ、無理筋ではなかろうか。また、経済界がこうした主張に同調するのは当然だとしても、知識層や大学人、文化人からも、ドイツの文化的優位や新国際秩序構築の正当性を謳った声明が出され、これらがこぞって大規模な併合、領土拡張を容認したというから、イデオロギー的にも完全な挙国一致体制。これには、アルザス・ロレーヌ確保は挙げられていないが、彼らには自明のことだったのだろう。

では、フランスはどうか。侵略された方としては、祖国防衛が正当なる戦争目的になるが、戦争末期、戦局が有利になるにつれて、右派を中心にして戦争目的が拡大し始め、アルザス・ロレーヌ奪還はもちろん、ザール地方の併合、ライン左岸地帯の中立化と、かつてのナポレオン時代のように、そこをフランスの影響下に置くという帝国主義的な目標に変容していった。さすがにフランス左派はこれには同調せず、ユニオン・サクレは有名無実化。フランスがこのように強気になったのは、ドイツの無差別潜水艦攻撃を契機にアメリカが参戦し（一九一七）、戦局がはっきりと好転し始めたからであるが、留意すべきは、フランス側では、当初戦争目的ではなかった、アルザス・ロレーヌ奪還が明確に意識されていたことである。繰り返すが、仏独関係を語る場合、どうしてもアルザス・ロレーヌが争点にならざるを得ない。これは、双方にとって、ヴェルダン条約（八四三）以来の、いわば宿命のようなもの、「ダモクレスの剣」なのだ。

戦争末期、パリではお針子スト　末期になると、仏独双方で戦争終結への動きが表面化し、国情の違いはあれ、ここでも同じような状況が生まれる。戦闘はなお続行中でも、フランスでは、アメリカからの大規模な兵員派遣、豊富な物資支援を受けて情勢が好転し始める。だが他方、前線では出撃拒否の不服従兵士や脱走兵が多出し、見せしめの処刑も行われ、後方では、反戦の動きや労働者のストが起こり、メーデーも毎年実施されていた。戦争三年目の一九一七年には、仏英独の交戦国中唯一、フランス軍で兵士の反乱が生じ、パリでも最初のストライキが起こっている。その火付け役はなんとオートクチュールのお針子たちだったというから、いかにもフランスらしい。ただ彼女たちのストは賃上げとか「イギリス週間」(十九世紀後半、イギリスで始まった土曜半ドン制)要求のためであり、反戦ではなかったが……。いずれにしろ、戦争長期化で軍隊だけでなく、フランス社会全体が疲弊し、危機的な状況にあったのである。

ドイツでは、水兵スト　では、ドイツはどうか。開戦当初から、この国では左派政党の一部に反戦の動きがあったが、時が経つにつれて、フランスと同様、戦争経済下、生活苦に喘ぐ労働者を中心に厭戦、反戦気運が高まり、やがては大衆的反戦運動に中間層も加わり始めた。それにドイツでは、政府、軍部、帝国議会の三角関係の対立や政治的混乱もあり、加えて労働組合が強く、フランスのユニオン・サクレよりも城内平和の綻びが目立ち、やはり厳しい戦時体制下、国民も社会も疲弊していた。

一九一七年春、開戦以来最大の抗議ストライキ発生。主役はパリのようにオートクチュールのお針子たちではなく、ドイツらしくと言うべきか、軍需工業労働者だった。この抗議デモも、フランス同様、生活苦、とくに食糧危機、賃上げ要求からきたものだが、まだ明確な反戦デモではなかった。だが各地で類似のストライキが起こるようになると、海軍でも水兵が将校との食糧格差、その権威主義に反発して抗議行動を行なっている。ドイツでは、海軍も陸軍同様、伝統的に将校団は貴族、兵員は庶民で、明らかに階級格差があった。後にこの線香花火的な反抗は大規模な水兵蜂起、革命運動に繋がり、ワイマール共和国にいたるドイツ革命はこのキール港の水兵の反乱に始まるという。水兵には革命意識の比較的高い技能労働者出身が多く、軍艦内にそうした革命分子が巣くっていたのは、なんとも皮肉な話。当時のドイツの支配体制の主軸の一つは軍部であったのだから……ともあれ戦争末期になると、ここかしこで不服従兵や脱走兵、兵役逃れが続出し、暴動化したこともあるというが、ドイツも危機的状況にあったことに変わりはない。

それにしても、仏独とも、戦時下に反戦デモやストライキが起き、フランスではオートクチュールのお針子さんたちが街頭デモし、ドイツでは戦争真っ最中の一九一六年、労働組合が公認され、海軍水兵がストライキするのだから、「万世一系」「一億総玉砕」のわが国などとは大違い。だがやがて、戦争は終局に向かうことになる。

ウィルソン大統領登場　そこで舞台回しの主役、新興大国のアメリカ大統領ウィルソン登場。休戦一年後、一九一九年六月、ヴェルサイユ宮殿鏡の間で休戦条約締結。この局面では、連合国側、とくにフランスの要求は厳しいが、条約締結前の交渉で、なぜウィルソン大統領が出てきて、例の「ウィルソン十四カ条」が問題になるのか。本来ならば、休戦条約の交渉は戦争当事国相対して行うもので、この場合は仏英－独であり、アメリカは最終局面で参戦したにすぎない。しかも、この平和十四カ条は独露の単独講和（ブレスト＝リトフスク条約［一九一八］——ドイツが東方でソ連から広汎な領土を獲得した、対ロシアへの苛酷な条約）を牽制・阻止するため発表された戦後処理の原則だったという。そこにはドイツ側の計算、すなわち彼らが休戦提案を英仏ではなく、スイス経由でウィルソンに伝えたのは、それなりの思惑があったからなのだ。つまり、あくまでも「包囲網の脅威」を口実にした「祖国防衛論」の大義に固執するドイツは、軍事的敗北を認めて休戦交渉をするのではなく、自国に都合よく有利な条件交渉を行うことによって講和条約を結ぼうとしたのである。それも、当初は「西側に降伏を提案しながら、東側に対しては戦争を継続しようとした」という。また「軍国主義と王朝的専制主義」の排除を求めるウィルソンとの交渉では、民族自決権、領土保全、無併合・無賠償、海洋の自由、国際経済の自由化など比較的ドイツに有利な原則が提示されていたからだが、当然ながら、実際に調印された休戦協定、ヴェルサイユの本条約は、ドイツ側にとってはるかに苛酷なものであった。二三一条には、戦争責任はドイツにありと明記されていたというから、ドイツには「恥辱の講和」となる。だが実際、ドイツにはその同盟国とともに開戦責任があるのだから、これまた当然のことであろうか。なお、このドイツの開戦責任をめぐっては後々までも問題となり、一九五九年にフィッシャー論争なる歴史論争が起こっている。これは、ハンブルク大学教授フリッツ・フィッシャーが、大戦におけるドイツの覇権主義的性格を指摘した論文が巻き起こしたもの。そこで彼は、大戦をドイツ側の単独責任と規定したヴェルサイユ条約が修正され、各国にも共同責任があるとして定説化された見解に対し異を唱え、大論争を招いたという。逆説的というか皮肉というか、フィッシャーは元ナチだったというが、これに限らず、戦争責任に関してはいつの時代にも甲論乙駁があり、とくにドイツの場合は第二次大戦のそれもさまざまな形、例えば「歴史家論争」などが起こっている。

講和条約と仏独　戦勝国フランスが、多大の犠牲を払った代償に領土・軍事・経済面で厳しい講和条件を出し、宿敵の徹底的弱体化を目指したのは言うまでもない。アルザス・ロレーヌの返還はもとより、軍事的な安全保障、賠償金を求めたのである。だが交渉の場では、英米の意向が働き、フランスの要求はそのままでは通らなかったが、フランスは、アルザス・ロレーヌはもちろん、ライン右岸地帯の一部とライン左岸の非武装化、ドイツ軍の縮小・解体、賠償金支払いなど一定の成果は得た。ただ、普仏戦争後のフランクフルト条約と比較すると、アルザス・ロレーヌ併合、五〇億金フラン賠償、賠償金支払完了までフランス領土の部分的占領など、ドイツの課した条件は厳しいが、もし仮にヴェルサイユ条約で、フランスが賠償金支払いまでドイツ領土占領処分を課していたら、以後の仏独関係はどうなっていたのだろう？　また一説によると、ヴェルサイユ条約の交渉にあたり、クレマンソーが、オーストリア＝ハンガリー帝国を多国籍・多民族からなる連邦制国家に変えるのではなく、これを解体してしまったのは誤りだったという。なるほど、この二つの仮定が実際にそうなれば、その後の歴史の展開が変わったかもしれない……。

一方ドイツも思惑通りにはいかず、講和会議で決定された条件をそのまま認めさせられ、国民一般に屈辱的な条約、「ディクタート（強制条約）」と受け取られた。敗戦国としては当然だろうが、ドイツが受けた制裁は厳しかった。ただ忘れてならないのは、確かにドイツは領土を一三％失ったとはいえ、基本的には領土を保全し、ヨーロッパ最大の人口を抱えて経済的潜在性の余地を残し、またロシアとハプスブルク両帝国が解体して、東欧に新興諸国が生まれたため、東欧情勢が戦前より比較的有利なものになったことである。要するに、ドイツ分割を願うフランスの計画、ドイツの古い分国体制の復活編成を夢想したクレマンソーの野望、リシュリューにまで遡るという野望にもかかわらず、敗戦国ドイツは国民国家としての体制保全には成功したのである。

しかるにドイツでは、こうした点は無視されて、以後このヴェルサイユ条約は「ディクタート」そのものと見なされ、歴代政権にとってその修正が政治・外交上の最重要課題となり、一般的にも「戦争責任問題」としてくすぶり続ける。そして日増しにフランス憎しの気運が強まり、ヴェルサイユ体制の打破がドイツ・ナショナリズムの最大目標となって、ヒトラーが出現することになる。当時、ヨーロッパでは誰もが Good bye to all that（英国人作家ロバート・グレーブズ［一八九五―一九八五］の自叙伝名。邦訳『さらば古きものよ』）と思っていたそうだが、ドイツでは別だった。大戦も「最終戦争」、通称「デル・デ・デル戦争」とはならなかったのである。ちなみに、主要交戦国中、人口比において最大の人的損失を被ったのはフランスで、当時フランスは人口三九〇〇万、ドイツは六七〇〇万。また西部戦線の主戦場となったのはフランス領土で、その物的被害も甚大であり、とくにフランス北部では、長さ五〇〇キロ、幅一〇―二五キロの地帯が「砂漠かステップの原野、噴火後の野原」のごとき耕作不能地と化して、「レッドゾーン」と称され、復旧に十数年要したという。

なお、ウィルソン原則に基づき国際連盟が設立されたが（一九二〇）、ドイツも革命ロシアも加盟を認められなかった。しかもモンロー主義に転じたアメリカはヴェルサイユ条約を批准せず、国際連盟へも加盟せず、ドイツのフランス再侵略の際には支援するとした約束も反故。議会の反対で、ウィルソン原則はほとんどが空手形と化したのである。だがそれにもかかわらず、後述するように、アメリカはドイツの戦後賠償金をめぐって否応なく仏独関係に係わらざるを得なくなる。この時代、国際関係はすでにはるかに複雑化しており、モンロー主義など不干渉・孤立外交主義は立ち行かなくなっていたのである。またこれも後述するが、後に欧州連合の礎を築いた「欧州統合の父」ジャン・モネ（一八八八―一九七九）は、この頃国際連盟事務次長（一九二〇―一九二三）で、各国の主権に左右されるこうした生半可な国際組織への失望から教訓を得たという。国家主権というものが、いかに難物であるか、身にしみて分かったのであろう。

激戦地アルザス・ロレーヌ　ところで、仏独伝来の争点であるアルザス・ロレーヌ問題はどうなっていたのか（繰り返すが、この場合のロレーヌとはモーゼル県のみ）。ごく概略的に言うと、この係争の地は大戦の直接原因ではなかったが、国境沿いにあることから開戦時の主舞台にならざるを得なかった。その展開を少し見ておこう。

まず興味深いのは、一九一四年八月、ドイツ側は、いわゆるシュリーフェン計画によりロレーヌで攻撃、アルザスで防御戦線を想定。フランス側では、ジョッフル計画により第一軍がヴォージュの西から東進。その右手を別の軍団がミュルーズ、コルマール経由でライン河に達しストラスブールに向けて北上するという想定。双方で初動作戦開始。つまり、開戦早々からアルザス・ロレーヌが仏独激突の戦場とされていたのである。その証拠に、緒戦の敗北で、フランス軍の最初の犠牲者が出たのはモーゼル県北部。そのなかに行方不明となった、『モーヌの大将』の作者アラン＝フルニエもいたかもしれない。

そしてさらに興味深いことに、この右翼軍の指揮官で、仏独両言語話者のボノー将軍はミュルーズ南部の村に本陣を布くとすぐさま、仏独両言語で、ジョッフル総司令官署名入りで次のように呼びかけたという。「アルザスの人々よ、四四年間悲痛な思いで待ってもらったが、今やフランス兵が再び諸君の高貴なる地を踏んでいる。彼らは大いなる復讐作戦の戦士なのだ」。この時代、ドイツに併合後半世紀近くになっても、まだフランス語住民が残っており、このアピールでも、はっきりと「復讐」という言葉が使われているが、それは大戦におけるフランス人の本音だったのだろう。

以後、ミュルーズ争奪の仏独攻防が続き、やがて南ヴォージュ山麓、ミュルーズからコルマールにかけて激戦。北部でも、一進一退の戦闘展開。一九一五年九月には、バイエルン州軍はすでに火炎放射器を使用。フランス軍は六週間も経たない間に一万人の兵を喪失。ドイツ軍はひと晩で二〇〇〇人もの死体を残して退却。その結果、双方に夥しい数の犠牲者が生まれた。またここでも塹壕が掘られており、大量砲撃だけでなく、一〇〇キロの空雷も飛び交い、前記地獄絵図のような光景が繰り広げられた。その後、仏独両軍が数十メートルか、わずか数メートルをおいて睨み合う持久戦。ドイツ軍の塹壕はフランス軍の塹壕よりも頑丈だったというが、双方で六万人の兵が戦場の屍と化す。ヴォージュの山中の樹間の空き地には、木製の十字架を立てただけの、夥しい数の墓ができたのである。ともあれ、かくしてアルザス各地での戦いは、他戦線同様に長期化して膠着状態。アメリカ軍の援軍でやっとドイツ軍撤退。大戦の激戦地は、マルヌやヴェルダン、スダンだけではなかったのだ。

アルザス・ロレーヌの悲劇、「ストラスブールのピエタ像」　さて仏独国境の地アルザス・ロレーヌが受けた影響は、概略的に述べることもできないほど甚大なものがあるが、一つだけ例を挙げるとすれば、青年層の動員がある。一九一四年、アルザスは二二万人を戦場に送り、一九一八年には三八万人に達したという。ここで留意すべきは、この動員兵数のなかには志願兵が含まれており、一九一四年の宣戦布告の際、ライン河を越えた者とヴォージュを越えた者がいたことである。仏独両当局の挙げる数字は異なるが、どうやら前者の方が多かったようだ。ただアルザス人にとってやりきれないのは、フランス戦線を志願しても、当局から不審の目で見られて、遠く東部戦線に追いやられ、ドイツ軍の制服を着ても、あまり信用されず、また西部戦線に送られても、そこで兄弟が敵味方に分かれて遭遇したりしたことである。まさに国境の地の民の悲劇である。これは第二次大戦時でも起こることだが、ストラスブールの共和国広場には、この悲劇を象徴する記念像「ストラスブール〔アルザス〕のピエタ像」がある。

なお付言すれば、こうした国境の地の悲劇は現代に至るまで尾を引いている。例えば、次のような告白がある。「私の母方の祖父はギリシア移民で、一九一四年、フランス兵士だった。彼は片足を失った。ある日、その妻だった祖母と散歩していると、彼女は慰霊碑の前で、ドイツ語で祈り始めた。祖母の話では、彼女はミュルーズの出身で、兄のヴィリーがドイツ軍に召集され、頭に銃弾を受けて一八歳で戦死したという。一生涯悲嘆に暮れたまま、祖母はこの兄のために祈り続けた。だから、私は自分自身の家族に〔仏独〕両陣営の兵士をもっていた。それゆえ、私は和解の映画を作りたかったのだ」。これは『塹壕の希望』(二〇〇三)というテレビ映画の制作・監督者の一人の言。おそらくアルザスでは、この種の悲劇的挿話はほかにも無数にあることだろう。

いずれにしろ、アルザスは九世紀のヴェルダン条約以来、十世紀からの神聖ローマ帝国時代、十七世紀の三十年戦争でフランス時代、十九世紀の普仏戦争で再びドイツと激動の歴史を生き、そのたびに国籍を変えさせられ、国語を強いられ、そしてこの大戦でまたもやフランス時代を迎えることになる。国籍や言葉は「靴下を履き替え、シャツを着替える」ようにはいかないのだ。アルザスの逃れられない宿命とはいえ、なんともやりきれない話であるが、大戦後も、アルザス・モーゼルではコンコルダ体制が維持され、一九〇五年の政教分離法適用除外。現在もそのままであり、この点では、いわば「オフショアー」域なのである。

大戦終結、戦争初めの夏と終わりの夏　ともあれ、四年もの長きにわたる第一次世界大戦終結。だが、戦争の初めと終わりでは大違いだった。

一九一四年夏――「この夏ほど豊かな感じで、美しい……夏らしい夏」は稀で、「空は毎日毎日絹のように透明な青で……牧場はかぐわしく温かく、若緑の森は鬱蒼と茂っていた」(『昨日の世界Ⅰ』)。

一九一八年夏――「死ぬ者はいよいよ殖えてゆくばかり」で、「砲撃の時ほど悲惨残酷なものはない。蒼ざめた顔は、泥土の中に横たわっている……焼き尽くされた戦場をかすめ吹く希望の嵐、堪えがたい焦慮の熱病、失望落胆、最も苦しい死の発作、補足しがたい疑問、〝なぜだ、なぜ戦争を止めないいんだ……戦争が終るという噂が、なぜ広まっているのだ〟」(『西部戦線異状なし』)。

2　両大戦間期から第二次世界大戦へ

賠償金問題　ところで、大戦後の両大戦間期中の仏独関係を象徴し、その主要な問題となるのは賠償金問題であろう。これはヴェルサイユ条約で定められていたが、その金額は後刻確定とされていたため、以後関連各国を含めて仏独関係の主要な争点となる。大戦中の一九一五年、時のドイツ財務長官が帝国議会で、「何十億もの鉛の負担」はこの戦争の張本人たちが支払うべきであって、何十年にもわたってそれを担うのは「彼らであって、我々ではない」と豪語したというが、その十字架を背負わされたのはほかならぬドイツであり、張本人とはドイツ人なのである。まずはその概略に触れておこう。

一九二一年、連合国賠償委員会で、フランスは、戦後復興や戦時対米債務返済の必要性にくわえて、戦後の財政破綻からフランの通貨危機に陥っていたので一層強硬姿勢を示すが、ドイツがあまりに巨額の賠償金額のため、支払い猶予を要求すると、早くも英仏間に対立が生じた。この対立の予兆は、すでに一九一九年の講和会議の席上現れている。当時、ジョン・メイナード・ケインズが英国大蔵省首席代表として出席していたが、彼は、フランスの掲げた戦争被害額がきわめて過剰であり、ドイツの賠償金支払い能力をはるかに超えているとして批判し、代表団を辞任している。戦勝国、とくにフランスが要求した賠償金額はそれほど巨額、桁外れだったのである。その後ケインズは『平和の経済的帰結』を著し、これを「カルタゴの平和」を求めるものだと評したというが……。実際、ドイツは賠償金支払いどころか、同じく休戦協定にある木材・石炭の現物支払いもできず、一九二三年、フランスがベルギーとともに「生産的担保」としてルール地方を占領することになる。そして当然ながら、これはドイツ国内で憤激・反発を呼び、フランスでも左派による「戦争屋」ポワンカレ首相の強硬策に批判が起こり、やがて英米の圧力により、交渉のテーブルにつかざるを得なくなった。なおここで忘れてならないのは、すでにしてこの両国の圧力の背後には、金銭問題のみならず、ドイツが共産主義ロシアの防波堤になるよう復興安定を願うアングロ・アメリカンの意図が窺えること、またフランスによるルール占領がドイツ・ナショナリズムの高揚をもたらし、ヒトラーのミュンヘン一揆が起こったのは一〇カ月後の同年秋だったことである。

船頭役アメリカ　さて、この交渉場面でも船頭役はアメリカで、ドーズ案が登場する。一九二四年、フランスは、賠償金支払いと自国の対外債務問題を考慮して、五年間の支払い額を設定したドーズ案を受諾。留意すべきは、この時ドイツへの借款供与も認められ、アメリカ資本がドイツに流入し、ドイツがこれをもとに賠償金を支払い、これを受けて英仏が対米債務返済するという国際金融の流れが生じたことである。つまり、世界の資金が一つの循環コースをつくり、その胴元がアメリカとなって、アメリカドルが回り回ってアメリカに戻ってくるのである。フランスは大戦を境に債権国から債務国に転落したが、アメリカはその逆であり、国際外交の表舞台に躍り出る。一方、ドイツはこのアメリカ資本をはじめ、外資導入により戦後復興を図るが、あまりに外債に依存しすぎたため、一九二九年の大恐慌で手ひどい目に遭うことになる。また賠償金問題もこれで終わったわけではない。なお、このアメリカドルの世界環流の構図は第二次大戦後のマーシャル・プランでも繰り返され、戦後も様相を変えながら、今日まで続いている。アメリカの膨大な債務・巨額赤字の穴埋めをするため、ドルがアメリカに環流する図式である。つまり、この頃からアメリカドルが基軸通貨の役割を担い始めていたのである。本格的にはブレトンウッズ協定（一九四四）後、つまりは第二次世界大戦後であろうが。

ドイツ・ハイパーインフレ、フランス・フラン下落　ところで、大戦で仏独双方とも前例のない膨大な死傷者数と甚大な物的被害を蒙り、戦勝国敗戦国の違いはあれ、戦後は政治的、社会的には不安定で、似たような歩みを辿ってゆく。ドイツは敗戦直後に社会変革の革命的運動が起こり、やがてワイマール共和国成立となるが、政情不安定。大戦中からのインフレが戦後はハイパーインフレとなり、経済は混乱。巨額の賠償金支払いを抱えて大恐慌に直面する。フランスも同じく、戦勝国とはいえ、国民も国土も疲弊しており、国家財政は破綻、フラン下落。経済状況が悪化するなかで戦債支払いに悩まされ、一時回復し繁栄はするが、やがて大恐慌に巻き込まれてゆく。

なおこのハイパーインフレについて敷衍しておくと、ロヴァンと並んで、仏独関係論のもう一人の大家アルフレート・グロセールによれば、「インフレ」という語は、この時期以降半世紀、仏独では異なる。フランスでは厄介な現象でも、「つき合うのに慣れてしまった日常的な経済的、金銭的現象を意味している」。だが、ドイツでは「まさに〝あの〟インフレ、一九二三年の、ただ一度の現実のインフレ……天文学的数字」のハイパーインフレ、「数百万の庶民を破滅させる社会的悲劇」であり、「ペストかコレラのように恐れられて」いたという(『ドイツ総決算』山本・三島他訳)。一冊二〇〇マルクの雑誌が半年後には八〇億マルク、やがて卵一個八〇〇億マルク、ビール一杯一五〇〇億マルクというから、凄まじい恐怖のインフレである。レンテンマルク(新銀行券)の奇跡によって辛うじてドイツ経済は救われるが、このハイパーインフレこそがドイツ民族を憤激させ、憎悪に狂わせ、ヒトラーを出現させた一因であり、それをさらに加速悪化させたのが当時の首相ハインリヒ・ブリューニングのデフレ政策であろう。ちなみに一九二九年のパニック後、独仏米で同時並行的にデフレ政策が行われ、ベルリンではヒトラー台頭、パリでは人民戦線勝利、アメリカではニュー・ディールをもたらした。

また前掲ロヴァンの『回想録』によれば、その頃ミュンヘン近郊で両親が家を建てた際、ドルを潤沢にもつ母は使用人に手押し車で銀行へマルクとの換金に行かせたという。このインフレにまつわる悲喜劇的挿話には事欠かないが、紙幣が壁紙よりも安上がりで、壁に貼られたという写真を見ると、これはもう一種のグロテスクのモダンアートである(前掲『世紀横断するドイツ人』)。このハイパーインフレのトラウマは、今なおドイツ人のメンタリティに潜在しているらしい。

ついでながら、アルフレート・グロセール(一九二五―)とジョゼフ・ロヴァン(一九一八―二〇〇四)はいずれもドイツ系ユダヤ人出自で、ナチの台頭後、家族ともどもフランスに亡命・帰化し、長じて仏独両国の架け橋役となった人物。彼ら二人は中世のジェルベールから十七世紀のオイゲン公、十八世紀のサクス元帥、そしてハイネと続く例の「仏独二重国籍者」の、いわば現代版であろうか。ハイネとは別な観点で、ロヴァンやグロセールにとって、ドイツ語は「強い明かりを放つ朝の言語」であり、フランス語は「眼差しが西方、開けた地平線に向かう夕べの言語」であったのだろうか。

仏独の政治的不安定　例えば、この時期の両国における政治的不安定ぶりを見ると、ドイツでは、ワイマール憲法下でも、国論分裂、内戦状況のような混乱が続き、一九二〇年代には十指を越える政党が存在。一九三〇年の国会選挙では二五もの政党が乱立し、その中にナチ党もあり、この選挙では第二党に躍進するという有り様であった。この多党化現象は、前記グロセールによれば、ワイマール体制下にあっては、「完全な比例代表制がとられ……小党でも議席を得るチャンスがあった」からであり、「一九三二年には投票用紙に三八の欄が設けられていた」という。

第三共和政下のフランスでも似たようなもので、国内対立・分裂状況があり、「内閣の滝」と称されるほど首相が変わり、政治的混乱が常態化していた。一九二〇年代には一五カ月間で六つの内閣が交替。一九三二年前後にも一四カ月間で五内閣が生まれるという内閣の滝、政権倒壊の雪崩現象が起こっている。この頃のフランスは、共和国とは名ばかりで、とても安定した民主主義国家とは言えず、わずか一日とか五日で内閣崩壊というような、日替わり内閣の時期があったのである。以後も内政の混乱は続き、一九三八年、人民戦線時代の第二次ブルム内閣でさえ、ひと月ともたなかった。ド・ゴールの『大戦回顧録』によれば、「一八七五年から一九四〇年に至るまで、我々は一〇二代の内閣の成立を見たが、英国は二〇代、アメリカは一四代を数えるに過ぎない」。これは、単純計算すれば、一九四〇年に六五歳の人間は赤子の時から毎年二回近くの首相交代を経験したことになるが、これに比べれば近年、一年ごとに総理大臣が代わる、どこかの国はまだましかもしれない。

こうした状況に呼応するかのように、戦後の経済不況のあおりで当初はともかく、次第に失業の危機が増し、インフレ高進、物価上昇で労働・生活条件が悪化。仏独とも労働攻勢が強まり、時の政権は否応なくその対応に迫られ、皮肉なことに失業保険制度や八時間労働などの社会政策が進展している。ワイマール憲法は社会国家（福祉国家）の基礎的枠組みを生んだと言われるのは、そのためでもあろうか。

またこれも類似した政治・社会的現象であるが、仏独ともに労働組合が勢力を増すだけでなく、右翼とか極右的集団が叢生している。ドイツではナチ党の突撃隊、鉄兜団、青年ドイツ騎士団などの擬似軍事団体が跋扈。フランスでは退役軍人全国連合のような圧力団体以外に、アクシオン・フランセーズを筆頭にカムロ・デュ・ロワ（戦闘的青年王党員）、青の制服、バスクベレー帽のジュネス・パトリオット（愛国青年隊）、クロワ・ド・フ（炎の十字架）などの準軍隊組織が出現。もっともドイツでは、左派政党指導下で、黒赤金国旗団（社会民主党系）とか赤色戦線闘士同盟（共産党系）などの制服着用の準軍事組織も活動していたというから複雑である。ただフランスは、極右・極左を除いて、伝統的な政治団体はドイツほど反体制的ではなく、共和制の懐中に取り込まれていたようだが。

仏独和解への動き、ロカルノ会議　そうしたそれぞれに困難な国情のなかで、賠償金問題という厄介な爆弾を抱えながらも、仏独和解への動きも徐々に進展していた。この和解路線を推進したのはシュトレーゼマンとブリアンの仏独両外相。これを方向づけたのが一九二五年のロカルノ会議であろう。会議では一連の条約・協定が結ばれるが、仏独関係にとって重要なのは、ドイツ西部国境の現状維持、ラインラントの非武装化などの安全保障条約。これはドイツの対西側協調外交の成果であり、翌年ドイツは国際連盟へ加盟することになるが、この会議ではソ連が除外されており、ドイツ東部国境については不安定なまま。後にヒトラーのチェコスロヴァキアやポーランド侵攻を招くことになる。なお、こうした仏独緊張緩和の雰囲気は文化面にも及び、一九三五年、フランスに仏独委員会、ドイツに仏独協会ができ、盛んに相互交流も行われたというが、あくまでも交流という形式・表面的なもの。ヒトラーの野望やナチズムの脅威は気づかれないままだった。ナチの巧妙な対仏宣伝・情報操作に操られていたのである。おまけに、フランス・人民戦線が緊張緩和や平和外交を方針としていたのだから、ヒトラーの狡猾な擬態が見抜けなかったかもしれない。ちなみに、グスタフ・シュトレーゼマンは、ヴァルター・ラーテナウ（一九二二年暗殺）と並んでワイマール期の最も傑出した政治家だが、当初は熱烈な戦争支持者で、ルーデンドルフとヒンデンブルクの称賛者であった。戦後、ルーデンドルフのお気に入りであることは変わらなかったが、議会制民主主義者に転じて、ドイツ復興に尽力する。一九二六年、ブリアンとともにノーベル平和賞受賞。この「面妖なる」賞には、戦犯、造船疑獄犯の元首相などさまざまな毛色の人物がいるが、不名誉な前歴という点では、「善意のひと」シュトレーゼマンもその一人かもしれない。

「ヨーロッパ合衆国」の萌し　他方、この頃外相アリスティッド・ブリアンは別な試みもしていた。オーストリアのクーデンホーフェ・カレルギ伯爵の提唱した汎ヨーロッパ連盟の評議会議長として、ブリアンは国際連盟に国家主権を侵害しない緩やかなヨーロッパ諸国間の「連邦関係」の構築を提起したという（一九二九）。ジュネーヴの国際連合で提案された、ブリアンの「ヨーロッパ合衆国」論である。ドイツでは、何の反響も呼ばなかったというが……。また同様の試みがあり、フランス外務省事務局長アレクシス・レジェ（詩人サン＝ジョン・ペルスの本名）も、「ヨーロッパ連盟制度の組織化に関する意見書」（一九三〇）を作成。フランス政府が公刊したというが、こうした仏独関係の枠を越えて、汎ヨーロッパ的組織構築の努力が続けられていたのである。ただこのような、後の欧州連合のアモルフな原型とも言える「ヨーロッパ連盟」への淡い期待も、シュトレーゼマンやブリアンの死去に加え、ナチの権力到達とともにことごとく潰えてしまう。

船頭役ドーズからヤングへ　さてこのロカルノ体制以後、仏独とも政情不安が続くものの、フランスは経済繁栄、社会安定、外交上の懸念消失と束の間の安定期を迎える。ドイツもドーズ案受諾によって経済的混乱から脱し、平和的外交路線推進とともに相対的な安定期。だが、依然として安全保障、とくに賠償金問題が仏独関係における懸案事項、喉にひっかかった棘であることに変わりはなかった。そこで、この棘をなくすため、暫定的なドーズ案に代わってヤング案が登場。ドーズもヤングもアメリカの実業家・経済人で、後者はドーズ案の作成にも係わっているが、いずれにしろ賠償問題と連合国の債務償却問題処理はアメリカ主導である。金融・経済復興では、ドイツ人はウォールストリートとロンドン・シティの大銀行に大きな支援を受けているが、アングロ・アメリカンの資本家にも、政治家同様、共産主義ロシアへの恐怖心があり、ドイツがその防火壁になるよう願っていたのだろう。後に、ドーズは副大統領になり、ノーベル平和賞を受賞する。

一九二九年に提示されたヤング案では、賠償総額一三二〇億金マルクが二五八億金マルクに減額、五八年の年賦払いになったが、やはりドイツ人にとっては孫子の代まで借金払いという気の遠くなるような話。フランス人にとってもとんだ思惑はずれであった。ただ巨額の対英米債務を抱えるフランスは、債権者の言い分を認めざるを得なかった。ところが、これでも賠償金問題の最終解決とはならなかった。このヤング案は一九三〇年一月に発効。だが、すでに前年ウォールストリートで大恐慌が始まっており、ヨーロッパ大陸にもその大嵐の波が及びつつあり、仏独ともその大波小波をかぶったのである。

同年六月、深刻な恐慌に見舞われたドイツが賠償支払い困難を告げてくると、直後にフーヴァー・モラトリアム（第三一代アメリカ大統領フーヴァーによる支払い猶予令）が出されるが、翌年ドイツは支払い不可能と宣言。これを受けたローザンヌ会議では、賠償金が三〇億金マルクに大幅削減。フランスにとっては賠償の実質的廃止も同然で、対英米債務返済も戦後復興経費のドイツ賠償金による代替策も元の木阿弥に帰してしまったのである。その結果、ドルのヨーロッパ大陸－アメリカ環流サイクルも途絶え、束の間の安定期で「繁栄の小島」の観を呈していたフランスはとんだ冷や水を浴びせられ、おまけに遅れてきた大恐慌の荒波に洗われた。このパニックの影響はドイツでは深刻で、一九三三年には失業者が増大し、約六〇〇万人強と、アメリカの約一二八〇万人に次いで多かった。前にも触れたが、インフレよりはデフレとこの大量失業こそがヒトラーを生む元凶になったとされる。他方、フランスはドイツよりは軽微であったが、その分回復も遅れた。

なお、他でも述べたが（前掲『アメリカ－フランス』参照）、仏米間の債務問題は古くからあり、フランスが新大陸でイギリスと植民地争いをしていた十八世紀にまで遡る厄介なもの。一種の「ゴーディアン・ノット」（解決不能なほどの難問）である。実際に最初の公式の債務問題が起こったのはルイ＝フィリップの王政復古期の一八三〇年代で、その遠因はナポレオンの第一帝政時代。この頃から、フランスでは、アメリカの独立を助けたのに……という「アメリカ忘恩論」が生まれ、やがてはフランス人の慢性的な反米感情に繋がってゆくのである。そしてこのゴーディアン・ノットは第一次大戦、第二次大戦の戦後処理でも二度、三度と浮上してくる。

賠償金をめぐる仏独の態度　さて以後もドイツの賠償金問題は終息しないが、ここで改めて、賠償金問題に対する仏独の態度を見ておくと、戦勝国と敗戦国の違いだけではない観点の相違が浮かび上がる。フランスは、前述したように、人口比では最大の損失を被り、甚大な物的損害を受けているが、ドイツも多大の人命を失ったとはいえ、戦闘はライン河流域、東部国境地域などの一部を除いて、自国領土にはほとんど及ばなかった。比喩的に言えば、フランス人には戦争が身近にあったが、ドイツ人には遠くにあったのだ。それゆえ、フランス人が戦争の全責任はドイツにあるとするのは当然だが、ドイツ人には相手国の破壊の大きさが十分理解されなかった。この違いが、賠償金額に対する態度となって現れる。フランス人は桁外れの一三二〇億マルクを至極当然と思ったが、これに対しドイツ人が提示したのはわずか一〇〇億マルクの補償額。それどころか、ドイツ人は祖国防衛の御旗はそのままで、戦争責任も容易には認めようとはせず、とくに軍部は戦争の敗北自体を承認せず、「ドイツ軍は背後から匕首で刺された」(ヒンデンブルク将軍の言)という、いわゆる匕首伝説まで誕生。恥辱の講和に憤慨し、賠償金額に抗議し続けるのである。かくして、そのルサンチマンは大戦後も執拗に残る。これをナチが利用し、やがて第二次大戦勃発となるのである。なお、このルサンチマンを象徴するのが、一九三七年ナチ体制下建立のデュッセルドルフの記念碑で、これには「墓の中から出てきた一九一四年の兵士たちが、新たな征服と大戦の挽回に向けて進む新しい国防軍兵士として蘇る」(前掲『第一次世界大戦』下巻)、おどろおどろしい様が刻まれているという。

ところで蛇足ながら、この大戦後のドイツの賠償金問題は、国際的な債務問題としてさらに続き、その影響は暗黙裡ながら現代にまで及んでいる。あまり話題にされないが、一九五三年のロンドン債務協定なるものがある。

これは、一九五一年から開催された国際会議後の協定で、ドイツの賠償金・債務問題が前記のロカルノ条約よりもさらに減額されたものである。この時すでにドイツは東西に分断されていたが、アデナウアーの西ドイツには、ヴェルサイユ条約の定めた賠償金だけでなく、ワイマール共和国時代の対外債務（一九三〇年代初めからその利払い停止中）、連合国の復興援助金返済の三重の重荷がのしかかっていた。西ドイツは、東ドイツがソ連に占領されているのに、第二次大戦後の国家再建のさなか、第三帝国の借金まで引き受けざるを得なくなる。これには当時の複雑微妙な政治状況が影響していた。すなわち、就任間もないアデナウアーにとって、国家主権の回復が最優先事項だが、連合国は一九五〇年、戦前の債務弁済を認めるならば、西ドイツの占領規定の見直しもあり得ると示唆していたのである。しかも、老宰相は経済復興の要となる産業の振興を図り、その対外的な信認も取り戻さなくてはならない。そこで債務繰り延べ・減額修正の申し出となるが、ドーズ案、ヤング案と繰り延べされたのに、さらなる提案に英仏などの債権国がたやすく応じるはずがなかった。参加二一カ国が合意し解決を見るまで、二年間を要したのである。「経済の奇跡」の道はここから始まったようなものだが。

その結果、一三五億ドイツマルクと見積もられた戦前の債務が最終的には、ほぼ半額の七三ドイツマルクに減額。利払いを含めてドーズ債券の弁済が終わったのは一九六九年、ヤング債券は一九八〇年。だがこれで問題がすべて解決したわけではない。その後も西ドイツは旧帝国の借金をすべて弁済するつもりはなく、追加利払いなどが滞っていた。ここでも複雑な政治状況が関係する。ドイツ「再統一」の場合には、この追加利払いを行うという条項があり、その通り実行されたが、最終利払いはなんと二〇一〇年であったという。なんとも息の長い借金払いである。

それにしても、このような大幅減額、まさに棒引きがどうして可能だったのか。もちろん、時の宰相アデナウアーの手腕によるものだろうが、とりわけロンドン会議で交渉の主役を務めた、アデナウアーの経済顧問で大銀行家のヘルマン・ヨーゼフ・アプスの功績が大きかったとされる。この人物は後にドイツ銀行頭取になるが、数カ国語を操るポリグロットで優れたプラグマティズムの持ち主。アデナウアー同様、ナチズムとは一定の距離を保っていたという。だがおそらく、この債務協定実現に大きく寄与したのはアメリカの意向であろう。時は冷戦構造のさなか朝鮮戦争中で、マーシャル・プランの当事国のアメリカにとって、西ドイツは重要な「顧客」であると同時に反共ブロックの砦、必要不可欠な城壁役を意味していたのである。

また現在のユーロ危機との関連で言えば、「経済の奇跡」の契機となったとされるこのロンドン協定がよく引き合いに出され、さらにはこれと絡んで意外な事実が明らかになる。一九四六年、敗戦国ドイツはギリシアに対し占領被害補償として七〇億ドル（約八〇〇億ユーロ）の支払いを義務づけられていたが、ロンドン協定ではこれが解決されていない。また経緯は不明だが、ドイツ再統一の際、モスクワ条約の枠内では、ギリシアはこの占領補償要求を断念したという。後述もするが、こうした歴史の流れを顧みれば、ギリシアやスペインなどいわゆる「地中海クラブ」の放漫財政とか、人心のたるみはともかく、ドイツ人も、シュミット元首相の言う如く、そう威張れたものではないのではないか。

「ヴェルサイユの重荷」を解かれ、ナチ台頭

それはともかく、後の歴史の展開を見てゆくと、前記ローザンヌ会議で見落としてならないのは、ドイツの強硬な主張で軍備平等権が認められ、ドイツが「ヴェルサイユの重荷」からやっと解放されたこと。またさらに厄介なことに、ドイツではナチが大きく台頭してきていたことであろう。兵役制の復活、軍事予算の大幅増、秘密裡の再軍備化など、ヒトラーの復讐戦略が着々と進んでいたのである。これはヴェルサイユ条約違反であるが、一九三三年、ヒトラーの政権奪取時にはSS（ナチ親衛隊）一〇万、SA（ナチ突撃隊）一五〇万の勢力となっていた。これは「国防軍《ライヒスヴェーア》」（ワイマール共和国時代の国防軍）とは別、いわば別働隊であるが、当初からワイマール体制に不満な資本家やユンカーなどから資金援助を受けており、ナチ体制下、ドイツはすでに武装化されていたのである。確かにフランスもイギリス、イタリアとともにドイツ再軍備反対を唱え、迫りくる戦争に備えて軍備増強を図ってはいたが、ことここに至って、ロカルノ体制以降の仏独和解路線は完全破綻。ライン河上空で空中分解となる。

以後フランスでは、一九三六年にレオン・ブルムの人民戦線内閣が成立するが、依然として内政の混乱は続き、「ブルムの実験」の失敗で経済・財政の危機は一層深刻化。ドイツは、これに乗じたのか、同年ラインラント進駐、一九三八年オーストリア合邦と覇権的姿勢を強化。同年ズデーテン危機を受けたミュンヘン会議でズデーテン割譲、とヒトラーの思惑通りにことは進む（ズデーテンとはポーランドとチェコスロヴァキア国境で、三〇〇万有余のドイツ人居住地帯）。その間にも、ポグロム（ユダヤ人迫害）で有名な「水晶の夜」（一九三八）が発生。これはアウシュヴィッツへの忌まわしい序曲のようなものである。そして、一九三九年、チェコスロヴァキア併合、ポーランド侵攻、第二次世界大戦勃発となる。

なお、後述もするが、第二次世界大戦は当初、いわば第一次世界大戦の拡大写し絵かリプレイのような観があり、例えば、ヒトラーの描く戦略プランは第一次世界大戦時のものと酷似。とくに東部戦線ではかつての国民的英雄ルーデンドルフの作戦とぴたりと重なるし、また大戦中東欧ユダヤ人がすでに労働力としてドイツに連行されている。その後も小規模ではあるが、ベルリンで失業者のユダヤ人商店掠奪事件というミニ・ポグロム（一九二三）、水晶の夜の先例もある。もちろん、戦争が長引くにつれて、とくに一九四〇年末頃から、第二次大戦は前大戦とは大きく性格や様相を変えてゆく……。いずれにしろ、ヒトラーの狂った戦争機械の歯車は時とともに音を立てて、回り始め、やがてフル回転することになる。マーク・トウェインは、歴史に繰り返しはないが、「韻を踏む」ことがあると言ったというが、ヒトラーは韻を踏むどころか、とてつもなく踏み外した。単なる歴史的「デジャ・ヴュ」ではなく、「ジャメ・デジャ・ヴュ（全く見たことのないもの）」だったのである。

第二次世界大戦勃発　さて第二次世界大戦である。一九三九年八月、ドイツは独ソ不可侵条約によって二正面作戦を回避すると、九月一日ポーランドに侵攻し、電撃戦で圧倒。二日後の、三日に英仏がドイツに宣戦布告。この独ソ不可侵条約というのも、ヒトラーとスターリンが握手するという奇怪なものだが、『わが闘争』では、ヒトラーは「人類のカス」どもの共産主義ロシアとの同盟は一切否定している。ヒトラーには、東部に一時的とはいえ安全網を築いておき、スターリンから鉄と小麦を確保するという虫のいい目論見があったようだ。ただし、スターリンにとっても、フィンランド進出、バルト諸国占領・支配のためなど取引材料には事欠かなかった。しかも、これに、秘密付属議定書が加わるという。要するに、ポーランドを線引き分割したように、狐と狸が化かし合いをやったようなものである。ただ留意すべきは、この独ソ不可侵条約もヒトラーが独自に編み出したものではなく、一九二〇年代初期からの独ソ秘密軍事協力に始まり、一九二二年のラパロ条約、一九二六年のベルリン条約、一九三三年のヒトラーが署名した中立協定という、ドイツ政府の東方政策の延長線上にあり、その帰結なのである。

ちなみに、「電撃戦」なる用語も当時からあったものではなく、後世に用いられた形容語。当初は速攻戦というほどの意味であったらしい。この電撃戦の効力はともかく、興味深いのは、開戦時、独軍と仏英連合軍に明白な軍事力の差はなかったが、双方がとった作戦の違いである。

すなわちドイツは、前大戦の経験に懲りたのか、戦車中心の機甲師団を強化したのに対して、フランスは、当時大佐であったド・ゴールなどの機甲師団編成提案にもかかわらず、分散配備をし、基本的には防衛戦略をとった。このフランスの方針も前大戦の経験からきたものであろうが、その背景にはマジノ線が生んだ安全神話がある。マジノ線とは、フランスが一九三〇年から、スイス－北仏アルデンヌ地方間の仏独国境沿いに建設した大要塞線。しかも、たとえこれを避けて、第一次大戦と同様、ベルギー側からドイツ軍が侵入してきても、英仏連合軍で迎撃できると考えたのである。この過信と消極姿勢がヒトラーに時間的余裕を与え、やがて「奇妙な戦争」と称される戦闘なき戦争が八カ月も続くことになる。もっとも、ドイツ側でも、陸軍将官の一部には戦争続行への消極派がいて、反ヒトラーのクーデタ謀議さえあり、また冬季の天候不順で攻撃延期されたという事情もあるが。

ただその間フランスの後方では、灯火管制、生活物資の配給制と戦時体制なのに、前線では、暇をもてあました兵士がスポーツや巡回興行の芝居見物に興じていた。ところが、ドイツ軍は、海軍潜水艦のイギリス戦艦攻撃やデンマーク進駐など西部戦線の外れで活動しており、ヒトラーは用意周到、準備怠りなく西部攻勢への機を窺っていた。ポーランド戦同様、その圧倒的な機動部隊の電撃戦に仏英連合軍が敗退したのは当然のことであった。マジノ線は役に立たなかったのである。皮肉なことに、ド・ゴール大佐麾下の機甲師団は果敢にも立ち向かい、戦車の実戦的有効性を証明したので論功行賞。未来のフランス大統領は戦時の臨時将軍に昇格し、陸軍省次官に抜擢されたという。第一次大戦中はドイツ軍の捕虜でもあったド・ゴール大尉異例の出世物語である。なお、ド・ゴールの『大戦回顧録』によれば、彼はすでに一九三四年、『職業的軍隊〔機動化部隊〕に向かって』で、機動襲撃部隊の創設を提案しているが、皮肉なことに、フランスでは取り上げられず、ヒトラーがこれを参考にドイツ機甲部隊を編成したという。

フランス「恥辱の講和」 以後は、ドイツ軍のパリ入城、フランス政府ボルドーに退避。閣内の対立・混乱の揚げ句、ヴェルダンの英雄ペタン老元帥八四歳の登場となり、屈辱的な休戦協定を結ばされる。しかも、その調印式の場は、第一次大戦後のヴェルサイユ条約のリプレイ。同じコンピエーニュの森、ルトンドの特別列車のなかであった。今度はフランス人にとって「恥辱の講和」となる。ちなみに、一八七一年第二帝国成立の祝典はヴェルサイユの鏡の間、また一九一九年のヴェルサイユ条約締結の日は、奇しくもサライェヴォ事件勃発の記念日。遠くルイ十四世以来、ヴェルサイユは仏独にとって、よくも悪くも双方の歴史的象徴となっていたのだろう。

ただ今次の休戦協定はフランス占領という、前回に比べてはるかに苛酷なものとなった。一九四〇年パリは占領されたが、一九一八年ベルリンは占領されていない。まさにヒトラーの執念深い狂気の復讐劇第一幕開演である。フランス人にとっては恥辱の講和以上のもの、まさに国辱。そうしたなかで、ド・ゴールだけはロンドンに飛び、レジスタンスを訴え、フランス自由軍の幕間劇の主役を演じ続ける。

やがて、ドイツ占領下のフランスは、第三共和政崩壊、ヴィシー政府誕生。五年近くもヒトラーの復讐劇の主舞台となり、フランス人はかつてないほどの苦汁を飲まされる。もちろん、その実態は苦汁どころではなく、政治・行政・経済・文化・社会生活などあらゆる面にわたって復讐劇の筋書きが張り巡らされ、まさに被占領国としての亡国的状況。フランス国民は塗炭の苦しみを味あわされるのである。

ともあれ、その後の展開は現代史に属することでよく知られており、またあまたの歴史書、記録文書類はもとより、文学作品や映画、絵画など、フィクション、ノンフィクションを含めて、さまざまな視点や角度から語られており、ここでそれをなぞることは控えることにする。ただ前述した通り、第二次大戦は第一次大戦の拡大図、リプレイのような面が多々ある一方で、顕著な相違点もあり、以下では前掲ミケルの『ポワリュ』、フェルセール『大戦への眼差し』、アントワーヌ・プロスト／ジェイ・ウィンター『大戦を考える』、グロセール『ドイツ総決算』などにしたがって、その主要な点を見ておこう。

なおその前に、あらかじめ触れておくが、両大戦には類似性・継続性があるとはいえ、「第一次と第二との両大戦のあいだの精神的雰囲気の差別〔違い〕」は明らかにあり、第一次大戦中には「世界良心はまだ熱烈に希求される力であったし……もろもろの国家はまだ、人間的な共感をかち得ようと努力していた」。だが、一九三九年のドイツは暴力と野蛮、「非人間的なテロによって、人間的な共感を叩きのめそうとした」だけである。これは、両大戦期を生きた前記ツヴァイクの証言だけに事実であろう。彼は自伝で、大戦中の一九一七年、戦争への秘かなプロテストとして悲劇『イェレミアース』を世に問い、二万部が売り切れ、中立国スイス・チューリヒで上演されたと回顧している（『昨日の世界Ⅱ』）。

3　第一次世界大戦と第二次世界大戦の類似と相違――(1) 仏独の戦略と実際

「ダンツィヒはサライェヴォの再版か」

ミケルは、その序論で「ダンツィヒはサライェヴォの再版である」として、「たとえ目的とイデオロギーを変えたとしても、二つの戦争には明白な連続性があった」という観点から、冒頭こう始める。「往々にして、ポワリュが二度戦争をしていることは忘れられている。一九一八年に一九歳で出征した者は、一九三九年には四〇歳になっていた」。そしてアナル派の創始者の一人、歴史家マルク・ブロック（一八八六―一九四四）の例を挙げている。彼はこの年代より上だが、両大戦に参戦しており、まずシャルルロワ（ベルギーの町）の戦いで戦わずして敗北し、フランス軍が態勢を立て直して挑んだマルヌの戦いでは多くの戦友を失う。次いで四年間、塹壕に立て籠もり、長らく「遠くで聞こえる足音のリズムのように、葉叢にポタポタと落ちかかる雨音」を聞くことになる。

この同じブロックが、一九三九年に召集される。そして翌年、ベルギー国境沿いのヴァランシエンヌで、シュトゥーカ（急降下爆撃機）の爆撃に身をかがめて生き延び、後に参謀部で、無力な将軍どもを間近に見る。今次の大戦にはかつての青年兵士だけでなく、将校や旧師団長クラスが将軍・司令官となって再登場し、電撃戦に対して無力・無能な姿をさらけだしていたのだ。無能ではなかったが、ド・ゴールもその一人で、かつては歩兵隊中尉であった。なお、ブロックは後にレジスタンとしてゲシュタポに捕らわれ、拷問・銃殺されるが、ド・ゴールはフランス自由軍のリーダーとしてフランス解放の立役者となるのである。

第一次大戦ヒトラー伍長、ロンメル歩兵将校　さて、当然ながら、こうした事情はフランス軍だけでなく、ドイツ軍でも同じだった。例えば、ヒトラー自身も前大戦に伍長として従軍しているが、一九四〇年五月の英雄「砂漠の狐」、エルヴィーン・ロンメル第二装甲師団長は、一九一八年には歩兵将校であり、一九三〇年には旧SA隊員だった。ヒトラー傘下の全将軍が前大戦の旧兵だったというが、ロンメルは参謀部ではゲーリングとともにその最も若い一員で、彼らこそ電撃戦を演じ、フランス侵略に成功した勝利者なのである。

なお、最近の研究では（Thomas Weber, *Hitler's First War*〔二〇一〇〕の仏訳版解説記事〔『ル・モンド』『レクスプレス』〕より）、ヒトラーは、一九一四—一八年、バイエルン第一六予備歩兵連隊の伍長ではなく、単なる連絡係、寡黙な伝令兵に過ぎなかったことが明らかにされ、この未来の「総統」は、塹壕の勇敢な兵士でも鉄十字章の英雄でもなく、『我が闘争』〔平野・将積訳〕にある大戦中の軍功業績などは全てヒトラーの自画自賛、ナチのプロパガンダの所産であったという。つまり、「後方の豚〔卑怯者〕」「楽な場にいる者」だったのだ。例えば、ヒトラーの同僚兵士の証言（一九三二年）が引用されている。「塹壕の中にいた我々の誰でもが、たとえ一週間でも、英雄ヒトラーと役割交替できるのなら、両目をくれてやっただろう……彼は前線から一〇キロばかりの緩衝地帯の離れた所にいた」。また、ヒトラーがイペリット〔マスタードガス」でやられた眼の治療のため、入院したというのも偽り。実際は「戦争ヒステリー」「シェルショック」で精神病棟に隔離されたのであり、これは第三帝国中最大の秘密の一つであったともいう。これが真実とすれば、『わが闘争』には故意の粉飾が多々あるとはいえ、こと大戦に関する記述は悉くが虚構であり、嘘ということになる。この稀代の天才的アジテーターは、確かに大の「虚言症患者」でもあったのだろう。

ちなみに、この英国人歴史家の大著は、九〇年間塵に埋もれていたミュンヘンの軍事古文書の中から発見された史料を基にしているが、第一次大戦はヒトラーの政治的形成にはいかなる役割も果たしていないとするなど、大胆な見解を示しており、国家社会主義の起源に関する解釈に重要な一石を投ずるものとされている。

ヒトラーの作戦展開、前大戦をほぼ踏襲

かくして、彼ら仏独両軍兵士にとって、一九三九年は二〇年間の長い休戦が明けたようなものである。しかしながら、第二次大戦で第一次大戦のリプレイを演じたのは兵士・将校たちだけではない。ヒトラーの作戦計画も戦略もほぼ前大戦と同じだったのである。ミケルが挙げた例を見ると、その根幹にあるのは前記のシュリーフェン計画だが、ただヒトラーはその伝統的手法の多くを踏襲しながらも、前大戦の過ち、東西の二正面作戦を正そうとした。前回は、まずロシアを攻めようとしたモルトケと反対に、シュリーフェンはロシア軍の参戦が手間取るだろうとして、フランスを叩いてから東部に転じる作戦を立てていた。これをヒトラーは前大戦敗北の一因と断じて、独ソ不可侵条約後に西部での電撃戦を敢行したのである。ちなみに、このシュリーフェン計画は、一九七〇年代になお、ハンブルク兵学校の士官候補生によってその失敗の原因が、ケーススタディーの課題として検討されていたという。またこのシュリーフェン計画に関しては、戦争の混乱時には、行動計画が想定通りにゆくことは稀であるというクラウゼヴィッツの『戦争論』の警告が指摘されたというが、この警告は考慮されなかった。ドイツ軍の想定はすぐに狂うのだから。

確かに、ヒトラーは短期決戦を目指したこの西部戦線の電撃戦でもシュリーフェン計画を部分的に実行しているが、それに対して東部戦線でとった戦略は「あらゆる点において一九一四年のシュリーフェンの戦略と同一」だった。ヒトラーは、前大戦でこれを指揮した参謀長ルーデンドルフに倣って作戦を展開するが、その野望と構想は、はるか遠く中世のチュートン騎士団の東進運動を思わせるものだった。現に彼は、「我々は六〇〇年前に到達した地点から出発する。我々はヨーロッパの南方および西方に向かう永遠のゲルマン人の移動をストップして東方に視線を向ける」と、宣言している（前掲『わが闘争』）。それゆえ、「ヴェルサイユ条約修正のため復讐戦争にドイツ民族の血を流すことは、あまりに貧弱な成果」であり、いかに「不倶戴天の敵」とはいえ、フランスに対する勝利は「ヨーロッパにおける我らの居住地拡大のための我らが後方の担保〔背面掩護〕」に過ぎず、東方への「生活圏」拡大こそ真の狙いだったのである。そしてそれがまさに世界列強、大国の地位獲得の唯一の道と考えたのだろう。ただし、第一次大戦前のドイツにあっては、「フランスはそれ自体としては恐れるに足らない小さな脅威」に過ぎず、「汎スラヴ主義者たちの陰謀」こそが最大の懸念であったというから、ヒトラーの野望も当時のドイツの世相を反映していたわけである。なお、ツヴァイクによれば（『昨日の世界I』）、この「生活圏」なる語を最初に使ったのは、ヒトラーの外交顧問と目された軍人、地政学者で、日本にも滞在したことのあるカール・ハウスホーファーであるという。このミュンヘン大学教授は『地政学報』の編集人で、弟子の一人にルドルフ・ヘスがいた。

それゆえ、繰り返すが、西部戦線においても「一九一八年の戦争地図は一九四二年のそれにほとんどぴたりと重なり」、さらにこの戦争地図は東方に延びて、「一九四三年初めも一九一八年と同じ」ことになる。

そこでヒトラーはルーデンドルフの作戦通り東進する。つまり、「一九四一年のヒトラーの戦略地政学的目標である〔東欧・ロシア南部の〕石油と小麦は一九一八年のルーデンドルフの目標と同じだった」という。そして最大の目標はモスクワ奪取ではなく、クリミア半島の征服であり、前大戦同様、国防軍《ヴェーアマハト》はコーカサスに向かい、占領国や同盟国を援軍にし、民族ドイツ人〔ナチ政権下の用語。東欧諸国居住の外国籍のドイツ人〕まで動員した。だがルーデンドルフ同様、彼もバクーの石油井戸は奪えなかった。

ただ今次ナチ・ヒトラーの触手はバルカン・ヨーロッパ全域にまで及び、トルコ以外のバルカン諸国まで征圧したので、「バルチック海から地中海とカスピ海まで、ヨーロッパがドイツになった」のである。その結果、第三帝国の生活圏がこれだけ拡大されると、これを支える戦力・兵站規模は膨大なものにならざるを得ない。それゆえ、「英仏海峡、大西洋からヴォルガ河まで、戦争機械はフル回転していた」のである。汎ゲルマン主義者の夢などもはや時代遅れであった。

ルノーもシトロエンもドイツ戦争機械の歯車　そうなると当然ながら、ドイツ国内の戦争機械では間に合わず、ナチは、一九一八年のようにベルギーの石炭だけでなく、今度はフランスの全鉱山を手にしていたので、フランスの生産機械も総動員させられ、ルノーは国防軍に戦車とトラックを、シトロエンは自動車を供給し、航空機関連会社は空軍に装備品を納入していた。ドイツのクルップやジーメンス、IGファルベンだけが戦争機械の歯車だったのではない。一九一八年には、ドイツはフランスの一〇県を支配していたが、一九四二年からはフランス占領地域の全県が戦争経済の歯車に組み込まれた。「一九一四年に始まった三〇年抗争において、一九四二年のフランスは完全にその独立を失っていた」のである。この抗争を、ミケルは新たな「三十年戦争」になぞらえているようだが、この表現はすでに戦時中の一九四一年九月、ド・ゴール将軍がロンドンからのラジオ放送演説で使っているという。

時が移って一九四三年からは、ドイツの戦争機械は全ヨーロッパを巻き込んで、破滅的に歯車回転し始める。当時ドイツはイギリスの二倍以上の戦車を生産し、一九四四年になると、戦闘機も月産三〇〇〇機、一九四二年の三倍以上がドイツの工場から出ていた。この「軍備の奇跡」と称される短期間の大量生産を可能にしたのは、有能なナチのテクノクラート、軍需・兵器生産相アルベルト・シュペーアである。もちろんこれだけでなく、他の大量の兵器や弾薬、衣料・食糧品などあらゆる分野において狂的な生産活動が要求され、それを支える労働力が必要となる。ヒトラー・ドイツはこれを外国人の「強制労働」で賄ったのである。一九一四年、ドイツはすでに、前述した東欧ユダヤ人をはじめ、占領地から強制連行した外国人労働者を使っていたが、まだはるかに小規模だった。後述もするが、一九四五年初め、ドイツには外国人労働者八〇〇万、そのうち二〇〇万が女性。これには戦争捕虜や強制収容所囚人は含まれない。とくに後者は労働奴隷として扱われており、労働収容所なるものもあった。フランス人労働者は強制（義務）労働役制ＳＴＯにより六〇—六五万人が動員されたという。

「ドイツの古きデーモン」　要するに、ナチ・ドイツは、第一次大戦と同じ戦争地図で、質的にも量的にもはるかに増大した戦闘手段を用いて戦争を遂行したのである。それも、強制・絶滅収容所における推定六五〇万と言われるユダヤ人虐殺という、単なる戦争犯罪ではなく、きわめて特異な途方もない大罪、人道に反する大罪を犯した戦争であった。つまり、ヒトラーは、戦略地政学的には多くの点で前大戦の方策を踏襲しているが、イデオロギー的または人種思想的にまったく異なった視点から戦争を行なったのである。狂気とも言えるこうした「権力意志」への希求は、いわば「ドイツの古きデーモン」のようなもので、これが隔世遺伝となってその時々に出現するというが、「最もせまく最も野蛮な意味におけるドイツ精神」を盲信した「無頼な扇動者」ヒトラーは、いわばその権化だったのだろう。いずれにしろ、この戦争はもはや「フランスとドイツの戦争ではなく、人間と非人間、人間と獣、法と暴力、誠意と不誠実の戦争である……」（アンドレ・スュアレス『カエダル時評』一九三九年、拙著『異形の精神――アンドレ・スュアレス評伝』参照）と言えるだろう。なお、ナチ・ドイツが犯した戦争犯罪、とくに強制収容所における言語に絶する凄まじいテロルと残忍暴虐行為は、オイゲン・コーゴン『SS国家』やブルーノ・ベッテルハイム、プーリモ・レーヴィなどの諸著作に詳細かつ赤裸々な報告がある。

両大戦の類似と相違　ところで、ミケルは第一次・第二次両大戦の類似と相違を上述以外にもさまざまな観点から挙げているが、それを手掛かりに少し順を追って見てみると、まず戦争目的からして、一九一四年と一九三九年では、当然ながら、違いがあった。前大戦開始時、開戦に消極的だった宰相ベートマン＝ホルヴェークはもっぱら西部のみに関心があり、東部ではドイツとロシア間に防火壁のような緩衝国家の創設だけを考えていたという。だが開戦ひと月もしないうちに、マルヌでのドイツ敗北が伝わり、ベートマン＝ホルヴェークがシュリーフェン計画に懸念を表明し、休戦の動きが出てくると、経済界が真っ向から反対する。当時シューマッヒャー教授案の参謀本部向け計画では、トゥル、ヴェルダン、ベルフォール、ブリエなどの併合、北フランスとソム川河口までの丘陵地一帯の炭田を要求していたとされるが、これは一九四〇年、ヒトラーがヴィシー政権に課したヴォージュ山地西側からソム川河口までの「留保地区」と「立入禁止区域」の図面にほぼ一致する。またこれは、戦前からのドイツ経済界の要望に沿うものでもあったという。

ところが、こうした考え方とヒトラーの野望はまったく別だった。彼は、通商とかドイツ重工業界の覇権的野望に関心はなく、西部や植民地に経済圏を建設することなど念頭になかった。確かに、一九一四年、ドイツ銀行頭取グヴィナーは、ドイツの周りにフランス、ベルギー、オランダ、デンマーク、オーストリア＝ハンガリー諸国を集めた広域関税同盟「中央ヨーロッパ圏」という構想の鼓吹者で、時の宰相ヴェートマンに感化を与え、そのため宰相はベルギーの属国化とルクセンブルクの併合を要求した。前記の九月綱領である。しかし、ヒトラーにとって、たとえ一九四〇年の休戦条約規定に反して、国防軍の将軍たちがアルザスとロレーヌの標柱を倒して、さらに侵入したとしても、フランスとベルギーの産業面での占領は国境の修正を意味するのではなかった。彼は、アルザスはもともと帝国の地と見なしていたので、ドイツ系ロレーヌにおいてしかドイツ人入植を考えなかったのである。なるほど、西部諸国が一時的に占領されてはいたが、ヒトラー・ドイツの併合主義の矛先が向けられたのは東部に対してであった。

東方への執着　それにしても、この東方への執着は何だろうか。ヒトラーは東方の「生活圏」獲得を「生涯最も神聖な使命」としていたというが、彼に限らず、ドイツ人には中世、十二世紀半ば以来の「東方植民」、前記チュートン騎士団の東進運動のような歴史的民族的オプセッションでもあるのだろうか。この運動の中心となったのはドイツ騎士団で、十三世紀には「ドイツ騎士団国家」が建設され、後のプロイセン国家へ発展するというから、これはドイツ国民の一つの民族的伝統かもしれない。ヒトラーが対ソ戦計画を「バルバロッサ作戦」と名づけたのも、この伝統への思いがあったのだろう。前述もしたが、バルバロッサとは十二世紀の神聖ローマ帝国皇帝フリードリヒ一世の別称「赤髭王」で、ドイツ民族が危機に瀕すると、いつでもこのバルバロッサが救世主、いわば「デウス・エックス・マキーナ」(時の氏神)として甦るという伝説があるという。このチュートン騎士団国家とプロイセンの関係について補足すると、前記ロヴァン(『ビスマルク』)はその直接的連続性はないとして、十八世紀に成立したプロイセン国家と中世騎士団国家との宗教的性格の違いを挙げている。詳しくは触れないが、ロヴァンによれば、そうした連続性の主張は十九世紀のロマン主義・国民主義的な歴史記述から生じたものであり、とくにビスマルクの近代プロイセンはブランデンブルク・プロイセンで、十三世紀の原プロイセンなる騎士団国家とは大いに異なり、区別する必要があるという。

特務部隊の蛮行

さて、前大戦と異なり、想定外の早さでフランス戦に勝利すると、ヒトラーの視線は東方に向き、イデオロギー的性格を帯びてくる。「人類のカス」どもの、ロシア・ボリシェヴィズム殲滅である。「これから始まる戦争は絶滅戦争である」と断言するヒトラーと、かつてツァーの将軍たちと栄誉ある戦いを交えたヒンデンブルク元帥に類似点は何もない。ヒトラーは過激にして熾烈、狂気の権化である。一九四一年、ソ連侵攻のバルバロッサ作戦前に、彼は「軍が実行すべき特別措置」としてソ連共産党「政治委員殺害命令」を出している。その過激・獰猛さの最たるものは、ヒムラー配下の例の特別行動《アインザッツグルッペン》（特務）部隊であろう。この特務部隊は、国防軍の陰で、ユダヤ人絶滅を決定したヴァンゼー会議よりも前にウクライナで、共産党員やユダヤ人を対象に毒ガストラックを実験している。もっとも、一九三九年には早くも「安楽死」作戦（暗号名「T4計画」〔担当特別部局がティーアガルテン四番地にあったことに由来〕）なるものがあり、精神障害者が大量に毒ガスで殺害されているというが。

確かに、アウシュヴィッツにはSSはいたが、国防軍は直接関与してはいなかったと言われる。しかし、ヨーロッパ中で国防軍の威光を笠にきて行われた略式処刑や戦争犯罪の例には事欠かない。一九九九年、ドイツで開催された国防軍の犯罪をめぐる移動展の際、元首相ヘルムート・シュミットが言ったように、「一八〇〇万の国防軍兵士に人道に反する罪の汚名をきせる」べきではないかもしれないが、戦争犯罪の現場にはSSやゲシュタポだけでなく、国防軍兵士もいたのである——シュミット自身もかつて国防軍将校であったというが。これに対してミケルは、一九一四年、ベルギーやロレーヌを占領したプロイセン将校が反テロリストや反パルチザンに対して講じた措置は、はるかに小規模で、第二次大戦中の暴虐行為とは比較にならないという。しかしながら、これにも異説があるようで、例えばイギリスの歴史家ジョン・ホーンとアラン・クレイマー著『一九一四、ドイツ人の残虐行為――フランスとベルギーにおける戦争犯罪に関する真実』なる調査研究書は、そうした歴史記述の見直しを迫るものだという。

この労作、原題名 *German Atrocities, 1914. History of Denial* について敷衍しておくと、これは、一九八〇年代末からダブリン大学の二人の歴史学者（ホーンはフランス史、クレイマーはドイツ史専門）によって構想され、二〇〇一年に原書版、次いで独訳版二〇〇四年、仏訳版二〇〇五年が出版され、二〇一一年には仏訳ポケット版が出ている。手元に原書はないが、その仏訳版の解説紹介文には次のような大戦中の挿話が引かれている。一九一四年、ドイツ軍に占領されたリエージュ（ベルギーの町）近くのある村での出来事。男が選び出され、婦女子の前で射殺され、生き残った者は銃剣でとどめをさされた。他の者は楯代わりに使われた。こうした暴虐行為で、八―一〇月の間に六五〇〇人の民間人が殺害されたというが、これには拷問・強姦など他の残虐行為は含まれておらず、さらには砲爆による甚大な物的被害（ムーズ川沿いのディナンの大聖堂爆撃など）が加わる。この本は大戦中のそうした隠れた事実や出来事を膨大な記録資料に基づいて綿密詳細に記述し、それらが一八七〇年以来の歴史的文脈のなかでどのように位置づけられるかを分析考察しているという。要するに、一九一四年にも、オラドゥール事件（第二次大戦中の南仏における国防軍・SSの暴虐事件）は存在していたのである。もっとも、この種の戦争犯罪はよくある話で、ヴェトナム戦争時の米軍によるソンミ村虐殺事件を想起させるが、戦争時の人間のこうした愚行・蛮行は歴史上事欠かない。

「ヒトラーはヴィルヘルム二世にあらず」　ところで、当然のことながら、「ヒトラーはヴィルヘルム二世ではないし、ナチ第三帝国は帝政ドイツではない」のだから、戦争は明らかに異なったものになる。前述もしたが、ヒトラーはそのために入念かつ周到な備えをしていたのである。軍備増強だけでなく、ヴィルヘルムシュトラーセ（ドイツ外務省）は、総統の命令下、ヨーロッパにおける外交の絆を根気よく織り上げて、諸国の中立と経済協力を確保すべく努めていた。そのかいあって、ヒトラーはスターリンから鉄と小麦の供給を受けただけでなく、フランコのスペインからは小麦、銅、鉛を輸入。衛星国ハンガリーからはそのボーキサイト生産の九割と農産物を提供されていた。またルーマニアからは石油、ブルガリアからは亜鉛、鉛、農産物、ユーゴスラヴィアからは銅と戦略物質の金属類を得ていた。さらには、あろうことか、戦争前一九三九年三月、ヒトラーがポーランド侵攻準備中に、ドイツはダラディエ政権下のフランスのある鉄鋼企業と協定を結び、鉄の供給と交換に鉄鋼製品を受け取り、イギリスとも石炭に関する協定が成立していたという。

要するに、闇雲に戦争に突入した観のするヴィルヘルム二世と違い、ヒトラーは脇も後方も入念に固めて戦争の火蓋を切ったのであり、英仏はミュンヘン会談でそのハッタリに騙されたのも気づかず、情報不足なのか、迂闊にもヒトラーの奸策・謀略を見過ごしていたのである。ダラディエに至っては、開戦直前（八月二六日）、ヒトラーに書簡を送ってこう訴えているという。「貴君も小生同様、前大戦の戦士でした。もしもフランス人の血とドイツ人の血がまた、二〇年前のように流れるとしたら……最も確実に勝利するのは破壊と蛮行でありましょう」。フランス首相は総統を普通の指導者と思い込んだのか、人間的感情が分かる者と見なして、「ダンツィヒはサライェヴォの再版になる」と喚起したが、ヒトラーに通じるはずはなかった。ドイツと異なり、英仏とも世論は前大戦の繰り返しは避けたいとする厭戦気分が強かったが……結局は、ヒトラーにとっても、ダラディエにとっても、今度は新たな戦争ではなく、ただ二〇年間の休戦が終わっただけのことだったのである。

ヒトラーにはまた著しく有利な点があった。兵器の優位である。一九一四年には、重火器を除いてドイツがとくに優れているというわけではなかった。だが、戦闘機メッサーシュミットに象徴されるように、ヒトラーはごく短期間にヨーロッパで最強かつ最も機動的な軍隊を編成し、ムーズ川沿いに一〇装甲師団と四〇〇〇機以上の戦闘機配備ができることを誇ったのである。しかしながら、機動性や性能、破壊殺傷能力が進歩し、戦闘が現代化したとしても、戦争そのものが新たになったわけではない。ワルシャワやロッテルダムへの恐怖の空爆同様、前大戦のダンケルク、ランス、ナンシーなどに対する砲撃は多数の民間人を犠牲にし、町を破壊した。大西洋における潜水艦の無差別攻撃は一九一七年のUボートの再現である。一九四〇年、軍用倉庫に残っていたのは毒ガスだけだった。だが、ヒトラーはこれを国際法遵守の口実にしていたというから、まさに噴飯ものである。後には、これが第二次大戦に前大戦とは異なる特異な極悪非道の相貌を与えることになるが……。

占領地におけるドイツ軍の行動はどうか。不穏分子や反抗分子狩り、人質作戦は十九世紀以来のプロイセン軍の手法と変わらなかったというが、報復だけは前大戦よりも苛酷だった。だが前大戦でもフランス北部や東部では多数の処刑や村落焦土作戦が行われており、一九一四年のロレーヌやアルデンヌの村における暴虐は一九四四年のオラドゥール事件さながらであったとされる。また規模が違うとはいえ、先に触れたが、前大戦すでに労働力の強制徴発も行われ、不服従者はドイツの拘禁収容所に連行された。したがって、第二次大戦はあらゆる面においてほぼ第一次大戦のリプレイであったと言えるが、もちろんそれだけではなかった。開戦直後、ポーランドでは早くもプロイセン式報復の慣行から逸脱して、その枠を大きく越え、ナチ・イデオロギーによる人種絶滅戦争の趣を呈していたのである。

ポーランド「知識人抹殺作戦」　例えば、「知識人抹殺作戦」はその趨《はし》りで、これは一九三九年九月ポーランド侵攻直後から一九四〇年春まで各地で行われ、ポメルンでは少なくとも五万人のポーランド知識階層（貴族、知識人、教師、聖職者、裁判官、政治活動家など）が自動小銃で殺害されている。この戦争犯罪の首謀者・下手人は前記特務部隊であり、これにポーランドのドイツ人共同体が協力していたのである。また併合地区から強制連行された七万八〇〇〇人の「ユダヤ人居留地」はルブリン周辺に囲い込まれ、彼らユダヤ人は飢えと寒さで死に追い込まれたという。後に一九四一年、ワルシャワ・ゲットーでは五〇万人のユダヤ人囚人を擁することになるが、これらすべてはヒトラーの人種イデオロギー、民族的偏見・妄執の帰結であり、開戦早々からすでにアウシュヴィッツを予感させるものであった。それゆえ、当初から、戦争は実際に、前大戦とは大きく性格・様相を変えていたのである。そしてやがて、こうした組織的な大量殺戮の恐怖の波はふくれあがり、その余波がヨーロッパ中に広がることになる。

前代未聞の戦争犯罪

したがって、前大戦との戦略上の類似点は多少あっても、断絶は明瞭かつ劇的で、異論の余地がなかった。ナチの戦争は、外見上は前大戦の軍人死体置き場を民間人にも拡大しただけのように見えるが、虐殺に虐殺を重ねたソ連式の内戦や「階級の敵」をグラーグに送ったスターリンの粛清とはまったく別ものだった。今や周知のことだが、ナチ・イデオロギーのため、ユダヤ人がユダヤ人という理由だけで標的にされ、六〇〇万とも、六五〇〇万ともいう犠牲者を生んだのである——もっとも、ジプシーや精神障害者も毒ガスを浴びているが。おそらく、シベリアのグラーグに極限の飢えと寒さ、苛酷な強制労働による死はあっても、毒ガス大量殺人はなかったであろう。ある人種がただ存在しているという理由だけで憎み呪われ、絶滅収容所におけるように組織的・科学的に虐殺されたことは史上初めて、稀である。

確かに、人類史上、戦争時における残虐事件や大量虐殺の事例には事欠かない。例えば、大戦中トルコによるアルメニア人虐殺（一九一五―一九一七）、二十世紀後半はボスニア・ヘルツェゴヴィナ、カンボジア、アフリカはルワンダやウガンダ、イラクによるクルド人などの虐殺事件、いわゆる「ジェノサイド」が存在するし、現在続いている所もある。これらすべてが厳密な意味ではジェノサイドには該当しないだろうが……。ただ「ショアー」のような組織的機械的かつ持続的に大量殺戮が犯されたことは稀である。まさしくアウシュヴィッツの空に「ショアー」という「暗黒の太陽が昇った」のである。ナチによるこの組織的戦争犯罪は「人間による人間の根絶」であり、前代未聞、極悪非道の無限悪の大罪である。

なぜこのようなことが起こったのか。これまでもあらゆる見地、角度から調査研究・分析考察等の無数の試みがなされているが、結局は「記述」「分析」「説明」はできても、その真の「解答」は容易には得られないであろう。もちろんそれはヒトラーの狂暴な妄想のなせる業だが、これに協働したドイツ人という国民共同体ないしはゲルマンという民族共同体があったし、これ以外にナチに付和雷同して蝟集した者たちも多数いた。さらには人間存在そのものの得体の知れぬ奥深い、どす黒い情念が冷酷無惨に働いていたのだから……。「アイヒマン」はつねに我々凡人、「普通の人間」の内部にあり、イラク侵攻作戦で米軍機のパイロットは、標的を見ずしてレーダーでミサイルを発射し、何千、何万人を殺害する。ことほど左様に、アウシュヴィッツは無間地獄の悪、悪のブラックホールなのである。強制収容所の生き証人で自死したジャン・アメリーが言うように、それはしょせん謎、「根本的には説明のつかない問題にとどまるだろう」（『罪と罰の彼岸』池内紀訳）。言うまでもないが、ナチの極悪の犯罪者どもと第一次大戦の戦争責任者の間に共通の尺度はない。ただ不幸にして、どちらも同じ人間なのである。

別な観点からだが付言すると、戦争で大砲や機関銃をめくら滅法、ミサイルを無差別に発射して殺戮を犯しても、ひとは罪悪感を覚えにくいが、拳銃による場合は対面行為、顔が見える、いわば「殺人」であり、ひとは罪責感に苛まれる。例えば、湾岸戦争をリアルタイムに速報するＣＮＮのテレビ画面では、「ぶれて動く座標軸と命中弾だけ」で、死人の姿を見ることはまずない。だが第一次大戦中、「私は（敗走中の）三人のドイツ歩兵の後を追った。その各人を同じ歩調で追いながら、頭か背を狙って拳銃を発射した。彼らは締め付けられたような同じ叫びを発して倒れた」（『ヴェルダンにて』）と書いた前記ジュヌヴォワは当事者で、版を重ねるたびに、これを削除するか復活するか、「良心の呵責」に終生悩み続けた。これは、深夜の塹壕戦、暗闇中で起こった「殺すか殺されるか」の瀬戸際の出来事。もちろん初版では検閲で削除されている。

戦争犠牲者の長い葬列　なるほど、第二次大戦の犠牲者は強制収容所のユダヤ人だけではない。統計によってかなりの差があるが、概算（以下同様）で連合軍は一三〇〇万の兵士を失い、ドイツは六〇〇万、人口のほぼ一割を犠牲に供した。ロシアは一二六〇万、日本は兵士だけで四〇〇万……と、戦死者総数四〇〇〇万と言われるこの戦争における葬列はとてつもなく長い。フランスは戦死者こそ少なかったが、人心も国土も疲弊していた。また、あまり語られないが、戦争終結後も、フランスにはドイツ人捕虜が約一〇〇万人、ドイツにはフランス人捕虜が約一六〇万人いたとされる。

このドイツ人捕虜についても言い添えると、その大半はフランス軍ではなく、米軍がＵＳナンバーのトラックでフランスに連れ帰ってきた者で、各地に散在しており、彼らは主として労役に付せられたが、地雷除去、炭坑など最も危険でハードな仕事をさせられた。この戦争捕虜たちはナチがもたらした破壊・損害の修復・再建の一端を担わされたのである。またインドシナ戦争が起こると、任意だが、外人部隊にも加えられたという（ロヴァン『回想録』）。ドイツにおけるフランス人捕虜も似たような状況にあったであろう。

だが、第一次大戦による葬列もこれに劣らず長かった。前述もしたが、第一次大戦ははじめて用いられた「大戦」の名に相応しく甚大な被害をもたらしたのである。すなわち、この一五六〇日間にわたる長期戦ではのべ六〇〇〇万人動員され（以下概数）、九〇〇万の命が戦火で失われた。ドイツでは総動員数約一三〇〇万、うち戦死者一八〇万と国内で八〇万の餓死者が出たとされ、フランスでは八〇〇万人が動員され、軍の公式統計によれば、戦死者一三九万七〇〇〇人、大半が歩兵隊で、これには行方不明・負傷者は含まれないという。この負傷者も悲惨な目にあい、一〇人に四人が少なくとも一度は傷つき、その半数以上が二度、時には三度とか四度も負傷しているとされる。彼らが生き残れる唯一の道は、負傷して後方の病院送りになることだったというから、笑うに笑えない悲喜劇的な残酷物語である。戦後、フランス在郷軍人戦災者救済省には二〇〇万人の戦災軍人年金受給者が登録され、そのうち三〇万人は重度の傷痍軍人で、前述したように片手片足どころか、ふた目と見られない顔面損傷やその一部喪失者、盲目になった者だという。その残された写真をみると、まことに哀れなものである。なお、一九一四年、フランス人口は三九〇〇万、一九三九年には四二〇〇万、ドイツ人口は同時期それぞれ六五〇〇万、七〇〇〇万だった。

4　両大戦の類似と相違——(2) コラボラシオン（対独協力）

コラボラシオンとレジスタンス　ところで、第一次・第二次両大戦とも交戦国で無数の人名が失われ、物的被害も甚大であったことに変わりはないが、仏独関係の観点から見て、後者の場合、前者にはないものがあった。ドイツ占領下のフランスにおけるコラボラシオン（対独協力）とレジスタンス（対独抵抗運動）である。もちろん、ドイツにも「白バラ」運動やシュタウフェンベルク大佐らによるヒトラー暗殺未遂事件のような反戦抵抗運動があったが、レジスタンスはナチ占領下の抵抗運動であり、その前にまず、政治・行政・経済・軍事から社会・文化に至るまで、あらゆる階層においてコラボラシオンの現象が起きたのである。当然ながら、それがすべてのフランス国民に該当するわけではないが、これには積極的なものと受動的なものがあり、その区別も微妙かつ複雑である。だが総体としては、国民一般は少なくとも形式的・表面的には「沈黙」して状況を受け入れていた。語呂合わせではないが、フランス人は占領（l'Occupation）下、それぞれの仕事（ses occupations）に従事していたのである。

過去の暗闇からナチ戦犯や略奪美術品が……　ただ戦争が長引くに連れて、当然ながらこれと反対の現象、レジスタンスが起こる。この二つの現象の狭間にあって、反対方向のヴェクトルをもつ運動がぶつかる矛盾と対立を象徴するのが、ゲシュタポやSSとフランス警察や民兵によるユダヤ人狩りであろう。一方がこれを推進すれば、他方が反発する構図である。しかし、こうしたことについては、すでにあまたの歴史記述がなされているし、またなお我々の記憶に新しいので、ここでも今それを語ることは控えよう。だが生き残りのナチ戦犯、それも最後のともいえる戦犯が、ナチの亡霊であるかのごとく、いまだ話題になるように、なお未解明の歴史の暗闇の部分が照らしだされることがある。例えば、二〇一三年五月、ドイツでは、アウシュヴィッツの九〇歳代の元看守が逮捕されている。ナチハンターの民間機関サイモン・ヴィーゼンタールセンターのナチ逃亡犯狩りは今なお続いており、「ラストチャンス」作戦が展開されているのである（最近刊のセルジュ・クラルスフェルド『ナチの戦犯狩り』参照）。

またこうした事例以外に、現在でも、ナチの略奪美術品が闇から浮かび上がってくることもある。最近の例では、連合軍が取り返してきたものがルーヴル美術館に寄託されたままで、収蔵作品目録のデジタル化の作業中に見つかり、元の所有者のユダヤ人一族に返還されたという。さらに同年十一月には、ミュンヘンの、ナチ公認の商人に転じた近代派擁護の美術史家の元アパルトマンでピカソ、マティス、シャガールなど一四〇六点もの絵画の所在が確認されている。これらの大半が頽廃芸術展の売却品か略奪絵画の競売品。しかもこの美術史家は戦後、デュッセルドルフの二十世紀美術館長におさまり、ナチ略奪絵画という巨額遺産を受けたその息子は非合法の地下生活を送っていたという。未知のシャガールやオットー・ディスクがあるというから、まさに「ミュンヘンの宝物」、ミステリー。何が出てくるか分からない。現に二〇一四年二月、今度はこの八一歳の相続人のザルツブルクの持ち家で約六〇点のモネやマティス、ピカソなどが税関によって発見されている。

レジスタンス、コラボラシオンにも闇　さてレジスタンスに関しても闇の部分があるが、その一つだけ例を挙げると、ＳＯＥ（Special Operations Executive）の存在である。レジスタンス「神話」に隠されてあまり語られないが、これは、一九四〇年、チャーチルがヨーロッパとアジアにおける枢軸国軍に対する破壊活動と非合法のゲリラ戦促進を目的として設立した秘密作戦部隊である。その作戦の一つとして、多数のイギリス人男女が落下傘でフランスの地に降り立っているが、長らく不問にふされていた。これを明らかにした英国人の書、ミッチェル・フット著『レジスタンスのイギリス人。フランスにおけるＳＯＥ一九四〇―一九四四』（二〇〇八年）の仏訳版は出版に四〇年を要したのである。レジスタンスにも、イギリス人が参加・支援していたが、フランス人は、ド・ゴールをはじめこの事実をなかなか認めようとしなかったのだ。もう少し敷衍しておくと、この「チャーチルの秘密部隊」には六年間に一万三〇〇〇人が所属し、そのうち三二〇〇人が女性だった。当時「ジュネーヴ協定」で女性の戦闘行為は禁じられていたにもかかわらず、彼女たちもパラシュート降下し、貴重な貢献をしていたとされる。最近（二〇一三年一二月）、イギリスでこの「チャーチルの女スパイ」たるレジスタンを追悼する記念碑が建立され、チャールズ皇太子によって除幕されたが、駐英フランス大使館は下級館員を送っただけという。フランス人は今でもイギリス人のレジスタンス参加を軽視しているのだろうか。

もちろん、コラボラシオンにも闇の部分がある。その一つが企業のコラボラシオンにおける強制労働の問題で、これについては、最近も新たな事実が明らかにされている（後述）。もっとも、戦後数十年も経って判明するのはこれらだけでなく、ドイツ最大手のドイツ銀行がナチに、それも強制収容所アウシュヴィッツ建設に資金供与したとか、ＳＳの秘密口座が存在していたこと。一九四一年、アウシュヴィッツの複合施設内にＩＧファルベンが建設した工場（現ポーランド）が存続し、今なお世界のゴムの約五％を生産していることなど、この類の事実には事欠かない。

総力戦における労働力問題＝強制労働　さて一般に戦争とは、いつの時代でもどの国家でも、あらゆる面で総動員体制を強いるが、ましてや両世界大戦のような場合、それまでに見られなかった規模の総力戦となる。そして戦争経済下においては、つねに労働力不足が問題になるのである。当然ながら、その第一の原因は、もちろん働き盛りの労働者が同時に最適格の兵士として出征するからであるが、ただ強制労働自体について言えば、その形態はさまざまでも、大昔からあるもので今に始まったことではない。また大戦特有のものでもない。第一次大戦の場合も、すでに仏独双方で似たような状況が出来しているのだ。

まずドイツの一般的状況から見ると、開戦後まもなく、マルヌの戦いで武器弾薬の消費量が普仏戦争の三倍にも達し、戦争が未曾有の物量戦であることが判明。電撃戦の失敗とともに無計画な戦争経済の見直しを余儀なくされる。連合側の経済封鎖による原材料の調達の困難さや深刻な食糧不足とともに、戦線が拡大するにつれて労働力不足が問題化する。それは、熟練労働者が前線から企業に呼び戻されたり、彼ら技能工の召集猶予が講じられたりして、軍と企業が「人的資源」争奪戦を繰り広げるほどだったという。

その解決策として戦争捕虜の利用、いわゆる「強制労働」が浮上する。一九一六年時点で、一六〇万の捕虜の七割が労働使役に供されたというが、興味深いのは、スラヴ系捕虜は農業、フランス・イタリア人捕虜は工業部門で使われたことである。またポーランドやベルギーの占領地では、労働者が徴募され、農作業や軍需産業の工場で使役されたという。

ではフランスはどうか。状況は似たようなもので、熟練工や技能工が動員身分のまま後方の工場勤務に回されたり、女性が代用労働力として使われたりした。また南欧を中心に外国人労働者が集められたが、フランスの場合ドイツと違うのは、インドシナやマグレブ三国など植民地から労働力が導入されたことであろう。もちろん、戦争捕虜も、ドイツほど多くはなかったが、使われており、ここにも緩い形態の強制労働があったのである。

企業側について言えば、これも軍需経済体制下、仏独双方の状況は類似していた。ドイツでは、総合電機工業AEGの主導下、戦時統制システムが構築され、官民一体化して軍需品の大量生産が行われた。これはクルップなど大企業中心に戦争特需をもたらしたが、他方、民需産業や中小企業はその弊害を被り、倒産するところが続出したという。

フランスも似たようなもので、国家主導下で軍需産業に戦争特需が生まれ、ルノーは戦車などの武器生産、シトロエンは砲弾製造でその恩恵に浴していた。フランス産業の花形である両社とも、戦時下では、今のような「菱形」と「杉綾」のブランドマークの自動車専業メーカーではなかった。戦争経済下では致し方なかったのだろう。もっとも、例の「マルヌのタクシー」(マルヌの会戦で動員された補給用タクシー)はルノー車で、その創業者ルイ・ルノーは大戦の国民的英雄となり、後に公共交通部門で大成功している。だが、当時の花形産業、自動車製造で成功を収めたのはルノーだけではない。大型トラックの雄ベルリエも大戦特需で大きく伸びた会社で、二五〇〇〇台有余のトラックを軍に供給し、一九一六年からは毎日四〇台が出荷されていたという。この一八九九年創業の会社は後にシトロエン、次いでルノーに吸収合併され、現在はボルボの傘下にあるが、第二次大戦中にも、フランスがドイツ国防軍に渡した一〇万台のトラックの二・五％を分担しており、解放直後、社主マリュス・ベルリエは逮捕され、息子二人とともに断罪されている。

第二次大戦下、様相一変　ところが、第二次大戦下になると、こうした様相は一変する。まずドイツでは、戦線が東西に拡大するにつれて、とくに東部前線への動員兵数が増えると、約一八〇〇万人が軍旗の下にあり、後方での労働力不足が顕在化し、その再配置が図られた。例えば、「ヨーロッパの奴隷商人」という悪名高きザウケル労働総監（元テューリンゲン大管区指導者）は、一九四二年春以降二年間で、ウクライナや白ロシアなどから約三〇〇万近くの民間人男女を東部労働者（Ostarbeiter）として強制連行した。もっとも、そのあおりで、東部占領地域の経済開発計画が労働力不足で支障をきたしたというから、皮肉なものである。繰り返すが、一九四三年からは、前記シュペーアが兵器・軍需品の大増産に乗りだすと、ますます労働力が逼迫し、戦争末期には、「大ドイツ帝国」下で、フランスを含めた占領地域各地から徴用された約八〇〇万（推計、以下同様）近くの外国人労働者が強制労働に付せられ、そのうち二〇〇万人は女性だった。これには戦争捕虜（約一九〇万人）や強制収容所の囚人（約四〇万人）は含まれず、外国人労働者数は当時の就業者数の三割強で、典型例を挙げれば、一五〇万のドイツ鉄道員の半数以上八〇万が外国人、臨時雇いの職場にいたっては約八割に達していたというから驚きである。この外国人鉄道員が自国のユダヤ人やレジスタンをアウシュヴィッツやダッハウに送り込まされていたのだろうから、戦争とは非情きわまりない。前述した月産三〇〇〇機の戦闘機は、週九〇時間の強制労働の代価であったともいう。

一般にドイツ語では、外国人労働者はGastarbeiterであるというが、これは第二次大戦中にその概念の萌芽はあっても、前記OstarbeiterやZwangsarbeiter（戦争捕虜や強制収容所囚人）とは根本的に異なり、実際は一九六〇年代から一般化したようである。このガストアルバイターは通常、イタリア、スペイン、ポルトガル、トルコ、ユーゴスラヴィア、ギリシア、モロッコ、チュニジアなど南欧出身の移民労働者を指すという。戦後のドイツ経済の復興期には大量のガストアルバイターが流入し、「経済の奇跡」に大いに寄与したとされる。

被占領国フランスは複雑、STO設置　ではフランスの場合はどうか。被占領国であるだけに、事情は異なり、より複雑になる。まずドイツは一九四〇年からフランスに労働力の提供を求め、ヴィシー政府は応じたが、ラインを渡るフランス人労働者は少なかった。一九四二年には全国労働局が設けられ、労働者の調達が図られたが、ドイツの要求を満たすどころではなく、一九四三年二月には、前記STOが設置され、義務労働役の徴用が始まった。警察組織まで動員した結果、要求数はクリアしたが、これは、ペタン元帥を長とするヴィシー政権そのものが最初にして最大のコラボラシオンであることを物語る。なお、最悪のコラボラシオンは「ユダヤ人狩り」だが、一説では、フランスのユダヤ人はその七五％が教会関係者や匿名の人びとによって救われたという。他のヨーロッパ諸国では考えられないような比率だが。

そして当然ながら、STOに対する反動が起こり、徴用忌避者が現れる。彼らは総数二〇万—三五万とも言われるが、官憲に追われる身となり、その約四分の一がマキザール（maquisard：抗独地下運動家。maquis［コルシカや南仏の灌木地帯］からの派生語）に転じたという。つまり、コラボラシオンの拒否者（réfractaire：対独非協力者）がレジスタンスに身を投ずるのである。その数は、一九四四年になると約一〇万、フランス戦開始後は二〇万を超えたという。もちろんSTOはマキの「養魚池」ではなく、他の数万の若者は、逃亡して親類縁者の下に身を隠したり、警官や消防士になったり、なかには民兵にまでなってSTOを免れたという。だが一九四三年秋以降、彼らの多くは占領軍が徴用忌避対策として設けた「特設保護工場」でもっぱらドイツのために働くことになる。

「経済コラボ」　開戦後ほどなくコラボラシオンは経済界にも及び、シトロエンやルノー、ベルリエをはじめ、フランス産業がドイツ軍需経済システムに組み込まれる。「経済コラボ」の始まりである。前述したように、フランスはドイツの戦争機械の歯車としてフル回転させられ、四年間軍需産業だけでなく、あらゆる業種にわたってドイツへ製品や物資を供給し続けることになる。なかでも、航空機産業は部品や装備品の提供のみならず、全面協力を強いられ、ドイツ戦闘機や輸送機製造に寄与しているが、これなど現在の仏独共同運営のエア・バス社の淵源は第二次大戦中のこの共同生産にあるのではないか、と思わせられる。

いずれにしろ、フランスの場合はむしろ、強制労働自体よりもこれを法制化してSTOを生んだコラボラシオンが問題なのである。占領下とはいえ、STOはドイツの圧力に屈して出された法令ではなく、大戦中、ヨーロッパで唯一、フランス国家自らが法制化して自国民を強制労働に駆り立てた悪法の下に作られた制度である。一九四二―四四年にラインを渡ったフランス人強制労働者は推計六〇―六五万人とされているが（前掲『大戦回顧録』によれば、総数一〇〇万の民間人）、これはソ連、ポーランドに次いで多かった。とくに、フランスは「一九四三年には、ヨーロッパ東西の被占領諸国では、ドイツの工場に最も多くの労働者を提供した国である」という。

ドイツ大企業の強制労働　では、徴用されたフランス人労働者はドイツのどんな職場で働いたのだろうか。フォルクスワーゲン、ダイムラー・ベンツ、IGファルベン、ジーメンス、メッサーシュミット、B

MWなど名だたる企業のほとんどすべてにおいてである。もちろん、強制労働させたのは民間企業だけでなく、トット機関のような武器軍需の国策会社もあるが〔この機関名はシュペーアの前任大臣フリッツ・トットから で、ジークフリートラインやアウトバーン建設で有名〕、最近の調査研究で明らかになった、民間企業の例をいくつか見ておこう。例えば、BMWの創業者ギュンター・クヴァントは一九三三年からのナチ党員で、その活動が「国家社会主義の犯罪と不可分」で「体制に共同責任を負う」実業家。五万人以上の強制労働者を武器製造のために雇用し、時には彼らが死ぬまで働かせたという。またユダヤ人企業の「アーリア化」(Arisierung：ユダヤ人の財産を没収してドイツ人所有とすること)にも積極的に加担した、まさに「ナチ体制の一ピース」であったとされる。一九二四年創業のプレタポルテの高級ブランド、ボスの主フーゴー・フェルディナント・ボスもやはりナチ賛同者。「ヒトラーお気に入りの仕立屋」「SSの制服の考案者」と噂されていた。ただ当時は小規模で、制服・軍服供給者もボスだけではなく、ボスが使った強制労働者も一四〇人と四〇人のフランス人戦争捕虜で、BMWに較べればはるかに少なかったそうである。また最近の研究(二〇一一年末)では、ボスはヒトラーお気に入りの仕立屋ではなかったとも言われている。ちなみに、このナチの制服は当時の若者には人気があり、例えば、ユダヤ系ドイツ人で、フランスに亡命・帰化した前記ロヴァンは、ヒトラー・ユーゲントに入隊こそしなかったが、一五歳の少年には「格好よく」見えた、と回想している。レジスタンで、ダッハウ強制収容所まで体験したロヴァンにしてこうだから、年少のギュンター・グラスが憧れたのも当然かもしれない。

こうした情報は両社の記録資料の公開で明らかになったものだが、クヴァント家の文書類にはドイツだけでなく、フランス企業のコラボラシオンに関するものが多数含まれているという。ただフランスは事情が異なり、ドイツ占領下での企業の実態はこれまでタブーとされていた。何よりも、企業が占領下の自社の歴史に触れたがらなかったのである。そのうえ、残された記録資料は少なく、被雇用者の個人的資料は該当者出生後九〇年経つと破棄されるという。だが実態は似たようなもので、誰も過去の汚点とか恥をあからさまにしたくないのだ。当時、致し方ないとはいえ、コラボラシオンは常態化していたようである。

シャネルもルイ・ヴィトンも　例えば、二〇一一年夏、アメリカのジャーナリストによって、ココ・シャネルの一九四〇年代の胡乱な過去が暴露されたが（後述）、現シャネル社は、当社は一九三九年九月には閉鎖、戦後に事業を再開しており、当時の資料はないと論評したという。またルイ・ヴィトン社に関しても同様で『ゲオ・イストワール』なる雑誌（二〇一一年九―一〇月号）は、その幹部のコラボラシオンに関する記事を自己規制して、ボツにしている。だがすでに、一九四〇年、ルイ・ヴィトンはヴィシー政権の本拠地オテル・デュ・パルクに出入りできた唯一の高級服飾店であり、アンリ・ヴィトンはナチから勲章を受け、その工場はペタン元帥の胸像を製造していたことが判明している。もっとも、現ヴィトン社は、ヴィトン家の一族にはレジスタンもおり、ブーヘンヴァルトやベルゲン・ベルゼンに送られた者もいたと弁明しているという。

なお、このようなフランス企業社会における過去に対する沈黙・閉鎖性は分からなくはないが、ドイツやスイスなどと比べてかなり異質で、一九六〇年代に始まった企業の歴史研究はドイツや英米諸国の文献をもとにして行われており、それまでは、フランス国家自身が門戸を閉ざしていたのである。例えば、一九七〇年代初め、ルノーの当時の社長が第二次大戦中その企業活動の暗闇にかかっているベールを挙げようとして、決定的な証拠を見出したのはモスクワに保管されていたドイツ側の資料で、その時はじめてルイ・ルノーとヒトラーの会見の詳細が判明したとされる。ちなみに、大戦後ルイ・ルノーは、コラボラシオンの嫌疑の廉で収監され、フレーヌの獄中で死去しているが、七〇年後の今、その孫たちによって名誉復権と没収財産賠償の訴訟が起こり、係争中であるという。

今世紀になってやっと、大戦中の公文書へのアクセスが容易になり、研究成果も現れ、なかには傑作なエピソードも発見されている。パンザニなる製麺業経営者は、三つの会計簿、ドイツ人用、銀行用、一族の株主用をそれぞれ別個に作成し、当局を虚仮にしていたという。痛快なるレジスタンスではないか。ただこれはおそらく稀有なる例外で、ドイツの場合同様、エール・フランス、アリアンツ、フランス銀行、BNPパリバ、フランス・テレコム、フランス国鉄や郵便局、ソシエテ・ジェネラル、トタルなど代表的フランス企業がコラボラシオンに関与していたようである。いずれにせよ、占領下のフランス社会では、コラボラシオンの根は幅広くかつ深く張っていたのだろう。

最悪のコラボ「ユダヤ人狩り」　ついでに言えば、コラボラシオンと並行的に反ユダヤ主義が蔓延しており、これは前記「ユダヤ人狩り――強制収容所送り」という最悪のコラボラシオンに繋がる。例えば、化粧品大手のロレアルは、創業者が極右のシンパで、その激越な反ユダヤ主義的言動で知られていたことが、創業百周年の際の著作『ロレアル一九〇九―二〇〇九』で明らかにされているという。以下、他のコラボラシオン企業の場合も同様で、フランス国鉄は、そのレジスタンス神話とは裏腹に、七万六〇〇〇人のユダヤ人の強制収容所送りをしたことが判明している。銀行や保険会社も同罪であるが、沈黙を決め込む保険会社と違い、銀行は情報を公開しており、それによると、その大半が戦時中、不法なユダヤ人財産没収を行なっているという。しかしながら、戦後七〇年を経て明らかにされた歴史的事実もその全容はいまだ不明な部分が多く、さまざまな面で解明が望まれているが、時の流れとともにそれも次第に困難になりつつあるのが実情であろう。なお、フランス国鉄は、二〇一二年二月になってやっと情報開示し、デジタル化した戦争中（一九三九―四五）の記録文書類のコピーをパリのショアー記念館、イェルサレムのヤド・ヴアシェムセンター、ワシントンのホロコースト博物館に寄贈し、強制収容所への囚人輸送の責任を認めたという。

さて、コラボラシオンを語れば、ド・ゴールを筆頭にしたレジスタンスにも触れねばなるまいが、これまた重いテーマで、しかもその実態は複雑多様(例えば、前掲ロヴァン『回想録』のレジスタンスの章では、教会を中心として官公庁職員、アメリカ領事館さえ巻き込んだ非合法のさまざまな組織の抵抗運動が詳細に語られている)。この章の枠を大きく越えるものであり、ここで詳細は控えざるを得ない。それに前者についても、政治的・社会的次元のものの一端に触れたのみで、文化的・知的領域のものに言及する余地はなかったが、それは後者についても同様で、本来はこうした複数の観点から多様に検討すべきものであろう。ただコラボラシオンとレジスタンスの狭間、いわばグレーゾーンにあって、占領下のフランス社会の文化界で生じたユニークな現象には触れておこう。

占領下フランス文化界の意外な活況

それは実に意外なことだが、ナチ支配下にありながら、芸術家や知識人にはドリュ・ラ・ロシェルやポール・モランのような正真正銘のコラボもいたものの、なかには「コラボ」であることなく、公然と活動し、それぞれの分野で革新的とも言える作品を生み出した者がいたのである。ベルリンでは、ナチが「危険」思想やユダヤ関係の書物を燃やし、「頽廃芸術」を断罪していたのに、パリでは芸術家や作家の創作活動が「レッセ・フェール」だったのだ。例えば、ヴェルコールの『海の沈黙』、エリュアールの『自由』が地下出版で、カミュの『異邦人』がガリマールから出たのは一九四二年である。コラボの出版社ガリマールは占領期間中、売り上げが三倍になったという。それは絵画領域でも同様で、マティスはニースに引きこもり、ピカソは係わり合いを避け、ボナールやブラックは目立たないようにしていたのに、近代美術館は再開され、フェルナン・レジェやピカビア、マティスを展示していた。もちろん、ユダヤ人のものは禁止・除外され、フランス各地でナチによる絵画略奪作戦が猖獗をきわめていたが、それでも、創作活動と美術品市場は花盛りだった。音楽も然りで、一九二〇―三〇年代のジャズは衰えることなく、戦争中もパリのクラブは繁盛していた。だがおそらく、こうした状況の最も顕著な事例は映画の世界であろう。ジュリアン・デュヴィヴィエやルネ・クレール、ジャン・ルノワールなど有名監督はアメリカに亡命したが、検閲や物資不足でありながら、戦争四年間に二二〇本の映画が制作され、しかもフランス映画の傑作、名作とされる作品が生まれているのである。その好例は一九四三―四五年制作のマルセル・カルネの『天井桟敷の人々』であろう。

「内なるレジスタンス」　もちろん、当時は占領軍当局とヴィシーの二重検閲もさまざまな形の抑圧もあり、まったくのレッセ・フェールだったのではない。それにしても、この一見「寛容な」ナチの文化政策は何であろうか。不思議である。おそらくは、「フランス人を眠らせておく」、卑俗な言葉で言えば、ガス抜きをして人心を籠絡しておくことが目的だったのではないだろうか。他方、フランス人芸術家たちは、この逆説的な自由を逆手にとって利用し、抑圧された精神に憩いを与え、ひいては「解放」に寄与しようとしたのではないだろうか。いわば、「内なるレジスタンス」である。その典型例は、『レットル・フランセーズ』を創刊して作家たちを秘かに支援・弁護し、八面六臂の活躍をした『NRF』の前編集長ジャン・ポーランであろうが、象徴的なのはおそらくサルトルの場合かもしれない。彼は、コラボの高級な文化週刊誌『コメディア』に寄稿し、ドイツ人と妥協して『蠅』(一九四三)や『出口なし』(一九四四)を上演し、さらには退職させられたユダヤ人教師の後任になったというが、『存在と無』も一九四三年の著作である。確かに、曖昧で胡乱なところもあるが、サルトルは短期間だが「社会主義と自由」運動なるレジスタンスも試みており、彼は穏健なレジスタンとしてカフェ・ラ・フロールで頭を低くして研究執筆しつつも、ひたすら「解放」を待っていたという。ともあれ、サルトルならずとも、当時の芸術家や作家は、文字通り「出口なし」の状況下にあってやむを得ざる選択、妥協を迫られたのだろう。要するに、占領下のグレーゾーンでは曖昧・多義的でかつ複雑微妙、多様な人間模様が描かれていたのである。

この『出口なし』について付言すると、当時、ドイツのフランス占領ひと月後に、シャンゼリゼに事務所をおいた占領軍担当局から『ヴェークライター』なる国防軍兵士向けパリ案内の小冊子が出されていた。これは地図、イラスト入りのいわばパリ観光案内書で、月二回で数万部出回っていたが、『パリスコープ』や『ギッド・ブル』のようなパリのガイドブックである。驚くなかれ！　なんとこれに、ノルマンディ上陸一カ月後の七月、ヴィユ・コロンビエ座で上演された『出口なし』（初演は五月）の称賛記事が出たのである。「ジャン＝ポール・サルトル……は素晴らしい戯曲を書いた。それは偉大なる精神と大いなる才能の証しである。見逃してはならない、必見もの」。敗色濃いナチがこのようなサルトルべたぼめ記事を載せるとは、一体どういうことであろうか。観にいったドイツ兵は少なかっただろうし、「地獄とは、他者である」という台詞の出てくるような芝居を見ても、難解で戸惑ったであろう。ただ、サルトルの真価が分かるようなドイツ人の文芸・演劇批評家か担当記者がいたことも忘れてはならないが。

なお当然ながら、コラボラシオンやレジスタンスの類似形はライン対岸にもあり、ナチ同調者もいれば、反対・批判者もおり、とくに文化的・知的領域のそれは仏独双方の個々人にも係わり、これまた複雑である。例えば第三帝国下には、ゴットフリート・ベンやエルンスト・ユンガー、ローベルト・クルツィウスもいれば、カール・シュミットやハイデッガー、自死したベンヤミン、アメリカに亡命したアドルノのような知識人もいる。フランスとて事情は同じであり、個々人について見れば、さらに複雑微妙で切りがなく、仏独関係の文脈で総じてこれらを語れば、ゆうに一巻の書を超えるであろう。それに、次のような現実があるというから、問題は現代にまで繋がるのである――「ドイツでハイデッガーを復権するにはフランスが必要だった。彼はこの地で認知・評価を受けていたが、ドイツではすぐには取り戻せなかった。フランスはいわば我らのコインランドリーだったのだ」(ヴォルフ・レペニース、前掲『マガジンヌ・リテレール』誌インタビュー)。ついでに言えば、二〇一四年冬、ハイデッガーの未刊の書『黒い手帖』出版が伝わると、この哲学者の「ナチズム・ユダヤ人観」が再浮上し、フランスではまたもや論争が起こり、その信奉者たちが「パニック」に陥っているという。それほどこの「コインランドリー」にはハイデッガー「信者」が多いのである。

番外編　ココ・シャネル　個々人のコラボラシオンについて語るのは困難だが、番外編として一つだけ典型例を挙げておこう。前記のココ・シャネルである。アンドレ・マルローは、二十世紀フランスで名が残るとすれば、ド・ゴール、ピカソ、シャネルの三人であろうと語ったというが、このシャネル№5の女王は今では伝説と化し、「裾飾りとコルセット」を放逐したとして、二十世紀フランス人女性解放のイコンとなっている。だが慣例に反し、フランスのどの町の通りや広場にも彼女の名はなく、レジオン・ドヌール勲章も受けていない。なぜか？　その華やかな生に消しがたい汚点があったからである。

詳細は避けるが、本名ガブリエル・シャネル(一八八三―一九七一)は不幸な孤児院暮らしから数奇な運命を経て、香水・ファッションの一大王国を築いた女性である。没後半世紀、今なお六〇冊目の伝記が出版され、いくつかの映画にも取り上げられているその生涯は、いわば神話化されている。だが、その生には大きな汚点が残されていた。コラボラシオンである。一九四四年九月、ガブリエル・シャネルはヴァンドーム広場のホテル・リッツで、粛清委員会の命令で逮捕された。彼女は、戦争中四年間、リッツのスイートルームで寝泊まりしていたが、この高級ホテルは当時第三帝国高官やナチ将校用宿舎でもあった。パリでは、毎夜のごとくどこかでレジスタンやユダヤ人狩りがあったが、シャネルはコクトーなど芸術家や上流人士、他のコラボたちとともに同じ「暗闇のパリ Paris bei Nacht」で、敵ドイツ人との晩餐会やパーティに加わっていた。そうしたなかで、五七歳のココ・シャネルが一三歳下のドイツ人将校に恋し、ドイツ軍捕虜になっていた甥（彼女の息子という説もある）の釈放を嘆願したという。シャネルのような有名人ともなれば、その行動は衆人の知るところで、コラボラシオンの罪状明白であった。あわや「トンドゥーズ」（tondeuse 原意はバリカン。転じて、頭髪を刈られて丸坊主にされたコラボの女性）になってパリ市中を引き回される寸前、彼女の友人でもあったチャーチルの介入で間一髪助かった。その頃、乳幼児を抱えて晒し者にされた「トンドゥーズ」が少なからずいたが、英国老宰相がいなければ、間違いなく市中引き回しの晒し者にされていたのである。なお、一九二四年設立の「パルファン・シャネル」社はユダヤ人ヴェルトハイマー兄弟と共同出資で、九〇％出資したこの兄弟は戦争中、アメリカに逃れており、現在もその子孫がシャネルの経営者であるという。このように見てくると、ココ・シャネルはよくも悪くも二十世紀フランス、とくに戦時中のフランス社会を象徴する存在でもあったと言えよう。ついでに言えば、上記六〇冊目のシャネル伝は、彼女がナチの防衛諜報機関 Abwehr に雇われたスパイだったと断定しているというが、その真偽はともかく、ココ・シャネルが無自覚ながら、ナチ・シンパのコラボであったことは確かなようだ。

さらに言えば、ココ・シャネルは死ぬまでホテル・リッツのスイートルームで三〇年以上も暮らしていたが、そこに誰の作品とも分からず、大きな絵が飾られていた。これが最近（二〇一三）、十七世紀のルイ十四世付首席画家シャルル・ル・ブランの『ポリュクセネーの犠牲』（一六四七）であることが判明したという。ポリュクセネーとは、ギリシア悲劇でアキレウスとの悲恋で伝わるが、歴史とは妙なところで繋がるもので、華やかな生を送ったココ・シャネルも、ある意味ではポリュクセネー同様、「悲運な」女性であったかもしれない。二人は、歴史を隔てて三〇年間、ホテル・リッツのスイートルームで向き合っていたわけである。

それはともかく、次章では、戦争終結とともに、「戦勝国」側のフランスと「敗戦国」ドイツがどのように戦後を歩んでいくのか、その概略を見るが、この流れは現代の我々の記憶にもまだ新しいところであり、それを歴史年表風に逐一なぞることはしないでおこう。以下は、戦争直後の厳しい状況下にあって、仏独が互いの確執、怨念を越えてどのようなプロセスを経て欧州統合、つまりはEUへの道を歩んでゆくのかを見てみよう。

第十一章　戦後から「ユーロ」の世界——ヨーロッパ建設へ

1　廃墟から「マーシャル・プラン」へ

廃墟からの国家再建　第二次大戦後からの仏独の歴史年表を一瞥すると、この戦争を境に両国が二十世紀後半にかけて新たな関係のなかで歩んでゆくさまが浮かび上がる。ドイツは敗戦国、フランスは戦勝国の一角にくい込んだとはいえ、双方とも戦争で受けた惨禍は甚大で、瓦礫の山、廃墟からの復興、国家再建が出発点となる。まさにマックス・エルンストが戦中に描いた予言的な細密画「雨後のヨーロッパ」のおどろおどろしい幻想的廃墟図さながらの場景からの出発である。

敗戦後のドイツは「ドイツ零年」（エドゥガール・モラン）で、大都市で無差別攻撃を受けなかった所は一つとしてないほど荒廃し、「瓦礫時代」とも「崩壊社会」とも言われ、その山はケルン大聖堂の二倍の高さを越えるとも形容された。当時瓦礫の山と化したドイツ社会でいちはやく復興に活躍・貢献したのは女性たちで、例えば「ベルリンの廃墟（片づけ）の女たち」（ギュンター・グラス）と称された女性群が大奮闘したという。だが程度の差こそあれ、五年間も占領され、かつ戦場となったフランスも状況は同じで、人心・国土の疲弊ぶりは、ノートルダムはおろか、エッフェル塔の高さに倍するものであったかもしれない。「フランスの富の三分の一は烏有に帰した。あらゆる地方において、あらゆる形のもとに、破壊がわが国土を覆っている」（前掲『大戦回顧録』）。

なお、ヒトラーは第一次大戦の「巨大な民族間の格闘がわが祖国の国境外で演じられたことは……ドイツの将来にとって極めて大きな幸運」であり、「そうでなかったとすれば、今日すでにとっくのむかしにドイツ国は存在」しなかっただろうと言っているが（前掲『わが闘争』）、このヒトラーの言は第二次大戦でも言えることで、「ドイツ零年」どころではなかっただろう。

またこの「廃墟の女たち」について言えば、彼女たちはベルリンにいただけではない。戦争末期に一〇〇〇機以上の爆撃機で灰燼に帰せられたドイツのフィレンツェ、ドレスデンなど各地におり、瓦礫を片づけ、道路を清掃し、電車を再稼働させ、地下室の死体まで埋葬したりして献身的な働きをしたのである。だが美談ばかりではない。一九四五年二月、ワイマールのナチス国民福祉NSVの看護婦たちは、空襲で生き埋めになった者を掘り起こし、後片づけをしていた強制収容所囚人に水一杯与えることを拒み、また戦後別の看護婦は結核の犯罪人囚人をどうして自分が看護しなければならないのかと不満を述べていたという（前掲『SS国家』）。さらに、この終戦直後は「驚くべき娘たち＝あばずれ」の時代でもあった。生きるために、良家の子女でさえ、身を持ち崩すことさえあり、一九四六年末には、ベルリンで五〇万人の売春婦が数えられたという（前掲『世紀横断するドイツ人』）。

さて、五年九カ月もの戦争終結後、かたやドイツは米英仏ソによる占領期を経て、東西冷戦の前哨線に立たされ、分断国家として歩みつつも「経済の奇跡」「思いやりのある資本主義」を経て国家のアイデンティティを模索し、やがて「ドイツ（再）統一」へと至る険しい茨の道を進んでゆく。かたやフランスは第四共和政からド・ゴールの第五共和政となり、フランス「植民地帝国」が解体してゆくなかで、一九四五年には、国民所得の実質価値は一九二九年のほぼ半分だったが、経済の奇跡とは言えなくとも、やはり長期の好況経済（所謂「輝かしい三〇年（一九四五―一九七五）」）に支えられて、かつての「フランスの栄光」を求め、願わくば今一度「ヨーロッパの盟主」たらんとする。だが、この道もやはり険しい。もっとも、両国の戦後の経済成長が、日本の場合同様、朝鮮動乱の「特需」の恩恵も被ったというのは、戦争で瓦解した国が他国の戦争のお陰もあって復興したのだから、運命とは異なもの、まさに歴史の皮肉である。

蚊帳の外の戦勝国フランス

それはともかく、敗戦国ドイツが戦勝四国の占領下に置かれたのは致し方ないだろうが、フランスは大戦中ドイツの支配下にあり、終戦時もその立場は弱かった。戦後処理については、早くも戦時中から米英首脳会談（一九四一、一九四三）で協議されていたというが、米英ソ三巨頭がはじめて集まったテヘラン会談（一九四三）では、ド・ゴールとフランスは被告人の席しか与えられなかった。その後の連合国の対独処理をめぐる会談、ヤルタ会談・ポツダム会談（一九四五）にもフランスは参加できず、ドイツ解体を含めた戦後構想は、チャーチル、ローズベルト、スターリンの「三巨頭」で練られたのである。要するに、フランス国民解放委員会（後の共和国臨時政府）は、連合国から承認されたのは一九四三年八月であるが、米英ソ三国各々の思惑から、その後も「計画的に除外されて」おり、「発言権がなかった」のである（前掲『大戦回顧録』）。

フランスが蚊帳の外に置かれたのは、ペタン率いるナチ傀儡政権下の被占領国で、国家主権を代表する実体がなく、勝利への貢献度も低かったからだろうが、もう一つの理由は、戦争中ロンドンにあって、自由フランスはチャーチルからは承認を得ていたものの、「政権」としては英米からは未承認・非公式なのに、いわば「亡命政権」の代表であるかのごとく振る舞ったド・ゴールの行動・態度にもあったと思われる。ド・ゴールは、戦争中、アングロ・サクソン（アメリカン）の圧迫・嫌がらせを受けたと随所で回顧しているが、とくに、米国大統領ローズベルトは、自由フランスの「民主的・法的な厳密性」を疑問視し、頑強な否認姿勢を貫き、アメリカ政府はヴィシー政権と外交関係を保ち、有罪判決（死刑）を宣告されていた「非合法の」ド・ゴールを排除・無視しようとしたのである。それゆえ、フランスの独立性と国家主権の回復を主張する、この未来の第五共和国初代大統領は、ローズベルトからは嫌われ、スターリンからも疎んじられていたのであろう。ただチャーチルだけは好意的だったようだが、時の力関係からなのか、この宰相も「ローズベルトの副官」のような姿勢に甘んずることが多かった。おそらくはそうしたことがフランスに災いとなったのだろう。この時期の米英ソの三巨頭の交渉・駆け引きとフランスの関係、この三巨頭とド・ゴール個人の人間関係を見ると、単に当時フランスが置かれていた国際的立場のみならず、それが戦後の冷戦構造にまで繋がる図式が浮かび上がってくる。象徴的な挿話を一つだけ挙げておこう。

英米ソ三巨頭とド・ゴール　フランスを排したテヘラン会談で、最強硬の検事役はスターリンで、ナチに数週間で屈服するような国はなんの尊敬にも値しないし、フランスの支配層は「骨の髄まで腐っている」と言い放った。フランス人は「何師団出したのだ?」とでも、内心思っていたのだろう。このスターリンの侮りに対し、ローズベルトは嬉しそうに文句ひとつ言わなかったが、チャーチルだけは、「〔芸術や文化の〕華のあるフランスのような国のない世界は考えられない」と口を挟んだという。ただ、フランスの、いやド・ゴールの名誉のために言えば、自由フランス＝戦うフランスは、連合国のなかにあって、微弱な兵力ながら陸・海軍だけでなく、その名も「アルザス」「ロレーヌ」なる航空大隊まで有し、アフリカ戦線で果敢に戦っていたのである。おそらくその象徴は、灼熱のリビア砂漠で、ロンメル将軍に徹底抗戦した「ビル＝ハキム」の戦いであろう。ド・ゴールはこの第一軽装師団の決死の脱出行成功の報を聞いて、「おお！　感激に胸は高鳴り、誇りに鳴咽し、歓喜の涙が湧く！」と感涙にむせび、記している。またノルマンディの上陸以降は、フランスはアイゼンハウアーの指揮下に総力の四分の一の部隊を提供した、ともある（『大戦回顧録』）。このビル＝ハキムはパリのメトロの駅名の一つになっている。

もっとも、チャーチルは、テヘラン会談後の晩餐会で、「イギリスがロシアの大熊とアメリカの巨大なバッファローの間で……単なる〝小〟国になってしまった」ことに気づいたというが、「大英帝国の斜陽」は後に事実となって現れる。すなわち、翌年予定の上陸作戦が、チャーチルが赤軍の東欧進出ルートを断つために提案したバルカン半島やトルコではなく、盟友「FDR」（ローズベルトのイニシャル）の「裏切り的行為」で北フランス海岸、ノルマンディに変更されたのである。このチャーチルの提案は「地中海における英国の優位を確立」せんとするロンドンの政策からであるというが……。ともあれ、老いたる英国宰相が味わった悲哀は、大戦中、フランスの栄光を誇りとする長身の大男「ル・グラン・シャルル」、ド・ゴール将軍が味わった悲憤に通じるであろう。ただ、ここにすでに世界政治の主役交代の図が透けて見える。

なお、チャーチルとド・ゴールの関係を見ると、英国宰相はこのレジスタンの長の首根っこを押さえていたようなもので、実際その庇護、物的・金銭的支援がなければ、フランス自由軍は立ちゆかなかった。しまいには、フランス・レジスタンは資金獲得のため「愛国的強盗」と称して、郵便局や銀行、資産家を襲い、そのたびごとに解放時に返済すると「徴発証書」を残していたというのだから。ただ英仏首脳の個人的関係で言えば、ド・ゴールはフランス降伏寸前にロンドンではじめて接触した、この年長の偉大なる英国宰相を高く評価しており、その後も大戦中、波風はあっても、友好関係は保っていたようだ。前掲『大戦回顧録』では、チャーチルの干渉・容喙に何度も悩まされつつも、「強力な救いの手を差しのべ……誰にも増してフランスの好機を助けてくれた」ことに感謝し、二人が「五年以上もの間、歴史の荒れ狂う大海原を、同じ星に導かれながら相並んで航行していた」と述懐している。ただド・ゴールは連合国首脳だけでなく、戦争末期からアイゼンハウワー最高司令官からも不審の目で見られており、彼は当初、解放フランスにもドイツ同様、軍政を布くことを考え、フランスで流通させる米国紙幣の印刷までことを進めていたという（アンドレ・シフリン『出版と政治の戦後史』高村幸治訳）。もっとも『大戦回顧録』では、アイゼンハウアーは比較的好意的に描かれているが、総じて自由フランスのド・ゴールは多くの人にとって「疑問符」だったが、勝利後は「感嘆符」に変わるのである。

チャーチルのフランス擁護と「鉄のカーテン」

ともあれ、ヤルタ会談で米英ソ三巨頭は、フランスにも戦後処理に関して発言権を認め、新たに設立される国際連合の常任理事国にすることを決定し、またポツダム会談でも、講和条約の準備会議に米英ソ三国外相にフランスも加えることが決まり、負け犬だったフランスもなんとか大国への仲間入りを果たした。ただ、こうした重要な会談に欠席していたにもかかわらず、フランスが救われ、体面をかろうじて保ち、国際社会に復帰できたのは、イギリスがフランスの立場と権益の擁護にまわったからと言われている。前述もしたように、そこには、どうやらチャーチルの深謀遠慮が働いており、この老宰相はフランスの復権・復興が戦後のヨーロッパ政治のバランスには不可欠であり、何よりもフランスが「防共の砦」、いわばコミュニスム・イデオロギー・ウイルスの「防疫線」となるよう願っていたとされる。事実、解放後のフランスでは、レジスタンス神話も与って、共産党色が強く、このウイルスがかなり蔓延していた。卓越した政治家チャーチルは、米ソ対立の冷戦構造を見通し、早くも「鉄のカーテン」を予見していたのだろうか。彼が実際に「鉄のカーテン」演説をしたのは、一年後の一九四六年である。

ここでもう一つ興味深いのは、戦後のドイツ処理に関するチャーチルの見解で、ポツダム会談の際、彼は、なんとドイツの南北分割案を提起していたのである。このマールバラ公の子孫はハノーファーとプロイセンから成る北ドイツとダニューブ河のオーストリア領からハンガリー平原に拡がる南ドイツの分割構想を描いていたのだ。当然ながら、これはドイツを「地理的概念以外の何ものでもない」とするスターリンの東西分割案とは正反対で、しかもオーデル＝ナイセ線を新たな国境にして早期決着を図ろうとするトルーマンとスターリンによって葬り去られてしまった。それにしても、この英国宰相の提案は、その背景には秘められた歴史的・政治的含意があるとはいえ、なんとも独創的、否、奇抜と言ってよい発想ではないだろうか。さらに愉快なのは、この南北分割案を示す地図が今なおポツダム会談の行われたツェツィーリエンホーフの部屋の壁に掛かっていることである。ツェツィーリエンホーフとは、一九一六年建設の英国チューダー朝様式の別荘で、湖の広がる広大な庭園にあり、赤軍が占拠するまでは皇太子とその家族が住んでいたという（『世紀横断するドイツ人』）。

なお「鉄のカーテン」なる字句について言えば、英米ソがポツダムでドイツの運命を決しようとしていたとき、後の西独首相アデナウアーはすでにこう洩らしていたという。「ロシアは鉄のカーテンを下ろそうとしている。私には、ドイツ半分の統治を担うロシアが、なんであれ、連合国管理委員会の影響を受けるままになるとは思えない」（『世紀横断するドイツ人』）。またこのヨーロッパのバランスに関しては、ド・ゴールもこう予見している。「〔第三〕帝国の敗北およびソ連の勃興以後におけるヨーロッパの運命については、新たな条件はフランスの内外における復興である」（『大戦回顧録』）。彼もスターリンの脅威を実感していたのだろう。

確かに、括弧付きの「戦勝国」フランスが国際社会に復帰できたのはチャーチルの手腕によるところ大であるが、フランスにはルイ十四世以来連綿として続く「大国意識」の伝統があり、これが果たした役割も大きい。ド・ゴールは、いわばその化身のようなもので、彼の傲岸不遜に見える態度や世界観は、マザランやクレマンソーから継承されてきた世界観、すなわちフランスは、そのヨーロッパにおける地政学的立場と経てきた歴史から世界で果たすべき役割を有するという自負と自尊に満ちた世界観の系譜に属するのである。実際、フランスにはそれだけの実績と歴史を備えた国家としての威信があるが、これに、ド・ゴール自身の唯我論的性格が加わるのだろう。彼は偉大な政治家であるが。

マーシャル・プラン　さて、仏独両国は、戦後数年を経てから、当然ながら途中浮き沈みはあれども、一九七〇年代のオイル・ショックの頃まで長期の経済成長、いわば経済の奇跡の恩恵を被ってきたが（ドイツは一九六〇年代半ばにいったん不況に陥る）、その礎となったのは、ソ連との対決姿勢を鮮明にしたトルーマン・ドクトリンに基づく「マーシャル・プラン」であろう。第二次大戦終了時、アメリカはすでに全世界のGDP（国内総生産）総量の四〇%を占める唯一の「超大国」となっていたというが、このマーシャル・プランの果たした役割は大きい。なお、マーシャル・プランの総額は根拠とする統計によって差があり、一定しないようだが、五年間で概算一九〇億ドル前後と思われる。

周知の如く、アメリカは、広大な国土の豊かな自然と資源に恵まれ、これに進取の気象に富んだ人間の力、開拓民の旺盛な活力が加えられて発展し、独立後一〇〇年もすると、今にも世界の覇権を握らんばかりの勢いだったが、二十世紀に入るとその勢威はますます強まっていた。一九〇一年、新世紀に入った途端、イギリスのヴィクトリア女王が没した。「七つの海を支配する」と言われた大英帝国の女王の逝去は、産業革命を制し、近代文明の覇者として君臨した、世界に冠たる覇権大国の終焉を告げるものであり、また世界という舞台の主役交代を予告する象徴的な出来事、いわば時代の転換期を画するものであった。前に見たとおり、このアメリカの国力は第一次大戦ですでに発揮され、二〇年後の戦争ではさらにその威力を存分に見せたのである。「青は藍より出でて藍より青し」ではないが、マーシャル・プランの正式名称European Recovery Program（ヨーロッパ復興計画）通り、旧大陸ヨーロッパ、とくに英仏独はまたもや新大陸アメリカに助けられるのである（この時のドイツは一九四九年からは西ドイツ。以下同様）。

戦後、アメリカは戦争で疲弊したアジア、中東地域を含む世界各国の経済援助をしているが、その大半はヨーロッパ向けのマーシャル・プランだった。これはトルーマン大統領下の国務長官ジョージ・マーシャルが立案提唱したもので、最大の享受国はイギリスで援助総額の四分の一を占め、その後にフランス、ドイツ、イタリアと続くが、その約九〇%は無償援助で、大部分はさまざまな商品の形で行われたという。ついでに言えば、ここにも「ビジネスはビジネス」の国アメリカの対外援助の性格が現れている。確かに、名目は復興支援だが、援助物資の調達先は約七〇%がアメリカ本土、つまり大半が《made in USA》だったのである。

終戦直後の仏独の状況　ところで、終戦直後の仏独をめぐる状況はどうか。占領者四国が敗戦国ドイツに対して、総じて厳しいのは当然だとしても、とりわけソ連とフランスは受けた人的・物的損害の大きさから、巨額の賠償金支払いを求めるなど厳格な要求をしていた。さらに、フランスには安全保障上の問題が加わり、一層厳しい姿勢を示し、次第に対独政策を軟化させる英米とはことあるごとに対立した。とくにマーシャル・プランと前後して、フランスが固執したのはルール地方とザール地方の扱いであろう。フランスは戦後一貫してドイツの弱体化を目指し、ドイツ西部ライン左岸のラインラントの分離、ドイツ経済の基盤をなすルール地方の国際管理、国境を接するザール地方の割譲、要するにドイツ解体を要求していたのである。いずれも、ヤルタ会談の前から、ド・ゴールが主張していたというが、こうしたあからさまな要求は、ナポレオンは別として、かつての太陽王でさえしなかったであろう。当然ながら、このような強硬な主張は、フランスが受けた国辱からすれば、分からなくはないが、英米二大国に認められるはずはなかった。もっとも、ド・ゴールは他方で、ソ連の脅威に対する対抗措置として、フランス主導下におけるヨーロッパ連邦を構想していたというが、これは次第に強まる「パクス・アメリカーナ」へのド・ゴール流の防火壁だったかもしれない。

マーシャル・プランが実施されるのは一九四八年だが、この年からは国際情勢が大きく変わろうとしていた。第一次中東戦争勃発、朝鮮半島では南北に分断国家誕生、ソ連のベルリン封鎖、翌年には中華人民共和国成立、翌々年には朝鮮戦争勃発と東西対立の冷戦構造のシナリオが着々と進行しつつあった。チャーチルの鉄のカーテンやトルーマン・ドクトリンが現実味を増して、冷戦の前哨部にあたるドイツをめぐる諸問題が錯綜してきたなかで、米英にとっては、この防共の最前線の砦、「防共の西側大通り」ともなる国家の国力を回復し西側陣営内に取り込むことが急務となった。フランスの主張するようなドイツ解体どころではなく、その国力回復、経済の立て直しが重要課題になったのである。

ドイツ解体　このドイツ解体について言えば、占領直後、「非ナチ化」政策の軍需産業解体の一環なのか、ヒトラー憎しの一念なのか、連合国側によるコンツェルン・大企業の接収、解体が行われたが、同時に実際的行動としてデモンタージュ（démontage：分解作業）が横行した。これは占領軍が企業や工場の機械や設備を取り外し、本国に持ち帰る措置で、なんとも剝き出しの仕返し行為である。なるほど、これはソ連が強硬に主張し、ドイツ占領方針を定めたポツダム協定で認められていたというが、国際情勢の変動により、皮肉なことに、連合国側には、そうした露骨な報復行為とは逆に、ドイツ経済のルモンタージュ(remontage：再組立て＝立て直し)が必要になったわけである。

ただ、そうした外的な事情のみならず、デモンタージュはドイツ経済に逆説的な効果をもたらしている。工場や産業施設が空爆で甚大な損害を被った上に、占領軍に主要設備や機械を奪われ、壊滅的状況に陥り、生産ラインの全面的な再構築を迫られた結果、ドイツ産業は最新のテクノロジーを投入して再生を図ったのである。戦時下にあっても、ドイツの技術革新・発展は続いており、これが皮肉なことに経済の奇跡に大きく寄与したという。かくして、フォルクスワーゲンの「テントウムシ」がアウトバーンに溢れかえり、BMWが灰燼のなかから甦り、ザクセンで全滅したアウディがバイエルンでブランドイメージを復活させ、アデナウアーの黒塗りリムジンのダイムラーベンツが「権力の象徴」として世界を席巻することになる。なおついでながら、ベルリン封鎖にともない西側の「大空輸作戦」が始まるが、これを思いついたのは英国空軍将校で、ベルリンの子供たちは「クッキー・ヒコウキ cookie bomber」と呼んで、心待ちに空を見上げていた。ロヴァンによれば、この時のパイロットたちは、「恐らく三年前にベルリンに爆弾を投じた者たちと同じだっただろう」という。落語に「鋳掛屋」という噺があるが、ロヴァンの推測は笑えぬ皮肉である。

このデモンタージュ作戦について付言すると、その最も極端な例はソ連占領地区で、工場施設や機械どころか、東部では鉄道網が解体され、レールさえ賠償代わりと称してロシア国内に持ち去られたことだというが、この露骨な報復行為には、報復される行為が先行しており、そこには戦争という災悪がもたらす、どこか悲惨で滑稽な側面が窺える。例えば戦争末期、ロシア南部を敗走中のドイツ国防軍は、鉄格子、照明暖房設備一式、水道管、壁板、その釘一本も残さず、レールや枕木も根こそぎにして、「可能なものはすべて持ち去っていた」。それは「略奪以上のもの」で、「アウシュヴィッツと同じように、〔ドイツ人の〕破壊と非創造の天性が発揮された」のである（プリーモ・レーヴィ『休戦』竹山博英訳）。ロシア人の怒りは当然であろうが、ただこれとは逆方向に凱旋するロシア兵も同様で、その中には何万頭もの馬が、剝き出しの脚で裸馬に跨るロシア娘たちに率いられて森と平原の道を東へ疾駆していった。本国送還途中の滞在収容所で、これを見ていたアウシュヴィッツの生残りレーヴィたちは、何頭かを奪い取り、「きのこ添えの馬肉ステーキ」にして、体力を取り戻したという。赤軍が略奪したのは名画美術品だけではない。まさに「同害報復」、「目には目を、歯には歯を」である。

それはともかく、ソ連のデモンタージュは徹底していたようだが、ただ南東部アウエにあるウラン抽出工場だけは免れてフル回転していた。スターリンが原爆製造に執着していたからである。なお、ロシア人の獰猛さ、赤軍の脅威は戦争末期になると鮮明強烈になるが、ナチの犯した残虐行為に対する報復とはいえ、ロシア人の残虐・暴虐行為は熾烈を極め、銃殺や火あぶりどころか、「ドイツ人負傷者を路上に一列に横たえささえ、その上に戦車を走らせた」という（前掲『世紀横断するドイツ人』）。こうした赤軍の脅威に怯え、東部国境のドイツ人の大量避難・逃亡が始まるが、ドイツ敗北決定後から二年間で、西側占領地域の人口が三八〇〇万から五〇〇〇万になるほどであった。その後もドイツ市民の西側への避難逃亡は続くが。

マルクの通貨改革

ところで、マーシャル・プランには仏独とも否応なしに深く係わらざるを得なかったが、ドイツでは、このプランと同年に行われたもう一つ重要な出来事があった。通貨改革である。おそらく、占領軍、とくにアメリカが、マーシャル・プランの実施が機能不全に陥らず、円滑に進行するためには、経済の血液とも言うべき通貨の正常な流れが前提条件になると判断したのだろう。旧ライヒスマルクは超充血状態にあったのである。

実際、敗戦時のドイツはナチの膨張財政のため通貨量が増大し、貨幣価値が大きく下落して経済機能は麻痺し、表向きは配給制度、裏では闇市場がはびこっていた。これは、いつの時代、どこでも戦争というものがもたらす宿命的な帰結であり、かつての日本も同様であった。ドイツには先例もあり、第一次大戦の際、戦時財政が巨額の負債を抱え、通貨量が膨大なものになり、やがてワイマール共和国のハイパーインフレーションの原因になったとされる。この一九二〇年代のハイパーインフレの思い出は、第二次大戦後も長らくドイツ人の、いわばトラウマとして残ったと言われているが、この一九四八年の通貨改革は「経済復興の序曲」という経済的な問題にはとどまらず、政治的・社会的な意味、それも戦後のドイツ、ひいてはヨーロッパ、国際政治にも係わる重い意味を担っていたのである。

この通貨改革という一大作戦でまず注目すべきは、これが占領軍主導で行われ、旧ライヒスマルクに替わる新通貨がアメリカはニューヨークから輸送されて、フランクフルトの旧ライヒスバンク（帝国銀行）に運ばれ、そこからドイツ各地の銀行等に配分されたことであろう。新マルクは連邦準備制度理事会の手で造られたこともあり、アメリカドル紙幣にそっくりだったという。戦後世界、とりわけヨーロッパの上空に早くも「パクス・アメリカーナ」の雲がかかり始めていたのである。そしてその経済的な意味はともかく、政治的な意味としては、通貨改革が西側三占領地区のみで行われたため、ドイツの東西分断がほぼ決定的になったことである。しかも、この作戦実施直後、ソ連占領地区でも行われたため、「ドイツは経済的統一体として見なされる」というポツダム協定の規定が反故になり、ほぼこの時点から全的な意味での東西分断が進行することになる。ドイツにおける、この東西二つの通貨改革の意味は重く、ベルリン封鎖が起こるのも直後、ほぼ同時であった。

フランスとマーシャル・プラン

ライン対岸で緊迫した状況が続くなか、フランスはどうか。敗戦国で受け身のドイツと違い、一九四七年、マーシャル・プランへの参加が決定されると、フランスではこれに反対する反米デモが頻発する。この国は、前述のごとく、イギリスに次ぐその受益国なのに、大革命以来の伝統なのか、「異議申し立て」、つまりデモやストライキをナショナルスポーツのように見なす共和国国民は、大挙して街頭に繰り出すのである。もちろん反対者ばかりでないが、東西対立・冷戦の影響もあって、フランス世論は、マーシャル・プランがフランスにとって「酸素ボンベ」なのか、「トロイの木馬」なのか、見方が割れていた。だが、後者が大勢を占めていたのである。当時のアメリカ国務省の調査では、共産主義者を除いて、マーシャル・プランに賛成したフランス人はわずか三分の一に過ぎないという。

ただ別な調査によると、このプランが始まった直後は支持者も多かったというから、この復興援助が進展するにつれて、反米感情が高まったものと思われる。そのうちフランスに小麦ではなく、トウモロコシが送られてくると、アメリカ人は飢えたヨーロッパ人に家畜用のトウモロコシを与えて、アメリカの豚に小麦を食わせていると怒り出す者も現れ、アメリカ帝国の植民地になるのではないかと危惧する者が出てきた。伝統的な仏米関係の歴史的文脈からしても、彼らの対米不信は根強くあり、これも自然な反応かもしれない。しかも、一九四四年、できたばかりのフランス世論研究所の調査では、「どの国がドイツの敗北に最も貢献したのか」と尋ねたところ、フランス人は圧倒的にソ連であると答え（六一％）、アメリカは二一％に過ぎなかったとある。これは戦争中の「レジスタンス神話」が影響したのだろうが、占領下の暗い時代におけるロシア戦線での戦闘の大きさと重みが、なおフランス人の脳裡にこびりついていたのかもしれない。

いずれにしろ、フランスは総額二八億ドル、無償供与八五％、貸与一五％の援助を受けたのであり、大規模な経済復興支援の恩恵に浴したことに間違いはない。もちろん、これは、前に触れたように、アメリカ側にとって単なる経済振興だけでなく、《made in USA》製品の市場獲得のためでもあり、それに付随して《American Way of Life》を輸出することでもあった。グレン・ミラーの軽快なジャズに合わせて、チョコレートやタバコ、コンビーフ缶詰が入ってきただけでなく、やがてフランスの港ル・アーヴルには、トラクター、ミシン、冷蔵庫、掃除機などが大西洋を渡って、続々と到着したのである。

マーシャル・プランの軍事的役割　だがマーシャル・プランには、こうした経済的側面だけでなく、軍事的役割が込められていたことも確かである。つまり、高まるソ連帝国の脅威に対する防衛的な意味合いが色濃く反映されていた。当時のフランス共産党書記長モーリス・トレーズは、「マーシャル・プランは戦争プランである」と断言したという。要するに、フランスの戦後とは、一方にコカコーラとトラクターが、他方にはスターリン崇拝があった時代でもあったのだ。

ただ留意すべきはこうした二つの傾向は、マーシャル・プラン以前に現れていたことである。一九四四年のパリ解放時、シャンゼリゼの大通りを凱旋行進したアメリカ軍のシャーマン戦車には、すでにコカコーラ瓶用のケースも装備されていた。正式名《General Sherman M4》の米軍タンクとコカコーラが一緒にやってきたのである。以後、トラクターが農村風景を一変するように、フランス国民の生活も次第に「アメリカ化される」が、「マーシャル・プランがマルクスとコカコーラに潤された時代をかたち作った」ことに間違いはない。なお、ついでに言えば、冷戦が激化するなか、朝鮮戦争が勃発すると、アメリカは西ドイツの再軍備を公然と主張し始め、ドイツの軍事的復活・強国化を最も恐れるフランス人の嫌米感情を著しく増幅する。そのため彼らは、《Marshall Plan》と《Military Police》の二つのイニシャル「MP」をひどく嫌うことになる。助っ人役アンクル・サムのアメリカ人には心外、不愉快なことだが、アンクル・スターリンよりはましだっただろう。このアンクル・サムについて付言すると、終戦後の困難な時期、敗戦国ドイツにはCAREと刻印された援助物資の小包がアメリカから送られてきた。CAREとは、アメリカからの援助物資をヨーロッパに届けるために、一九四五年に設立された機関である。その恩恵を受けた西側のドイツ人子女は多いが、そのなかに後の西独首相ヘルムート・コールもおり、後年アメリカ人に会うたびに感謝していたという。ドイツ人だけでなく、フランス人もその恩恵に浴したであろうが。

2 ドイツ分断 二つのドイツ誕生とフランス——アデナウアーとド・ゴール

東西分断から復興へ さて、かくしてライン両岸でそれぞれ廃墟のなかから復興が始まるが、ドイツではベルリン封鎖危機後、東西分断が進み、一九四九年に西側占領地区ではドイツ連邦共和国（以下、西ドイツ）が誕生し、ソ連占領地区ではドイツ民主共和国（以下、東ドイツ）の建国宣言がなされ、以後、東西に二つのドイツが存在することになる。他方、フランスでは第四共和政（一九四六—五八）下で政局混乱とヨーロッパ一のインフレーションに悩まされ、「ヨーロッパの病人」と揶揄される状況が続いたが、一九五八年、ド・ゴールが政界復帰して第五共和政が始まる。以下の仏独関係は、西側陣営における二国関係になり、この西ドイツと第五共和政下のフランスとの関係として見ることになる。

ただしあらかじめ断っておくが、フランスと東ドイツがまったく無関係だったのではない。詳述はできないが、例えば、すでに一九五〇年代、仏・東独合作映画が五本制作されており、中には名優ジェラール・フィリップ監督・脚本・主演の『ティル・オイレンシュピーゲルの冒険』（一九五六）がポツダムで撮影されているし、一九七三年には前年の国交正常化に伴い、パリに東独大使館が開設されている。文化交流も盛んで、東独の学校でフランス語が第二外国語に取り入れられ、一九八〇年代には、東ベルリンのウンター・デン・リンデン、パリのサン・ジェルマンに相互の文化センターが設置されて、多くのフランス人が東独を訪れている。だが、何よりも象徴的なのは、一九八四年、ライプツィヒの見本市に、東独の国家元首たるホーネッカーが豪壮なシトロエンの大型公用車で乗りつけたことであろう。これは両国のアンビヴァレンツな関係を物語る典型例ではないだろうか。

アデナウアーとド・ゴール、仏独のカップル

ところで、新生西ドイツでは初代首相にアデナウアー（一八七六―一九六七）が選出されるが、この時すでに七三歳、以後一四年間もの長期政権を担う。他方、第五共和国初代大統領ド・ゴール（一八九〇―一九七〇）も就任時六八歳と高齢。一九六九年の退陣まで一一年間同じく長期に国政を司る。通常、政治家とは功罪相半ばするものだが、一国の最高指導者ともなれば、なおさらそうである。この二人も例外ではなく、その政権運営には賛否両論あるが、戦後のドイツ、フランスの国政で果たした役割は大きい。一般に、戦後の仏独関係の歴史は一緒になったり離れたり、好きになったり嫌いになったりする夫婦の話のようなもので、両国の最高政治指導者の「パートナーシップ」を軸にして展開する。アデナウアーとド・ゴールから、ポンピドゥーとブラント、ジスカールデスタンとシュミット、ミッテランとコール、シラクとシュレーダーを経てサルコジとメルケルまで続いているが、当然ながらいつも良好な関係であったのではなく、「危うい均衡」を保ちながらでもあった。二〇一二年選出の新大統領オランドとはどうなるか不明だが……。

それは時の情勢によってさまざまで、例えば、ポンピドゥーとブラントのように端から肌の合わないペアでも、前者は後者の「東方政策」を支持している。だが、その後継ペア、ジスカールデスタンとシュミットは政治カラーは異なれども、好カップルであった。この二人は一九五〇年代のモネ委員会（後述）の

頃からの知り合いで、一九七四年同時に政権の座に就いているが、ともに前職は財務相。よほど馬があったのか、緊密な連携をもって二度のオイル・ショック後、ヨーロッパ経済の再建に貢献している。またヨーロッパ建設においても、一九七〇年代の欧州理事会の常設化、欧州議会の普通選挙制導入、EMS（欧州通貨制度）発足なども、息のあった二人三脚で成功させている。この通貨制度のお陰で、ECは、「ヘビ」（為替変動幅）などに悩まされることなく一〇年余り通貨は安泰であった。二人とも二〇一四年現在、高齢だが健在。年に二、三度は会っているという。

いずれにせよ、いつの時代もつかず離れずの夫婦のような関係であったことは確かであろう。その趨りとなるのがアデナウアーとド・ゴールのペアであるが、この二人の関係はその後の仏独関係を方向づけるものでもあった。ちなみに、以後の仏独枢軸のペアは右派—左派の色違いの組合せであることが多いが、これまで右派どうしはあっても、仏独とも左派であることはない。もっとも、フランス左派大統領はミッテランと現大統領オランドだけだが。

さて、アデナウアーとド・ゴールの在任期間が重なるのは五年間（一九五八—一九六三）だけだが、老宰相は将軍を高く評価していたというし、将軍もこの年長の老宰相の人柄に好感をもっていたようである。実際、ド・ゴールは、一九五八年大統領就任の年に、早くもアデナウアーをコロンベの私邸に招いており、以後もパリやランスに迎えている。彼が外国政府要人をコロンベに招いたのはアデナウアーだけであるという。ド・ゴール自身も、一九六二年、ドイツを公式訪問し、熱烈な歓迎を受け、南西ドイツの小都市ルートヴィヒスブルクでは若者たちにドイツ語で演説しているが、その時の一節、「私は諸君がドイツの若者であること、すなわち偉大な国民〔民族〕の子であることを祝福します。そう、偉大な国民の、です！」は有名である。ド・ゴールは、ドイツ語は理解できたが、話すのは流暢ではなく、相当予行演習をしたという。実際は、彼はドイツ連邦共和国を政治的には未成熟な国家と見なしつつも、フランスにとっては、協調すべき必要不可欠なパートナーと考えていたと思われるが、アメリカへの対抗意識の強いド・ゴールには、アデナウアーと共同戦線を組む意向でもあったかもしれない。ちなみに、この町にあるルートヴィヒスブルク宮はヴェルサイユを模したものと言われ、またここには、一九五八年、ナチ犯罪解明のための各州法務省の合同本部が設置されており、仏独研究所もある。なお、ド・ゴールはこの訪問のひと月前、OAS（アルジェリア独立反対の右翼組織）の二度目のテロにあい、間一髪で狙撃を免れている。

エリゼ条約　もちろん国家間の関係はその最高指導者同士の人間関係だけで決まるものではないが、この二人の友好関係の成果なのか、一九六三年には、仏独友好協力条約（エリゼ条約）が締結され、パリ－ボンの仏独枢軸が確固たるものになる。当時ド・ゴール七二歳、アデナウアー八七歳。この条約は「二人の老人の結婚」と揶揄された。この時同時に、仏独首脳や高官レベルの大規模な協議組織の設置も取り決められているが、この定期的協議は現在も行われている。ド・ゴールはこの条約を「ガリア人とゲルマン人」の和解と称し、「ヨーロッパ？　それはフランスとドイツだ。あとは付け合わせの野菜だ！」と豪語したという。もっとも、アデナウアーは九カ月後に辞任するし、同年ド・ゴールはイギリスのEEC加盟拒否、NATO離脱など対米自主外交路線を貫くので、この枢軸の出発点は心もとないが……。ともあれ、この二人が当初から、米ソ二大国への対抗軸としてのヨーロッパを念頭に置いていたかどうかはともかく、戦後の仏独枢軸の基礎固めをしたことは確かであろう。かくして、仏独枢軸という「歴史のバス」は出発。この「歴史のバス」は何度か故障・停車しながらも、二〇一三年には、エリゼ条約五〇周年を迎え、ユーロ危機のさなかでも、同年一月にはベルリンで記念式典が行われている。

ついでに、このエリゼ条約締結時の一挿話を見ておこう。一九六三年一月、パリを訪れたアデナウアーはその時、まさか翌日ド・ゴールと友好協力条約を結ぶことになるとは思っていなかった。事前の調整・交渉から、彼は単なる「紳士協定」と考えて、アメリカやイギリスを刺激するようなことには消極的であったという。ただ、アデナウアーは当時、ベルリンの壁建設に対し明確な反応を示さず、他の点でもソ連に譲歩しそうなアメリカへ不信感を募らせており、「アメリカ人は大変寛大にヨーロッパを援助してくれたが、彼らは良いときも悪いときも対応が性急すぎる」と不満を述べた。これを聞いてド・ゴールが大喜びしたのは言うまでもない。この仏独の蜜月は長くは続かないが……。もう一つ言い添えると、この条約調印時の記念写真が印象的で、ド・ゴール将軍が中央に、左右にポンピドゥーとアデナウアー、その横に仏独外相が並んでおり、「あたかもヨーロッパの皇帝が仏独の首相と外相を従えている」かのようで、まさに「ド・ゴール皇帝」である。

ルール・ザール問題　さて、マーシャル・プランの成果はともかく、ひとまず経済復興の道筋がつけられると、一九四九年には、西側ドイツ国家が成立する前、その国内・国際面の枠組みが整備される。占領規定の改変、国家形態、基本法の制定など諸問題はあるが、仏独関係で問題となるのは前述のルール地区の扱いである。フランスはザール地方のそれと絡めて自国に有利な主張をするが、ここでも英米と対立し、折衝の結果、ルール規定の調印によってルール機関が設置され、これがこの地区の鉱工業部門を監督・管理することになる。これは西側ドイツ国家の主権を制限するものだが、西側経済に統合される契機となるものでもある。そして、後述するように、これがまたステップとなって、後の「石炭鉄鋼共同体」が生まれ、今日のEUへと発展してゆくことになる。

ベルリンでなく、ボンが首都　もう一つフランスとの関係で言えば、一九四九年、新生西ドイツの首都がフランクフルトのような大都市ではなく、ライン左岸の小都市ボンに置かれたことが重要である。実際、対立候補はフランクフルトで、僅少差でボンが選ばれたが、その「最も有力な根拠はまさにその不適当性にあり……連邦共和国の暫定的性格を強調しようとした……フランクフルトなら真の首都になってしまいかねず、これはベルリンのみに与えられた役割なのである」(アルフレート・グロセール)。ケルン生まれのアデナウアーがそこに固執したのは、フランクフルトが赤の支配下にあるとか、ボン近郊にその別邸があるとかいうような理由もあろうが、首都をライン左岸におくことによって、ザール地方など左岸に対するフランスの野望、思惑を牽制する狙いもあったとされる。四一年後の一九九〇年のドイツ統一で、首都がベルリンに移転されることを考えると、この暫定首都という語には、西ドイツという国家自体が暫定国家であるという重い含意が込められていたのだろう。またそこには、当時の緊張感がなお残ったままの仏独間の状況をよく物語る象徴的な意味もあろう。ついでながら、この暫定国家への思いは、一九六〇年代後半、西ドイツ政府にはドイツ国内関係担当の、いわば内務大臣がいたことにも窺える。これは両ドイツ間関係とは別のもので、分断されたにもかかわらず、連邦政府は当初からドイツ全土を一つとして考えていたことを示している(ロヴァン『回想録』)。

ところで、アデナウアーは「経済の奇跡」のお陰もあって長らく政界に君臨するが、その基本姿勢は西側ヨーロッパへの統合と国際舞台における復権、すなわちドイツの主権回復を図ることであった。もちろんその功績には、国防軍《ブンデスヴェーア》創設、NATO加盟など国威発揚への努力もあるが、仏独関係の点からすると、そのヨーロッパ統合志向の強さであろう。彼は、ジャン・モネやロベール・シューマン(一八八六—一九六三)、アルチデ・デ・ガスペリ(イタリアの政治家。一八八一—一九五四)などとともにヨーロッパ建設の創始者の一人なのである。ド・ゴールとは政治思想を異にするとはいえ、二人の交じること少ない接点が生まれるのはここであろう。

アデナウアーとド・ゴールのヨーロッパ観

では二人のヨーロッパ観はどうか。まずアデナウアーの政治路線は、西ドイツを西側世界の歯車に組み込むことによって政治的にも経済的にも一体化して自国を強化し、ソ連の脅威に備えることであった。アデナウアーが政権に就いたときは、ソ連の核実験成功、中華人民共和国樹立と東からの圧力が増し、国内ではSPDのドイツ再統一要求が強まっており、内外ともに不確実・不安定な状況にあった。老宰相はその難局を脱する手立てとして「西側選択」路線をとる、つまり「ヨーロッパの傘の下」に入ろうとしたのである。「ヨーロッパへの統合」である。

他方、ド・ゴール将軍のヨーロッパは、先にも触れたが、当初は米ソ、とくにアメリカへの対抗軸としてのヨーロッパ、いわば連邦国家群、ブロックとしてのヨーロッパであり、アデナウアーのそれとは対ソ軸のヨーロッパという点では一致しても、両者の方向は基本的に異なっていた。元欧州委員会事務局長ロベール・トゥールモン著『ヨーロッパ建設』によれば、「ド・ゴール将軍のヨーロッパ政策の成功と失敗はその極めて古典的な政治哲学に由る」というが、戦争末期、将軍はドイツの崩壊状況を見て、フランスがヨーロッパ大陸で優位に立つ千載一遇のチャンスと考えていた。ただしこの時の、彼の言うヨーロッパとは「ライン河、英仏海峡、地中海を主要交通路とする西欧の団結」を基礎に、フランスが主導するヨーロッパ連邦、「大西洋からウラルまでのヨーロッパ」、つまりは傘としてのヨーロッパ構築であり、柄を握るのはフランスである。これぞ例のフランス伝統の「大国意識」の表れであり、「古典的な政治哲学」の現代版なのであろう。

まだ政権外にあったとき、将軍は石炭鉄鋼共同体に関するシューマン・プランを「石炭と鉄のごた混ぜ」と揶揄し、欧州防衛共同体計画を激しく論難していた。とくに、このプランの発案者であるジャン・モネを「扇動者」と呼び、統合マニアの「アメリカ愛国者」だとこきおろす始末だった。そしてこのプランが進行するなかで、ヨーロッパ共同体の結びつきが各国横並びの平等主義的なもので、その管理統治機関が超国家的性格を有する可能性があり、国家主権を制限しうるものだと分かると、ド・ゴールは主権を残したままの緩やかな国家連合体を主張し始めたのである。これは当時主流のヨーロッパ建設派とは正反対のものだが、彼らとド・ゴールのヨーロッパ観とのズレは、将軍が第五共和国大統領になるとさらに明白になる。

ただ誤解のないよう言い添えておくと、ド・ゴールのヨーロッパ像はともかく、アデナウアー・ドイツとの協調という点では首尾一貫していたようだ。「フランスとドイツは今後、アレクサンドラン〔一二音節の詩句〕が合い連なるようにともに手を携えて歩まざるを得ない」ことを認め、ドイツ宰相死去一年前の一九六六年三月、ド・ゴールは彼にこう書いている。「フランスは存続し、また再起するでしょう。ドイツも存続するでしょう。しかしフランスにはヨーロッパの歩みを導き進めるだけの手立てがありません。ヨーロッパとは、フランス人とドイツ人がともに考えるべき共通の問題です。それが公正な判断でしょう。我々だけにヨーロッパを導く手立てがないのではありません。あなたがたにも、です。しかし一緒にやれば、それができます。あなたがたはソ連によって二つに分断されていますが、いつかそれは終わらねばなりません。自由なヨーロッパは我ら両国が心底一致してはじめて実現できるでしょう。つねにこの出発点に戻るか、さもなくばヨーロッパ建設は断念せざるを得ないのです」（『ル・ヌーヴェル・オプセルヴァトゥール』仏独特集号、一九九六年一二月）。もちろん、ド・ゴールは、ドイツが国家主権を弱めるような連邦制度を主張するならば、問題は別だと警告もしているが。

3　シューマン・プラン＝モネ・プランとチャーチルの「ヨーロッパ合衆国」

シューマン・プラン　では前記シューマン・プランとは何か。旧大陸では、マーシャル・プランの行方も効果も定まらず、冷戦構造が進展するなかで、アメリカは西ドイツを西側陣営に統合させようと焦っていたが、そのためには仏独関係の改善が不可欠であると見ていた。ところが戦後の混乱期の常で、西ドイツの外交路線も定まらないまま、フランスはザール地方政府と単独交渉をするなど、西ドイツを刺激していたが、アメリカの意向でルール機関の国際管理体制が緩和されて有名無実になりつつあった。

そうした仏独の袋小路的状況にあって登場したのが、シューマン・プランである。これは、ジャン・モネが提唱した石炭鉄鋼共同体という国際機構設立案で、一九五〇年、フランス外相シューマンが公表したプランである。ルールの石炭とロレーヌの鉄鋼を融合させて、これを梃子に仏独和解を図るというシナリオであろう。ヘルムート・シュミットによれば（『レクスプレス』誌のインタビュー、二〇〇一年八月）、二人の当初の目論見は、「ソ連と国際共産主義に対する防壁を築くこと・ドイツをヨーロッパに繋ぎとめること」であったが、いずれにしろ一種の「秘策」であった。だが、このモネの妙手妙案は、単に当時の袋小路的状況を打開するだけでなく、後の欧州共同体ECや現在の欧州連合EUへと進むヨーロッパ統合の出発点となる画期的なものであった。これをド・ゴールは貶したが、アデナウアーは、これを公式発表前にシューマンから極秘で伝えられ、自らの意に叶うものとして了承している。それは、アデナウアーには早くから石炭鉄鋼共同体のような構想があったからでもあろう。第一次大戦敗北後、ケルン市長であったラインラント人の彼はすでに、連邦制のドイツを念頭に置き、「フランスとドイツの間の永続的な平和状態は、ただドイツ帝国内部におけるドイツ西部の影響力の増強及びドイツ西部とフランスの間の共通の経済利害調整機関創設」(グロセール)によってのみ可能であると考えていたという。

ここで付言しておくと、仏独で係争の地というとすぐさまアルザス・ロレーヌが想起されるが、ザール地方やルール地方も、両国が戦争するたびに争奪の的となる地域、とくにフランス側が食指を動かす地域だったのである。前述したが、ザール地方は両大戦間に長らく国際管理下にあったし、ルール地方も第一次大戦後のルール占領よりもはるか以前、ナポレオンのライン同盟のベルク公国(ルール地方)、またはそれ以前の領国争い時代の歴史にまで遡る話である。モネが仏独和解の象徴としてルールの石炭、ロレーヌの鉄鋼を取り上げる根拠は、両国間抗争のはるかなる歴史にあり、その根は深い。

この仏独の石炭鉄鋼の共通市場化という考えをモネは、大戦中アルジェにいた頃から腹案として持っていたが、それ自体は単純なもので、いわば「天才的な前進逃亡」(トゥールモン)であった。だが、これがいかに独創的であっても、モネひとりで成るものではなく、フランス外務省にシューマンという、ヨーロッパ精神を解する、当時としては例外的な大臣がいたからである。シューマン外相がルクセンブルク生まれで、仏独文化に育まれた精神の持ち主であることが、大いに幸いしたのである。前述したが、この小国ルクセンブルクは伝統的に仏独二言語使用が慣例化している。ただし、フランス本国でも簡単に受け入れられたわけではないが、国際的な反響は大きく、イギリスを除いて各国が賛同したという。大英帝国はEUの出発点からして「不実なアルビヨン」だったのだろうか。

顧みると、この国は、「千年来、その地を外国兵に踏み荒らされたことがない。ヨーロッパ史上唯一例外の国」なのだから、以後も特異な政治的態度を取ることがあるのも当然かもしれない。事実、欧州石炭鉄鋼共同体発足前、その発案者モネは「イギリスは侵略されたことがなく、歴史のお祓いをする必要がないから」加盟を渋ったのだと述懐している。要するに、大英帝国は植民地帝国でもあったが、自国が征服支配されたことはなく、占領された民族の心の傷など分からないのである。また後年、あるフランス人歴史家によると、ＥＥＣへのイギリス加盟は、主権国家の相剋対立から生じる「絶えざる再組織化」プロセスの連鎖の始まりであるというが、その後のこの国の対応を見ると、その通りであろう。なお、「不実なアルビヨン」とは本来フランス革命期のもので、後にはドイツでも反英感情の句として使われたそうだが、昨今の状況からすると、この呼称は大陸ヨーロッパでは一般化しているかもしれない。

「ヨーロッパの名誉市民」ジャン・モネ　ところで、シューマン・プランはモネ・プランでもあるが、モネについても触れておこう。モネはＥＥＣ／ＥＵの創始者の一人として「ヨーロッパの名誉市民」の称号を受けているが（一九七六）、政治家でも活動家でもなく、ましてや思想家とか知識人でもない。わが国の人名辞典では、経済学者とか国際官僚などと紹介されているが不正確。確かに経済の実際には精通し、戦前から国際舞台で活躍しているが、いわゆる学者ではないし、また国際連盟の事務次長や戦後のフランス計画庁長官、石炭鉄鋼共同体の初代委員長など務めているが、官僚であったとも言えないだろう。少なくとも戦後フランスによくあるエリート教育を受けた「エナルク」「ポリテクク」などの高級官僚ではない。彼は自ら告白する通り「学校嫌い」で、バカロレア合格直後に実業界に入っており、所謂高等教育を受けていない。おそらく、かなり特異なことだが、家業のコニャックの卸業に携わり、英米各国を飛び回って「顧客を訪れた」実務的経験がモネの経済知識（とくに国際金融）を豊かにし、「国際人」としての幅広い人脈や人間関係を築かせたと言えよう。ちなみに、モネによれば、「コニャックは貴族性を有しており」、当時から高級ブランド商品で、各国上中流階級の富裕層が顧客だった。『回想録』には「一六歳にして私はすでに旅人だった」とある。彼には、「国際主義的地方人」なる異称もあるが、当時のフランス人としては、一八歳からシティ街で修業したせいか、珍しく英語に堪能で、アングロ・サクソンのメンタリティにも精通しており、「ミスター・コニャック」として知られ、禁酒法時代に財を成したという。とくに第二次大戦初期には仏英調整委員会の長を務めた「連合国の公務員」「新世界の初めての連邦公務員」であり、その後もチャーチルの職務命令を受けた「英国公務員」としてアメリカで活動し、さらにはド・ゴールの国民解放委員会の「食糧補給・軍需担当委員」として、ローズベルト大統領とも親しく接しており、その異色のキャリアはやはり相当ユニークである。

例えば、コニャック卸を生業としながら、第一次大戦中には、二〇代ですでに連合軍の物資配分執行委員会にフランス代表として加わっており、以後も国際連盟事務次長職に就き（一九一九—一九二三）、両大戦間はアメリカの銀行の共同経営者としてポーランドやルーマニアの経済・金融安定化、さらには中国の開発銀行創設や鉄道事業にまで関与している（一九二三—一九三八）。第二次大戦中は、繰り返すが、ロンドンにおける「すべての行政委員会のフランス代表」であり、仏英米政府間の調停・交渉役として飛び回り、獅子奮迅の働きをしている。まさに「コマンド・モネ」である。一、二例を挙げれば、一九四〇年、フランス降伏前に、英仏合体プランを提示して、チャーチルとド・ゴールの同意を得ており、本気で「一議会、一内閣、一軍」の英仏統一を模索していた。この「遠大なプラン」はほとんど実現不可能だが、英仏二人の指導者は政治戦略的観点からゴーサインを与えたのである（フランスの降伏で実現しなかったが）。また一九四三年、アルジェではド・ゴールの国民解放委員会に、ジロー将軍側委員として参画している。また一九四〇年夏以降は、前述したごとく、チャーチルのいわば「顧問」としてワシントンに駐在し、アメリカによる連合国、とくにイギリスへの飛行機・戦車など武器貸与協定を交渉しているが、こうした一連の活動によって、モネはローズベルト大統領をはじめとするアメリカにおける指導者層との人脈を広げたのだろう。

それにしても、三二歳にも満たずして新しい国際機関の要職に就き、後の大戦中にも政治・外交レベルで、国内要人のみならず、チャーチルやローズベルトとも交流があり、戦後もアデナウアーなどをはじめ、外国の主要政治家・高官と接していたというのは、驚きである。一九六一年には、ケネディー大統領にも会っており、モネが語った欧州共同体構想は、一年後の独立記念日のケネディーのフィラデルフィア演説にも影響を与えたと言われている。またケネディー暗殺後だが、モネは大統領創設の初の「自由大統領勲章」(これはトルーマンの自由勲章とは別)を受けている。要するに、モネは議員でも大臣でもなく、外見は「穏やかで沈着なビジネスマンだった」が、政治的予見・洞察力と国際感覚に優れた、稀にみる才能の「実務家」、規格外の「高級官僚」、いわば「国際的顧問」であり、広い意味での「世界的ステーツマン」であったと言えよう。

「コスモポリタン」モネとド・ゴール将軍　さて、ここで見ておくべきは「ヨーロッパの父」モネとド・ゴールの関係である。結論から先に言うと、二人はすべてかほとんどすべてにおいて正反対。出発点からして異なり、モネはリセ中退のコニャック卸商、ド・ゴールはサン・シール陸軍士官学校出のエリート軍人。かたや経済と国際関係の実務に秀でた独学の徒、かたやリベラルで教養豊か、とくに歴史文化に造詣深い「政治的天分と文学的天分が合致した存在」だが、経済にはほとんど知識・経験もない選良。さらにモネはアングロ・サクソン好きのコスモポリタン、ド・ゴールはアングロ・サクソン嫌いの大国フランス信奉の伝統主義者。水と油のような存在で折り合えるはずがない。確かに、二人は大戦中にロンドンでしばしば接触し、アルジェでも会っている。だが当初はともかく、結局はお互いに理解し合えず、相手を不信の目で見るしかなかったようである。ただそうはいっても、モネはド・ゴールの強烈な自尊心と激情的性格に辟易しつつも、その不屈のレジスタンス精神や政治的力量、フランスへの愛国的貢献は認めており、将軍も一九四六年、モネの近代化設備計画の進言を受けて、首相辞任直前に計画庁を設立し、その長にモネを任命している。要するに、双方とも相手との違いや対立点を認めつつも、互いの力量を評価し、それぞれの回想録でその経緯を回顧している。

ところで、二人の関係で注目すべきは、ヨーロッパ統合に対する考え方の違いである。ごく簡略化して言えば、ド・ゴールのヨーロッパは、前述した「フランスとドイツ」枢軸のヨーロッパであるが、あくまでも国家としての「フランスとドイツ」であり、モネのそれは超国家的存在としてのヨーロッパであり、主権国家は消滅すべきものなのである。まさに正反対。このモネの考え方は、その著作『ヨーロッパ合衆国はじまる』（一九五五）にあるという一節、「我々は国家を同盟させるのではなく、人間を結びつけるのだ」によく表れている。モネは石炭鉄鋼共同体の「高等機関」委員長を辞すると、「ヨーロッパ合衆国行動委員会」（モネ委員会）を設立して、一九七九年九一歳で死去するまで終生ヨーロッパ建設のために活動・尽力するのである。ちなみに、このモネ委員会は二〇年間、後のEU建設に「影の内閣」のような役を果たして大きく貢献しているが、これには、後のジスカールデスタン大統領、シュミット首相などが、未来を担う若き政治家として参加しており、委員長モネによれば、前者は「分析力」に、後者は「行動力」に優れていたという。

「ヨーロッパ合衆国」論　ただし、「ヨーロッパ合衆国」論とは古くからあるもので、モネの独創ではない。前掲『ヨーロッパ』によれば、すでに十九世紀に、ジュゼッペ・マッツィーニ（イタリアの革命家・理論家）などとともに、ヴィクトル・ユゴーが唱えており（『平和会議員諸君への手紙』、一八七二年）、その前にはミシュレが類似の考えを説いている（『世界史序説』、一八三一年）。ユゴーはこの語を使った最初の者の一人であるが、ここで重要なのは、モネよりも早くチャーチルが終戦直後にこの「ヨーロッパ合衆国」を説き語っていることである。これはチャーチルが、一九四六年九月、チューリヒで行った演説「血、争い、涙と汗」（『チャーチル演説集』所収）で、やはりエルサンの前掲書に収録されている。

同年三月の「鉄のカーテン」演説同様、「有名だが、読まれることはごく稀である」というこの演説を読むと、この傑出した政治家が大戦を総括し、戦後のヨーロッパ、さらには世界が歩むべき道を示唆し、その道標と見通しを語っている。当然ながら、チャーチルは仏独関係も論じているが、その深い洞察力と先見の明の確かさには敬服させられる。これは名演説の一つであろうと思われるので、少々長くなるが、その概要に触れておこう。なお、このチューリヒ演説を、トゥールモンは前掲書巻末のヨーロッパ建設主要事年表の最初に挙げている。他の年表でも見られるが、一九五〇年のシューマン宣言よりも前に位置づけられているのは、興味深い。

チャーチルの「ヨーロッパ合衆国」　「今日はヨーロッパの悲劇についてお話ししたい」という出だしの演説には、概略こうある。「この高貴なる大陸」は世界で最も美しく最も文明の発展した地域を抱え、「キリスト教信仰とキリスト教倫理の源泉」の地であり、文化・芸術・哲学・科学の本質的なものが生まれた地であるとし、その共通遺産を守っていたならば、四億の民の幸福、平和、栄光に限りはなかったであろう。だが、この二十世紀、「チュートン民族」によってもたらされた「あの恐るべき民族〔国家〕主義的な争い」が起こったのはヨーロッパからであり、これが「平和を破壊し、全人類の未来への展望を台なしにしてしまった」と、チュートン民族＝ドイツ民族の戦争責任に冒頭から触れている。賢明にも、チャーチルはドイツ人ではなく、チュートンというゲルマン民族の部族名を用いてぼかしているが、言外では、両大戦の震源はドイツ、ビスマルクのドイツとヒトラーのドイツであることを暗示しているのだろう。もっとも、別なところで、チャーチルは戦後のドイツを「無力な大七面鳥」と毒舌を吐いているが……。

そして、この大災厄による廃墟にあって、新たな危機と恐怖の再来を防ぎ、荒廃した国家と人心が再び立ち上がるための「最上の救済策」として「ヨーロッパ家族」の再創造を提唱し、これが「平和で安全、自由に生きることが可能になるような組織」を与えること、すなわち「ヨーロッパ合衆国を建設せねばならない」と述べている。この時のチャーチルの念頭には、二度にわたってヨーロッパを救った「大西洋の向こうの偉大な共和国」アメリカ合衆国の姿があったことは明白である。以下は、クーデンホーフェ・カレルギ伯爵の汎ヨーロッパ主義や「平和巡礼者」の異名をとる前記アリスティッド・ブリアンの「ヨーロッパ家族」建設への努力、第一次大戦後の国際連盟の挫折などを例に挙げながら、「今度の荒廃を繰り返してはならず」、「苦く高い代償を払った経験」を生かして、「叡智と確かな実体」をもってヨーロッパ建設への道を歩まねばならないとしている。

そのためにはまず、傲慢な世界支配の覇権欲から「十四世紀の蒙古族の侵入以降比すべきものがなく、人類史上例を見ない凶悪な罪と虐殺」を犯したドイツは、当然その報いを受けて罰せられねばならない。だが、然るべき後には罰は終わりとして、「忘却という聖なる行い」(十九世紀英国の代表的政治家W・E・グラッドストンの言)に取り組まねばならない。過去の暴虐への憎悪と復讐の念を捨て、未来を見据えてヨーロッパを救うためにお互いがヨーロッパ家族への信徳を育み、歴史の教訓を糧としてそのための意思を強固にし、断固行動することが必要であるという。

仏独和解を説くチャーチル　さらに「さてここで諸君が驚くようなことを申し上げるが」と続けて、ヨーロッパ家族建設の第一歩は仏独の和解協調を推し進め、そのパートナーシップを確立することであり、「これが、フランスがそのヨーロッパの精神的リーダーの役割を取り戻す唯一の手段である。精神的に偉大なフランスと精神的に偉大なドイツなくして、ヨーロッパに再生はあり得ない」と説き、その延長線上にヨーロッパ合衆国があるとする。ここにはモネなどと共通の仏独を軸にしたヨーロッパ統合へのパースペクティヴがあるが、チャーチルの場合、その格調高き精神性に、稀有な政治家としての鋭い直観的な状況認識と予見が加わり、その独創性が光彩を放つ。すなわち、砲声は止み、戦いは終わり、今は息ができるが、「危険は相変わらず存在している」ので、形態や名前はどうあれ、ヨーロッパ建設は「今すぐに始めなければならない」と警告するのである。チャーチルが、ヨーロッパ中央まで伸びてきたスターリンの魔手とソ連の脅威を直観し、鉄のカーテン演説をしたのは半年前である。彼は「統治のための分割」という英国伝統の政策を捨て、新たな覇権強国に対抗するためにはブロック（＝ヨーロッパ家族）を組まねばならないと悟ったのであろう。もっとも、ド・ゴールは常々、この「大陸が一つになることを阻止する」英国伝統の外交目標は数世紀以来変わっていないと見ていたそうだが……。この島国帝国は、十八世紀以来、他のヨーロッパ人を分割することを外交ドクトリンにしているが、これは「分割して統治せよ」というマキャベリの政治支配の法則に則っているのだろうか。

チャーチルの独創はまだある。核の威力をすでに認識しているのである。この演説時点では、原爆の保有国はアメリカ一国であるが、これが他国にまで拡散し、この恐るべき破壊兵器が文明の破壊どころか、人類、地球全体を絶滅するようなカタストロフをもたらすと警告している。老宰相は、口にこそしないが、念頭にはソ連があったのだろう。彼はその、いわば抑止力として、国際連合を挙げているが、これは「ヒロシマ・ナガサキ」の二カ月前に成立したばかりであり、彼の予感通り、ソ連が原爆実験に成功するのは、この演説の三年後である。それゆえ脅威は迫っており、この世界的機関を確立強化し、その傘下でヨーロッパ家族、つまりはヨーロッパ合衆国を建設せねばならないという。そしてその第一歩がヨーロッパ協議会で、まず参加できる国々が結集し、同盟することであるが、そのためにはと、こう提言して演説を終えている。

「この緊急の務めにおいては、フランスとドイツが一緒になって道を開かねばならない。イギリス、コモンウェルス、強国アメリカ、そして願わくば――そうすれば、万事うまくいくからだが――ソビエト・ロシアも新生ヨーロッパの友、その推進者となり、その生存と繁栄への権利をともに擁護しなければならない」。

チャーチルの偉大と独創　以上が概要である。確かにその後の展開を知る現代人からすれば、この演説は理想型としてのヨーロッパ合衆国論に過ぎないように見えるが、七〇年前の終戦直後の困難な状況下にあって、これだけの洞察力に満ちた世界認識と平和と協調のための未来への展望を示した、政治家がどれほどいただろうか。前述したように、政治家とは功罪相半ば、毀誉褒貶が付きもので、チャーチルもその例に洩れないが、この時政権を離れていたとはいえ、すでに七二歳。演説では、「幸福で自由、繁栄・安全を願う数億人の人々に係わる……詳細な将来計画を立てるつもりはない」とあるが、彼は、新生ヨーロッパのためには仏独和解・協調が軸となることを二度も明確に述べている。なるほど当時、このことは「諸君が驚くようなこと」だったが、十数年後にアデナウアーとド・ゴールによって試みられることでもある。

ただし、チャーチルはただ演説しただけではない。例えば、一九四八年、マーシャル・プラン実施のためにヨーロッパ経済協力機構が設置された後、ハーグでヨーロッパ統合の礎を築くヨーロッパ会議が開催された際、議長を務めている。この会議は各国から七五〇名もの著名な参加者がおり（なかには秘かにアデナウアーもいた）、当然ながら最初から紛糾したが、成果としては、一年後、ヨーロッパ議会の基礎となる評議会（各国国会議員代表から成る諮問会議形態で、立法権なし）が生まれ、和解の象徴として本拠がストラスブールに置かれた。

ともあれ、チャーチルは決していわゆる予言者ではないが、長年争い、いがみ合ってきた仏独両国民に歩むべき道標を示した、優れた予見者であったのである。ちなみに、ユーモア、毒舌、皮肉好きなこの宰相は、政治家の能力を問われると、「未来に何が起こるか予言する能力」と、予言が当たらなかった場合、それを「弁解する能力」であると答えたという。いかにもマールバラ公という高貴な血統を継ぐ老狸らしい「名言」ではないか。

4　ヨーロッパ建設に向かうアデナウアーとド・ゴールの立場

ド・ゴールとヨーロッパ　さて時計の針を少し進めて、ヨーロッパ建設に向かうアデナウアーとド・ゴールの関係に戻ろう。一九五八年、ド・ゴールが政権に就いたとき、第四共和国の遺産としてすでに批准済みのローマ条約があった。国内外の多くの者が、将軍がこの条約を実施に移すかどうか、疑問視していたが、彼は国益を第一に考える政治家であり、大統領になって専門家の意見を聴取すると、共通市場にフランスを開放することが自国経済の近代化に資すること、そして何よりもフランス農業に輸出市場を提供するものであることをいち早く理解した。彼は、フランスの交渉担当者が苦労して獲得した農業保護の諸条項に固執しなかったという。

この頃、ブリュッセルのEECの委員会とは比較的良好な関係が築かれていたが、委員長はアデナウアーの元国務相で条約交渉の西ドイツ代表でもあったヴァルター・ハルシュタインで、この人物がアデナウアーとド・ゴールの橋渡し役を務める。ただし、このハルシュタイン自身は後にEEC初代委員長を務めるヨーロッパ建設派であり、その意向はしばしばド・ゴールを苛立たせ、共通農業政策をめぐっては正反対の立場で対立したという。そうでなくとも、広域自由貿易圏構想を提唱するイギリスとの交渉や農業政策をめぐる駆け引き、さらにはイギリスのEEC加盟、欧州共同防衛体問題などに対するド・ゴールの独善的ともいえる頑なな姿勢は反撥、軋轢を生まざるを得ないものだった。

それゆえ、アデナウアーとはエリゼ条約を結んだものの、その批准の際には、連邦議会で、条約前文にドイツはNATOに帰属し、「アメリカとの密接な連携強化」「ヨーロッパ共同体への大英帝国参加」を望むという付帯条件を付けられたのである。老宰相は、社会主義者からルール地方の経営者に至るまで、さらには世論の猛反発をくらい、連邦議会は戦後稀にみる満場一致で前文付条約を採択したという。つまり、ド・ゴールにとって、この、いわば「去勢用〔骨抜き〕の前文」は条約否認も同然であり、この議決を聞いて、将軍は切歯扼腕、激怒したというが、彼は、ベルリン封鎖以来、ドイツがその防衛、外交政策の基本をアメリカとの関係強化に置いていることを理解していなかったのである。

アングロ・サクソン嫌いのド・ゴールと大英帝国の伝統　ちなみに、ヨーロッパ建設に対するド・ゴールの強権的とも威圧的ともいえる対応は、ほかでも摩擦や反撥をもたらしている。例えば、当時未加盟国であったイギリスに対するド・ゴールのアングロ・サクソン嫌いはともかく、イタリアやベネルクス三国は、ド・ゴールのノンにもかかわらず、イギリス加盟を支持していた。これは、ECの超国家性を願うベネルクス三国が国家主権固守のイギリスを支持するもので矛盾しているが、その理由は簡単で、これら弱小国は共同体における仏独のヘゲモニーを恐れ、嫌っていたからである。これは神聖ローマ帝国とブルボン王朝の時代以来の伝統のようなもので、彼らは両大国が対立するたびに犠牲になり被害を蒙ってきたのである。ベネルクス三国はイギリスの加盟によって、これをド・ゴールフランスの圧力予防のクッション代わりにし、超国家的なヨーロッパ共同体の傘の下に隠れようとしたわけである。これは国家主権に固執するド・ゴール封じのようなものだが、皮肉なことに、イギリスもこの点ではド・ゴールと一致していた。

もっとも、イギリスの欧州共同体に対する態度もかなりユニークで、それはポンドを固守する現在でも見られるが、イギリスはことあるごとに、仏独主導のヨーロッパ建設に距離を取ることが多かった。それはおそらく、仏独が第二次大戦の反省からいわば、ヨーロッパ建設を政治的協同事業として捉えているのに対し、イギリスは経済的観点からのみ考えがちだからであろう。そうした大英帝国の伝統なのか、前述したが、シューマン・プランからして不参加で、その説明にあたり英仏海峡を渡ったモネは、イギリスという国はヨーロッパではない、と感じていたという。だが、すでに英国大好きのヴォルテールでさえ「これがヨーロッパの一部かと思われるほど変わって見え」た(『哲学書簡』)、と記しているのだから、大陸人からするとよほどユニークなのであろう。今でも(二〇一二年末)、EU予算の増額をめぐって、イギリスではEU離脱の声が上がっており、「では、退出を!」と勧めるフランス人は多くいる。前記十九世紀の英国政治家パーマストン卿は「我々には友人はいないし、敵もいない。我々にあるのは利害関係のみである」と豪語したというが、もはやこれはイギリス国民の習いとしか言いようがない。それに、この島国は、歴史的にはヨーロッパ大陸のことにはあまり積極的に係わろうとしなかった。なにしろ、十九世紀英国外交政策の基本は「華麗なる孤立」だったというのだから。百年戦争、ナポレオン戦争、第一次・二次大戦などを別にしてだが。

ただ英仏の対立も歴史は古く、前にも触れたが、百年戦争以来、フランスはドイツとよりも数多く、イギリスと戦争しているのである。「不実なアルビヨン」なる喩えが生まれるのも、ド・ゴールのアングロ・

サクソン嫌いも理由のないことではないのだ。もっとも、一九四〇年六月一八日、ロンドンからの有名な徹底抗戦のアピールでド・ゴールは、「フランス人は一人ではない！　フランスは……戦いを続ける大英帝国と一体である……アメリカの巨大な工業力を限りなく使わせてもらう」と訴えているが。

アデナウアーとド・ゴールの違い　ところで確かに、アデナウアーとド・ゴールはエリゼ条約によって仏独和解に成功したとはいえ、個人的な人間関係はともかく、両者には根本的に異なる点があった。国家観と対ソ姿勢の相違である。前掲『ヨーロッパ』によると、「アデナウアーはソ連への嫌悪から〝西欧〟、すなわち北大西洋条約機構NATOを選択した。他方、ドイツの国益に叶う限りヨーロッパ統合の支持者であるが、彼には排他的な国家主権や国民国家崇拝はない」。

また同書には、アデナウアーが一九四六年、キリスト教民主同盟CDU党首としてケルン大学で行った綱領演説講演の一節が、「私はドイツ人であることが恥ずかしい」と題されて収録されているが、この演説にも若干触れておこう。

アデナウアーの「懺悔」演説　まず「どうしてドイツ国民〔民族〕はこのような底知れぬ深淵に落ち込んでしまったのか」と問いつつ、こう告白している。「私は、〔ナチ台頭の〕一九三三年からはドイツ人であることがしばしば恥ずかしくなる。心の底から恥ずかしい……ドイツ国民は病んでいる。数十年前から――あらゆる階層において――国家や権力、個人の位置に対する誤った考え方に苦しんでいる。彼らは国家を偽りの神にして、祭壇に祭り上げてしまった」。

そして国家の全能や、国家と国家に集積された権力が他のすべてに勝るという信条が、二度の国家大暴発を招いたとして、その元凶たるプロイセン以来の歴史を振り返り、ヘルダーやロマン派、とくにヘーゲルの国家観のために、「国家が国民意識のなかでほとんど神格化された存在になってしまった」と、嘆いている。この国家信仰がプロイセンから発して、十九世紀初めの解放戦争（反ナポレオン戦争）後広まり、普仏戦争の勝利でドイツ全土を捉えたというのである。いずれの場合も戦争相手国はフランスである。さらには、この信仰が国家権力の肥大化と個の貶下化をもたらし、その肥大化が「最も明確かつ強烈に現れるのは軍隊」であり、個が抹殺されて、「軍国主義が広汎な民衆階層の思想と感情において支配的要素になってしまった」として、自らを含めてドイツ国民の罪責感、戦争責任を問うている。このプロイセン国家批判には、ラインラント人アデナウアーの面目躍如たるものがあるが、おそらくこれは、ドイツ要人の初の「メア・クルパ mea-culpa（罪状告白・認知）」ではなかろうか。

ここで留意しておくべきは、このアデナウアー演説には、後に問題となるドイツにおける「過去の克服」への問いかけの萌芽がすでに見られることである。これには、四〇年後の一九八五年に行われた、ヴァイツゼッカー大統領の演説における有名な言、「過去に目を閉ざす者は結局のところ現在にも盲目となる」がこだましないだろうか。ただし、言い添えておくと、アデナウアーが「恥ずかしい」というのは、ドイツ人が人類に対して犯した罪を認めた上で、ドイツ民族としての尊厳ゆえにそう思うのであって、彼らにはその忌むべき運命に耐えて克服する「魂の力、精神の強さ」があるはずだから、「私は今では、あらためてドイツ人であることを誇りに思う」とも述べている。アデナウアー、この時七〇歳。経験豊かな老宰相にあっても、その心の動きは複雑微妙なのである。いささか唐突でコンテクストは異なるが、この「過去の克服」や「メア・クルパ」のような言葉に接すると、丸山真男の「《國體》における臣民の無限責任」（『日本の思想』）なる語句がふと思い出される。

アデナウアー政権にも元ナチ高官が……　もちろん、この演説をそのまま過大評価はできない。アデナウアーの側近には、第三帝国内務省高官の胡乱な過去をもつ人物がいたし、戦後の官公庁にはナチ時代の官僚、隠れ党員であった者は多数おり、老宰相が創設した国防軍幹部ポストはすべて旧国防軍生き残りの将官であり、過去の人々に対する「恥ずべき寛容な判決」を下した裁判官も容認されている。その典型例を挙げるなら、エーリヒ・フォン・マンシュタイン将軍であろう。彼は、一九一九—三五年の国防軍の設立者、第三帝国国防軍の天才的戦略家で、電撃作戦の陰の司令官とされたが、戦後は連邦国防軍創立の際、アデナウアーの顧問を務めている。このユンカーはヒトラーには嫌われたという。かつて第一次大戦後、「カイザーは去ったが、将軍たちは残った」と言われたが、第二次大戦後も同様で、「非ナチ化政策」とか「戦争犯罪特別措置法」などほとんど効果はなかったのである。ただこうした事情は戦後のフランスでも同様で、ユダヤ人狩りに励んだ警官や官僚などコラボがのうのうと生き残っている。わが日本国とて事情は同じ。世の中、体制変われど「シャツを着替える」ようにはいかないのが常とはいえ、誰しも憮然とせざるを得ないだろう。

ともあれ、これも、前記チャーチルの演説同様、ひとの目にとまることはそう多くないと思われるが、両宰相とも大戦を生き抜いてきており、アデナウアーはナチにケルン市長の座を追われた経験があり、チャーチルは連合国のリーダーとして大戦を経てきただけに、双方の演説の倫理的精神の高さと政治家としての洞察力の深さは、今日なお注目に値するものであろう。蛇足だが、チャーチルが八一歳で引退して間もない一九五六年、八〇歳で現役のアデナウアーはこの偉大なる政治家ウインストン・チャーチル卿に敬意を表して、ロンドンで引退記念のレセプションを催したという。

こうしたドイツ宰相の国家観は、国家主権を固守し、NATOを離脱したフランス大統領ド・ゴールのそれとは明らかに異なる。ではソ連観はどうか。これは前掲書編者が言うほど、二人の考え方が異なるのではない。ソ連の脅威に対する認識は同じだが、アデナウアーがナチズム同様その全体主義的性格を嫌悪するのは当然だとしても、ド・ゴールが何度か対ソ接近を試みるのは、ソ連をアメリカへの牽制、対抗軸として見ており、この両大国の狭間にあってフランスの存在、国家主権を主張したいためであろう。すでにして、一九四一年独ソ開戦直後、ド・ゴールは、「戦うフランスがアングロ＝サクソン民族と向き合う場合に、ロシアが重しとなって釣り合いを失わずにすむ」ので、これを「むろん利用するつもり」であると述べている（『大戦回顧録』）。以後も、将軍は米ソに対する、この「等距離」政策を貫くが、彼はアメリカ嫌いと同様、心底ではソ連も嫌いだったはずで、二メートル近いこの大男「ル・グラン・シャルル」は自分の背丈、つまりはフランスの背丈を超える存在は認めたくなかったのである。

フランス主導、ドイツ協調のヨーロッパ建設へ

いずれにしろ、アデナウアー＝ド・ゴールのペアは親密ばかりではなかっただろうが、彼ら二人がヨーロッパ建設の過程で示した首脳同士の関係が、今日に至るまでの仏独枢軸の雛型になっていることは確かであろう。ベルリンには、アデナウアーとド・ゴールの像が刻まれた仏独関係修復記念碑があり、北仏ランス大聖堂には、一九六二年両者が和解のしるしに訪れたことを示す記念銘板が残されている。一九八八年には、二人の肖像を配した、仏独協定条約二五周年の記念切手も発売されている。また前述したように、エリゼ条約締結六〇周年の記念式典がパリとベルリンで行われた。フランス大統領とドイツ宰相は、たとえ交替があったとしても、否応なくタンデムを組まざるを得ないのだろう。すでに、二〇一二年七月、両世界大戦の象徴の町ランスの大聖堂で仏独首脳による記念式典が挙行されている。なお、前述もしたが、ランス大聖堂は歴代フランス王三〇人の戴冠式が行われた栄えある舞台であり、この町が両大戦の象徴というのは、一九一四年にはドイツ軍の爆撃により廃墟と化し、一九四五年には、ここのあるコレージュでドイツ軍の降伏文書が調印されたからである。また第二次大戦中、連合軍総司令部が置かれていたのは、ランスである。

ともあれ、各国間の摩擦や対立にもかかわらず、仏独をはじめとする経済成長に支えられて、フランス主導、ドイツ協調のデュエットで両国を枢軸として、ヨーロッパは共同体建設への歩みを続けることになる。もちろん、その歩む道は平坦なものではなく、構成各国の利害や国際情勢に影響されて膨大な時間とエネルギーを要し、経済同盟から政治同盟へと段階を経て拡大と深化を目指しているが、石炭鉄鋼共同体、ヨーロッパ経済共同体発足後半世紀以上経った二十一世紀の現在なお茨の途上にある。それどころか、昨今のユーロ危機に翻弄されているヨーロッパの状況を見れば明らかなように、強力な政治意思の欠如もあって、ますます混迷を深めている。

以下は、仏独を枢軸としたヨーロッパ建設とはいえ、その歩みを逐一跡づけることは本書の枠を大きく超えるものなので、ここでは、ユーロ危機下にあって、仏独関係がどのようになっているか、その様相の一端を見てみよう。フランスの最近の調査結果（二〇一二年三月）を見ると、この関係に微妙な変化が起きているようである（後述）。ただし、アデナウアーとド・ゴールの時代からいきなりユーロの世界に飛ぶことは、いささか乱暴すぎるので、ヨーロッパ建設の節目における仏独の係わり方には触れておこう。

5　ドイツ（再）統一とフランス

ドイツ再統一　仏独関係において、ヨーロッパ建設過程と係わって大きな節目となるのは、やはりドイツの再統一であろう（再統一としたのは、すでに第二帝国で統一国家となっているから。以下「再」は省略）。これは単に東西ドイツの国家統一だけでなく、ヨーロッパ共同体はもとより、冷戦下の国際情勢にも大きく関係するもので、ドイツ統一は、「恐怖の均衡」という冷戦の終焉を告げる、二十世紀という時代の大団円でもあったのである。もっとも、ドイツにとってはまったくの「ハッピーエンド」ではなかったが……。

なお、ドイツ再統一に関して言い添えると、一九四九年、アメリカが「Aプラン」なるドイツ統一計画を提案しようとした事実がある。これは、実現はしなかったが、ソ連「封じ込め政策」で有名なアメリカ外交官ジョージ・ケナンが立案したもので、その狙いは、ドイツを非武装・中立化した国家として統一し、四国占領軍が限定的に一部撤退し、これを迫りくるソ連に対する緩衝国とすることだった。このAプランが実現しなかったのは、事前に情報洩れしたことにもよるが、英仏が西側の、とくにアメリカのコントロールなしに統一ドイツが存在することを恐れたからであり、当時の米国国務長官がこれをおもんぱかって提案を取り上げなかったからであるという。いずれにしろ、ベルリン封鎖解除前に提案予定のこのプランが実現していれば、一九五〇年代にドイツ統一が成り、ドイツ分断など起こらなかったであろうが、現実はそうたやすい展開とはならなかった。また一九五二年には、ソ連からドイツ統一に関する「スターリン通牒」なる平和条約締結の提案があったが、これも西側諸国から拒否されている。ただこの覚書の条約草案を見ると（グロセール、前掲書）、その政治的・軍事的原則は意図はともかく、知らずに読めば、とても全体主義・独裁国家ソ連の提案とは思えない、驚くほど民主的なものである。ソ連のいわゆるマキャヴェリ的政策だろうが。

「恥の壁」崩壊　さて、「恥の壁」なる異称のベルリンの壁崩壊は一九八九年だが、一九八〇年代は後半にかけてソ連帝国の解体過程が進行するとともに、その勢力圏下、ワルシャワ条約機構下の東欧諸国では、社会主義体制が溶解し始めていた。とくに、東独では「反ファシズム防衛の壁」と呼ばれた恥の壁崩壊に先だって、ポーランド、ハンガリーなどで民主化運動が生起し、ルーマニアでは最強最悪とされた独裁政権崩壊後、大統領が裁判抜きで処刑されるなど、東欧各地で自由と解放要求の雪崩現象が起こる。国境を接する東ドイツはその影響を受けざるを得ない。とりわけ、ハンガリーがオーストリアとの国境を開放すると、すでに破綻・自壊状況にある東ドイツからの脱出者が殺到する。時を経ずして、ドイツ民主共和国でも社会主義政権が崩壊する。今からすれば、わずか二〇年ばかり前のことだが、奇しくも、この波瀾の年は一七八九年のフランス革命二〇〇年後、まさに「戦後ヨーロッパの annus mirabilis（驚異の年）」である。この annus mirabilis とは、十七世紀のロンドン大火とペスト大流行、オランダ海戦勝利を謳った桂冠詩人ドライデンの詩作品名である。

一九八九年一一月——ベルリンの壁崩壊直後、内部崩壊が進む「死に体」の東ドイツから両独間の「条約共同体構想」提唱。これに対し西ドイツからは国家連合案提示。後者のいわゆる一〇項目提案を行なったのは時の首相コールである。この時コールは、連邦議会で再統一には一〇年かかると示唆していたというが、現実はこの予測をはるかに越えて進展する。

ところで、衆目の見るところ、この首相には一連の出来事の意味を理解し、情勢を的確に判断する政治的才覚や、それを統御する政治力はないとされていたが、以後彼のイニシアティヴにより、一年後にドイツ統一が実現。政治家が毀誉褒貶や諷刺の対象になるのは常で、コールの場合もしかり。このヘビー級の大男の体重はドイツ最大の「国家機密」と揶揄され、西洋ナシにも喩えられたが、ドイツ統一とヨーロッパ統合への功績はやはり無視できないであろう。それに今次の統一は、第二次大戦・冷戦下の分断国家を経てからとはいえ、ビスマルクの言う「鉄と血」によるものではなく、少なくとも「平和裡」になされたものなのである。

ともあれ、比喩的に言えば、「国民」(*das* Volk)が「一つの国民」(*ein* Volk)と、定冠詞が不定冠詞に変えられたようなものだが、その後、マーシャル・プランを上回るほどの巨額の資金援助・投資をはじめ、

「オスタルジー」など心理面を含めて多様かつ複雑な諸問題が生じ、いくつかは今なお続いているとはいえ、コールはそれをなし遂げたのだから、ドイツの連邦首相のうち最も評価が低いとされても、やはり「統一ドイツの立役者」なのである。

コールとミッテラン　また忘れてならないのは、コールがSPDのシュミットから政権奪取後、ほどなくフランスとの同盟関係の強化促進に努めたことである。その象徴が、一九八四年、第一次大戦勃発七〇周年の宥和式典の際、ミッテランと激戦地ヴェルダンを訪問し、戦死者を追悼したことであり、二人が手を繋いだ慰霊碑、納骨堂前の写真は有名である。これは仏独協調のための一種のデモンストレーション、演出かもしれないが、前述したように、親密な関係であったシュミットとジスカールデスタンの後を受けて、コールとミッテランも、それぞれの思惑を秘めながらヨーロッパ統合に向けて仏独枢軸路線・友好関係を継続したことは確かであろう。

ただし、これに関しては元首相シュミットの前掲インタビュー記事（二〇〇一年）が興味深い。彼は仏独の「カップル」はどうかと問われて、概略こう答えている。ジスカールデスタンと自分の後、コール－ミッテラン組の第一場（一九八二－一九八九）では、両国は真の協調を再び確立するには至っていない。マーストリヒト条約はパリとボンの大「口論」の結果に過ぎず、唯一の成果はユーロだ。だが一九九〇年以降はエゴイズムが勝り、マーストリヒト後はむしろ悪化している。マーストリヒトは政府間協議に過ぎず、欧州共同体の成果ではない……これは一〇年前のかなり主観的な辛口批評だが、当事者でもあった元首相の言だけに生々しく、正鵠を得ているかもしれない。もっとも、唯一の成果だというユーロが現在EUのみならず、世界規模の危機を招いているが……。ただ、このインタビューの時も、フランスは大統領選の真っ最中だったが、シュミットは以後フランスがリーダーシップを取り戻すことを期待し、「ヨーロッパ統合プロセスはやはり五〇年前からフランスが収めた成功である」とも述べている。ドイツ人の言だけに多少外交辞令もあるだろうが、何よりもヨーロッパ統合には確固たる「意思」をもった強力なリーダーシップが必要であり、リーダーの登場は一朝一夕で成るものではないと結んでいるのは、印象的である。

統一問題の複雑さ

さてドイツ統一問題に戻るが、留意しておくべきは、大戦終結半世紀後の両ドイツの置かれていた状況で、極論すれば、法的にはドイツは敗戦国のまま、いわば形の上でなお「占領」状態が続いていたのも同然であった。つまり、ドイツ統一に関しては、占領四カ国が主権を留保しており、その実現のためには連合四カ国の協議承認が必要だった。ドイツの完全主権はなく、国際的な枠組みのなかでは、ドイツの戦後処理は終わっていなかったのである。この時コールは、「四人の産婆は必要ない」と突っぱねたが、ポツダム会談は生きており、そう単純にはいかなかった。そこで、アメリカ政府提案の「二＋四方式」なるものが生まれるが、これは両ドイツと米英仏ソの合議形態である。さらに、これにポーランドが一時的に加えられるが、それはドイツ東部国境問題が未解決だったからである。イタリアも参加を希望したが、体よく断られたという。

ところで日本がサンフランシスコ講和条約を締結して、戦争状態を終わらせ、占領問題に一応の決着をつけたのは一九五一年だが、ドイツは半世紀後になってやっと分断国家という軛を脱するのである。アジアでは、朝鮮半島になお分断国家が存続し、その片割れの「ならず者国家」が「シベリア虎」と「シナ虎」の威を借りてのさばり、「オキナワ」も「北方領土」も依然として未解決で、決して完全な意味で「戦後は終わった」とは言えないだろうが、それにしても「ドイツ問題の最終解決」は遅く、ドイツ国民にとって「戦後」はあまりに長かったと言えよう。

では、このドイツ統一問題に関して、フランスはどう対応したのか。前記トゥールルモンは、後から考えると、フランスはもっと積極的にドイツ支持を表明すべきではなかったかと回想している。もちろんフランス人の大半は、ベルリンの壁崩壊をドイツ人とともに歓迎しており、共和国大統領のベルリン訪問が行われるだろうと思っていた。ところが、ミッテランはライプツィヒで東独書記長に会った後、キエフでゴルバチョフと会談。そこでどうやらドイツ統一の進行状況が早過ぎることに懸念を表明し、ソ連の支持を探っていたのではないかと見られ、これがボンの憤激を買い、強い不信感をもたらした。実際ミッテランは、ドイツ再統一はドイツ国民の権利であると認め、「賛成はするが、すぐにではなく、またこんなに性急にではない。この問題はまだ議事日程にはのっていないのだ」と洩らしていたし、またドイツとポーランド国境問題に関しては、フランスは英ソとともに、オーデル＝ナイセ国境の現状承認を求めるポーランド政府を支持していたのだから、憤激は当然かもしれない。この国境承認は再統一の国際的認知を得るための本質的な争点だったのだ。幸いにして、このフランスの過失から生じた仏独の齟齬は、コールの説得もあって、ほどなく修正され、ドイツはその統一が経済・通貨統合に政治統合が伴うことへのフランスの諒承を得たが。

ミッテランの逡巡と伝統的「ドイツ恐怖症」　確かに、このミッテラン大統領の行動は胡散臭く、舞台裏でドイツの足を引っ張っていると言われたりするが、これはおそらく、左右の党派を問わず示す、フランス人の伝統的かつ一般的な反応であろう。つまり、彼らはライン対岸の隣国が絶えず気になり、強大になるようなことがあれば、たちまち不安になり、警戒心を抱くのである。ましてや大戦終結後半世紀もしないなか、普仏戦争、第一次・第二次大戦と侵略され、国土を荒らされたことのトラウマを思えば、「大ドイツ」(一九三八―一九四五年のナチの第三帝国)復活への危惧は当然かもしれない。前述したように、仏独は何度も戦争をしており、三十年戦争をはじめ、十七、十八世紀中の戦争ではドイツの国土が舞台になっているが、その後は、ナポレオン時代を別にすれば、大戦争の戦場は圧倒的にフランス領土内であったのだ。あるフランス人はそうした被害妄想的心理現象である「ドイツ不安癖・恐怖症」を「ナショナルスポーツ」のようなものであるというが。

ただここでも付言しておくと、なるほどミッテランはフランス外交の伝統的手法を踏襲しているが、現在の欧州委員会や欧州議会に対する不信、「ノン」の姿勢はミッテラン以前からある。例えば、すでに一九五四年、ヨーロッパ防衛共同体条約はマンデス＝フランス政権下で批准を拒否されている。議員たちは議場でラ・マルセイエーズを歌いながら反対したのだ。この条約は「あまりに遠くに行ったのに、着くのが早過ぎた」のだろう。またド・ゴールは二度にわたる英国のEEC加盟拒否、英国提案の大自由経済圏反対など、ことあるごとに反対姿勢、「ノン」を連発し、欧州懐疑主義的なフーシェ・プラン（政治的国家連合構想）などを提出し、抵抗を試みている。このフーシェ・プランは、当初共通の外交・防衛政策の実施を想定していたが、超国家的性格を排除したド・ゴールの修正案のため、ドイツは支持したが、ベルギー、オランダの反対で挫折している（一九六二）。もっとも、このフーシェ・プランのお陰で、仏独和解・協力の道が開け、一九六三年のエリゼ条約の締結となるというが。ド・ゴール一流の「ゴリ押し」の最たるものは、一九六五年の「空席」騒ぎ、ボイコット事件で、フランスは共通農業政策交渉を不満とし、参加を拒否したのである。前記の唯我論まるだしである。ただ、四〇年後の二〇〇五年、フランスが国民投票で欧州憲法条約批准を否決したのを見ると、こうした一連の「ノン」は言うなれば、フランス共和国の国民精神の表れというか、異議申し立て好き＝「バリケード精神」というか、彼らフランス人の懲りない性癖、いわばDNAのようなものかもしれない。

さらに言えば、このDNAのヴァリアントはさまざまあるが、その一つが反欧州的精神となって表れ、これがまた反英・反米感情、つまりアングロ・サクソン嫌いに繋がるのである。フランスでは、反欧州プロパガンダはつねに反米思想の形を取る。マーシャル・プランでさえ耐え難い屈辱とするフランス人もいたが、アメリカが欧州共同体の構想を支持したときは、それがアメリカによる支配の道具と見なされたのだ。前にも触れたが、ド・ゴールがイギリス加盟を拒否したのも、またNATOを離脱したのも同じことで、イギリスがアメリカのトロイの木馬ではないかと曲解したからである。なるほど、これは「大国」ではなくなったフランスの劣等コンプレックスからくるかもしれないが、その後の湾岸戦争、イラク戦争など歴史の展開を見ると、ド・ゴールの懸念は一部当たっているようだ。

ドイツ統一とヨーロッパ統合の不可分　とはいえ、仏独は軋轢を越えて、ドイツ統一を契機にミッテランとコールの二人三脚でヨーロッパ建設を進めてゆく。少なくとも、コールはドイツ統一とヨーロッパ統合が不可分であることに気づいていたが、ドイツにとって幸運だったのは、この頃、欧州委員会委員長がジャック・ドロールであったことで、この元フランス蔵相はヨーロッパ統合の強化を進めており、統一ドイツをECの枠内に組み込むことを積極的に支持していた。これはドイツにとっては、大きな助け船で、実際その通りであったようだ。現に統一ドイツの最初の式典で、当時のヴァイツゼッカー大統領は、ドイツ人議員のなかにただ一人座っていた外国人、ドロール委員長を前に、ECの支持に対して公式に謝辞を述べたというし、またその数週間後、統一連邦議会の最古参、元首相ヴィリー・ブラントも、ECの存在なくしてドイツ統一はこれほどスムーズには実現しなかっただろうと指摘したという。なお、ミッテラン政権下で蔵相だったドロールは、第二次内閣の首班と目されていたが、人望あるドロールの台頭を恐れたミッテランに敬遠され、ECの委員会委員長にまわったという。もしこの裏話が事実ならば、ECはもちろん、その建設を推進強化する仏独にとって好都合であり、何がどこで幸いするか分からぬものである。

なお、ここでドイツ統一にまつわる興味深い幕間劇があるので、多少長くなるが見ておこう——出典・台本：『ル・モンド』二〇〇五年五月特集記事。時：ベルリンの壁崩壊直後の一九八九年一二月。舞台：ストラスブールで開催された欧州サミット（理事会）。登場人物：議長国フランス大統領ミッテランを主役に、ドイツ宰相コール、イギリス首相サッチャー、欧州委員会委員長ドロール以下各国首脳。主要演題：経済通貨統合進化、すなわち統一通貨ユーロに関する政府間協議の一九九〇年末開催確定（ミッテランの目的）。

だが、これには時のヨーロッパ情勢、とくにドイツ統一問題が大きく関係する。前に触れたように、この一九八九年はドイツと東欧の情勢が大きく変動しつつあった。ミッテランはこれを「危険な幸福があるものだ」と見ていたというが、彼にはヨーロッパ建設への固い意思があった。ところが、コールには、性急な統一通貨導入よりもドイツ統一達成への意思が強くあり、欧州議会にドイツ国民の民族自決権を認める宣言を採択させたいと考えていた。パリでは、これをボン当局の東西統一へのオプセッションを秘めた一種の陽動作戦と見ていた。もちろん、コールはフランス側の方針にある程度譲歩・妥協しない限り、何も進まないことは承知しており、事前にそれを秘かに伝えている。

ところが、ミッテランの策略なのか、欧州サミットは一般討議から始まり、ドイツとポーランド国境が問題になる。数日前ゴルバチョフとキエフで会談してきたばかりのフランス大統領が、その懸念を伝えると、コールが発言する。彼は東独の状況を説明し、「ドイツ問題はヨーロッパの屋根の下でしか解決できないだろう」と訴えるが、まるでひとりごとを言っているようだったという。わずかに関心を示したのは、ドロール委員長とスペイン首相ゴンザレスだけ。サッチャーはただポーランド国境の「不可侵性」を唱え、コールにそれを守るよう求めた。ミッテランは議論を流れにまかせていたが、コールは落胆し、泣き出しそうになった。このドイツ宰相は涙もろいのか、後年ミッテランの葬儀の際にもあたり構わず号泣している。彼はまた、「サミットの席上、これほど冷淡な雰囲気に出会ったことはない……まるで警察で尋問を受けているようだった」と告白しているという。以下詳述はしないが、EC各国首脳には、世界情勢にも係わるドイツ統一問題がこの程度の認識でしかなかったことは、留意すべきであろう。

その後、ドイツ統一に関する宣言起草が問題になると、オランダとイタリア首相は反対。サッチャーはミッテランに留保の同意を求めたが、この場合フランスには通貨統合のため、イギリスよりもドイツが必要だった。夕食会の席上、ミッテランが起草文作成を話題にすると、議論が沸騰。「鉄の女」サッチャーが猛然と反論したという。後になっても、彼女は、首相辞任の際、ミッテランに、「ドイツは再統一以後、前よりずっと危険になっている。ドイツはまた帝国を復活させようとしつつある。今や欧州共同体にナチがいるようなもので、あなたはそれを再統一したのも同然」、とも語っている。超保守派の女宰相とはいえ、当時ヨーロッパで、未解決のままのドイツ問題がいかに捉えられていたのか、その一端をいみじくも示しているのではないか。この件もあってか、コールはサッチャーを決して許さなかったという。

ちなみに、このストラスブール最終宣言の原案作成は仏独外相ロラン・デュマとハンス・ゲンシャーを中心に夜明けまでかかり（この二人の外相は肝胆相照らす共犯関係にあったとみえ、ハンス・デュマとロラン・ゲンシャーと渾名されている）、ミッテランは記者会見でいわゆる「裏取引」があったのではと問われたが、否定したという。経済通貨統合はサミット前に解決済みだし、ドイツ問題は後の夕食会で話題になったのだから、と。実際は、再統一以前の通貨統合の際、すなわち一九八八年すでに、「マルク放棄」は決定されていたという。ただ、コールが「ドイツマルクをヨーロッパの祭壇に捧げた」ことに変わりはなく、彼は後に、アメリカ国務長官ベーカーに「ドイツの国益には反することだった……ストラスブールでの成功の恩恵はフランス人に与えておくが、私がいなかったら、ことは順調に運ばなかっただろう」と述懐したという。その代わり、いわばゴーサインを受けて、コールは念願のドイツ統一への道を進んでゆく。もちろん、ミッテランも当初の目的達成。

はたしてこの幕間劇の結末はどう解すべきか。それは以後の仏独関係の展開に繋がってゆく。

統一後のヨーロッパ建設の進展　閑話休題——さて「恐怖の均衡」の冷戦構造が変化し、ベルリンの壁が崩壊し、ドイツ統一へと動くなかで、西側の英仏、とくにフランスにとっては、統一ドイツ承認の見返りに、ECという梃子を媒介にして、この宿敵をヨーロッパの枠内に取り込むことが安全保障上の点からも必要だったと思われる。その間、曲折はもちろんあったが、ゴルバチョフがドイツのNATO残留を容認したことで、この問題が決着するとドイツ統一が実現し、統一ドイツのヨーロッパ統合への動きも加速された。もっとも、その背景にはソ連の困難な国内状況があり、ゴルバチョフは秘かにボン政府に財政支援が可能かどうかを打診していたというが。

ただドイツにとっても、ヨーロッパの枠組みに入ることは、アデナウアー以来の国策のようなもので、自らをその枠内に封じ込めることでもあったが、完全主権を回復して国際舞台に復帰するという政治的経済的な国益に叶うことでもあったのである。ミッテランとコールの歯車は、ECという心棒を支えにして噛み合い、欧州秩序の新次元・枠組み構築へと進んでゆく。もちろん、それぞれの国情・国益の思惑を秘めながらだが、前者は強いドイツマルクの支配から脱しようとし、後者は国家統一の支えをヨーロッパ統合に求めていたのであろう。

こうした動きとともに、欧州共同体自体の統合の歩みも強まり、やがて一九九一年のマーストリヒト条約（欧州連合条約）締結となる。ドイツ統一がヨーロッパ統合深化の動きに連動したのである。換言すれば、前者が触媒となり、後者の発展深化を促進したとも言える。それゆえ、幸いにも、ソ連帝国の崩壊から生じた大変動はヨーロッパ建設を阻害するのではなく、その新たな出発点へと至らしめたのである。実際には、この出発点は原点への回帰、すなわち欧州共同体の政治的統合の問題再考への回帰であった。これを、トゥールモンはかつて欧州防衛共同体の失敗後、構成各国が経済領域の問題に専念することになったことに比しているが。

また、この元欧州委員会事務局長はこうも指摘している。多くのフランス人識者や政治家が、ベルリンの壁崩壊後の急速な進展を見て、ヨーロッパ建設は終わりかと考え、「壁が崩壊して、一人の犠牲者が出た。ジャック・ドロールである」（防衛相シュヴェーヌマン）という発言まで生まれた。だが彼らは、ドイツがかつて以上に、その新たな国家的立場を受け入れてもらうためにヨーロッパの保証と枠組みを必要としていることを理解しなかった。ましてや解放されたばかりで、最悪の苦境に喘ぐ恐れのある諸国が東半分を占める大陸にあっては、西の共同体がいわば安全・安定の防波堤代わり、大陸全体にとって、地政学的な観点からもヨーロッパのもう一方の牽引役になることを十分に理解していなかった、と。前述の如く、フランスでは、ド・ゴール派に限らず、いつの時代にも反ヨーロッパ共同体、アンチ・ブリュッセル派はいるのである。フランス人の持病のようなもので、archéo-gaulliste（ド・ゴール古派）なる語まである。後述するが、この病はぶり返し、二〇一二年の大統領選の大きな争点の一つに係わって、またもや浮上している。

いずれにしろ、ドイツ統一を節目として仏独関係はもちろん、ヨーロッパ建設への動きが大きく場面転換する。当時の各種メディアが大歓迎したように、まさに「戦後の終わり、ドイツ：新しい次元、ヨーロッパ：新しいシナリオ、世界：新しい均衡」の始まりである。もっとも、最後の「新しい均衡」は、新しい不安定な均衡または東西に代わる南北の不均衡の始まりでもあるが……。

東西のマルク統合　時は前後するが、ドイツ統一に関して、もう一つ触れておきたいことがある。マルクの統合――西ドイツマルクと東ドイツマルクの通貨統合である。前述したように、終戦直後の一九四八年、占領下のドイツは通貨改革を行なって、決定的に東西ドイツの分断国家となったが、今回は通貨統合によって一つのドイツになることになる。ただし、この場合は統合とはいっても、実際は西ドイツマルクが東ドイツで流通すること、つまり、前者が後者を飲み込んで、後者東ドイツマルクが消滅することであり、企業で言えば、吸収合併である。当然ながら、これは多くのハードルと大きな困難を伴うことでもあった。現実には、東独では「正規のお金＝西ドイツマルク」が闇に出回っていたのだが。

一九九〇年、東ドイツは、国家が自壊現象を起こし、経済は破綻状況にあるなか、自国通貨と西ドイツマルクを固定相場で兌換可能とし、いずれ共通通貨、つまりは通貨統合への道程を提唱した。だが、両ドイツの経済格差があまりに大きく、西ドイツ当局からは「おとぎ話」扱いされ、問題にされなかった。にもかかわらず、当時の選挙がらみの政治情勢の影響で、この問題が急展開し、急遽通貨同盟構想が持ち上がり、コール首相の主導下、両ドイツマルクの交換比率にまで話が進んだ。そして同年夏、政治的な国家統一よりも経済面での統一、通貨統合が先行したのである。もっとも、東ドイツはすでに部分的にはECに取り込まれていたと言える。ローマ条約の付属条項で、西ドイツは東ドイツ製品の無関税「輸入」を認められていたからである。

ところが、同じマルクという名であっても、国力も体制も異なり、何よりも経済力に大人と子供ほどの差があっては、大きな齟齬が生まれざるを得ない。まず制限付きながら、西ドイツマルク一対東ドイツマルク二という交換比率が示されると、「東ドイツ国民は二級国民か」と猛反発が起こり、形式上一対一の

ナポレオン時代のヨーロッパ（1812年）

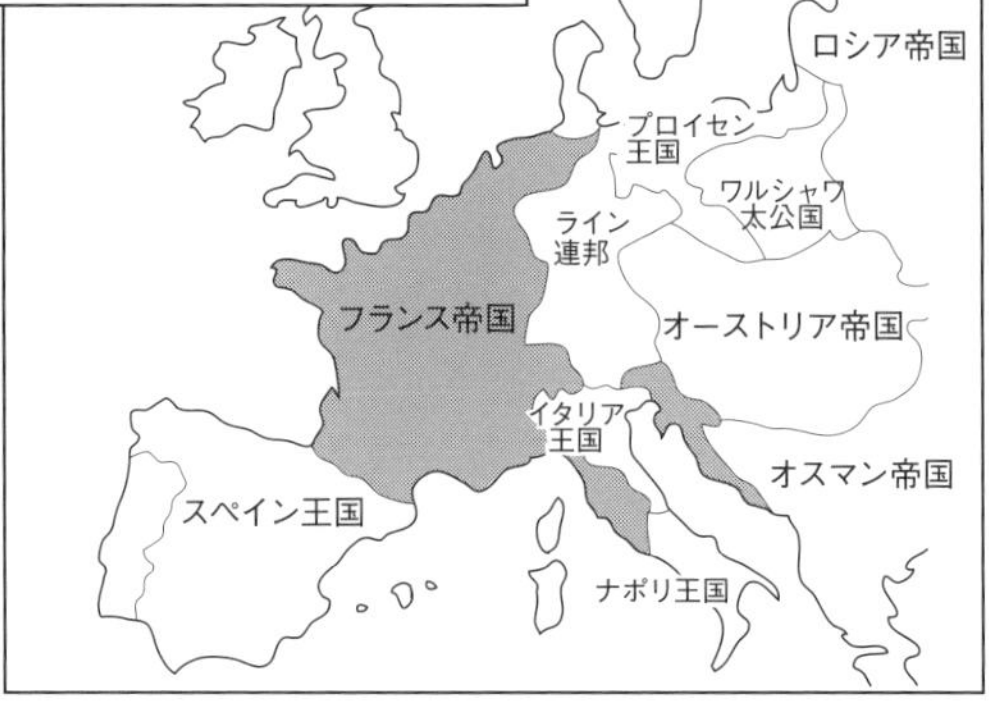

ビスマルク時代のヨーロッパ（1871年）

ヨーロッパ連合（1996年）

レートになるまで、両国双方で紛糾する。当然であるが、通貨とは経済上の一手段とはいえ、一国の象徴であり、国家主権にも、その国民のメンタリティにも係わることでもある。この場合、西ドイツ側が同等の交換レートに応じたのは、「明白な政治的目的のために意図的にたくまれた経済的過失」と見なされたが、すべては再統一実現のためであったという。それにしても、後に統一通貨ユーロ誕生の際、フランもマルクも消滅するが、仏独国民はよくぞ同意したものである。なお、最近のアンケート(二〇一二年末)では、いまだフランス人の六二%が旧紙幣フランに郷愁を感じているというが、ドイツ人はそれ以上に強かったマルクが懐かしいかもしれない。

通貨改革の影響

それに、何よりも経済的合理性に反する通貨交換は当事者双方に大きな影響をもたらすことになる。東ドイツでは、生産性と無関係の賃金上昇、生産力低下、企業破産、失業、インフレの波が襲い、西ドイツでは膨大な財政負担を強いられ、増税なしという制約を受けて赤字予算が膨らみ、やはりインフレに見舞われる。実際その後、統一と旧東独地域の経済再建の巨額財政負担に耐えかねて、ベルリンはEUへの拠出金・負担金減額を何度も要請しているという。

そしてこれも当然ながら、ドイツ統一のコスト問題はドイツだけで済むものではなく、近隣諸国、つまりは欧州共同体にまで影響する。ほどなくして、ドイツの引き締め・利上げの緊縮金融政策で、強力なドイツマルクが不安定になると、連動してEMS(欧州通貨制度)が揺らぎ、各国通貨は切り下げを迫られ、一九九二―九三年の危機を招き、これがユーロ誕生の原因ともなるのである。二〇年後の現在、旧東西ドイツ地域の経済格差はどの程度解消したのだろうか。

報道によれば(二〇一二年三月末)、旧東独の状況は地域によって異なるが、総じてこの格差は是正されつつあるとはいえ、依然として残っているようである。統一後の東独経済再建のための「連帯協定」によって、連邦国家、州政府などから二〇二〇年までの期間、膨大な資金提供が行われる予定だが、今では支援する側の方、例えばルール地方のドルトムントなどの諸都市が財政難に陥って、支援負担金捻出のため債務増になっているという。この事実は、一年前のいくつかの研究機関の報告書で指摘されていたそうだが、ユーロ危機のなか、あまりに衝撃的でこれまで明らかにされなかった。ドイツの東が西と同じ経済水準に達するのは、期待しても無駄であるともいう。ただし、イェーナとかバルト海沿岸の保養地のようないくつかの都市は活況を呈しているというばらつきもあって、連帯協定の有無も問われているさなか、連邦制の義務からとはいえ、バイエルンやバーデン＝ヴュルテンベルク、ヘッセンなど豊かな南部州は赤字の諸州（一二州）、とくにベルリンへの補助金交付に反対しているとあるが、ギリシア支援どころではないというのが本音であろうか（ベルリンはハンブルク同様、特別市で州扱い）。なお、統一以前の（西）ドイツ連邦共和国ですでに、「富裕州」が「貧乏州」を援助するという、連邦州間での財政調整システムが存在していた。

補足すると、こうした旧東西ドイツにおける経済格差はドイツ国民のメンタリティにも反映されているようで、例えば現ドイツにおけるデモクラシーに対する満足度は、旧西独市民五四％であるのに、旧東独市民はわずか三四％に過ぎないし、極右や反移民感情などの比率も旧東独州で上昇傾向にあるという（フリードリヒ・エーベルト財団の調査報告二〇一二年版）。「オッシー」（旧東独市民）と「ヴェッシー」（旧西独市民）の違いや齟齬はそう簡単には消えないのだろう。そうした対立感情はどうやら旧体制時からあったもので、次のような事実からもその根深さが推測できる。東独崩壊に伴い、国家人民軍はミグ戦闘機・装甲車輌などを含めて一切の武器弾薬が連邦軍に移管されるが、その際、西側ヨーロッパへの電撃侵攻プランが発見され、その中に大西洋沿岸まで至る道路とドイツ語・ロシア語並記の道路標識表も混じっていた。またホーネッカーの掩蔽壕《ブンカー》には三対の元帥肩章があり、いざ戦争となれば、書記長から最高司令官に変身できるようになっていたという。この電撃侵攻プランはシュリーフェン計画の電撃作戦を思わせるが、警察国家東独は長大なベルリンの壁のみならず、西側を明確に「敵対国家」と見なしていたのである。これだけみても、壁を境にした双方の溝は深く、そう簡単に埋まるものではないと思われる（前掲『世紀横断するドイツ人』）。

なお、この「恥の壁」は全長一六〇キロ、高さ三・六メートル、一万五〇〇〇人の武装国境警備兵、三〇二の監視塔、六〇〇匹の番犬を備えていたが、ベルリンの一画に今なお一・三キロ残っており、いわば記念碑化し観光スポットにもなっているという。だが、そのもたらした悲劇は脱出を試みた者が多数射殺されるなど数多くあり、ここではその象徴的な出来事を一つ挙げておこう。一九七二年一〇月、西側に住む、八歳のトルコ人少年が東西ベルリンを隔てるシュプレー川に落ちた。だが、川は東側に属していたので、西ベルリンの救助隊は手が出せなかった。他方、パトロール中の東独海軍の船艇も、西側の河岸には接近する権利がなかった。そのため、少年は哀れにも溺死したという。この子供がトルコ移民であったというのも、何か暗示的である。

ヨーロッパ建設は茨の道へ　さて仏独関係に戻るが、その後両国は、ＥＣの経済統合・政治統合の推進強化に当たり、マーストリヒト条約を皮切りにその主導役を務め、経済通貨統合と共通外交・防衛政策を柱とする政治統合プロセスを進めてゆく。とくにフランスは、強力な通貨マルク支配から脱するのが本音であったとはいえ、通貨統合が「政治統合への王道」であり、これを基本的目標と考えていたが、強いマルクをもつドイツは当初消極的であった。だが、やがて一〇年後の二十一世紀になって、まずは欧州連合ＥＵの共通通貨「ユーロ」が生まれることになる（ユーロが導入されたのは一九九九年一月だが、現金通貨として流通するのは二〇〇二年一月)。そしてこの近年、万事においてグローバリゼーションが進むなか、ヨーロッパは猛烈な「ユーロ」危機に見舞われ、仏独両国首脳はその火消し役を担わされ、「メルコジ」のカップルが「危険なタンゴ」を踊り、四苦八苦。今や、仏側のパートナーは替わったが、状況は変わらず、「政治統合への王道」どころか、経済統合もままならない、棘多き茨の道でもある。だがそれでも、仏独はEUへの道を歩まざるを得ない。次節では、その状況の一端に触れてみよう。

6 「ユーロ」の世界

ユーロ危機 さて、そのユーロ危機だが、元凶とされるギリシアは、どうやら一九八一年の加盟当初から問題児であったようだ。トゥールモンは前掲書(一九九九年版)で、ギリシア加盟に触れ、「その結果は失望するものだった」と指摘し、失敗だったと示唆している。理由の説明はないが、事実が証明している。つまり、その後も、一〇番目の加盟国ギリシアは他の加盟国の列から外されるか、待たされることが何度かあったのである。例えば、一九九八年、ユーロ圏=ユーロランドに一一カ国が参加を認められたが、ギリシアだけは収斂基準を満たさないとして認められず、辞退・留保国のイギリス、デンマーク、スウェーデンとともにpre-insと称されるグループに入っている。なお、イギリスは伝統に従ったのか、ここでもdérogation=opting out(特例=適用外)を選んでいる。

ギリシアは「常習犯」、仏独も「前科」 ギリシアの「前科」はまだある。二〇〇一年、ギリシアはユーロランド入りしているが、二〇〇四年には、欧州委員会に提出した報告書が実際は偽装で、基準違反であったことが判明し、さらに危機前の二〇〇九年、財政赤字の過小評価をして偽装を重ねているというから、これはもうすでに「常習犯」である。それゆえ、EU内、とくにドイツをはじめ北欧諸国では、今巨額の金融支援を行なっても、焼け石に水だとする議論が絶えないのである。要するに、この国は昔からの「懲りない確信犯」なのであろう。ただし、ギリシアほどではなくとも、仏独含めて他の加盟国にもいわゆる欧州委員会の基準とか規律に違反または抵触することはよくあり、いわば日常茶飯事のようでもある。例えば、財政赤字の対GDP比率を三%以内にするというEUの財政ルールを定めた「安定・成長協定」があるが、二〇〇〇年代前半にこれを真っ先に破ったのはフランスとドイツである。両国とも「ヨーロッパの病人」と言われた時期があり、今は、財政規律を声高に主張するドイツにも前科があるのだ。シュミット元首相ならずとも、どこかの心ある識者がドイツに説教面するなと、諫めるはずである。

もっとも、EUが過重債務、デフォルト(債務不履行)のギリシアを放置できないのは、ユーロ危機の観点からだけでなく、ほかにもあるようだ。例えば、ギリシアとトルコ間で南北に分断されているキプロス問題である。ギリシアはこの問題で西欧の支援を望むが、トルコは西欧にとってバルカン半島における稀なる同盟国で、北からのロシア進出へのブレーキ役、南は中近東への橋頭堡役を果たしている。戦略地政学的要衝なのである。しかもキプロスはEU加盟国、トルコは加盟交渉中と状況は複雑で、ギリシアのユーロ圏脱落は時宜を得ず、現状維持が望ましいのであろう。そうでなくとも、ギリシアはセルビア問題など政治的には西欧に同調せず、独自の立場を取ることがよくあるという。

付言すると、地政学的観点からは別な要素もあるようだ。最近の報道によれば、ギリシアとトルコ国境に不法移民防止用の壁、長さ一二・五キロメートル、高さ三メートルの鉄条網が設けられたという(二〇一二年)。ギリシア側国境の村が、二〇〇五年頃までの上陸地スペインやイタリア海岸に替わって移民の通り道の急所、穴場になり、各地からの不法移民で溢れかえっているからである。EUの監視機関フロンテクス（欧州対外国境管理協力機構）が発見しただけでも毎年数万人にのぼり、国境沿いのエヴロス川では溺死者が続出していると言われる。イスタンブールから三時間の、この村は移民侵入ルートの要衝となって、渡し守マフィアが大繁盛しており、隣国ブルガリアやルーマニアのシェンゲン協定加盟が延期されたというが、当然であろう——シェンゲン協定とは、英国・アイルランドを除くEU各国間の人の移動の自由を保証したもので、国境でのパスポート審査不要。この象徴的な「壁」構築に欧州委員会は反対し、仏独は賛成したというが、この協定見直しが検討されるはずである。一九一四年までは、ヨーロッパ大陸は身分証明書なしで自由に移動できたというが（ロシアとトルコを除いて）、一世紀後の現在は実に不自由なことである。

ところで、これには後日談がある。このギリシア－トルコ国境の壁が完成すると、別の移民侵入ルートが出現する。ブルガリア－トルコ国境である。二五年前、この国境にも、ベルリンの壁同様、鉄のカーテンがあり、共産党体制を逃れる東欧人の脱出を阻止していたが、現在（二〇一三年）同じ場所に今度は、EU圏内への移民侵入阻止のため三〇キロの壁が建設中であるという。万里の長城のごとく、人類は古往今来、他民族に対して「壁」を築くという「性《さが》」を有するが、現代もベルリンの壁だけではないのである。

それにしても、ギリシアがEECと連合協定を結んだのは一九六一年、加盟申請したのは一九七五年、そして一九八一年加盟と、一九八六年のスペイン、ポルトガルよりも早い。古代ギリシアはローマとともに西洋文明の淵源とはいえ、このバルカン半島南端の人口一〇〇〇万の小国がこうも初期から欧州共同体に関与しているのには、いささか首をかしげたくなる。あるエコノミストが言うように、自業自得とはいえ、ユーロ圏の域内総生産高のわずか二％ばかりのギリシアは、ヨーロッパ建設にとっては「鉱山のカナリヤ」、警鐘役かもしれないが。

「地中海クラブ」　ただ、ついでに言えば、ユーロ圏導入時点で問題なのはギリシアだけでなく、南欧諸国イタリア、スペインも不安視されていた。ドイツはこの「地中海クラブ」と称される諸国に対しても懸念を表明していたが、両国の懸命な財政健全化努力がなされた結果、しぶしぶ参加を認めたという。この時はベルギーも似たような状況にあったとされるが、ドイツの消極姿勢と対照的に、フランスは、一部に「ユーロランド」が「マルクランド」になりはしないかと懸念する声があったものの、「地中海クラブ」の加盟を切望している。南欧を味方につければ、自国の発言力、影響力が増すとでも思っていたのだろうか。またかつて東西の冷戦構造が今やヨーロッパ大陸では南北対立に変わったのだろうか。

なお、「地中海クラブ」の加盟時、シュミットはジスカールデスタンとともに深く関与しているが、前掲インタビューで、我々はこの三国のEEC加盟には財政面で大きな犠牲を払い、機構上の措置を講じたと述べている。そして三国をともに民主的・経済的・社会的な移行過程に入らしめたのはまさにEECであり、高くはついたが、以後もEUの拡大は高くつくだろうと予測している。政治・社会体制はおろか、言語も文化も異なる国が主権の一部を放棄して大きな統一体とか連合体にまとまるのは、容易ではないが、ましてや歴史上はじめての試みであるヨーロッパ建設には長い時間がかかる、とも言っている。シュミットは一九八一年のギリシア加盟には賛成しなかったというが、現況を見れば、その予測・状況判断は的確で、当たっているようだ。

それにしても、これはどこかで聞いたような話ではないか。十数年前の図式が今また繰り返されているのであろうか。つまり、現今のギリシアを震源とし、ポルトガル、イタリアも加わった「地中海クラブ」を債務危機の瀬戸際に追い込んだユーロ危機のさなか、フランスはユーロ共同債創設とか欧州安定基金とか欧州安定メカニズムなどの安全網強化に積極的なのに、ドイツは救済策を小出しにして様子見をしている。共同債はすでに一九九三年のドロール委員会の提案にあるというが、これはもうコンテクストが違うだけで、登場人物も主役も変わらず、筋運びも似たような悲喜劇ではないか。歴史は繰り返すというが、滑稽というか哀れむべきというか、何か暗澹たるものがある。現在のユーロ危機のヨーロッパには新たな「マーシャル・プラン」が必要だと言われているが、その通りであろう。それも、ヨーロッパによるヨーロッパ自身のマーシャル・プランである。

仏独国民のEU観の変化　さて仏独関係に戻るが、こうした状況のなかで、仏独間にも微妙な変化が起こっているようだ。ユーロ危機のさなか、両国民の心理状態がそれぞれに変調をきたしているのである。二〇一一年一月、ストラスブールで開催の仏独関係をめぐるコロックの際に行われた調査によると、フランス人の三二％がドイツを「特別なパートナー」と思っているのに対し、ドイツ人は一八％だけが同意見である。興味深いのは、すでにこの時点で、ドイツ人の三七％、フランス人の二二％がユーロ放棄に賛成しており、前者の六九％が「インフレと物価上昇抑制」を願い、後者の五一％が欧州中央銀行に「経済成長促進策」を取るよう求めていることである。ところが、ライン両岸で人びとはどちらも六〇％強がEUへの帰属は尊重すると答えている。要するに、両国民ともEUの枠内にはとどまるが、ユーロのもたらす経済危機に不安になり、内向きの姿勢になっているのだ。

フランス人の「ヨーロッパ離れ」　こうした両国民の心理状態はユーロ危機が深刻化するにしたがい、さらに変化しているようで、それは最近の調査（二〇一二年三月）でも明らかになっている。それによると、フランスでは「ヨーロッパ離れ」が起こり、ドイツに対しても好感度が激減し、パリ－ベルリン枢軸にも不信感が増しているという。数字で見ると、調査対象の五六％がブリュッセルよりも国家主権の強化が必要と答え、仏独枢軸をEUのガバナンスにおけるエンジン役として期待するのは、わずか一〇％に過ぎなくなっている。もう少し詳しく言うと、八四％が、フランスはヨーロッパ問題で重要な役割を果たしており、うち五八％はフランスの経済・人口規模からして、それが正当なものだとしている。だが、こうした数字の背後で、このパリの役割をきわめて重要だとするのはわずか四分の一、かなり重要は五九％、それほど重要でないは二三％である。

ではEUに対してはどうか。これもかなり懐疑的で、ヨーロッパがその特性を生かしてより積極的な役割を果たすべきは四八％、世界の政治・経済領域で重きをなすよう全力を尽くすべきとするのは四三％。ただ、彼らの五二％はより共同体的なヨーロッパのダイナミズムを望んでいるが、他方で三五％は国家の独立性を擁護しているという。要するに、フランス人は「ヨーロッパ」にあまり期待しなくなり、やはり内向きになっているのである。大統領選挙中の調査であるとはいえ、留意しておくべきは、彼らの「ヨーロッパ離れ」は仏独のタンデムに対する失望感、すなわちドイツに対する信頼度の急速な低下が劇的であることと併走していることだ。

しかしながら、ことはそう単純ではないのも確かである。同時期の別の調査によると、同じフランス人の五二％が経済危機の解決はEUの役目であり、七九％が各国予算に対する監督権強化を望み、八八％が成長促進の欧州プランに賛成しているという結果が出ている。この「ヨーロッパ離れ」とは逆のような調査結果を見て、ブリュッセルの某高官はこうコメントしたという。「フランス人のヨーロッパ観がネガティヴになったのは、彼らが突然、フランスはヨーロッパではないことか、またはヨーロッパは決してフランスにはならないことが分かったからである。大統領選挙戦を見ると、この国がいつも自己自身に執着したままで、ヨーロッパは彼らの目論見に役立つ場合にのみ人気を得ることが分かる」。実際は、選挙戦でなくても同様かもしれないが……。

ただし、ヨーロッパ建設自体に関しては、フランス人は二分されている。確かに、これまで見てきた通り、ド・ゴールの「ノン」にまで遡らなくとも、フランス人は国民投票で、一九九二年のマーストリヒト条約、二〇〇五年の欧州憲法条約批准を拒んでいる。だが、ヨーロッパ共同体の発起人ジャン・モネ、ロベール・シューマン以来、その生成に主導役を果たしてきたのも、同じフランス人である。つまり、ヨーロッパ建設に対するフランス人のアンビヴァレンツは、いわばフランス人の国民意識とかメンタリティ、価値観に刻み込まれたDNAに由来するのだろう。ともあれ、前者の調査が『ル・モンド』紙とEuropa Nova協会〔ヨーロッパ問題を扱うシンクタンク〕、後者が欧州委員会向けだが、調査は水物とはいえ、分からぬものである。

ドイツ人の関心　では、ドイツ人はどのように考えているのか。上述のような調査結果は手元にないが、いくつかのエピソードから推測してみよう。まずユーロ危機のさなか、現在（二〇一二年三月）ドイツで最も話題になっているのは、欧州安定メカニズムEMSでも欧州機関ユーロ圏財務相会議やEMSのトップ人事でもなく、なんと「児童自宅保育手当」問題だという。三歳以下の幼児を対象とし、年間二〇億ユーロを要するとされるこの手当制度の詳細はおくとして、連邦議会でEMSの討議が始まった直後、議員諸氏は復活祭の休暇もあって、この手当問題のため選挙区に飛んで帰ったそうである。

この手当制度の後日談に触れておくと、二〇一三年八月から、ドイツでは、家庭保育をする親には一定額の児童手当が支給されるという。幼稚園・保育園が圧倒的に不足しているためであろうが、これはこうした施設や育児制度が充実しているフランスとは、いわば正反対の給付制度である。ただ制度の違いというだけでなく、これは仏独の社会生活文化観の違いによると思われる。ドイツには、「ハウスフラウ（Hausfrau 主婦）」なる言葉があるが、この「ハウスフラウ」とは、子育てはもちろん、家庭生活全般を完璧に切り盛りする女性像、いわば「良妻賢母」のことで、ゲーテの国では伝統的な社会的存在である。フランスにはこのようなイメージの女性像はないだろう。これに対し、Rabenmutter（カラス母さん）なる語があるというが、これは他人に育児を委ねる母のことを指すらしい。二十一世紀の現在でも、働くドイツ人女性の六二％はパートタイムで、フランス人女性の二六％とは大きな違いがあり、そのためなのか、ドイツでは男女間の給料格差も大きいという（OECD調査、二〇一二年一二月）。かつてドイツの小中学生は午前中授業で帰宅していたようだが、今でもそうだろうか。ちなみに、一人あたりの女性の出生率はフランス人女性が二・〇一なのに、ドイツ人女性は一・三九である。

一般に、ドイツ国民は「地中海クラブ」救済のために彼らの税金が使われるのには反対で、自国の首相が非ヨーロッパ的な振る舞いをしても容認しているのを見ると、ユーロ問題に大きな関心はなく、社会問題が優先しているようだ。ドイツはユーロ圏一七カ国のなかで、「ユーロの配当」を最大限享受しており、経済は好調で、失業率も低く、その分だけでも責任は重大だが、国民は南欧諸国の困窮、財政危機などに大きな関心はないのだろう。二〇一二年五月のZDF（ドイツ第2テレビ）の調査では、ドイツ人の七九％が共同債に反対しているというが、それでもフランス人のような反EUアレルギー反応は起こさないのだ。ただし、状況が悪化・深刻化するにつれて、ドイツ国民にもEU懐疑論やドイツマルク復帰願望が徐々に芽生えつつあるという……。

ドイツのEU重視姿勢　他方、ドイツのEU重視の傾向は変わらないようで、野党SPD党首はフランス紙のインタビューでこう答えている（『ル・モンド』紙）。「フランスでは、それ〔防衛問題〕が難しいテーマであることは承知している。しかし我々はなぜ責務を分担しないのか？　我々はなぜ今なお、外交・共同防衛政策を強化して、欧州共同軍を創設することに至らないのか？　将来、我々の共通利益を守るのはヨーロッパなのだ！」。たとえドイツ外務省某高官が、これは「見せかけのグッドアイディア」だと論評しても、また国益が最優先、決定的であっても、この発言は困難な政治統合へのプロセス、展望を示している。さらにこの発言は、半世紀前に頓挫した欧州防衛共同体構想を想起させるが、制定されたばかりの財政規律強化のための新条約の再交渉、批准拒否まで示唆して、黴臭い国家主権幻想にこだわったフランス社会党大統領候補とは大違いである。SPD党首がアデナウアー以来の西側への統合路線の伝統に忠実ならば、フランス新大統領はド・ゴール直伝の国家主権優先主義をなぞっている。仮にこの二人が両国のトップになり、仏独枢軸のタンデムを組むことにでもなれば、一体どうなるのだろうか。困難な状況のなかで以後も仏独のリーダーシップは続くだろうが、心もとない話ではある。

またユーロ危機のさなか、ドイツのヨーロッパ志向は別なところからも示されている。ドイツ財務相がベルリンに各国の同僚を招いて、非公式な会合を開いたが、目的は「ヨーロッパの未来」を論ずるためだったという。これは、アテネの街頭で国旗が燃やされたことに傷つき、ドイツに支援を感謝するどころか、ナチに喩えて逆恨みするギリシア人など助ける必要はないと思う国民やメディアの反応に不安になったドイツ政府が、イメージの回復を図ったものとされている。さらに、このドイツ財務相は「ヨーロッパ・コミュニケーション戦略」案まで閣議に提出して、傷ついたイメージを修復しようとしているそうだが、首相自身も遅れてはいない。彼女も各国同僚をベルリンでの非公式夕食会に招待して同様の作戦を展開し、そのうえ保守党元首にしては珍しく、ベルリンでヨーロッパ各国の労働機関の代表たちとまで会ったという。まさに涙ぐましいまでの努力、イメージ回復作戦ではないか。

なお、伝えられるところによると、このドイツ財務相が二〇一二年度のカール＝シャルルマーニュ大賞を受けるという。この大賞はドイツのアーヘン市が一九五〇年創設し、「ヨーロッパ統合に貢献した傑出した人物」に授与するもので、一般に国家元首か首相クラスが対象者だが、一国の財務相が選ばれることは異例である。ただ彼はコール元首相の側近で、一九八九年のベルリンの壁崩壊後、ドイツ再統一、ベルリンへの首都移転など一連の統合プロセスを取り仕切った人物で、そのためにテロに襲われ、下半身不随になっている。だが、この親フランス派とも言われている財務相はEUの財政緊縮政策の親玉のように見られているだけに、ユーロ危機のさなか、何か釈然としない皮肉な大賞授与に思える……。ちなみに、ジャン・モネも受賞者であるが、「ヨーロッパのための魂」とも称されたシューマンは受けていない。ただ、かなり前から、ヴァチカンではシューマンの列福化が俎上に載せられているそうだが、いまだ実現していないという。

エピローグ——明日のヨーロッパ建設と仏独関係

ライン両岸のカップル　さて、ヨーロッパ建設過程におけるEUとユーロ危機の現状を見ながら、ドイツとフランスの有り様を述べてきたが、ヨーロッパ石炭鉄鋼共同体の創設以降、半世紀を越えて今なお続いているヨーロッパ建設に主導的な役割を果たしてきたのは、言うまでもなくフランスとドイツである。前述したように、この両国の歴史はライン河を挟んで互いに絡み合いつつ接近・対立・断絶の交錯する歴史であった。結合と離反を繰り返す、いわばカップルの歴史でもあるが、大きな断絶の時期を見ると、一六四八年、一八一五年、一八七〇年、一九一四—一八年、一九四〇—四五年とあり、我々の記憶になお新しいこともある。こうした仏独の歴史は、たとえて言えば、戦争と平和を両極とする振り子運動のようなものであった。この振り子が偏らず緩やかに動いている場合は問題ないが、ユーロ危機の現在、動きがまた速まり、乱れている。そうしたなかで、パリ－ベルリンの仏独枢軸の強化、両国首脳の連携強化がこれまで以上に求められているが、はたしてこのデュエットがうまく協奏し、振り子が円滑に振れるだろうか。

二十一世紀の現在、政治・経済・社会・文化などあらゆる領域においてグローバリゼーションが進むなか、世界中の出来事がさまざまなレベルで連動し輻輳する。かつてメッテルニヒは「パリが風邪をひけば、ヨーロッパは悪寒がする」と言ったが、現在はそれどころではない。とりわけ、いつの時代でもあるとはいえ、経済・金融危機の与える影響は大きく、インターネット社会の情報伝播力は恐るべきもので、瞬時にして情報が世界中を駆けめぐり、凄まじいまでの破壊力を秘めている。そうしたなかで、ヨーロッパ建設において、仏独関係はどのような役割を果たすべきなのか。

原点ジャン・モネ　今一度ヨーロッパ建設の原点たるジャン・モネに戻ると、彼はその『回想録』(一九七六)の末尾で、「過去の主権国家はもはや現在の問題を解決できる枠組みではない。またヨーロッパ共同体そのものも明日の世界の組織形態への一段階に過ぎない」と述べているが、このヨーロッパ統合の立役者は、冷戦のさなかにあって、ヨーロッパ建設の普遍的な意味を明確に捉えていた。歴史を顧みて、一般的に言っても、文明世界の地域のなかで、ヨーロッパほど大きな厄災と混乱に襲われたところはない。また他のいかなる地域でも、平和と相対的な繁栄がこれほど密接に戦争と貧困に隣り合ったところもない。しかし、世界のどの地域でも、これほど社会・民族集団の憎悪とか国家主権の相剋対立を超克する努力をしたところもない。大戦終結後、冷戦の黒雲が忍び寄り、世界の空に広がり始めた頃、ヨーロッパ共同体の礎を築いたモネには、そうした思いがあり、その建設に賭けたのだろう。

ところが、二十一世紀初頭の現在、「ヨーロッパ合衆国」まで夢見たモネの思いとは裏腹に、フランスでは、前記のEU新条約への拒否反応やシェンゲン協定の見直しの声さえ起こり、ドイツはユーロ問題解決の主導的役割を求められているのに、国民の不満感を気にするのか、決断力を欠いたままである。フランスは国家主権に執着して財政規律を緩めようとし、ドイツは財政規律強化を叫び、ユーロボンド構想を拒み続けている状況下、アデナウアーとド・ゴール以来のタンデムが順調に機能するだろうか。そうでなくとも、EU内では、従来、仏独枢軸のリーダーシップに不安・恐怖心があり、今でも不満のつぶやきが洩れているのだ。

例えば、前にも触れたが、一九六三年、ド・ゴールがイギリスのEEC加盟を拒否した際、ベルギーやオランダなどの小国は隣国の仏独両大国のヘゲモニーを嫌い、この加盟に賛成していた。彼らには、仏独枢軸支配がフランス革命期の「総裁政府」のイメージと重なり、強迫観念となっていたのだろう。これは、イギリスへの二度目の加盟拒否の際にも起こっているが、ベネルクス三国などには、イギリスの存在が仏独両大国への錘となる、いわば代替保証のようなものだったのだ。だが、ロンドンの方に視線を向けるのは、彼ら小国だけではなく、イタリアも長らく仏独枢軸に対する不信感が強く、イギリス加盟賛成派であったし、さらにはアメリカとの友好関係も維持していたのである。現在でも、イタリア首相主導で、財政規律、緊縮経済に対して成長を目指した自由主義的な政策の容認を求める一二カ国首脳の公開質問状が出されたという。かくのごとく、ヨーロッパ建設の道は問題山積、前途多難であり、ヨーロッパ共同体というモザイク模様は多様なのである。

ヨーロッパ共同体の多様性　そしてこの多様性こそヨーロッパ共同体の特徴の一つとされる。それは発足時の条約文が、オランダの紙にドイツのインクで記され、フランスの印刷所で刷られ、製本はベルギーとルクセンブルク、絹の栞はイタリア製だったことが物語る。実際、モネは、半世紀前、アデナウアーとの初会見で、仏独の統一行動はそれぞれの多様性を損なうものではなく、「多様性は資産であり、文明を豊かにする」と宰相を説得している。一九五二年の石炭鉄鋼共同体から現在のユーロ危機の時代までの流れを見れば、確かにその通りであろう。六カ国のEECから深化拡大を繰り返してきたEU加盟国は今や二八カ国、ヨーロッパ大陸のほぼ全域にわたっており、人種・民族・歴史・文化・言語すべての面において多種多様である。EUは多様性そのものなのである。だが、昨今のユーロ問題をめぐるEU内の右往左往の混乱ぶりを目の当たりにすると、ヨーロッパは多様であるというだけではすまされないだろう。またノーベル経済学賞受賞者ポール・クルーグマンは、「ユーロはロマンティックな理念、政治的統一の美的象徴であった」(『レクスプレス』二〇一二年八月)と過去形で言っているが、それではすまないだろう。

さて多様性と言えば、フランスの言語学者クロード・アジェージュが、あるインタビュー記事でこう語っている。「ヨーロッパの豊かさはまさにその多様性にある。ウンベルト・エーコ〔イタリアの作家・記号論学者。一九三二―〕が言うように、〝ヨーロッパの言語とは翻訳なのだ〟。翻訳は――〔欧州議会などにおける〕翻訳費用は、言われるほど高くはない――文化の違いを浮彫りにし、称揚し、他者の豊かさを理解させてくれる」(『レクスプレス』二〇一二年四月)。そしてこの言語学者は、英語のパワーを認めながらも、その専一的独占性を排し、「ことばの多様性」のために闘っていると宣し、アルメニアの諺「いろいろな言葉を知っているのは、その分だけおまえは人間ということだ」を引いている。ただ、英語のみならず、ヨーロッパ大陸にいわゆるlingua franca(共通語)が生まれるのはそうたやすいことではあるまい。EUにピジン英語が生まれるとは思えない。もちろん、この多様性に関してはより基本的な観点から諸説が多々ある。詳しくは前掲『ヨーロッパ』などにあるが、例えば、エドガール・モラン著『ヨーロッパを考える』(林勝一訳)にはこうある。「ヨーロッパという概念は多様でかつ全面的な複合性に基づいてとらえねばならない」。またナポレオンでさえ、「ヨーロッパは世界の一地方であり、我々が戦っても、内戦をしているようなものだ」「あまりに多様であることが、一大家族となるべき、この美しいヨーロッパの諸国民をなおも隔てている」と、ある英国人政治家に語ったと伝えられるが、大陸制覇のための方便のナポレオン式ヨーロッパとはいえ、この夢は波長を変えてヴィクトル・ユゴーが唱えることになる。問題は幅広く、奥深いが、ここでは「ヨーロッパ」そのものが論旨ではないので、これ以上は触れない。

ウンベルト・エーコ「文化によって、我らヨーロッパ人」ところで、引き合いに出されたウンベルト・エーコは、別のインタビュー記事で、次のように述べている。きわめて印象的かつ示唆的で含蓄に富んでいるので、いささか長いが見ておこう（ヨーロッパ六新聞合同補遺《Europa》二〇一二年一月）。

「さまざまな欠点があるにもかかわらず、グローバル化された〔世界〕市場にもメリットがあり、そのお陰でたとえアメリカと中国の間でさえも、〔大きな〕戦争は以前よりも起こり得なくなった。（たとえアメリカで、かつて一時ドイツ語が英語の覇権を脅かし、今日スペイン語に侵入されているとしても）唯一の言語をもった唯一の国、アメリカをモデルにしたヨーロッパ合衆国はあり得ないだろう。我々にはあまりに多くの言語と文化があり、この〔六カ国語の〕補遺は称賛に値するイニシアティヴだが、それはまさに〃唯一語の〃新聞など当面はユートピアだからなのだ……」。そしてウェブサイトの効用を説き、そのお陰で、ロシア語を必ずしも完全には読めなくとも、ロシアのサイトを閲覧できるし、「他者の存在を意識する」としてこう続ける。「リスボンからワルシャワまで、サンフランシスコとニューヨーク間以上の距離はないと思うが、我々は連邦、それも壊せない連邦／連合体であり続けるだろう」。

＊　ここでウンベルト・エーコの言う「ドイツ語が英語を……」のくだりは詳細不明だが、十八・十九世紀にアメリカ大陸に渡ったドイツ人は優に三〇〇万を超えるといわれ、とくに十九世紀半ばドイツの「飢餓の四〇年代」、新大陸にはドイツ移民が約五〇万人いた。こうした現象のことだろうか。この時期、三月革命を逃れた「四八年の人々」と称する移民集団がおり、南北戦争で北軍に加担した者が相当数いたという。いずれにしろ、北米へのドイツ移民の流れは、ビスマルクの帝国建設移行も長く続いており、その果たした役割は大きかったとされている。ノースダコタの州都ビスマークはその名残りだろうか。

しかしながら、このコスモポリタンなヨーロッパ知識人の最もユニークなのは「我ら唯一のアイデンティティ、文化」という信念であろう。ウンベルト・エーコにとって、「文化だけが戦争を越えて我らのアイデンティティを成すもの」であり、一九一四年から一九四五年、さらにはベルリンの壁崩壊までの「ヨーロッパの長い内戦」「兄弟殺しの戦争」を克服するのは文化によってである。そしてこの「文化によって、我らはヨーロッパ人となる」のだが、EUとユーロが「内戦」から生じた深い亀裂を閉じてみせたにもかかわらず、文化に育まれるべきヨーロッパのアイデンティティはいまだ広まっておらず、稀薄（shallow）であり、その傷口を完全に塞いで「深く濃いアイデンティティ」を育成するにはさらに時間と忍耐を要するという。確かに、その通りであろう。

ユーロ紙幣の図柄　ところで、この脆弱なアイデンティティを象徴するのは、ユーロ紙幣の図柄かもしれない。通常各国通貨には国民的英雄や偉人が描かれるものだが、ユーロ表面は門や窓、寺院の正面入口、裏面は橋がモチーフとなり、デ・キリコの絵のような建築物的パノラマ図で、無色透明、味も素っ気もない。無機物紙幣である。上記インタビューで、ウンベルト・エーコは、ヨーロッパ人が〝稀薄〟ではなく、深いアイデンティティを有することを示すため紙幣に肖像を描くとすれば、どのような人物が適当かと問われて、こう答えている。我々を分裂させたラデツキー（ボヘミア出自だが、オーストリアの名将）とかカヴール（十九世紀イタリアの国家統一運動に貢献した）のような政治家や傭兵隊長ではなく、「我々を結びつけた文化人、ダンテからシェークスピア、バルザックからロッセリーニなどの文化人のものが好ましい」。ユーロ紙幣の肖像にダンテやシェークスピア、バルザック、ロッセリーニとは、コスモポリタンのヨーロッパ知識人ウンベルト・エーコの面目躍如たるものがありはしないか。エーコは現在八二歳、ミラノ在住。夫人はドイツ人だという。

なおトゥールモンの前掲書によれば、当初ユーロ紙幣の図柄に関しては、各国の識別記号を残す案も検討されたが、EUの脱国家的性格を考慮して否決されたという。ただし、硬貨には残されている。また図柄にも、風景とか歴史記念物、新生ヨーロッパを象徴するような人物は選ばれず、国籍不明、無色透明の建築物モデルが描かれたのは、特定されたり、主観的な選択を非難されたりするのを避けるためだった。ついでに言えば、ユーロ紙幣は五〇〇ユーロまであるが、当初ドイツ人とオランダ人はその国民的習慣からなのか、高額紙幣を望んだという。かつてドイツには一〇〇〇マルク紙幣があったが、日本円ならば、単純比較で一〇万円紙幣であろうか。こうした図柄も、やがて二〇一三年春から様相を一変したようだ。五ユーロから交換が始まる新紙幣の図柄は、ヨーロッパが透かし模様になり、ギリシアの女神像が入ったというが、現況を考えると、このECBの新紙幣にはなにやら期待と皮肉がありはしないだろうか。皮肉と言えば、紙幣ではないが、二〇一二年に投入された二ユーロ硬貨に有名なノイシュヴァンシュタイン城が刻まれたという。この城はバイエルンの狂王ルートヴィヒ二世が王国の財力を超えるほどの巨費を投じて築城したとされるが、ユーロ危機のさなかによくぞ選ばれたものである。ドイツ首相は観光目的と言ったそうだが、緊縮財政への当てこすりか。

ユーロフォリアは夢か

ともあれ、これまで九世紀のヴェルダン条約による仏独誕生以降、かたや神聖ローマ帝国、第二帝国、第三帝国を経てドイツ連邦共和国、かたやカペー朝、ブルボン朝フランス王国、革命後のフランス共和国、第一帝政、第二帝政を経てフランス第五共和国、そして現況のユーロ危機に至るまでの仏独千年史を通覧してきた。翻って、ヨーロッパ共同体建設に限ってその流れを見ると、半世紀間で仏独主導の下、経済・財政統合にはある程度成功し、政治統合へのプロセスを進めつつあるが、現在のユーロ危機をめぐる動きからすると、その経済・財政統合さえ不安定で、危うい。ユーロフォリアなど夢のまた夢……共通の外交・防衛政策を柱とする政治統合となると、はるか地平線の彼方にあるような気がする。

ウンベルト・エーコが言うように、アメリカ型の「ヨーロッパ合衆国」の形成は、ヨーロッパの特性たる、あらゆる面における多様性のゆえに困難、事実上不可能に近いかもしれない。今のEUは、国際紛争や独裁国家に対して無力な国連のミニサイズ版のようなものであろうが、国家連邦制または国家連合体のいずれにしろ、はたしてどのようなヨーロッパ共同体が可能なのだろうか。なるほど、文化によるヨーロッパのアイデンティティ形成を唱えるエーコは、一例として、エラスムス計画（ヨーロッパにおける学生・教員の大学間相互乗り入れ・交流プログラム。一九八七年創設）を挙げている。確かにこれはかなり成功しており、彼はこれを広汎な領域や社会層、職人や労働者にまで広げる構想を提案しているが、これまた気の遠くなるような話である。「百年河清を俟つ」に近い。エーコは、八年前の別のインタビューでも、「ヨーロッパの文化的統一を確信している」と語ってはいるが……。

仏独の現況素描

こうして見てくると、このような困難な状況にあって、ドイツとフランスはヨーロッパ建設に向けてどのように立ち向かってゆくのだろうか。二十一世紀初めの現在、フランスは、大方の見るところ、ユーロ圏の大国のなかで最も脆弱で、対GDPの歳出比率がドイツはおろか、問題のスペイン、ギリシア、イタリアよりも高く、貿易赤字も大きく、競争力も弱い。もちろん、フランス経済指標にもポジティヴな面がまったくないわけではないが、かつて言われたように、実際は「ヨーロッパの病人」なのだろう。ギリシアなど「地中海クラブ」だけが病人ではないのだ。

他方、ドイツも、先にも触れた如く、かつてはヨーロッパの病人と言われたことがあるが、現在はあらゆる面で良好健全、最大の懸念はインフレだというから、ライン両岸の差は歴然としている。前述したが、ドイツ人には、インフレはいわばトラウマで、「節約する者が盗み取られ、堅実な者が欺き取られる」という強迫観念があるのだろう。もっとも、駐仏ドイツ大使の言によると（二〇一二年四月）、ドイツも債務水準は高いし、とくに出生率の低下が問題であり、失業者も三〇〇万人いるが、「ミニジョブ（僅少雇用＝月収四〇〇ユーロ以下または短期雇用）」や「一ユーロ雇用（生活補助受給者）」などの社会政策で凌いでいる面もあるのだという。とくに国民間の経済格差が大きくなっているとも言われるが、マクロ経済とか現在の国力の観点からすると、いわゆる「スプレッド（利回り差）」の大きさどころではない。東ドイツという残骸を処理吸収するためでもある、ドイツの前シュレーダー政権が始めた（不人気な）労働社会保障改革（アジェンダ二〇一〇）との差が出たのか、今やパリは黄昏時で、ベルリンがEUの重心になっている。実際、一〇年後の現在、このシュレーダー改革、とりわけ賃上げ抑制がドイツの順調健全な経済状況に好影響をもたらした要因だという。この一〇年間、ユーロ圏では、賃金が平均二〇％上がっているのに、ドイツでは七％増えただけで、ドイツ国民はそれに堪えてきたのである。

　このシュレーダーのアジェンダ二〇〇〇を補足しておくと、その象徴はハルツ第四法に規定されたいわゆる失業保険手当が三二カ月から一二カ月に短縮されたことであろう。そうした一連の緊縮財政措置により、労働コストの低減、競争力の改善を図り、当時ヨーロッパの病人であったドイツは、一部の貧困化など副作用を伴いながらも、経済再生し、今日に至っているのである。二〇〇五年には、ドイツの失業者数（五〇〇万）はフランス（二七〇万）の二倍近かったのだから……この苦い思いがあるため、ドイツ人は例の地中海クラブにも厳しい態度を取るかもしれない。それはともかく、現況はドイツ人が「ヨーロッパはドイツ語を話している」と思い込むような状況ではあるが、ただよいことばかりではなさそうだ。某フランス人ジャーナリストの報告によると、今では綻びも目立ち始め、「ドイツ病」のような現象が生じているという。例えば、ベルリン新空港の開港、巨大タンカー受け入れ用の新港開港などの大幅な遅延、ベートーヴェンの国なのに、二〇〇三年着工のハンブルクの新コンサートホール建設が遅れに遅れ、二〇一五年開演予定などの事態が起きている。しかも、これらは完成遅延だけでなく、巨額のコスト増を招いている。勤勉なはずのドイツ人にしては信じられないことである。とくに、新空港は再統一二年後の一九九二年計画、二〇一一年開港予定が二度も延期されている。これは既存のシェーネフェルト空港（東部）とテーゲル空港（西部）に取って代わるものとされていたが、後者は一九四八年、ベルリン封鎖の際、フランス人が数週間で建設したもので、この新空港がいまだ実現しないということは、ドイツ再統一がいかに困難であるかを物語る、何か象徴的なことのように思われる。ちなみに、今に残る帝国議会の建物もフランス・ユグノーの子孫の建築家パウル・ヴァロットの作品であるが（一八八四年起工―一八九四年竣工）、相剋対立はあっても、仏独はどこかで係わり合っているものである。

ところで空港問題に限らず、そうした事例は多数あり、「メード・イン・ジャーマニー」にもガタがきているとして、このフランス人記者子は自尊と復讐心（?）を込めてなのか、こう皮肉っている。「ドイツはいつもそう評判通りなのではない。それを納得するには電車（インターシティー・エクスプレス）に乗ってみるだけでよい。確かに快適ではあるが、TGVとは比べものにならないほど遅いし、しかもしょっちゅう遅れる」。ただこれは、実際に双方に乗ってみると、卑俗な言葉で言えば「目くそ鼻くそを笑う」の類で、日本の新幹線に比べれば、スピードだけは同じだが、日本版新幹線の方がすべて、とくにソフト面ははるかに優れている。仏独の新幹線で日本よりましなのは、車掌が仏独英の三カ国語を話すこととかTGVにはいくつか割引制度などがあることとくらいであろうか。

さて、終幕したフランス大統領選のさなか、ドイツ人はかつてなかったほど関心を示し、その「無味乾燥さ」に苛立ち、失望し、批判していたという。例えば、中道左翼の『南ドイツ新聞』などは、フランス人は真の問題が分かっていないとして、フランスの病点をこう指摘している。「数年前からの高い失業率は？……巨額の貿易赤字や企業の競争力欠如は？……住宅問題の深刻な危機は？　未来世代にのしかかる重い公的債務は？」。もちろんこれだけではない。移民が多く住む郊外、ミニ・ゲットー化した「不穏地区」や貧困、治安問題など挙げれば切りがない。しかるに、昨今フランスではこういう重要問題が争点にならず、反ヨーロッパ的な意見が趨勢を占め、「欧州委員会を欧州議会によってコントロールされる政府に発展させる」という方針のドイツとは相容れなくなっているようだ。政治統合どころではないのである。

仏独枢軸のゆくえとヨーロッパ建設

こうした病めるフランスに、ドイツ人はこれからの仏独関係はどうなるのかと不安をおぼえ、経済紙『ハンデルスブラット』の某パリ特派員などは、誰が大統領になろうと、「ドイツにとって、フランスは前よりも厄介なパートナーになるだろう」と予測しているそうだが、これではアデナウアー＝ド・ゴール以来の仏独枢軸主導のヨーロッパ建設もおぼつかない。最近の調査（月刊誌『パリ／ベルリン』二〇一二年一月号）では、仏独の若者がヨーロッパ諸国のどこに最も近いと思うかと問われて、フランス人は二五％がドイツと答えたのに対し、ドイツの若者は二一％だけがフランスを挙げ、また仏独青少年友好事務局（一九六三年のエリゼ条約に基づいて設立された独立の政府機関）の責任者も、数年前から、ドイツの若者のフランスに対する関心が薄れていると指摘しているという。これは嘆かわしいことに事実のようで、仏独国境の町ストラスブールでさえ、ドイツ語を話せる若者が著しく減少しており、またドイツでも同様にフランス語を話す若者が激減しているようである。

さらに皮肉なことにというか、象徴的にとでもいうか、現在欧州中央銀行ＥＣＢのあるフランクフルトでは、ユーロの危機を暗示する二つのことが話題になっている。一つは、フランクフルト空港の第二ターミナルの入口上部に架かっている、ユーログループを象徴する一七の星に囲まれた青い、高さ一五メートルの「E」の彫刻飾りが、第三ターミナル増設のため取り外される予定。もう一つは、現在のECBの前にある巨大な二六トンの彫刻像「E」が、二〇一四年新ビルへの本拠地移転のため除去される予定で、再建されるかどうか目下不明。些細なことかもしれないが、これは何やらユーロの運命を象徴しているのではないだろうか。

もう一度問うが、このような状況にあって、ドイツとフランスはどう立ち向かい、明日のヨーロッパ建設はどうなってゆくのだろうか？　仏独だけで、EU人口の三分の一を占め、域内総生産の約四〇%を生み出している。現在フランス人口は六五〇〇万、ドイツは八二〇〇万だが、出生率状況がこのまま続くと、フランスは比較的安泰だとしても、ドイツは二〇五〇年には、よくて七三〇〇万、悪くすると六六〇〇万、六〇歳以上が人口の四〇%に達する老齢化問題に直面するという。ユーロ危機だけでなく、こうした諸問題を抱えたこの二国の主導下で、ドイツ語だけを話すでもない、フランス語だけを話すでもない「ヨーロッパ」が生まれるだろうか。一千年を越える歴史を有する仏独の象徴「マリアンヌとゲルマニア」、または「雄鶏と鷲」（次頁参照）のペアはこの先どうなるであろうか？　仏独が中心的役割を担う欧州連合は確固たる未来のヨーロッパ社会を築けるだろうか？　EUへの道は悪路難路で険しく遠いようだが、フランスとドイツは、ここ数年来続く「最低水準」と呼ばれるような関係を克服して、ともに手を携えこの茨の道を歩まざるを得ないのだろう。かつてモネは、「ヨーロッパは危機を通して建設され、そうした危機にもたらされる解決策の頂点として実現されるだろう」と予言したというが、はたしていつそうなるだろうか。二〇一三年、仏独のカップルは「金婚式」を迎えたが、双方が真に《Vive l'amitié franco-allemande !》《Es lebe die deutsch-französische Freundschaft !》（仏独友好ばんざい！）と歓呼する日はまだまだ遠いのかもしれない。

雄鶏と鷲
（『マガジンヌ・リテレール』1997年11月，359号より）

参考文献

（ほぼ本書で参照・引用した順に掲載）

Maurice Agulhon/Pierre Bonte: *Marianne — Les visages de la République*, Découvertes Gallimard, 1992（『マリアンヌ』）

（カタログ）Les musées de la Ville de Paris: *Marianne et Gemania (1789-1889) — Un siècle de passions franco-allemandes*, 1997（『マリアンヌとゲルマニア』）

ローベルト・クルツィウス『フランス文化論』大野俊一訳、みすず書房、一九七六年

ロバート・バートレット『ヨーロッパの形成』伊藤・磯山訳、法政大学出版局、二〇〇三年

ヴァルター・フォン・ヴァルトブルク『フランス語の進化と構造』田島・高塚他訳、白水社、一九七六年

Joseph Rovan: *Bismarck, l'Allemagne et l'Europe unie — 1898-1998-2098*, Ed.Odile Jakob. 1998（『ビスマルク、ドイツと統一ヨーロッパ』）

——: *Mémoires d'un Français qui se souvient d'avoir été Allemand*, Ed. Du Seuil, 1999（『ドイツ人であったことを覚えているフランス人の回想録』）

ラ・ブリュイエール『カラクテール』全三冊、関根秀雄訳、岩波文庫、一九五三年

（拙訳）ウージェーヌ・フィリップス『アルザスの言語戦争』白水社、一九九四年

Gaston Zeller: *La France et l'Allemangne depuis dix siècles*, Armand Colin, 1932（ガストン・ゼレール『独仏関係一千年史』本田喜代治訳、白水社、一九四一年）

ハインリヒ・ダンネンバウアー『古ゲルマンの社会状態』石川操訳、創文社、一九六九年
タキトゥス『ゲルマーニア』田中・泉井訳、岩波文庫、一九五三年
カエサル『ガリア戦記』近山金次訳、岩波文庫、一九四二年
プロスペール・メリメ『コロンバ』杉捷夫訳、岩波文庫、一九七〇年
マックス・ウェーバー『古ゲルマンの社会組織』世良晃志郎訳、創文社、一九五一年
『ロランの歌』有永弘人訳、岩波文庫、一九七〇年
増田四郎『ゲルマン民族の国家と経済』勁草書房、一九五一年
――『西洋中世世界の成立』岩波全書、一九五〇年
ヴィルヘルム・アーベル『ドイツ農業発達の三段階』三橋・中村訳、未來社、一九六四年
アンリ・ピレンヌ『ヨーロッパ世界の誕生』増田四郎監修・中村・佐々木訳、創文社、一九六〇年
レジーヌ・ル・ジャン『メロヴィング朝』加納修訳、文庫クセジュ、二〇〇九年
アインハルト「カール大帝伝」国原吉之助訳、筑摩世界文学大系66、中世文学集2所収、一九六六年
木村尚三郎編訳『世界を創った人びと6　カール大帝・ヨーロッパ世界の形成者』平凡社、一九八〇年
フレイザー『金枝篇』全五冊、永橋卓介訳、岩波文庫、一九六九年
小倉欽一・大澤武男『都市フランクフルトの歴史――カール大帝から一二〇〇年』中公新書、一九九四年
Henriette Valtère: *Honni soit qui mal y pense*, Robert Laffont, 2001（『思い邪なる者に災いあれ』）
シュテファン・ツヴァイク『マリー・アントワネット』全二冊、高橋・秋山訳、岩波文庫、一九八〇年
ゲーテ『詩と真実』『ゲーテ全集』第11巻、菊池・伊藤他訳、人文書院、一九六一年
スタンダール『アンリ・ブリュラールの生涯』全二冊、桑原・生島訳、岩波文庫、一九七四年
――『カストロの尼』桑原武夫訳、岩波文庫、一九七四年
フランソワ・ラブレー『ガルガンチュア物語』『パンタグリュエル物語』全五冊、渡辺一夫訳、岩波文庫、一九七三年

ホイジンガ『中世の秋』堀米庸三編・堀越孝一訳、中央公論社、一九六七年
堀米庸三編『西欧精神の探究――革新の十二世紀』日本放送協会出版、一九七六年
堀米庸三『西洋中世世界の崩壊』岩波全書、一九五八年
François Menant, Hervé Martin: *Les Capétiens. Histoire et Dictionnaire 987-1328*, Robert Laffont, 1999（『カペー家、歴史と事典』）
アレッサンドロ・マンゾーニ『婚約者』全三冊、F・バルバロ、尾方訳、岩波文庫、一九七三年
ヴォルテール『ルイ十四世の世紀』全四冊、丸山熊雄訳、岩波文庫、一九五八年
――『哲学書簡』林達夫役、岩波文庫、一九五一年
Lucien Sittler: *L'Alsace, terre d'histoire*, Editions Alsatia, 1973（『歴史の地、アルザス』）
ヴィクトル・ユゴー『ノートル・ダム・ド・パリ』辻・松下訳、河出書房、一九五一年
エミール・マール『中世末期の図像学』全二冊、田中仁彦他訳、国書刊行会、二〇〇〇年
（拙著）『ストラスブール――ヨーロッパ文明の十字路』未知谷、二〇〇九年
ゼバスティアン・ブラント『阿呆船』全二冊、尾崎盛景訳、現代思潮社、一九六八年
ハインリヒ・マン『アンリ四世の完成』小栗浩訳、晶文社、一九八九年
――『アンリ四世の青春』小栗浩訳、晶文社、一九八九年
モンテーニュ『随想録』関根秀雄訳、世界教養全集2所収、平凡社、一九六九年
リチャード・フェイバル『フランス人とイギリス人』北條・大島訳、法政大学出版局、一九八七年
ルイ・レノー『近代フランスに及ぼしたる独逸の影響』佐藤輝夫訳、理想社出版部、一九四一年
ダニエル・デフォー『ロビンソン・クルーソー』全二冊、平井正穂訳、岩波文庫、一九七四年
オスヴァルト・シュペングラー『西洋の没落』村松正俊訳、五月書房、一九八九年
アーデルベルト・フォン・シャミッソー『影をなくした男』池内紀訳、岩波文庫、一九八五年

河原忠彦『十八世紀の独仏文化交流の諸相』白鳳社、一九九三年
セルバンテス『ドン・キホーテ』全三冊、永田寛定訳、岩波文庫、一九七四年
フィールディング『トム・ジョウンズ』全四冊、朱牟田夏雄訳、岩波文庫、一九七五年
ジャン＝ジャック・ルソー『告白　世界文学大系17』桑原武夫訳、筑摩書房、一九七三年
（拙訳）ジャック・ロレーヌ『フランスのなかのドイツ人』未來社、一九八九年
Lagarde & Michard: *XIXe siècle*, Bordas, 1969（『十九世紀』）
Henri Heine: *De la France*, Gallimard, 1994（『フランス論』）
――: *De l'Allemagne*, Gallimard, 1998（『ドイツ論』）
Madame de Staël: *De la littérature / De l'Allemagne* (extraits), Classiques Larousse, 1935（『文学論・ドイツ論』抄）
『シラー　世界文学大系18』手塚・新関他訳、筑摩書房、一九五九年
『ハイネ　世界文学大系78』井上正蔵他訳、筑摩書房、一九六四年
エドマンド・バーク『フランス革命の省察』半澤孝麿訳、みすず書房、一九八九年
シュテファン・ツヴァイク『ジョゼフ・フーシェ』山下肇訳、世界教養全集27所収、平凡社、一九六二年
――『昨日の世界Ⅰ・Ⅱ　ツヴァイク全集19』原田義人訳、みすず書房、一九七三年
ヒトラー『我が闘争』全二冊、平野・将積訳、角川文庫、一九七三年
Victor Hugo: *Le Rhin*, 2 vols, Imperimeri nationale, 1985（『ライン河』）
ハンス・マイヤー『アウトサイダー』宇京早苗訳、講談社学術文庫、一九九七年
（拙著）『アメリカ－フランス――〈この危険な関係〉』三元社、二〇〇七年
――『異形の精神――アンドレ・スュアレス評伝』岩波書店、二〇一一年
Michael Stürmaer: *Les Allemands — la traverse du siècle*, Endeavour Group UK, Calman-Lévy, 1999（『世紀を横断するドイツ人』）

Pierre Miquel: Les Poilus, Plon, 2000（『ポワリュ』）
Jean-Pierre Guéno et Yves Laplume (éd.): *Paroles de Poilus — Lettres et carnets du front (1914-1918)*, Radio France, 1998
（『ポワリュの証言』）
Marcel Felser: *Un Regard sur la Grande Guerre*, Larousse, 2002（『大戦への眼差し』）
Antoine Prost/Jay Winter: *Penser la Grande Guerre*, Editions du Seuil, 2004（『大戦を考える』）
Maurice Genevoix: *Ceux de 14*, Omnibus, 1998（『一四年の人びと』）
Générale de Gaulle: *Mémoires de Guerre*, 3 vols, Livre de Poche, 1971
シャルル・ドゴール『大戦回顧録』全六巻、村上・山崎訳、みすず書房、一九九九年
Jean Monnet: *Mémoires*, Fayard, 1976（『回想録』）
ギュンター・グラス『私の一世紀』林・岩淵訳、早稲田大学出版部、二〇〇六年
プリーモ・レーヴィ『休戦』竹山博英訳、朝日新聞社、一九九八年
──『溺れるものと救われるもの』竹山博英訳、朝日新聞社、二〇〇〇年
エドゥガール・モラン『ヨーロッパを考える』林勝一訳、法政大学出版局、一九八八年
マルクス『フランスの内乱』木下半治訳、岩波文庫、一九五二年
レマルク『西部戦線異状なし』秦豊吉訳、新潮文庫、一九五五年
ローベルト・ムージル『特性のない男』加藤・柳川・北野訳、世界文学全集、河出書房、一九六四年
オイゲン・コーゴン『SS国家』林功三訳、ミネルヴァ書房、二〇〇一年
ブルーノ・ベッテルハイム『鍛えられた心』丸山修吉訳、法政大学出版局、一九七五年
──『生き残ること』高尾利数訳、法政大学出版局、一九九二年
ジャン・アメリー『罪と罰の彼岸』池内紀訳、法政大学出版局、一九八四年
アルフレート・グロセール『ドイツ総決算──一九四五年以降のドイツ現代史』山本・三島・相良・鈴木訳、社会思想

社、一九八一年
ジャン＝ジャック・ベッケール／ゲルト・クルマイヒ『仏独共同通史　第一次世界大戦』全二巻、剣持・西山訳、岩波書店、二〇一二年
アンドレ・シフリン『出版と政治の戦後史——アンドレ・シフリン自伝』高村幸治訳、トランスビュー、二〇一二年

全般的なもの

渡辺・鈴木『フランス文学案内』岩波文庫、一九六一年
手塚・神品『ドイツ文学案内』岩波文庫増補版、二〇〇九年
小松・杉編『フランス文学史』東京大学出版会、一九五六年
佐藤晃一『ドイツの文学』明治書院、一九六七年
菊池・国松他編『ドイツ文学史』東京大学出版会、一九六六年
藤本淳雄ほか『ドイツ文学史』東京大学出版会、一九八一年
井上幸治編『フランス史』山川出版社、一九八五年
林健太郎編『ドイツ史』山川出版社、一九六四年
京大西洋史辞典編纂会『新編　西洋史辞典』東京創元社、一九八三年
梅棹忠夫監修・松原正毅編集『世界民族問題事典』平凡社、二〇〇二年
世界歴史大系『フランス史1・2・3』柴田・樺山・福井編、山川出版社、一九九五—一九九六年
——『ドイツ史1・2・3』成瀬・山田・木村編、山川出版社、一九九六—一九九七年
Encyclopédie de l'Alsace, 12 vols, Edition Publitotal Strasbourg, 1982（『アルザス百科辞典』）
Georges Duby: *Histoire de la France*, Librairie Larousse, 1970（『フランス史』）
Yves Hersant / Fabienne Durand-Bogaert: *Europes*, Robert Laffont, 2000（『ヨーロッパ』）

Robert Toulemon: *La Construction européenne*, Livre de poche, 1999（『ヨーロッパ建設』）

＊その他、*Le Monde, Le Nouvelle Observateur, L'Expresse, Magazine littéraire, L'Histoire* などの仏独関係特集記事を参照した。

あとがき

二〇一四年早春、黒海北岸のクリミア半島では東西冷戦のぶり返しのような「紛争」勃発。一〇〇年前の一九一四年夏、黒海西岸のバルカン半島では、第一次大戦の引き金となるオーストリア帝国皇位継承者暗殺事件出来——当時と現在では時代状況も大きく異なるが、ヨーロッパ、とくにドイツとフランスは否応なくこれにかかわらざるを得ず、安閑として第一次大戦一〇〇周年記念を祝するどころではあるまい。現在のドイツは政治・経済とも順調のようだが、フランスはどちらも不調で、とくに政治は左右ともスキャンダルまみれで質の低下が著しい。かつてよくも悪くも「威厳」あるド・ゴールには米ソに対して相応の発言力があったのだが、昨今の「軽い」共和国大統領には、残念ながらそれがほとんどない。

ところで、本書の冒頭でも述べたように、フランスとドイツは九世紀のフランク帝国分裂後のヴェルダン条約によって生まれた、いわば一卵性双生児のようなものだが、それぞれが性格、体質も異なり、別々の人生を歩むように、その後の国家形成の過程では全くと言ってよいほど異なる国となった。通覧してきたように、その政治・経済・社会体制をはじめ文化、生活習慣、メンタリティに至るまで、類似した点よりは異なる点が多いだろう。また、両国の関係では宥和より激動の時代が長かったように思われる。

そして現在では、エピローグでも触れたが、ユーロ危機からクリミア半島問題にいたる状況下で、この「仏独カップル」の関係がかつてほど順調に機能していないようである。ここはそれを分析論評する場でもないし、スペースもないが、その不協和音の具体例をひとつだけ挙げておこう。仏独和解の象徴ともいえる「仏独旅団」からのフランス部隊の撤退問題、である。

詳しくは触れないが、このフランス部隊は、一九六四年以来、ライン対岸、ドイツはシュヴァルツヴァルトの一角ドナウエッシンゲンに駐留していた歩兵連隊で、一九八九年、合同旅団に編入されたものである。二〇一三年秋、フランスは予算削減を理由にこの連隊の撤退を何の事前協議もなしに通告した。唐突な無断撤退宣言である。ドイツ政府が不快感を表明したのは当然であろう。しかもフランス政府は、稚拙にも、仏独和解の象徴でもあるこの合同旅団の廃止を、ド・ゴールとアデナウアーによる和解の証しであるエリゼ条約五〇周年の年に決定したのだ。さらには、両国首脳は、その一週間前にブリュッセルで会っているのだから、このフランスの「外交的非礼」は驚きである。それだけ、目下、ドイツ主導で「婦唱夫随」に見えるこのカップルには「対話」が欠けているのだろう。その上、この仏独旅団は、六〇年前に破綻した欧州防衛共同体構想復活の魁になるのではないかと秘かに期待されていただけに、この撤退は「ヨーロッパ」にとってもプラスにはなるまい。

そうでなくとも、同じ二〇一三年春には、ドイツに駐留していた米軍の最後の戦車が撤退している。これは仏独国境近くのザール地方のカイザースラウテルンに残されていた戦車二二台であるというが、これも何やら象徴的ではないだろうか。戦後、とくに冷戦の始まり以来、最盛時には二〇個師団、六〇〇〇台も駐留していたというNATO軍下の米軍タンクがドイツの地から跡形もなく消えてしまったのだから、まさに過去七〇年来の「異変」、「歴史的」出来事である。二〇一三年春と秋のドイツを舞台にした、この一見取るに足りない二つの挿話がヨーロッパの将来ないしは世界情勢に何らかの影を落としはしないだろうか。ポーランドの空には「F16」が舞い戻っているというが、ヨーロッパにはまだアメリカの「ハード・パワー」が必要ではないだろうか。

現にクリミア半島を見れば、旧ソ連＝ロシアの「脅威」は、ヨーロッパ、とくに東欧やバルト三国など隣接諸国には依然として残るし、スラブ民族ロシアのこうした覇権主義的野望と「策動」は今に始まったことではない。かつてのハンガリー動乱、「プラハの春」、近くはグルジア、エストニアやモルドバなどの小国で類似のことがすでに多数起こっているのだ。もっとも、ウクライナやクリミアのような東西「境界」地帯の地政学的状況やその歴史・文化は複雑多様で、いわゆる欧米式の価値観や見方のみで断ずることはできないかもしれない。グローバル化した現代世界のメカニズムの歯車は一つ一つが複雑微妙に絡み合っており、とても単眼的思考では捉えきれないのだから。

それはともかく、いつ頃からこうした仏独関係、そして必然的に「欧州連合」に関心を持つようになったのだろうか。恐らく、ある翻訳をきっかけに仏独国境の地アルザス、その州都ストラスブールの地域研究を始めてからなので、かれこれ三〇年近く昔のことになる。本書では、仏独関係をその発端から現代までの千年ほどにわたって、この仏独係争の地アルザスの地域研究を基点にして、できるだけ社会＝文化史的な視点をまじえて辿ってみたが、こうして両国の長い歩みを並行させてみると、改めてその対照と相関関係のさまが明らかになる。同時にまた仏独の歴史と文化の相違点やそれぞれの固有性も明白になったように思うが、どうであろう。

なお、執筆に当たっては、一般的な歴史記述に関しては、とくに逐一列挙しなかったが、内外の歴史書やその関連書を大いに参考にさせてもらった。ただ、長年蒐集してきた仏独関係にかかわる書籍や資料をフルに活用したとはいえ、なにしろヴェルダン条約からユーロ誕生までの長い道程を辿るなかで、歴史記述の「厳密性」はいささか薄れたかもしれない。もちろん、そうした厳密性を備えた歴史書は多数あるが、筆者の知るかぎり仏独関係史に主眼をおいたものはあまり見当たらない。そこで、本書は、いわゆる学術書専門書とは少々趣を異にし、歴史記述一般の枠を超え、文学書や言語学などその関連書にも依拠して仏独関係の流れを辿りつつ、かつまた各種メディアからの多彩な情報も可能な限り盛り込んで、アクチュアルな仏独関係を描くことにも腐心した。

丁度、再校ゲラを手にした時に、ロシアによるクリミア半島問題が起こった。この事件は、これまでの世界史で生じた同様のさまざまな紛争を想起させるが、例えば、本書でも触れた、第二次大戦前のヒトラーによる（当時、チェコスロヴァキアの）ズデーテン地方のドイツ割譲もその一つである。この問題はいまだに尾を引いているというが、まさにこのウクライナ危機によって、改めてそうした欧州の重い歴史を思い知らされた。確かに、仏独が当事者となった二度の世界大戦を経て、両国の和解を目指して動き始めた欧州統合は、冷戦終結でいっそう加速し、その後、東方拡大と単一通貨ユーロの創設など発展・深化を遂げてきた。無論、ユーロ危機、若年失業者や移民問題など構造的な問題も抱え、さらに防衛・エネルギー問題なども加わって総体的に再編を迫られている。しかし、「EUは一日にして成らず」。本書では、ヨーロッパがどのような歩みを経て今日に至っているかを、その中心的役割を果たしてきた仏独の関係史を介して明らかにしようとした。何度か述べたように、EU建設への長い道程の出発点には仏独和解と不戦の思想が根本にあるが、両国の関係史は、その歴史を踏まえて初めて未来のヴィジョンを共有することができるという教訓を与えてくれるだろう。混迷を深める昨今の世界情勢にあって、この仏独関係史が国家間の「建設的で賢明な結びつき」を探るための一示唆とでもなれば、幸いである。

最後になったが、本書刊行に際しては、法政大学出版局の郷間雅俊氏に諸事万端ひとかたならずお世話になり、古希を前にしてようやく積年の願いを実現させることができた。まことにありがたいことであり、ここに記して厚くお礼を申し上げたい。

二〇一四年早春

宇京 頼三

人名索引

＊見出し語にはフルネームでないものがあるが，本文中の呼称を優先しできるだけ簡略化した。

ア 行

カ 行

サ 行

タ 行

ナ 行

ハ 行

マ 行

ヤ行

ラ行

ワ 行

仏独関係千年紀
ヨーロッパ建設への道

2014年 5月 15日　初版第1刷発行

著　者　宇京賴三

発行所　一般財団法人　法政大学出版局
〒102-0071 東京都千代田区富士見 2-17-1
電話 03(5214)5540 振替 00160-6-95814
組版: HUP　印刷: 三和印刷　製本: 誠製本

Printed in Japan

ISBN978-4-588-35230-0

著　者

宇京頼三（うきょう・らいぞう）

1945年生まれ。三重大学名誉教授。フランス文学・独仏文化論。著書に，『フランス－アメリカ——この〈危険な関係〉』（三元社），『ストラスブール——ヨーロッパ文明の十字路』（未知谷），『異形の精神——アンドレ・スュアレス評伝』（岩波書店），訳書に，フィリップス『アルザスの言語戦争』，リグロ『戦時下のアルザス・ロレーヌ』（以上，白水社），オッフェ『アルザス文化論』（みすず書房），同『パリ人論』（未知谷），ロレーヌ『フランスのなかのドイツ人』，バンダ『知識人の裏切り』，アンテルム『人類』（以上，未來社），センプルン『ブーヘンヴァルトの日曜日』（紀伊國屋書店），ファーブル=ヴァサス『豚の文化史』，ブラック『IBMとホロコースト』（以上，柏書房），ソゼー『ベルリンに帰る』（毎日新聞社），ルフォール『エクリール』，オルフ=ナータン編『第三帝国下の科学』，トラヴェルソ『ユダヤ人とドイツ』，カストリアディス『迷宮の岐路』『細分化された世界』，トドロフ『極限に面して』，クローデル『大恐慌のアメリカ』（以上，法政大学出版局）ほか多数。